圣经

新约全书

禧年本

圣经《禧年本》
新约全书

www.xnben.org
info@xnben.org

April 2020

目 录

说 明

所有的小标题都为译者所加，仅供参考。

下面有点线（...）的字为译者所加，目的是使意思明确。但**主**字下面的点线是加重；这字对应于旧约中的耶和华。

所引用的旧约经文都以楷体字体标示。

引号尽量省略。

圣经原文并不分章分节。章和节都是很久以后人才分的、加的。神赐下祂的话，是要人反复阅读、昼夜思想。

申命记第六章：6我今天所吩咐你的话，都要记在心上；7并要反复教导你的儿女，无论你坐在家里，行在路上，躺下，起来，都要谈论；8也要系在手上作记号，戴在额上作额带；9还要写在你房屋的门框上，和你的城门上。

约书亚记第一章：8这律法书不可离开你的口，务要昼夜思想，好使你谨守遵行这书上所写的一切话。这样，你的道路就必亨通，凡事顺利。

歌罗西书第三章：16当用各样的智慧，使基督的话丰丰富富地住在你们心里，用诗篇、赞美诗、属灵的歌，彼此教导，互相劝戒，心怀感恩向神歌唱。

诗篇第一篇：

2唯喜爱耶和华的训诲，

昼夜思想，这人便为有福。

3他像一棵树，栽在溪水旁，

按时结果子，叶子不枯干；

他所做的事，样样都顺利。

亲爱的读者，你若发现任何错误或不妥之处，敬请指正。

电邮请送 xnben@xnben.org.

马太福音

第一章

耶稣基督的家谱（路 3:23-38）

1 耶稣基督是亚伯拉罕的后裔、大卫的子孙；祂的家谱如下：

2 亚伯拉罕生以撒；以撒生雅各；雅各生犹大和他的弟兄；3 犹大从她玛生法勒斯和谢拉；法勒斯生希斯仑；希斯仑生亚兰；4 亚兰生亚米拿达；亚米拿达生拿顺；拿顺生撒门；5 撒门从喇合生波阿斯；波阿斯从路得生俄备得；俄备得生耶西；6 耶西生大卫王。

大卫从乌利亚的妻子生所罗门；7 所罗门生罗波安；罗波安生亚比雅；亚比雅生亚撒；8 亚撒生约沙法；约沙法生耶合兰；耶合兰生乌西亚；9 乌西亚生约坦；约坦生亚哈斯；亚哈斯生希西家；10 希西家生玛拿西；玛拿西生亚们；亚们生约西亚；11 约西亚生耶哥尼雅（又名约雅斤）和他的弟兄，那时候百姓被掳到了巴比伦。

12 被掳到巴比伦以后，耶哥尼雅生撒拉铁；撒拉铁生所罗巴伯；13 所罗巴伯生亚比玉；亚比玉生以利亚敬；以利亚敬生亚所；14 亚所生撒督；撒督生亚金；亚金生以律；15 以律生以利亚撒；以利亚撒生马但；马但生雅各；16 雅各生约瑟，就是马利亚的丈夫。那称为基督的耶稣，是从马利亚生的。

17 这样，从亚伯拉罕到大卫，共是十四代；从大卫到掳至巴比伦，也是十四代；从掳至巴比伦到基督，又是十四代。

耶稣基督的降生（路 2:1-7）

18 耶稣基督的降生是这样：祂母亲马利亚许配给了约瑟，但还没有成亲，马利亚就被看出怀了孕（她是从圣灵怀的）。19 她丈夫约瑟是个义人，不想公开地羞辱她，打算私下把她休了。20 他正思想这事，**主**[1] 的使者就在梦中向他显现，说：大卫的子孙约瑟，不要怕！只管把你妻子马利亚娶过来，因她所怀的孕是从圣灵来的。21 她将要生一个儿子，你要给祂起名叫耶稣，因祂要将祂的百姓从罪里救出来。

22 这一切的事发生，是要应验**主**借先知所说的话：23 看哪，必有童女怀孕生子；人要称祂的名为以马内利。（以马内利意思就是神与我们同在。）

24 约瑟醒了，就遵照**主**使者的吩咐把妻子娶过来，25 只是没有和她同房，直到她生了儿子；他给祂起名叫耶稣。

注：[1] **主**：即旧约中的耶和华，全书同。

第二章

哲士朝拜耶稣

1 耶稣生在犹太的伯利恒，当时是希律作王。有几个哲士从东方来到耶路撒冷，问：2 那生下来作犹太人之王的在哪里？我们在东方看见祂的星，特来拜祂。

3 希律王听见了，就惊慌不安，整个耶路撒冷也随之不安。4 他就招聚所有的祭司长和民间的经学家，问他们基督当生在何处。5 他们回答说：在犹太的伯利恒，因为有先知这样记着：6 犹大地的伯利恒啊，你在犹大诸城中绝不是最小的，因为将来必有一位掌权者从你那里出来，牧养我的民以色列。

7 当下，希律私下把哲士召来，细问那星出现的时间，8 就派他们到伯利恒去，说：你们去仔细寻访那孩子，找到了就来告诉我，我也好去拜他。9他们听了王的话就去了。在东方所看见的那星，忽然在他们前头引路，直引到那孩子所在的地方，停在上头。10他们看见那星，就极其欢喜；11进了屋里，看见孩子和祂母亲马利亚，就俯伏拜祂；然后打开宝盒，拿黄金、乳香、没药献给祂作礼物。

12哲士因在梦中蒙神指示不要回去见希律，就从别的路回本地去了。

逃往埃及

13他们离去以后，主的使者在梦中向约瑟显现，说：起来！带着孩子和祂母亲逃往埃及，住在那里，直到我吩咐你；因为希律就要寻找这孩子，要除灭祂。14约瑟就起来，连夜带着孩子和祂母亲往埃及去，15住在那里，直到希律死了。这是要应验主借先知所说的话：我从埃及把我儿子召出来。

希律屠杀婴孩

16希律见自己被哲士愚弄，就极其恼怒，派人将伯利恒及其四境所有的男孩，照着他向哲士查问到的时间，凡两岁以下的，全都杀了。17这就应验了先知耶利米所说的话：18在拉玛听见了号啕痛哭的声音，是拉结哭她的儿女；她不肯受安慰，因为他们都不在了。

定居在拿撒勒

19希律死了以后，主的使者在埃及向约瑟梦中显现，说：20起来！带着孩子和祂母亲回以色列地去，因为寻索孩子性命的人已经死了。21约瑟就起来，带着孩子和祂母亲回到以色列地；22只因听见亚基劳斯接续他的父亲希律作了犹太王，就不敢到犹太地去，又在梦中蒙神指示，便往加利利

境内去，23到了一座城，名叫拿撒勒，就住在那里。这是要应验先知所说的话：祂必称为拿撒勒人。

第三章

施洗者约翰预备道路（可 1:1-8；路 3:1-18；参约 1:19-28）

1那时，施洗者约翰出来，在犹太的旷野传道，说：2天国近了，你们应当悔改！3这人就是先知以赛亚所说的：在旷野有人声喊着说：预备主的道，修直祂的路！

4约翰身穿骆驼毛的衣服，腰束皮带，吃的是蝗虫野蜜。5耶路撒冷和犹太全地，并约旦河一带的人，都出去到约翰那里，6承认自己的罪，在约旦河里受他的洗。

7约翰看见许多法利赛人和撒都该人也来受洗，就对他们说：毒蛇的种类！谁指示你们逃避那要来的愤怒呢？8你们要结出果子来，与悔改相称。9不要自己心里说：我们有亚伯拉罕为我们的祖宗。我告诉你们，神能从这些石头中给亚伯拉罕兴起子孙来。10现在斧头已经放在树根上，凡不结好果子的树，就砍下来，丢进火里。

11我是用水给你们施洗，叫你们悔改。但那位在我以后来的，能力比我更大，我就是给祂提鞋也不配；祂要用圣灵与火给你们施洗。12祂手里拿着扬锨，要扬净祂的禾场，把麦子收进仓里，把糠秕用不灭的火烧尽。

耶稣受洗（可 1:9-11；路 3:21-22）

13那时，耶稣从加利利来到约旦河边约翰那里，要受他的洗。14约翰想要拦住祂，说：我当受你的洗，你反倒来我这里吗？15耶稣回答说：你暂

且容许我，因为我们理当这样尽诸般的义。于是约翰容许了祂。

16耶稣受了洗，随即从水里上来；忽然天为祂开了，祂就看见神的灵仿佛鸽子降下，落在祂的身上；17又有声音从天上来，说：这是我的爱子，我所喜悦的。

第四章

耶稣受试探（可 1:12-13；路 4:1-13）

1当下，耶稣被圣灵引到旷野，受魔鬼的试探。2祂禁食了四十昼夜，就饿了。3那试探者近前来，对祂说：你若是神的儿子，可以吩咐这些石头变成食物。4耶稣回答说：经上记着：人活着，不是只靠食物，更要靠神口里所出的一切话。

5魔鬼就带祂进了圣城，叫祂站在殿顶上，6对祂说：你若是神的儿子，可以跳下去，因为经上记着：主要为你吩咐祂的使者，他们要用手把你托起来，免得你的脚摔在石头上。7耶稣对他说：经上又记着：不可试探主你的神。

8魔鬼又带祂到一座极高的山，将世上的万国和万国的荣华都指给祂看，9对祂说：这一切我都给你，只要你俯伏拜我。10耶稣对他说：撒但，走开！因为经上记着：当拜主你的神，只可以事奉祂。11于是魔鬼离开了耶稣，有天使来服事祂。

耶稣开始传道（可 1:14-15；路 4:14-15）

12耶稣听见约翰被捕，就退到加利利去；13后又离开拿撒勒，去住在靠湖1的迦百农，在西布伦和拿弗他利境内。14这是要应验先知以赛亚所说的话：15西布伦地和拿弗他利地，沿着湖边、约旦河畔、外邦人的加利利啊！16那活在黑暗中的百姓，看见了大光；活在死荫之地的人，有光照耀他们。17从那时候，耶稣就开始传道，说：天国近了，你们应当悔改！

呼召首批门徒（可 1:16-20；路 5:1-11；约 1:35-42）

18耶稣在加利利湖边行走，看见弟兄二人，就是又叫彼得的西门，和他兄弟安得烈，在向湖里撒网；他们本是渔夫。19耶稣对他们说：来跟从我，我要使你们作得人的渔夫。20他们就立刻撒下网，跟从了祂。21从那里往前走，祂又看见弟兄二人，就是西庇太的儿子雅各和他兄弟约翰，同他们的父亲西庇太在船上补网；祂就呼召他们。22他们立刻撒下船，别了父亲，跟从了祂。

耶稣传道治病

23耶稣走遍加利利，在各会堂里施教，传扬天国的福音，医治百姓各样的病症。24祂的名声就传遍了叙利亚。人们把一切患病的，就是被各种疾病痛苦所困迫的，和鬼附的、癫痫的、瘫痪的，都带到祂跟前，祂就治好了他们。25有许多人从加利利、底加波利、耶路撒冷、犹太、和约旦河东来跟着祂。

注：1 湖：指加利利湖，又叫革尼撒勒湖、提比哩亚湖；多被译作海。

第五章

山上宝训（5:1 到 7:27）

1耶稣看见这许多的人，就上到山上坐下，门徒到了祂跟前，2祂就开口教导众人，说：

论福（参路 6:20-23）

3 灵里贫穷的人有福了，
　因为天国是他们的。
4 哀痛的人有福了，
　因为他们必得安慰。
5 温柔的人有福了，
　因为他们必得地土。
6 饥渴慕义的人有福了，
　因为他们必得饱足。
7 心存怜悯的人有福了，
　因为他们必蒙怜悯。
8 内心清洁的人有福了，
　因为他们必看见神。
9 使人和睦的人有福了，
　因为他们必称为神的儿子。
10 为义遭受逼迫的人有福了，
　因为天国是他们的。

11 人若因我辱骂你们，逼迫你们，捏造各样坏话毁谤你们，你们就有福了。12 应当欢喜快乐，因为你们在天上的赏赐是大的；在你们以前的先知，人也是这样逼迫他们。

门徒是盐和光（参可 9:50、路 14:34-35）

13 你们是世上的盐。盐若失了咸味，可用什么使它再咸呢？再也没有用了，只好丢在外面，任人践踏了。

14 你们是世上的光。建在山上的城，是不能隐藏的。15 人点了灯，不是放在斗底下，而是放在灯台上，好照亮所有在家里的人。16 照样，你们的光也当照在人前，使他们看见你们的好行为，就荣耀你们在天上的父。

耶稣来要成全律法

17 不要以为我来是要废掉律法和先知；我来不是要废掉，而是要成全。18 我实在告诉你们，就是到天地都废去了，律法的一点一画也不能废去，都要成全。

19 所以，无论何人违背这些诫命中最小的一条，又教导人这样行，他在天国里必称为最小的。但无论何人遵行这些诫命，又教导人遵行，他在天国里必称为大的。20 我告诉你们，你们的义若不胜过经学家和法利赛人的义，绝不能进天国。

论杀人

21 你们听见有话吩咐古人说：不可杀人；凡杀人的难逃审判。22 但我告诉你们，凡向弟兄发怒的，难逃审判；凡骂弟兄是拉加（意：废物）的，难逃议会的审判；凡骂弟兄是魔利（意：笨蛋）的，难逃地狱的火。

23 所以，你在祭坛前献供物的时候，若想起你弟兄向你怀怨，24 要把供物留在坛前，先去同你弟兄和好，然后来献你的供物。25 你同告你的对头还在路上，要赶紧与他和解，恐怕他把你交给法官，法官把你交给衙役，你就要被关进监牢。26 我实在告诉你，若还有一文钱没有还清，你绝不能从那里出来。

论奸淫

27 你们听见有话说：不可奸淫。28 但我告诉你们，凡看妇女动淫念的，就在心里与她犯奸淫了。29 若是你的右眼使你犯罪（或译：跌倒；下同），就剜出来丢掉，因为失去肢体中的一个，强于全身丢进地狱。30 若是你的右手使你犯罪，就砍下来丢掉，因你失去肢体中的一个，强于全身进入地狱。

论休妻（参太 19:1-12、路 16:18）

31 又有话说：人若休妻，就当给他休书。32 但我告诉你们，凡休妻的，若不是因她有淫行，就是使她犯奸淫；无论谁娶被休的妇人，也是犯奸淫。

论起誓

33 你们又听见有话吩咐古人说：不可违背誓言，所起的誓总要向主谨守。34 但我告诉你们，什么誓都不可起。不可指着天起誓，因为天是神的座位；35 不可指着地起誓，因为地是祂的脚凳；不可指着耶路撒冷起誓，因为它是大君王的京城；36 也不可指着你的头起誓，因为你不能使一根头发变白或变黑。37 你们的话，是，就说是；不是，就说不是；若再多说，就是出于那恶者。

论爱仇敌（路 6:27-36）

38 你们听见有话说：以眼还眼，以牙还牙。39 但我告诉你们，不要抗拒恶人。有人打你的右脸，连左脸也转给他打；40 有人想要告你，要拿你的内衣，连外衣也让他拿去；41 有人强逼你走一里路，你就同他走二里。42 有求你的，就给他；有向你借贷的，不可推辞。

43 你们听见有话说：当爱你的邻居，恨你的仇敌。44 但我告诉你们，要爱你们的仇敌，为那逼迫你们的祷告。45 这样就可以作你们天父的儿子；因为祂使太阳照好人，也照歹人；降雨给义人，也给不义的人。

46 你们若只爱那爱你们的人，有什么赏赐呢？税吏不也是这样行吗？47 你们若只是向自己的弟兄问安，有什么长处呢？外邦人不也是这样行吗？

48 所以，你们要完全，像你们的天父完全一样。

第六章

论施舍

1 你们要小心，不可将善事行在人前，故意叫人看见；若是这样，在你们天上的父那里就没有赏赐了。

2 所以，你施舍的时候，不可在你前面吹号，像那伪善的人在会堂里和街道上所行的，为要得人的荣耀。我实在告诉你们，他们已经得了他们的赏赐。3 你施舍的时候，不要让左手知道右手所做的，4 好使你的施舍行在隐密中；你父在隐密中察看，必然报赏你。

论祷告（参路 11:1-4）

5 你们祷告的时候，不可像那伪善的人，爱站在会堂里和十字路口祷告，故意叫人看见。我实在告诉你们，他们已经得了他们的赏赐。6 你祷告的时候，要进你的内室，关上门，祷告你在隐密中的父；你父在隐密中察看，必然报赏你。

7 你们祷告，不可像外邦人，反来复去，他们以为话说多了必蒙垂听。8 你们不可效法他们，因为你们祈求以前，你们所需要的，你们的父早已知道了。

9 所以，你们要这样祷告：我们在天上的父，愿你的名被尊为圣；10 愿你的国降临；愿你的旨意行在地上，如同行在天上。11 我们日用的饮食，求你今天赐给我们；12 免我们的债，如同我们免了人的债；13 不要叫我们遇见试探；救我们脱离那恶者。因为国度、权柄、荣耀全是你的，直到永远。阿们！（有古卷无后半节）

14 你们若饶恕人的过犯，你们的天父也必饶恕你们的过犯。15 你们若不饶恕人的过犯，你们的天父也必不饶恕你们的过犯。

论禁食

16你们禁食的时候，不可面带愁容，像那伪善的人；他们愁眉苦脸，<u>故意</u>叫人看出他们在禁食。我实在告诉你们，他们已经得了他们的赏赐。17你禁食的时候，要油头洗脸，18不让人看出你在禁食，只让你隐密中的父看见；你父在隐密中察看，必然报赏你。

要积财于天（路 12:33-34）

19不要为自己积攒财宝在地上；地上有虫蛀、锈蚀，还有贼会挖进来偷。20只要积攒财宝在天上；天上没有虫蛀、锈蚀，也没有贼挖进来偷。21因为你的财宝在哪里，你的心也在哪里。

里面的光（路 11:34-36）

22眼睛就是身体的灯。你的眼睛若明亮，全身就光明；23你的眼睛若昏花，全身就黑暗。你里面的光若黑暗了，那黑暗是何等的大！

24一个人不能事奉两个主人，因他不是恨这个、爱那个，就是重这个、轻那个。你们不能事奉神，又事奉玛门（玛门就是钱财）。

不要忧虑（路 12:22-31）

25所以我告诉你们，不要为生命忧虑吃什么、喝什么，为身体忧虑穿什么。生命不胜于饮食吗？身体不胜于衣服吗？26你们看那天空的飞鸟，既不种，也不收，也不积蓄在仓里，你们的天父尚且养活它们。你们不比它们贵重得多吗？

27你们谁能借着忧虑使寿命多加一刻呢（或译：使身量多加一肘呢）？28何必为衣服忧虑呢？想想野地里的百合花是怎样生长的：它不劳苦，也不纺织；29然而我告诉你们，就是所罗门在最荣华的时候所穿戴的，也还不如这花

中的一朵呢！30小信的人哪，野地的草今天存在，明天就丢进炉子里，神还这样给它穿戴，何况你们呢！

31所以，不要忧虑说：我们将吃什么？喝什么？穿什么？32这都是外邦人所追求的；你们需要这一切东西，你们的天父是知道的。33你们要先求祂的国和祂的义，这些东西就都要加给你们了。34所以，不要为明天忧虑，因为明天自有明天的忧虑；一天担当一天的难处就够了。

第七章

不要论断人（路 6:37-38、41-42）

1你们不要论断人，免得自己被论断。2因为你们怎样论断人，也必怎样被论断；你们用什么量器量给人，也必用什么量器量给你们。

3为什么看得见你弟兄眼中的木屑，却想不到自己眼中有梁木呢？4你自己眼中有梁木，怎能对你弟兄说：让我除掉你眼中的木屑呢？5伪善的人哪，先除掉你自己眼中的梁木，然后才能看得清楚，除掉你弟兄眼中的木屑。

6不要把圣物给狗，也不要把你们的珍珠丢在猪前，恐怕它们用脚践踏，还转过来撕咬你们。

要祈求、寻找、叩门（路 11:5-13）

7你们祈求，就给你们；寻找，就必寻见；叩门，就给你们开门。8因为凡祈求的，就得着；寻找的，就寻见；叩门的，就给他开门。9你们中间谁有儿子求饼，反给他石头呢？10求鱼，反给他蛇呢？11你们虽然不好，尚且知道把好东西给儿女，何况你们在天上的父，难道不更要把好东西给求祂的人吗？

12无论何事，你们想要人怎样待你们，你们也要怎样待别人；这就是律法和先知的道理。

要从窄门进去（路 13:22-24）

13你们要从窄门进去，因为引到灭亡的那门宽、那路阔，从那门进的人也多；14但引到永生的那门窄、那路狭，找着的人也少。

从果子可知树（参太 12:33-35）

15你们要防备假先知。他们到你们这里来，外面披着绵羊的皮，里面却是残暴的狼。16从他们的果子，就可以认出他们来。人能从荆棘摘取葡萄，或从蒺藜摘取无花果吗？17照样，好树都结好果子，坏树只结坏果子。18好树不能结坏果子，坏树也不能结好果子。19凡不结好果子的树，就砍下来，丢进火里。20所以，从他们的果子，就可以认出他们来。

我不认识你们（参路 13:25-27）

21不是每个称呼我"主啊！主啊！"的人都能进天国，只有遵行我天父旨意的人才能进去。22在那天，必有许多人对我说：主啊！主啊！我们不是奉你的名传道，奉你的名赶鬼，奉你的名行许多异能吗？23那时我要向他们声明说：我从来不认识你们！你们这些作恶的人，离开我走吧！

听道也要行道（路 6:46-49）

24所以，凡听了我这些话就去行的，好比一个聪明人，把房子建在磐石上。25雨淋，水冲，风吹，撞击那房子，房子总不倒塌，因为根基立在磐石上。26凡听了我这些话不去行的，好比一个愚蠢人，把房子建在沙土上。27雨淋，水冲，风吹，撞击那房子，房子就倒塌了，而且倒塌得很惨。

28耶稣讲完了这些话，众人都希奇祂的教训；29因为祂教导他们，像一个有权柄的人，不像他们的经学家。

第八章

治好麻风病人（可 1:40-45；路 5:12-16）

1耶稣下了山，有许多人跟着祂。2有个麻风病人前来拜祂，说：主啊，你若肯，必能使我洁净。3耶稣伸手摸他，说：我肯，你得洁净吧！他的麻风立刻就洁净了。

4耶稣对他说：千万不要告诉别人，只要去把身体给祭司察看，并献上摩西所吩咐的祭物，给他们作证据。

一个百夫长的信心（路 7:1-10）

5耶稣进了迦百农，有一个百夫长前来恳求祂说：6主啊，我的仆人瘫痪了，躺在家里，极其痛苦。7耶稣说：我去医治他。

8百夫长回答说：主啊，我不配你到我舍下；只要你说一句话，我的仆人就必痊愈。9因为我在别人权下，也有兵丁在我以下；我对这个说：去！他就去；对那个说：来！他就来；对我的仆人说：你做这事！他就去做。

10耶稣听了就希奇，对跟随的人说：我实在告诉你们，这么大的信心，就是在以色列中我也没有遇见过。11我又告诉你们，从东从西将有许多人来，在天国里与亚伯拉罕、以撒、雅各一同坐席；12但那国度之子要被赶到外面的黑暗里，在那里必要哀哭切齿了。

13耶稣对百夫长说：回去吧！照你所信的，给你成全了。他的仆人就在那时痊愈了。

治好许多病人 （可 1:29-34；路 4:38-41）

14耶稣到了彼得家里，见他岳母发烧躺着。15耶稣把她的手一摸，烧就退了；她就起来服事耶稣。

16到了傍晚，人们带着许多被鬼附的来到祂跟前，祂只用一句话就把鬼都赶出去，治好了所有患病的人。17这是要应验先知以赛亚所说的话：祂除去我们的软弱，担当我们的疾病。

跟从耶稣的代价 （路 9:57-62）

18耶稣见许多人围着祂，就吩咐渡到湖对岸去。18有一个经学家近前对祂说：老师，你无论往哪里去，我都要跟从你。20耶稣对他说：狐狸有洞，天空的飞鸟有窝，人子却没有枕头的地方。

21另有一个门徒对祂说：主啊，请让我先回去埋葬我的父亲。22耶稣说：让死人去埋葬他们的死人，你只管跟从我。

平静风和浪 （可 4:35-41；路 8:22-25）

23耶稣上了船，门徒跟着祂。24湖上忽然起了暴风，甚至船被波浪掩盖；耶稣却睡着了。25门徒来叫醒祂，说：主啊，救我们！我们要丧命啦！

26耶稣对他们说：小信的人哪，为什么胆怯呢？于是祂起来，斥责风和浪，风和浪就完全平静下来。27众人希奇说：这是怎样的人？连风和浪也听从祂！

治好两个鬼附的人 （参可 5:1-20、路 8:26-39）

28耶稣来到湖对岸、加大拉人的地方，有两个鬼附的人从坟墓里出来迎着祂。他们极其凶猛，以致没有人敢从那条路经过。29他们喊着说：神的儿子，我们与你何干？时候还没有到，你就来到这里要我们受苦吗？30离他们很远，有一大群猪在吃食。31鬼就央求耶稣说：你若赶我们出来，就让我们进入猪群吧！

32耶稣说：去吧！鬼就出来，进入猪群；全群猪就忽然闯下山崖，投进湖里淹死了。33放猪的人就逃跑进城，将一切事，特别是鬼附之人的事，都告诉人。34全城的人都出来见耶稣，见了祂，就央求祂离开他们的境界。

第九章

治好瘫子 （可 2:1-12；路 5:17-26）

1耶稣上了船，渡过湖，来到自己的城里。2有人用褥子把一个瘫子抬到祂跟前。耶稣看见他们的信心，就对瘫子说：小子，放心吧！你的罪赦免了。3有几个经学家心里说：这个人说僭妄的话了！

4耶稣知道他们的意念，就说：你们为何心怀恶念呢？5或说：你的罪赦免了；或说：你起来行走，哪一样更容易呢？6但为了使你们知道，人子在地上有赦罪的权柄，（祂就对瘫子说：）起来，拿起你的褥子回家去吧！7那人就起来，回家去了。8众人看见，就起了敬畏，并且荣耀将这样的权柄赐给人的神。

呼召马太 （可 2:13-17；路 5:27-32）

9耶稣从那里往前走，看见一个人，名叫马太（又名利未），坐在税关上，就对他说：你跟从我吧！他就起来跟从了耶稣。

10耶稣在马太家里坐席，有好些税吏和罪人来，跟耶稣和祂的门徒一同坐席。11法利赛人看见，就对祂的门徒说：你们的老师为什么跟税吏和罪人一同吃饭呢？12耶稣听见，就说：健康的人不需要医生，有病的人才需要。13经上说：我喜爱怜悯，不喜爱祭祀。这句话的意思，你们去揣摩吧。我来本不是召义人，而是召罪人。

新与旧的比喻（可 2:18-22；路 5:33-39）

14那时，约翰的门徒来问耶稣说：为什么我们和法利赛人常常禁食，你的门徒却不禁食呢？

15耶稣对他们说：新郎和伴友同在的时候，伴友怎能哀痛呢？但日子将到，新郎要从他们中间取走，那时他们就要禁食了。

16没有人把新布补在旧衣服上，因为新布缩水必扯坏旧衣服，破的就更大了。17也没有人把新酒装在旧皮袋里；若是这样，皮袋就会胀破，酒漏出来，皮袋也毁了。人总是把新酒装在新皮袋里，两样就都得保全。

治好遗血的女人，使女孩复活（可 5:21-43；路 8:40-56）

18耶稣说这些话的时候，有一个管会堂的来拜祂，说：我的女儿刚才死了，求你去按手在她身上，她就必活过来。19耶稣就起来跟着他去；门徒也跟着去。

20有一个患遗血十二年的女人，来到耶稣背后，摸祂衣服的穗子；21因为她心里说：我只要摸到祂的衣服，就必痊愈。22耶稣转过来，看见她，就说：女儿，放心吧！你的信心救了你了。从那时候，女人就痊愈了。

23耶稣到了管会堂的家里，看见有吹鼓手和乱嚷的众人，24就说：出去吧！这闺女不是死了，而是睡着了。

他们就嗤笑祂。25众人被撵出，耶稣就进去，拉着闺女的手，闺女便起来了。26于是这事传遍了那地方。

治好瞎子和哑巴

27耶稣从那里往前走，有两个瞎子跟着祂，喊着说：大卫的子孙，可怜我们吧！28耶稣进了屋，瞎子就来到祂跟前；耶稣问：你们信我能做这件事吗？他们说：主啊，我们信。29耶稣就摸他们的眼睛，说：照着你们的信心给你们成全了吧！30他们的眼睛就开了。耶稣切切嘱咐他们说：千万不要让人知道。31他们出去，竟把祂的名声传遍了那地方。

32他们出去的时候，有人将一个被鬼附的哑巴带到耶稣跟前。33鬼一被赶出去，哑巴就说出话来。众人都希奇，说：在以色列中，这样的事从来没有见过。34法利赛人却说：祂是靠着鬼王赶鬼。

庄稼多，工人少

35耶稣走遍各城各乡，在各会堂里施教，传扬天国的福音，医治各样的病症。36祂看见有许多的人，就怜悯他们，因为他们困苦流离，如同没有牧人的羊一般。37于是对门徒说：庄稼很多，工人却少。38所以你们当求庄稼的主，派遣工人收割祂的庄稼。

第十章

设立十二使徒（可 3:13-19；路 6:12-16）

1耶稣把十二个门徒叫来，赐给他们权柄，可以赶逐污鬼，医治各种病症。2这十二个使徒的名字是：第一个是西门（又叫彼得），和他兄弟安得烈；西庇太的儿子雅各，和他兄弟约翰；

3腓力和巴多罗买；多马和税吏马太；亚勒腓的儿子雅各，和达太；4激进党的西门，和后来出卖祂的加略人犹大。

派遣十二使徒（可 6:7-13；路 9:1-6）

5耶稣派遣这十二个人出去，吩咐他们说：外邦人的路，你们不要走；撒玛利亚人的城，你们不要进；6只要往以色列家迷失的羊那里去。7要边走边传，说：天国近了！8要医治病人，复活死人，洁净麻风，赶出污鬼。你们白白得来，也要白白给出。9腰袋里不要带金银铜钱。10路上不要带口袋、替换的衣服、鞋子、手杖，因为工人配得饮食。

11你们无论进哪一城，哪一村，要打听那里谁是配的，就住在他家，直到离开。12你们进了那家，要向那家问安。13那家若是配得，就让你们的平安临到那家；若不配得，就让你们的平安仍归你们。14凡不接待你们、不听你们话的，你们离开那家或那城的时候，就把脚上的尘土踩下去。15我实在告诉你们，在审判的日子，所多玛和蛾摩拉所受的，比那城还容易受呢！

预言要受逼迫（参可 13:9-13、路 21:12-19）

16我派遣你们去，如同绵羊进入狼群；所以你们要机灵像蛇，驯良像鸽子。17你们要防备人，因为他们要把你们交给议会，并要在会堂里鞭打你们。18你们必因我的缘故，被带到官长和君王面前，对他们和外邦人作见证。19你们被捕以后，不要忧虑说什么，或怎样说；到那时候，必会赐给你们当说的话；20因为说话的不是你们，而是你们父的灵在你们里面说。

21弟兄要把弟兄，父亲要把儿女，送到死地；儿女要与父母为敌，害死他们。22你们还要因我的名被众人恨恶。但那忍耐到底的，必然得救。23人在这城逼迫你们，就逃到那城去。我实在告诉你们，以色列的城邑你们还没有走遍，人子就来了。

24学生不会高过老师；仆人不会高过主人。25学生能和老师一样，仆人能和主人一样，也就够了。人既骂家主是别西卜（别西卜是鬼王的名字），何况他的家人呢？

应当怕谁（路 12:1-7）

26所以，不要怕他们；因为掩盖的事没有不暴露出来的，隐藏的事没有不被人知道的。27我在暗中告诉你们的，你们要在明处说出来；你们听见人耳语说的，要在房顶上宣扬出来。

28不要怕那些能杀身体却不能杀魂[1]的，却要怕那位能把身体和魂都灭在地狱里的。29两只麻雀不是卖一个铜钱吗？没有你们父的许可，一只也不会掉在地上。30就连你们的头发，也都被数过了。31所以不要惧怕，你们比许多麻雀还要贵重！

要在人面前承认主（路 12:8-9）

32凡在人面前认我的，我在我天上的父面前也必认他；33凡在人面前不认我的，我在我天上的父面前也必不认他。

不是带来和平（路 12:49-53）

34不要以为我来是给地上带来和平；我来不是带来和平，而是带来刀剑。35因为我来会使人与父亲为敌，女儿与母亲为敌，媳妇与婆婆为敌；36人的仇敌就是自己家里的人。

作门徒的代价（路 14:25-33）

37爱父母过于爱我的，不配作我的门徒；爱儿女过于爱我的，不配作我的门徒；38不背着自己的十字架跟从我的，也不配作我的门徒。39贪图生命的，将要丧掉生命；为我丧掉生命的，将要得着生命（生命：ψυχή，指魂生命）。

接待门徒的赏赐（参可 9:41）

40人接待你们，就是接待我；接待我，就是接待那位派我来的。41人因先知的名接待先知，必得先知所得的赏赐；人因义人的名接待义人，必得义人所得的赏赐。42无论谁因门徒的名，只把一杯凉水给这小子里的一个喝，我实在告诉你们，他绝不会失去他的赏赐。

注：1 魂：不是灵魂；魂（ψυχή）和灵（πνεῦμα）是不同的字，希伯来文、英文也都是如此；所指的是不同的。参帖前5:23 '又愿你们的灵、魂、体都得蒙保守'；来4:12 '神的话…能够刺入、甚至剖开魂与灵，骨节与骨髓'。

第十一章

1耶稣吩咐完了十二个门徒，就离开那里，到各城去施教传道。

耶稣论施洗者约翰（路 7:18-35）

2约翰在监牢里听见基督所做的事，就派两个门徒来，3问祂说：那位要来的就是你，还是我们要等另一位呢？4耶稣回答说：你们回去，把所听见所看见的告诉约翰，5就是瞎子看见，瘸子行走，麻风洁净，聋子听见，死人复活，穷人有福音传给他们。6不因我跌倒的，就有福了！

7他们刚走，耶稣就对众人讲论约翰说：你们从前出到旷野，是要看什么呢？要看被风吹动的芦苇吗？8你们出去，到底要看什么？要看身穿柔软衣服的人吗？那穿柔软衣服的人是在王宫里。9你们出去，究竟要看什么？要看先知吗？我告诉你们，是的，他比先知大多了。10经上记着说：我要在你前面派遣我的使者；他要在你面前预备你的道路。所说的就是他。

11我实在告诉你们，妇人所生的，没有一个兴起来大过施洗者约翰；然而，天国里最小的比他还大。12从施洗者约翰的时候到如今，天国是强力地扩展的，强暴的人不断地攻击她（后半句有不同的译法）。13众先知和律法说预言，到约翰为止。14你们若肯接受，他就是那要来的以利亚。15有耳可听的，就应当听！

16我可把这世代比作什么呢？好像孩童坐在街市上，招呼另一些孩童说：17我们向你们吹喜笛，你们不跳舞；我们向你们唱哀歌，你们不哀哭。18约翰来了，不吃也不喝，人就说他有鬼附身。19人子来了，也吃也喝，人又说祂是贪吃好喝的人，是税吏和罪人的朋友。然而，智慧借着她的行为显为公义。

咒诅不肯悔改的城（路 10:13-15）

20那时，耶稣开始谴责那些祂在其中行了许多异能，其中的人仍不悔改的城：

21哥拉汛哪，你有祸了！伯赛大啊，你有祸了！因为在你们中间所行的异能，若行在推罗和西顿，他们早已披麻蒙灰悔改了。22但我告诉你们，在审判的日子，推罗和西顿所受的，比你们还容易受呢！

23迦百农啊，你要升到天上吗？不！你必坠落阴间；因为在你那里所行的异能，若行在所多玛，它还可以存到今天。24但我告诉你们，在审判的日子，所多玛所受的，比你还容易受呢！

耶稣欢乐赞美天父（路 10:21-22）

25那时，耶稣说：父啊，天地的主，我赞美你！因为你将这些事向聪明通达的人隐藏起来，向婴孩却显明出来。26父啊，是的，因为你的美意本是如此。

27我父已将一切交付了我；除了父，没有人知道子；除了子和子所愿意启示的，没有人知道父。

劳苦担重担的可得安息

28凡劳苦担重担的人，可以到我这里来，我必使你们得安息。29我心里柔和谦卑，你们当负我的轭，跟着我学，你们魂里就必得享安息。30因为我的轭是容易的，我的担子是轻省的。

第十二章

人子是安息日的主（可 2:23-28；路 6:1-5）

1那时，耶稣在安息日从麦地经过；祂的门徒饿了，就掐起麦穗来吃。2法利赛人看见，就对祂说：看哪，你的门徒做安息日不可做的事了！

3耶稣对他们说：大卫和跟从他的人饥饿的时候，大卫所做的事，你们没有念过吗？4他进了神的殿，都吃了陈设饼，这饼是他和跟从他的人都不可以吃的，只有祭司才可以吃。5还有，律法上记着：在安息日，祭司因在殿里供职而犯了安息日，也不算有罪；你们没有念过吗？6但我告诉你们，在这里有比殿更大的！7我喜爱怜悯，不喜爱祭祀。你们若是明白这话的意思，就不会将无罪的定为有罪了。8因为人子是安息日的主。

治好手萎缩的人（可 3:1-6；路 6:6-11）

9耶稣离开那里，进了一个会堂。10那里有一个人，一只手萎缩了。有人问祂说：在安息日治病，可以吗？为的是要控告祂。11耶稣说：你们中间谁有一只羊，在安息日掉进坑里，不把它抓住拉上来呢？12人比羊贵重多了！所以，在安息日行善是可以的。13于是对那人说：伸出手来！他把手一伸，手就康复了，和那只手一样。14法利赛人却出去，商议怎样除灭耶稣。

神所拣选的仆人

15耶稣知道了，就离开那里。有许多人跟着祂，祂把他们有病的人都治好了，16又嘱咐他们不要显扬祂。17这是要应验先知以赛亚所说的话：

18看哪，我的仆人，
　我所拣选、我所亲爱、
　我心里所喜悦的！
　我要将我的灵赐给祂；
　祂必将公理传给万邦。
19祂不争竞，也不喧嚷，
　街上听不到祂的声音。
20压伤的芦苇，祂不折断；
　将残的灯火，祂不吹灭；
　祂必施行公理直到得胜。
21外邦人都要仰望祂的名。

耶稣与别西卜（可 3:20-30；路 11:14-23）

22当下，一个被鬼附着、又瞎又哑的人被带到耶稣那里，耶稣医好了他，他就又能说话，又能看见。23众人都惊奇，说：莫非这就是那大卫的子孙吗？24法利赛人听见，却说：这个人赶鬼，无非是靠着鬼王别西卜。

25耶稣知道他们的意念，就对他们说：凡一国自相分争，必成为荒场；

一城或一家自相分争，必站立不住。26若是撒但赶逐撒但，就是自相分争，他的国怎能站立得住呢？27我若是靠着别西卜赶鬼，你们的子弟又是靠着谁赶鬼呢？这样，他们就要审判你们了。28我若是靠着神的灵赶鬼，这就是神的国临到你们了。

29人怎能进壮士家里，抢夺他的家财呢？除非先捆住那壮士，才可以抢夺他的家财。30不与我相合的，就是敌我的；不同我收聚的，就是分散的。31所以我告诉你们，人一切的罪和亵渎的话，都可得赦免，唯独亵渎圣灵，总不得赦免。32凡说话干犯人子的，还可得赦免；但说话干犯圣灵的，今世来世都不得赦免。

树与果子（路 6:43-45）

33种的树好，果子也好；种的树坏，果子也坏；因为从果子就可以知道树。34毒蛇的种类！你们既是恶的，怎能说出善来呢？因为心里所充满的，口里就说出来。35善人从他心里所存的善就发出善来，恶人从他心里所存的恶就发出恶来。

36我还告诉你们，人所说的闲话，在审判的日子，句句都要供出来。37因为要凭你的话称你为义，也要凭你的话定你有罪。

约拿的神迹（路 11:29-32）

38当时，有几个经学家和法利赛人对耶稣说：老师，我们愿你显个神迹看看。

39耶稣回答说：一个邪恶淫乱的世代求看神迹，除了先知约拿的神迹以外，再没有神迹给他们看。40约拿怎样三天三夜在大鱼腹中，人子也必照样三天三夜在地心里头。41在审判的时候，尼尼微人要起来，定这世代的罪，因为他们听了约拿所传的，就悔改了。看哪，在这里有比约拿更大的！42在审判的时候，南方的女王要起来，定这世代的罪，因为她从地极而来，要听所罗门的智慧之言。看哪，在这里有比所罗门更大的！

污鬼又回来的比喻（路 11:24-26）

43污鬼从人里面出来，走过无水之地，寻找安歇之处，没有找着，44就说：我要回到我所出来的屋子里去。它回去后，看见里面空着，打扫整理过了，45就去带了另外七个比自己更恶的鬼来，都进去住在那里。那人后来的景况，就比先前的更坏了。这邪恶的世代也要如此。

谁是耶稣的母亲和弟兄（可 3:31-35；路 8:19-21）

46耶稣还在对众人说话，祂的母亲和弟兄站在外边，要跟祂说话。47有人告诉祂说：你的母亲和弟兄站在外边，要跟你说话。48祂却回答那人说：谁是我的母亲？谁是我的弟兄？49祂就伸手指着门徒说：看哪，我的母亲！我的弟兄！50凡遵行我天父旨意的人，就是我的弟兄姐妹和母亲了。

第十三章
撒种的比喻（可 4:1-20；路 8:4-15）

1那一天，耶稣从屋里出来，坐在湖边。2有许多人聚集到祂那里，祂只得上船坐下，众人都站在岸上。3祂用比喻给他们讲许多道理，说：有一个撒种的出去撒种。4撒的时候，有的落在路旁，飞鸟来吃尽了。5有的落在土浅石头地上，土既不深，很快发苗，6太阳出来一晒，因为没有根，就枯干了。7有的落在荆棘里，荆棘长起来，把它挤住了。8但有的落在好土里，就结实，有的一百倍，有的六十倍，有的三十倍。9有耳可听的，就应当听！

10门徒近前问祂说：你对众人讲话，为什么用比喻呢？11祂回答说：天国的奥秘只给你们知道，不给他们知道。12因为凡有的，还要加给他，使他有余；没有的，连他仅有的，也要从他夺走。13我之所以用比喻对他们讲，是因他们看也看不明，听也听不懂，也不明白。14在他们身上，正应验了以赛亚的预言：你们听是要听见，却不明白；你们看是要看见，却不领悟。15因为这百姓心思愚钝，耳朵发沉，眼睛闭着；不然，他们眼睛看见，耳朵听见，心里明白，回转过来，我就要医治他们。

16但你们的眼睛是有福的，因为看见了；你们的耳朵也是有福的，因为听见了。17我实在告诉你们，从前有许多先知和义人，渴望看你们所看的，却没有看见；渴望听你们所听的，却没有听见。

18所以，你们当听这撒种的比喻。19凡听了天国的道不明白的，那恶者就来，把撒在他心里的夺去了；这就是撒在路旁的。20撒在石头地上的，就是人听了道，立刻欢喜地接受，21但他里面没有根，不过是暂时的，一旦为道遭了患难或逼迫，立刻就跌倒了。22撒在荆棘里的，就是人听了道，后来有今世的忧虑、钱财的迷惑把道挤住了，就不能结实。23但那撒在好土里的，就是人听了道，又明白了，并且结实，有的一百倍，有的六十倍，有的三十倍。

稗子的比喻

24耶稣又对他们设比喻说：天国好比人把好种撒在田里；25当人睡觉的时候，他的仇敌就来，将稗子撒在麦子中间，就走了。26到了长苗吐穗的时候，稗子也显出来了。27仆人来问家主说：主人啊，你不是把好种撒在田里吗？稗子是从哪里来的呢？

28主人说：这是仇敌做的。仆人问：你要我们去拔出来吗？29主人说：不，恐怕拔稗子的时候，连麦子也拔出来。30让这两样一起长，直到收割。在收割的时候，我要对收割的人说：先将稗子拔出来，捆成捆，留着烧；只将麦子收进我的仓里。

芥菜种和面酵的比喻（可4:30-32；路13:18-21）

31耶稣又对他们设比喻说：天国好像一粒芥菜种，有人拿去种在田里。32它本是百种中最小的，等到长起来，却比别的蔬菜都大，且成了树，以致天空的飞鸟来宿在它的枝上。

33耶稣又对他们讲比喻说：天国好像面酵，有个妇人拿去揉在三斗面里，直到全团面都发起来。

34这都是耶稣用比喻对众人说的；若不用比喻，祂就不对他们说什么。35这是要应验先知所说的话：我要开口说比喻，把从创世以来所隐藏的事说出来。

解释稗子的比喻

36当下，耶稣离开众人，进了屋里。门徒近前来，说：请把田里稗子的比喻讲给我们听。

37祂回答说：那撒好种的就是人子；38田地就是世界；好种就是天国之子；稗子是那恶者之子；39撒稗子的仇敌

就是魔鬼；收割的时候就是这世代的末了；收割的人就是天使。40稗子怎样被拔出来用火焚烧，这世代的末了也要如此。41人子要派遣祂的使者，把一切使人犯罪的和作恶的，从祂国里挑出来，42丢进火炉里；在那里必要哀哭切齿了。43那时，义人在他们父的国里，要发光如太阳。有耳可听的，就应当听！

藏宝、寻珠、撒网的比喻

44天国好像宝贝藏在地里，有个人发现了，又把它藏起来，欢欢喜喜地去卖掉他一切所有的，买下这块地。

45天国又像商人寻找好珍珠，46发现一颗极贵重的珍珠，就去卖掉他一切所有的，买下这珍珠。

47还有，天国像网撒在湖里，网住了各种的鱼。48网既满了，人就拉到岸上，坐下来，拣好的收在桶里，将不好的丢掉。49这世代的末了也要这样：天使要出来，把恶人从义人中分别出来，50丢进火炉里；在那里必要哀哭切齿了。

51耶稣问：这一切的事，你们都明白了吗？他们说：明白了。52祂又说：凡作了天国门徒的经学家，就像一个家主，从他库里拿出来的，有新的也有旧的。

耶稣在家乡遭人厌弃（可 6:1-6；路 4:16-30）

53耶稣说完了这些比喻，就离开那里，54来到自己的家乡，在会堂里施教，众人都希奇，说：这人是从哪里得来这等智慧和异能呢？55这不是那木匠的儿子吗？祂母亲不是叫马利亚吗？祂弟弟不是叫雅各、约西、西门、犹大吗？56祂妹妹们不是都在我们这里吗？这人是从哪里得来这一切呢？57他们就厌弃祂。

耶稣对他们说：先知没有不被人尊敬的，唯独在他本乡本家例外。58因为他们不信，祂就不在那里多行异能了。

第十四章

施洗者约翰被杀（可 6:14-29）

1那时，分封的王希律听见耶稣的名声，2就对臣仆说：这人是施洗者约翰；他从死里复活了，所以这些异能从他里面发出来。

3原来希律为他兄弟腓力的妻子希罗底的缘故，抓了约翰，将他捆锁，关进监牢；4因为约翰曾对他说：你娶她是不合法的。5希律想要杀他，但又惧怕百姓，因为他们以约翰为先知。

6到了希律的生日，希罗底的女儿在众人面前跳舞，使希律很欢喜。7希律就起誓承诺：她无论求什么都给她。8她受母亲指使，就说：请把施洗者约翰的头，放在盘子里给我。

9王虽然很后悔，但因所起的誓和众宾客，就吩咐给她。10于是派人去，在牢里斩了约翰，11把头放在盘子里，拿来给了那女孩；她就拿给她母亲。

12约翰的门徒来，把尸首领去埋葬了，就来告诉耶稣。

给五千人吃饱的神迹（可 6:30-44；路 9:10-17；约 6:1-13）

13耶稣听见了，就上船离开那里，独自退到野地里去。众人听见，就从各城步行来跟随祂。14耶稣出来，见有许多的人，就怜悯他们，治好了他们的病人。15到了傍晚，门徒前来对祂说：这里是野地，天已经晚了，请解散众人，他们好往村子里去为自己买吃的。

16耶稣说：不用他们去，你们给他们吃吧！17门徒说：我们这里只有五个饼、两条鱼。18耶稣说：拿过来给我。19于是吩咐众人坐在草地上，就拿着这五个饼、两条鱼，望着天祝福，然后擘开饼，递给门徒，门徒又递给众人。

20众人都吃了，并且吃饱了，收拾剩下的零碎，装满了十二个篮子。21吃的人，除了妇女孩子，男人约有五千。

耶稣在湖面上行走（可6:45-52；约6:16-21）

22耶稣随即催门徒上船，先渡到对岸去，祂来解散众人。23解散众人以后，祂就独自上山去祷告。到了晚上，祂还是独自在那里。24那时，船在湖中，被浪摇撼，因为逆风。25夜里四更天，耶稣在湖面上往门徒那里走去。26门徒看见祂在湖面上走来，甚是惊慌，说：是个鬼怪！就害怕得喊叫起来。27耶稣连忙对他们说：你们放心！是我，不要怕！

28彼得说：主啊，如果是你，请吩咐我从水面上走到你那里去。29耶稣说：你来吧！彼得就下船，走在水面上，往祂那里去。30但一看见风大，他就害怕，开始下沉，便喊着说：主啊，救我！31耶稣赶紧伸手拉住他，说：小信的人哪，为什么疑惑呢？32二人上了船，风就止住了。33船上的人都拜祂，说：你真是神的儿子！

治好革尼撒勒的病人（可6:53-56）

34他们渡过湖，来到革尼撒勒之地。35当地的人一认出是耶稣，就派人到周围各地，把一切有病的都带到祂那

里，36求耶稣让他们只摸摸祂衣服的穗子；摸着的人就都好了。

第十五章
人的传统与神的诚命（可7:1-13）

1那时，有法利赛人和经学家从耶路撒冷来，问耶稣说：2你的门徒为何违犯古人的传统呢？因为他们吃饭之前不洗手！

3耶稣回答说：你们为何借着你们的传统，违犯神的诚命呢？4神说：当孝敬父母。又说：咒骂父母的，必须处死。5你们倒说：无论何人对父母说：我当奉养你的，已经献给神了。6他就可以不孝敬父母了。这就是你们借着你们的传统，废弃了神的诚命。

7伪善的人哪，以赛亚指着你们说的预言是不错的；他说8这百姓用嘴尊敬我，心却远离我。9他们将人的吩咐当作道理教导人，所以敬拜我也是枉然。

从心里发出的才能污秽人（可7:14-23）

10耶稣就把众人叫来，对他们说：你们要听，也要明白。11入口的不能污秽人，口出的才能污秽人。12门徒近前对祂说：法利赛人听见这话很反感，你知道吗？13耶稣回答说：凡不是我天父所栽种的植物，都要被拔出来。14任凭他们吧！他们是瞎眼的领路人。若是瞎子引领瞎子，二人都要掉进坑里。

15彼得对耶稣说：请将这个比喻讲给我们听。16耶稣说：连你们也还是不明白吗？17难道不知入口的都是进到肚腹里，然后排到厕所里吗？18但那口出的，是从心里发出来的，那才

污秽人。19因为从人心里发出来的，有恶念、凶杀、奸淫、淫乱、偷盗、伪证、毁谤。20这都是污秽人的；至于不洗手吃饭，并不污秽人。

一个外族妇人的信心（可7:24-30）

21耶稣离开那里，退到推罗和西顿的境内。22有个迦南妇人从那地方出来，喊着说：主啊，大卫的子孙，可怜我吧！我的女儿被鬼附得很苦。23耶稣却一言不答。门徒近前求祂说：她一直在我们后头喊叫，请叫她走吧！

24耶稣说：我奉派遣，只是到以色列家迷失的羊那里去。

25那妇人来向祂下拜，说：主啊，求你帮助我！26耶稣回答说：不好拿儿女的饼丢给狗吃。27妇人说：主啊，不错；但是狗也吃它主人桌子上掉下来的碎渣。28耶稣对她说：妇人，你的信心真大！照你所要的，给你成全吧！从那时候，她女儿就好了。

治好许多病人

29耶稣离开那里，来到加利利湖边，就上到山上坐下。30有许多人到祂那里，带着瘸子、瞎子、残废、哑巴、和好些别的病人，都放在祂脚前；祂就治好了他们。31众人看见哑巴说话，残废痊愈，瘸子行走，瞎子看见，都很希奇，就荣耀以色列的神。

给四千人吃饱的神迹（可8:1-10）

32耶稣叫门徒来，说：我怜悯这众人，因为他们同我一起已经三天，也没有任何吃的了。我不愿叫他们饿着回去，恐怕有人在路上晕倒。33门徒说：我们在这野地，哪里有这么多饼给这许多人吃饱呢？

34耶稣问：你们有多少饼？他们说：七个，还有几条小鱼。35祂就吩咐众人坐在地上，36然后拿着这七个饼和几条鱼，祝谢了，就擘开，递给门徒，门徒又递给众人。

37众人都吃了，并且吃饱了，收拾剩下的零碎，装满了七个筐子。38吃的人，除了妇女孩子，男人共有四千。39耶稣解散众人，就上船，来到马加丹的境界。

第十六章

求耶稣显神迹（可8:11-13）

1法利赛人和撒都该人来试探耶稣，求祂显个天上来的神迹给他们看。2耶稣回答说：傍晚天发红，你们就说：天必要晴。3早晨天发红，又阴沉，你们就说：今天必有风雨。你们知道分辨天上的气色，反倒不能分辨时代的征兆。4一个邪恶淫乱的世代求看神迹，除了约拿的神迹以外，再没有神迹给他们看。祂就离开他们走了。

防备法利赛人和撒都该人的教训（可8:14-21）

5门徒到了对岸，忘了带饼。6耶稣对他们说：你们要谨慎，防备法利赛人和撒都该人的酵。7门徒就彼此议论说：这是因为我们没有带饼吧？

8耶稣知道了，就说：小信的人哪，为什么因为没有饼就彼此议论呢？9你们还不明白吗？不记得那五个饼分给五千人，又收拾了多少篮子的零碎吗？10也不记得那七个饼分给四千人，又收拾了多少筐子的零碎吗？11你们怎么不明白呢？我对你们说的不是饼，而是要防备法利赛人和撒都该人的酵。12门徒这才明白，祂说的不是要防备饼的酵，而是要防备法利赛人和撒都该人的教训。

彼得说出耶稣是基督（可 8:27-30；路 9:18-20）

13耶稣到了凯撒利亚腓立比的境内，就问门徒说：人们说人子是谁？14他们说：有人说是施洗者约翰；又有人说是以利亚；还有人说是耶利米，或是先知中的一位。15祂又问：你们说我是谁？16西门彼得回答说：你是基督，是活神的儿子！

17耶稣对他说：约拿的儿子西门，你是有福的！因这不是属血肉的启示你的，而是我在天上的父启示你的。18我告诉你，你是彼得（意：磐石），我要把我的教会建造在这磐石上，阴间的权势（直译：阴间的门）不能胜过她。19我还要把天国的钥匙交给你；凡你在地上捆绑的，必在天上也已经捆绑；凡你在地上释放的，必在天上也已经释放。20当下耶稣嘱咐门徒，不可对人说祂是基督。

耶稣预言受难与复活（可 8:31-9:1；路 9:22-27）

21从那时候，耶稣才指示门徒，祂必须上耶路撒冷去，受长老、祭司长和经学家许多的苦，并且被杀害，第三天复活。22彼得就把祂拉到一边，责劝祂说：主啊，万不可如此！这事绝不会临到你。23耶稣转过来，对彼得说：撒但，退到我后面去！你是绊跌我的，因为你不思念神的事，只思念人的事。

24于是耶稣对门徒说：若有人要跟从我，就当舍己，背起他的十字架来跟从我。25因为凡要救自己生命的，必丧掉生命；凡为我丧掉生命的，必得着生命（生命：ψυχή，指魂生命）。26人就是赚得全世界，却赔上自己的生命，有什么益处呢？人还能拿什么换回生命呢？27因为人子要在祂父的荣耀里带着众天使降临，那时祂要按照各人所行的报应各人。

28我实在告诉你们，站在这里的，有人在尝死味以前（意：去世以前），就要看见人子在祂国里降临。

第十七章

耶稣改变形象（可 9:2-13；路 9:28-36）

1过了六天，耶稣带着彼得、雅各、和雅各的兄弟约翰，悄悄地上了高山，2就在他们面前变了形象，脸面明亮如太阳，衣服变得白如光。3忽然，有摩西和以利亚向他们显现，同耶稣说话。4彼得对耶稣说：主啊，我们在这里真好！你若愿意，我就在这里搭三座棚，一座为你，一座为摩西，一座为以利亚。

5他还在说话，忽然有一朵光明的云彩遮盖他们，又有声音从云彩里出来，说：这是我的爱子，我所喜悦的；你们要听祂！6门徒听见，就脸伏于地，极其害怕。7耶稣前来摸他们，说：起来，不要害怕！8他们举目再看，不见其他的人，只见耶稣。

9下山的时候，耶稣吩咐他们说：人子从死里复活以前，不可将所看见的告诉人。

10门徒问耶稣说：经学家为什么说以利亚必须先来呢？11耶稣回答说：以利亚确实要先来，并要复兴万事。12只是我告诉你们，以利亚已经来了，人却不认识他，竟然任意待他。人子也照样要受他们的苦害。13于是门徒明白，祂对他们说的是施洗者约翰。

治好被鬼附的小孩（可9:14-29；路9:37-42）

14耶稣和门徒到了众人那里，有一个人来见耶稣，向祂跪下，说：15主啊，求你怜悯我的儿子！他患了癫痫病，非常痛苦，多次跌在火里，多次跌在水里。16我带他到你的门徒那里，他们却不能治好他。

17耶稣说：唉！不信又悖谬的世代啊，我同着你们要到几时呢？我忍耐你们要到几时呢？把他带到我这里来吧！18耶稣斥责那鬼，鬼就出来了；从那时候，孩子就痊愈了。

19门徒私下来问耶稣说：我们为什么不能赶出那鬼呢？20耶稣说：因为你们信心太小。我实在告诉你们，你们若有一粒芥菜种大的信心，就是对这座山说：你从这边挪到那边！它也必挪过去；并且没有什么事是你们不能做的了。21至于这一类的鬼，若不祷告禁食是不会出来的。

第二次预言受难与复活（可9:30-32；路9:43-45）

22他们聚集在加利利的时候，耶稣对门徒说：人子将要被交在人的手里。23他们要杀害祂，第三天祂要复活。门徒就极其忧愁。

儿子是免税的

24他们到了迦百农，有收殿税的人来问彼得说：你们的老师不纳殿税吗？25彼得说：纳。他进了屋，耶稣先问他说：西门，你以为如何：世上的君王向谁征收关税、丁税？是向自己的儿子，还是向外人呢？26彼得说：向外人。

耶稣说：既然如此，儿子是免税的。27但为避免触犯他们，你且到湖边去钓鱼，把先钓上来的鱼拿起来，打开它的口，必得一块钱，可以拿去给他们，作你我的殿税。

第十八章

天国里谁是最大的（可9:33-37；路9:46-48）

1那时，门徒前来问耶稣说：天国里谁是最大的呢？2耶稣就把一个小孩子叫来，使他站在他们当中，3说：我实在告诉你们，你们若不回转，变得像小孩子一样，绝不能进天国。4凡降卑自己像这小孩子的，他在天国里就是最大的。5凡因我的名接待一个像这小孩子的，就是接待我。

要严厉地对付犯罪（可9:42-48）

6凡使这信入（believe in）我的一个小子犯罪的，倒不如把大磨石拴在他的脖子上，沉入深海里。7这世界有祸了，因为有使人犯罪的事。使人犯罪的事是免不了的，但那使人犯罪的有祸了！8倘若你一只手或一只脚使你犯罪，就砍下来丢掉；你缺了一只手或一只脚进入永生，强如有两手两脚被丢进永火里。9倘若你一只眼使你犯罪，就剜出来丢掉；你只有一只眼进入永生，强如有两只眼被丢进地狱的火里。

迷羊的比喻（路15:1-7）

10你们要小心，不可轻看这小子里的一个；我告诉你们，他们的使者在天上，常见我天父的面。（有古卷有11节：人子来，是要拯救失丧的人。）

12你们以为如何：一个人有一百只羊，若一只迷失了，难道他不把这九十九只留在山边，去找那只迷失的羊吗？13若是找着了，我实在告诉你们，他为这一只羊欢喜，比为那没有迷失的九十九只欢喜还大。14照样，你们在天上的父，也不愿意这小子里失丧一个。

如何对待得罪你的弟兄

15倘若你的弟兄得罪你，你就去，私下指出他的错；他若听你，你便得回你的弟兄。16他若不听，你就带一两个人同去，使每句话都有两三个见证人的口证实。17他若不听他们，就要告诉教会；他若连教会也不听，就把他看作是外邦人和税吏。

18我实在告诉你们，凡你们在地上捆绑的，必在天上也已经捆绑；凡你们在地上释放的，必在天上也已经释放。19我又告诉你们，若你们中间有两个人在地上，在所求的任何事上都同心合意，我在天上的父必为他们成全。20因为无论在哪里，有两三个人奉我的名聚会，那里就有我在他们中间。

不饶恕人的也得不着饶恕

21那时，彼得前来问耶稣说：主啊，我的弟兄得罪我，我当饶恕他几次呢？到七次可以吗？

22耶稣说：我告诉你，不是到七次，而是到七十个七次。23因此，天国好比一个王要和他的奴仆算账。24算账开始了，一个欠了一万他连得[1]银子的被带上来。25因为他没有什么偿还，主人就吩咐把他和他的妻子儿女，并他一切所有的都卖了偿还。26那奴仆就俯伏拜他，说：求你宽容我，将来我必还请。27那奴仆的主人就动了慈心，免了他的债，把他释放了。

28但那奴仆出来，遇见一个欠他一百银币的同伴，就揪住他，掐住他的喉咙说：把所欠的还我！29他的同伴就俯伏央求他，说：求你宽容我，将来我必还你。30他却不肯，竟去把他送进监牢，要他还清所欠的债。

31众同伴看见所发生的事，就极其忧伤，去把一切事都告诉主人。32于是主人把他叫来，对他说：你这个恶奴才！你央求我，我就把你所欠的都免了。33难道你不应该怜悯你的同伴，像我怜悯你吗？34主人就大怒，把他交给施刑的，要他还清所欠的债。

35如果你们各人不从心里饶恕你的弟兄，我的天父也要这样对待你们。

注：1 他连得：一他连得约为六千银币，相当于一个雇工二十年的工钱。

第十九章

神配合的，人不可分开（可10:1-12）

1耶稣说完了这些话，就离开加利利，来到约旦河东犹太的境界。2有许多人跟着祂；祂在那里治好了他们的病人。

3有法利赛人来试探耶稣，问：人可以因任何缘故休妻吗？4耶稣回答说：那起初造人的，造他们有男又有女。5并且说：因此，人要离开父母，与妻子连合，二人成为一体。这经你们没有念过吗？6既然如此，夫妻不再是两个人，而是一体的了。所以，神配合的，人不可分开。

7法利赛人又问：那么，摩西为什么吩咐给妻子休书，就可以休她呢？8耶稣说：摩西因为你们心硬，所以准许你们休妻，但起初并不是这样。9我告诉你们，凡休妻另娶的，若不是因她有淫行，就是犯奸淫。

10门徒对耶稣说：人和妻子的事若是这样，倒不如不结婚。11耶稣说：这话不是人人都能接受的，只有赐给谁，谁才能接受。12因为有的人是生来不能结婚，也有人是被人阉割不能结婚，还有人是为天国的缘故自愿不结婚。这话谁能接受，就让谁接受吧。

耶稣为小孩子祝福（可 10:13-16；路 18:15-17）

13那时，有人带着小孩子来见耶稣，要祂给他们按手祷告，门徒就责备那些人。14耶稣说：让小孩子到我这里来，不要阻止他们，因为天国正是属于这样的人。15祂给他们按了手，就从那里往前去。

财主难进神的国（可 10:17-31；路 18:18-30）

16有一个人来问耶稣说：老师，我该做什么善事，才能得永生呢？17耶稣对他说：你为什么以善事问我呢？只有一位是善的。你若想进入永生，就应当遵守诫命。18他又问：哪些诫命呢？耶稣说：不可杀人；不可奸淫；不可偷盗；不可作伪证；19当孝敬父母；要爱人如己。20那青年说：这一切我都遵守了，还缺少什么呢？

21耶稣说：你若想要完全，就去卖掉你的家业，分给穷人，你就必有财宝在天上；你还要来跟从我。22那青年听见这话，就忧忧愁愁地走了，因为他有很多产业。

23耶稣对门徒说：我实在告诉你们，财主进天国是难的。24我又告诉你们，骆驼穿过针的眼，比财主进神的国还容易呢！25门徒听见这话，就非常希奇，说：这样，谁能得救呢？

26耶稣看着他们，说：在人这是不可能的，但是在神凡事都能。27彼得就对祂说：看哪，我们已经撇下所有的跟从了你，将来我们要得什么呢？

28耶稣说：我实在告诉你们，你们这些跟从我的人，到了复兴的时候，人子坐在祂荣耀的宝座上，你们也要坐在十二个宝座上，审判以色列的十二个支派。29凡为我的名撇下房屋，或弟兄、姐妹、父亲、母亲、儿女、田地的，必要得着百倍，且要承受永生。30然而，许多在前的将要在后，在后的将要在前。

第二十章

葡萄园主雇工人的比喻

1因为天国好像一个园主清早出去雇人到他的葡萄园做工，2和工人讲定一天一个银币，就派他们到他的葡萄园去。

3约在九点，他又出去，看见还有人站在市场上没活干，4就对他们说：你们也到我的葡萄园去，所当给的，我必给你们。他们就去了。5约在正午和下午三点，他又出去，也是这样行。

6约在下午五点，他又出去，看见还有人站在那里，就问他们说：你们为什么整天在这里闲站呢？7他们说：因为没有人雇我们。他说：你们也到我的葡萄园去吧。

8到了傍晚，园主对工头说：把工人叫来，给他们工钱，从最后来的开始，到最先来的为止。9约在下午五点被雇的人来了，各人得了一个银币。

10那些最先被雇的人来了，他们以为必要多得，谁知也是各得一个银币。11他们拿到以后，就埋怨园主说：12我们整天劳苦受热，那后来的只做了一小时，你竟然使他们和我们一样！

13园主回答其中的一个说：朋友，我并没有亏负你，你与我讲定的不是一个银币吗？14拿着你的走吧！我给那后来的和给你的一样，这是我愿意的。15难道我不可以随我的意愿用我的钱吗？还是因我慷慨你就嫉妒呢？

16这样，那在后的将要在前，在前的将要在后了。

第三次预言受难与复活（可 10:32-34；路 18:31-34）

17耶稣上耶路撒冷去的时候，在路上把十二个门徒带到一边，对他们说：18看哪，我们上耶路撒冷去，人子要被交给祭司长和经学家；他们要定祂死罪，19然后交给外邦人去戏弄，鞭打，钉在十字架上；第三天祂要复活。

不是要受服事，而是要服事人（可 10:35-45）

20那时，西庇太儿子的母亲同着两个儿子来拜耶稣，求祂一件事。21耶稣问她说：你要什么呢？她说：愿你应许我这两个儿子在你的国里，一个坐在你右边，一个坐在你左边。

22耶稣说：你们不知道所求的是什么。我将要喝的杯，你们能喝吗？他们说：我们能。23耶稣说：我所喝的杯，你们必要喝；只是坐在我的左右，不是我可以赐的，而是我父为谁预备的，就赐给谁。24那十个门徒听见，就恼怒这两个弟兄。

25耶稣把他们叫来，说：你们知道，外邦人有君王作主治理他们，有大臣操权管辖他们。26但在你们中间不是这样；你们中间谁想为大，就必须作你们的仆役；27你们中间谁想为首，就必须作你们的奴仆。28正如人子来，不是要受服事，而是要服事人，并且要舍命，作多人的赎价。

治好瞎眼的人（可 10:46-52；路 18:35-43）

29他们出耶利哥的时候，有许多人跟随耶稣。30有两个瞎子坐在路旁，听说是耶稣经过，就喊着说：主啊，大卫的子孙，可怜我们吧！31众人责备他们，不许他们作声；他们却更加喊着说：主啊，大卫的子孙，可怜我们吧！

32耶稣就站住，叫他们过来，问：要我为你们做什么？33他们说：主啊，要我们的眼睛能看见！34耶稣动了慈心，就摸他们的眼睛；他们立刻看见，就跟从了耶稣。

第二十一章

骑驴进耶路撒冷（可 11:1-11；路 19:28-40；约 12:12-19）

1耶稣和门徒临近耶路撒冷，到了伯法其，在橄榄山那里。2耶稣就派两个门徒，对他们说：你们到对面的村子里去，立刻就会看见一匹驴拴在那里，身边还有驴驹；你们解开，牵到我这里来。3若有人对你们说什么，你们就说：主需要它们。那人必立即让你们牵来。

4这事发生，是要应验先知所说的话：5要对锡安的居民说：看哪，你的王到你这里来了！祂谦谦和和地骑驴而来，骑的是驴驹，就是驴的崽子。

6门徒就照耶稣所吩咐的去行，7牵来驴和驴驹，把自己的衣服搭在上面，耶稣就骑上。8有许多人把衣服铺在路上，还有人砍来树枝铺在路上。9前呼后拥的众人喊着说：和散那归与大卫的子孙！奉主之名来的当受称颂！至高之处的和散那！

10耶稣进了耶路撒冷，全城轰动，问：这是谁？11众人说：这是来自加利利拿撒勒的先知耶稣。

洁净圣殿（可 11:15-19；路 19:45-48；约 2:13-22）

12耶稣进了圣殿，就赶出所有在殿里做买卖的人，推倒兑换钱币之人的桌子，和卖鸽子之人的凳子，13对他们说：经上记着：我的殿必称为祷告的殿。你们倒使它成为贼窝了！

14殿里的瞎子、瘸子来到祂跟前，祂就治好了他们。15祭司长和经学家看见祂所行的奇事，又见小孩子在殿里喊着说：和散那归与大卫的子孙！就甚恼怒，16对祂说：这些孩子所说的，你听见了吗？耶稣说：听见了，经上说：从孩童和婴儿的口中，你预备了赞美。你们没有念过吗？17于是离开他们，出城到伯大尼去，在那里住宿。

咒诅无花果树（可 11:12-14、20-24）

18早晨回城的时候，耶稣饿了，19看见路旁有一棵无花果树，就走到跟前，但在树上什么也找不着，只有叶子，就对树说：你永远不再结果子！那棵树就立刻枯干了。20门徒看见就希奇，问：这棵无花果树怎么立刻就枯干了呢？

21耶稣回答说：我实在告诉你们，你们若有信心，不疑惑，不但能行向这无花果树所行的事，就是对这座山说：你要挪开，投进海里！也必成就。22你们祷告，无论求什么，只要相信，就必得着。

质问耶稣的权柄（可 11:27-33；路 20:1-8）

23耶稣进了圣殿，正在施教的时候，祭司长和民间的长老来问祂说：你凭什么权柄做这些事？给你这权柄的是谁？24耶稣回答说：我也要问你们一句话，你们若告诉我，我就告诉你们我凭什么权柄做这些事。25约翰的洗礼是从哪里来的？是从天上来的，还是从人间来的？

他们彼此商议说：我们若说从天上来，祂必问我们说：那你们为什么不信他呢？26若说从人间来，我们又怕百姓，因为他们都以约翰为先知。27于是回答耶稣说：我们不知道。耶稣说：我也不告诉你们我凭什么权柄做这些事。

哪个儿子遵行了父命

28耶稣又说：你们以为如何：一个人有两个儿子；他去对大儿子说：我儿，你今天到葡萄园里去做工。29他回答说：我不去。但后来他懊悔，就去了。30父亲又去小儿子那里，说同样的话；他回答说：父啊，我去。但他并没有去。31这两个儿子中，哪一个遵行了父命呢？他们说：大儿子。

耶稣说：我实在告诉你们，税吏和娼妓要比你们先进神的国。32因为约翰在义路中来到你们这里，你们却不信他，税吏和娼妓倒信他。你们看见以后，仍不懊悔去信他。

凶恶园户的比喻（可 12:1-12；路 20:9-19）

33你们再听一个比喻：有个园主，栽了一个葡萄园，四周围上篱笆，里面挖了一个榨酒池，盖了一座守望楼，租给园户，就出外远行去了。34收果子的时候近了，园主就派仆人到园户那里去收果子。35园户竟抓住仆人，打了一个，杀了一个，用石头打死一个。36园主又派别的仆人去，比先前的更多；园户还是照样对待他们。

37最后，他派他的儿子去，说：他们必尊敬我的儿子。38园户看见他的儿子，竟彼此说：这是承受产业的；来吧，我们杀他，占有他的产业！39他们就抓住他，推出葡萄园外杀了。40这样，园主来的时候，要怎样惩治这些园户呢？

41他们说：要下毒手除灭那些恶人，将葡萄园另租给那按时候交果子的园户。

42耶稣说：经上记着：匠人所弃的石头，成了房角的头块石头。这事本是出于主，在我们眼中看为希奇。这经你们没有念过吗？43所以我告诉你们，神的国必从你们夺走，赐给那能结果子的百姓。44谁跌在这石头上，必要跌得粉碎；这石头掉在谁的身上，必把谁砸得稀烂。

45祭司长和法利赛人听了祂的比喻，就看出是指着他们说的。46他们想要捉拿祂，但又惧怕众人，因为众人以祂为先知。

第二十二章

婚筵的比喻（路 14:15-24）

1耶稣又用比喻对他们说：2天国好比一个王为他儿子摆设婚筵。3王派仆人去叫被请的人来赴婚筵，他们却不肯来。4王又派别的仆人去，说：你们告诉被请的人：我的筵席已经准备好了，公牛和肥畜已经宰了，各样都齐备，请来赴婚筵。5那些人却不理，都走了；一个去他田里，一个去做买卖，6其余的抓住仆人，凌辱他们，把他们杀了。

7王就发怒，派兵除灭那些凶手，烧毁他们的城。8然后对仆人说：婚筵已经准备好了，只是所请的人不配。9所以你们要到岔路口去，凡遇见的，都请来赴婚筵。10那些仆人就出去，到大路上，凡遇见的，不论好坏都招聚来，婚筵上就满了坐席的人。

11王进来观看坐席的人，见那里有一个没有穿婚筵礼服，12就对他说：朋友，你来这里怎么不穿婚筵礼服呢？那人无言可答。13于是王对仆人说：把他的手脚捆起来，丢在外面的黑暗里；在那里必要哀哭切齿了。

14因为被请的人多，选上的人少。

想以纳税的事陷害耶稣（可 12:13-17；路 20:20-26）

15当时，法利赛人出去商议，怎样就着耶稣的话陷害祂，16然后派他们的门徒同希律党的人来见耶稣，说：老师，我们知道你是诚实的，并且诚诚实实教导神的道，不顾忌任何人，因你不看人的情面。17请告诉我们，你以为如何：纳税给凯撒，应当不应当？

18耶稣看出他们的恶意，就说：伪善的人哪，为什么试探我？19拿一个纳税的钱币给我看！他们就拿一个银币给祂。20耶稣问：这头像和名号是谁的？21他们说：是凯撒的。耶稣说：这样，属凯撒的当归给凯撒，属神的当归给神。22他们听了就希奇，离开祂走了。

复活的问题（可 12:18-27；路 20:27-40）

23同一天，常说没有复活的撒都该人来问耶稣说：24老师，摩西说：人若死了，没有孩子，他的兄弟当娶他的妻子，为哥哥生子立后。25我们这里曾有弟兄七人，第一个娶了妻，死了，没有孩子，撒下妻子给兄弟。26第二个、第三个、直到第七个，都是如此。27最后，那妇人也死了。28那么，在复活的时候，她是这七人中哪一个的妻子呢？因为他们都娶过她。

29耶稣回答说：你们错了，因为不明白圣经，也不晓得神的大能。30在复活的时候，人不娶也不嫁，就像天上的使者一样。31至于死人复活，神向你们所说的，你们没有念过吗？32祂说：我是亚伯拉罕的神、以撒的神、雅各的神。神不是死人的神，而是活人的神。33众人听了这话，就希奇祂的教训。

最大的诫命（可 12:28-34）

34法利赛人听见耶稣堵住了撒都该人的口，就聚集而来；35其中有一个人是律法师，要试探耶稣，就问祂说：36老师，律法上哪一条诫命最大呢？37耶稣对他说：你要全心、全魂、全意爱主你的神。38这是最大的诫命，是第一条。39第二条也相仿：要爱人如己。40一切律法和先知的道理，都是基于这两条诫命。

基督与大卫的关系（可 12:35-37；路 20:41-44）

41法利赛人聚集的时候，耶稣问他们说：42论到基督，你们以为如何？祂是谁的子孙？他们说：是大卫的子孙。43耶稣说：那么，大卫被圣灵感动，怎么还称祂为主呢？他说：44主对我的主说：你坐在我的右边，等我把你仇敌放在你的脚下。45大卫既然称祂为主，祂又怎么会是大卫的子孙呢？46他们没有人能回答一句；从那天以后，没有人敢再问祂什么了。

第二十三章
经学家和法利赛人的伪善（可 12:38-40；路 11:37-41、20:45-47）

1那时，耶稣对众人和门徒讲论，2说：经学家和法利赛人是坐在摩西的位上，3所以，凡他们所吩咐你们的，你们都要谨守遵行；但不要效法他们的行为，因为他们只说不做。4他们把难担的重担捆起来，放在别人肩上，但自己连一个指头也不肯动。

5他们所做的一切事，都是为要叫人看见：他们将佩戴的经匣做宽了，衣服的穗子做长了；6他们喜爱筵席上的首座，会堂里的高位；7又喜爱人在街市上向他们问安，称呼他们拉比。

8但你们不要受拉比的称呼，因为只有一位是你们的老师，你们都是弟兄；9也不要称呼地上的人为父，因为只有一位是你们的父，祂是在天上；10也不要受师尊的称呼，因为只有一位是你们的师尊，就是基督。11你们中间谁为大，谁就要作你们的仆役。12凡自高的，必降为卑；自卑的，必升为高。

经学家和法利赛人的灾祸（路 11:42-52）

13伪善的经学家和法利赛人哪，你们有祸了！因为你们在人面前把天国的门关起来，自己不进去，也不让那要进去的人进。

14伪善的经学家和法利赛人哪，你们有祸了！因为你们侵吞寡妇的家产，假意作长长的祷告，所以要受更重的刑罚。（有古卷无14节）

15伪善的经学家和法利赛人哪，你们有祸了！因为你们走遍海洋陆地，去使一个人入教，入教以后，就使他作地狱之子，比你们还加倍。

16瞎眼的领路人哪，你们有祸了！你们说：凡指着殿起誓的，这誓算不得什么；但指着殿里的金子起誓的，他就应当谨守。17愚蠢又瞎眼的人哪，哪一样更大呢？是金子，还是使金子成圣的殿呢？

18你们又说：凡指着坛起誓的，这誓算不得什么；但指着坛上的祭物起誓的，他就应当谨守。19瞎眼的人哪，哪一样更大呢？是祭物，还是使祭物成圣的坛呢？

20所以，人指着坛起誓，就是指着坛和坛上的一切起誓；21人指着殿起誓，就是指着殿和住在殿里的神起誓；22人指着天起誓，就是指着神的宝座和坐宝座的神起誓。

23伪善的经学家和法利赛人哪，你们有祸了！因为你们将薄荷、茴香、芹菜献上十分之一，却把律法上更重要的事，就是公义、怜悯、信实忽略了。前者是你们应当行的，后者更是不可忽略的。24瞎眼的领路人哪，你们把蚊虫滤出来，反倒把骆驼吞下去！

25伪善的经学家和法利赛人哪，你们有祸了！因为你们洗净杯盘的外面，里面却装满了贪婪和放荡。26瞎眼的法利赛人哪，要先洗净杯盘的里面，好使外面也可以干净。

27伪善的经学家和法利赛人哪，你们有祸了！因为你们好像粉饰的坟墓，外面好看，里面却装满了死人的骨头和各种的污秽。28你们就是如此，外面向人显出公义，里面却装满了伪善和不法。

29伪善的经学家和法利赛人哪，你们有祸了！因为你们建造先知的坟，修饰义人的墓，30还说：我们若是活在我们祖先的日子，必不会和他们一同流先知的血。31所以你们自己证明，你们就是杀害先知之人的子孙。32你们去充满你们祖先的恶贯吧！

33你们这些蛇类、毒蛇之种啊，你们怎能逃脱地狱的刑罚呢？34所以我要派遣先知、智慧人、经学家到你们这里来，有的你们要杀害，要钉十字架；有的你们要在会堂里鞭打，从这城追逼到那城，35好使世上所流一切义人的血，就是从义人亚伯的血起，直到你们在殿和坛中间所杀的巴拉加的儿子撒迦利亚的血为止，都归到你们身上。36我实在告诉你们，这一切的罪都要归到这世代了。

为耶路撒冷哀叹（路 13:31-35）

37耶路撒冷啊，耶路撒冷！你常杀害先知，又用石头打死奉派到你这里来的人。我多次想要聚集你的儿女，好像母鸡把小鸡聚集在翅膀底下，可是你们不愿意！38看哪，你们的家必成荒场，留给你们。39我告诉你们，从今以后，你们绝不再看见我，直等到你们说：奉主之名来的当受称颂！

第二十四章

预言圣殿被毁（可 13:1-2；路 21:5-6）

1耶稣出了殿，离开的时候，门徒近前来，把殿的建筑指给祂看。2耶稣对他们说：你们不是看见这一切吗？我实在告诉你们，将来这里没有一块石头留在石头上，不被拆毁的。

这世代终结的预兆（可 13:3-13；路 21:7-19）

3耶稣坐在橄榄山上，门徒私下来问祂说：请告诉我们，什么时候会有这些事呢？你的再来和这世代的终结，有什么预兆呢？

4耶稣回答说：你们要谨慎，免得有人迷惑你们；5因为将来有好些人冒我的名来，说：我是基督！要迷惑许多人。6你们也必听见打仗和打仗的消息。务要小心，不要惊慌，因为这些事是必须有的，只是末期还没有到。7民要攻打民，国要攻打国；多处必有饥荒、地震。8这都只是灾难（原文是生产之痛）的开始。

9那时，人要把你们陷在患难里，也要杀害你们；你们还要因我的名被万民恨恶。10许多人要离弃信仰，并要彼此出卖，彼此恨恶；11且有好些假先知起来，迷惑许多人。12因为不法的事增多，许多人的爱心就渐渐冷淡了。13但那忍耐到底的，必然得救。14这天国的福音要传遍天下，向万民作见证，然后末期才到。

大灾难的日子（可 13:14-23；路 21:20-24）

15当你们看见先知但以理所说、那导致荒凉的可憎物立在圣地（读者须要领悟），16那时，在犹太的，应当逃到山上；17在房顶的，不要下来拿屋里的东西；18在田里的，也不要回去取衣服。

19在那些日子，怀孕的和乳养孩子的有祸了。20你们应当祈求，求你们逃难时不是在冬天或安息日。21因为那时必有大灾难，是从世界开始直到如今未曾有过的，以后也绝不会有。22那些日子若不减少，属血肉的没有一个能够得救；但是为了选民，那些日子必要减少。

23那时，若有人对你们说：看哪，基督在这里！或说：基督在那里！你们不要相信。24因为有假基督、假先知将要起来，显大神迹和大奇事，若是可能，连选民也要迷惑。25看哪，我预先告诉你们了。

26所以，若有人对你们说：看哪，基督在旷野里！你们不要出去；或说：看哪，基督在内室里！你们不要相信。27闪电怎样从东边发出，一直照到西边，人子再来也要这样。28尸首在哪里，鹰也必聚集在那里。

人子必驾云降临（可 13:24-31；路 21:25-33）

29那些日子的灾难一过去，太阳就变黑暗，月亮也不放光，众星从天坠落，天势都要震动。30那时，人子的兆头要显在天上，地上的万族都要哀哭。他们将要看见人子带着能力，大有荣耀，驾着天上的云降临。31祂要派遣使者，用号筒的大声，将祂的选民从四方，从天这边到天那边，都招聚起来。

32你们可以从无花果树学个比方：当树枝发嫩长叶的时候，你们就知道夏天近了；33照样，你们几时看见这一切的事，也该知道人子近了，就在门口了。34我实在告诉你们，这一代还没有过去，这些事就都要发生。35天地都要废去，我的话却绝不废去。

要警醒预备（可 13:32-37；路 12:35-40）

36至于那日子、那时辰，没有人知道，连天上的使者也不知道，子也不知道，唯独父知道。37挪亚的日子怎样，人子再来也是怎样。38在洪水以前的日子，人又吃又喝，又娶又嫁，直到挪亚进方舟的那天，39不知不觉洪水来了，把他们全都冲走了；人子再来也是这样。40那时，两个人在田里，一个被接去，一个被撇下；41两个女人推磨，一个被接去，一个被撇下。

42所以，你们要警醒，因你们不知道你们的主哪一天要来。43你们知道，家主若是晓得贼在某更天要来，就必警醒，不让窃贼挖进屋来。44所以你们也要预备，因为在你们没想到的时候，人子就来了。

忠心的仆人有福了（路 12:41-48）

45谁是那忠心又精明的仆人，为主人所派，管理家里的人，按时分粮给他们呢？46主人回来，看见他这样行，那仆人就有福了。47我实在告诉你们，主人要派他管理所有的财产。

48但仆人若是个恶仆，心里说：我的主人必回得迟！49就动手打他的同伴，又和酒徒一同吃喝；50在他没想到的日子，不知道的时辰，他的主人要来，51严厉地处罚他，定他和伪善的人同罪；在那里必要哀哭切齿了。

第二十五章

十个童女的比喻

1那时，天国好比十个童女，拿着灯去迎接新郎。2其中五个是愚拙的，五个是聪明的。3愚拙的拿着灯，却没有多带油；4聪明的拿着灯，又用瓶子带油。5新郎迟延未到，她们都打盹睡着了。

6半夜有人喊着说：新郎来了，你们出来迎接他！7那些童女就都起来，整理自己的灯。8愚拙的对聪明的说：请分点油给我们，因为我们的灯快要灭了。9聪明的回答说：不行，这油不够你我分用；你们还是到卖油的那里为自己买吧。

10她们去买的时候，新郎到了；那预备好了的童女，就同他进去参加婚筵，门就关了。11其余的童女随后也来了，说：主啊，主啊，请给我们开门！12他却回答说：我实在告诉你们，我不认识你们！

13所以，你们要警醒，因为那日子、那时辰，你们不知道。

和仆人算账的比喻（路 19:11-27）

14天国又好比一个人要出外远行，就把仆人叫来，把家业交给他们，15按着各人的才干给他们银子：一个给了五他连得 1，一个给了二他连得，一个给了一他连得，就出外远行去了。16那领五他连得的，随即拿去做买卖，另外赚了五他连得。17那领二他连得的，也照样另赚了二他连得。18但那领一他连得的，去掘开地，把主人的银子埋藏起来。

19过了很久，那些仆人的主人回来了，要和他们算账。20那领五他连得的，带着另外五他连得前来，说：主啊，你交给我五他连得；请看，我另赚了五他连得。21主人说：好！良善又忠心的仆人，你在不多的事上有忠心，我要把许多事派你管理。进来享受你主人的快乐吧！

22那领二他连得的也前来，说：主啊，你交给我二他连得；请看，我另赚了二他连得。23主人说：好！良善又忠心的仆人，你在不多的事上有忠心，我要把许多事派你管理。进来享受你主人的快乐吧！

24那领一他连得的也来了，说：主啊，我知道你是个厉害的人，没有种的地方要收割，没有撒的地方要收聚。

25我就害怕，去把你的一他连得埋藏在地里。看哪，你的银子还在这里。

26主人回答说：你这又恶又懒的奴才！你既知道我没有种的地方要收割，没有撒的地方要收聚，27就当把我的银子存进银行，到我回来的时候，可以连本带利取回。

28夺过他这一他连得来，给那有十他连得的。29因为凡有的，还要加给他，使他有余；没有的，连他仅有的，也要从他夺走。30把这无用的奴才丢在外面的黑暗里；在那里必要哀哭切齿了。

绵羊与山羊

31当人子在祂的荣耀里，带着所有天使降临的时候，祂要坐在荣耀的宝座上。32万民要被聚集到祂面前；祂要把他们彼此分开，好像牧人把绵羊与山羊分开，33把绵羊安置在右边，山羊在左边。

34那时，王要对那在右边的说：你们这蒙我父赐福的，来承受从创世就为你们所预备的国吧！35因为我饿了，你们给我吃；我渴了，你们给我喝；我作客旅，你们留我住；36我衣不遮体，你们给我穿；我病了，你们看顾我；我坐牢，你们来看我。

37义人就回答说：主啊，我们什么时候见你饿了给你吃，或是渴了给你喝呢？38什么时候见你作客旅留你住，或是衣不遮体给你穿呢？39又在什么时候见你病了或是坐牢，来看你呢？40王要回答说：我实在告诉你们，这些事你们既做在了我这些弟兄中一个最小的身上，就是做在了我身上。

41王又要对那在左边的说：你们这被咒诅的人，离开我，进入那为魔鬼和他的使者所预备的永火里去吧！42因为我饿了，你们不给我吃；我渴了，你们不给我喝；43我作客旅，你们不留我住；我衣不遮体，你们不给我穿；我病了，我坐牢，你们不来看顾我。

44他们也要回答说：主啊，我们什么时候见你饿了，或渴了，或作客旅，或衣不遮体，或病了，或坐牢，却不服事你呢？45王要回答说：我实在告诉你们，这些事你们既不做在我这些弟兄中一个最小的身上，就是不做在我身上。

46这些人要往永刑里去；那些义人要往永生里去。

注：1 他连得：一他连得约为六千银币。另外，他连得（talent）有才能、才干、才艺之意。

第二十六章

图谋杀害耶稣（可 14:1-2；路 22:1-2；约 11:45-53）

1耶稣说完了这一切的话，就对门徒说：2你们知道，过两天是逾越节，人子将要被交给人，钉在十字架上。

3那时，祭司长和民间的长老聚集在大祭司该亚法的院子里，4商议要用诡计捉拿耶稣，将祂杀害，5只是说：不可在节期下手，恐怕民间生乱。

在伯大尼受膏（可 14:3-9；约 12:1-8）

6耶稣在伯大尼曾患麻风的西门家里，7有个女人拿着一玉瓶极贵的香膏来，趁祂坐席的时候，浇在祂的头上。8门徒看见，就很恼怒，说：何必这样浪费呢？9这香膏可以卖很多钱，周济穷人。

10耶稣知道了，就说：为什么为难这女人呢？她向我所做的是一件美事。11因为常有穷人和你们同在，可是你们不常有我。12她将这香膏浇在我身上，是为我的安葬做准备。13我实在告诉你们，普天之下，无论在什么地方传这福音，都要述说这女人所行的，以记念她。

犹大出卖耶稣（可 14:10-11；路 22:3-6）

14当下，十二门徒之一、称为加略人犹大的，去见祭司长，15说：我把祂交给你们，你们愿意给我什么？他们就给了他三十块银子。16从那时候，他就寻找机会出卖耶稣。

预备逾越节的晚餐（可 14:12-16；路 22:7-13）

17除酵节的第一天，门徒来问耶稣说：你吃逾越节的晚餐，要我们在哪里给你预备呢？18耶稣说：你们进城去，到某人那里，对他说，老师说：我的时候快到了，我与门徒要在你的家里守逾越节。19门徒就照耶稣所吩咐的，预备了逾越节的晚餐。

预言有人要出卖祂（可 14:17-21；约 13:21-30；参路 22:21-23）

20到了傍晚，耶稣和十二个门徒坐席。21正吃的时候，耶稣说：我实在告诉你们，你们中间有一个人要出卖我。22他们就极其忧愁，一个一个地问祂说：主啊，是我吗？

23耶稣回答说：那和我一同在盘子里蘸饼吃的，就是要出卖我的。24人子必要去世，正如经上指着祂所写的；但那出卖人子的人有祸了！那人没有生在世上倒好。25那要出卖祂的犹大问祂说：拉比，是我吗？耶稣说：你说的是。

设立主的晚餐（可 14:22-26；路 22:14-20；参林前 11:23-25）

26他们吃的时候，耶稣拿起饼来，祝了福，就擘开，递给门徒，说：你们拿着吃，这是我的身体。27又拿起杯来，祝谢了，递给他们，说：你们都喝吧；28这是我立约的血，为许多人所流的，使罪得赦免。29但我告诉你们，从今以后，我绝不再喝这葡萄酒，直到我在我父的国里同你们喝新酒的那一天。

30他们唱了诗，就出来往橄榄山去。

预言彼得不认主（可 14:27-31；路 22:31-34；约 13:36-38）

31那时，耶稣对他们说：今夜你们都要因我跌倒，因为经上记着说：我要击打牧人，羊就分散了。32但我复活以后，要在你们以前到加利利去。33彼得说：就算所有人都因你跌倒，我也绝不跌倒。

34耶稣对他说：我实在告诉你，今夜鸡叫以前，你要三次不认我。35彼得说：我就是必须和你同死，也绝不会不认你。众门徒也都是这样说。

在客西马尼祷告（可 14:32-42；路 22:39-46）

36耶稣同门徒来到一个地方，名叫客西马尼，就对他们说：你们坐在这里，等我到那边去祷告。37于是带着彼得和西庇太的两个儿子同去，就忧愁起来，极其难过，38对他们说：我的魂极其忧伤，几乎要死；你们留在这里，和我一同警醒。

39祂稍往前走，就脸伏于地，祷告说：我父啊，若是可能，求你使这杯离开我；然而，不要照我的意愿，只要照你的旨意。40回到门徒那里，见他们睡着了，就对彼得说：怎么？你们不能同我警醒片刻吗？41务要警醒祷告，免得陷入试探；你们的灵虽然愿意，肉体却是软弱。

42 祂又第二次去祷告，说：我父啊，若是这杯不能离开我，我必须喝，就愿你的旨意成就。43 回来又见他们睡着了，因为他们十分困倦。44 祂又离开他们，第三次去祷告，说的还是同样的话。45 然后回到门徒那里，对他们说：你们仍然睡觉休息吗？看哪，时候到了，人子要被交在罪人手里了！46 起来，我们走吧！看哪，出卖我的人近了！

耶稣被捕（可 14:43-50；路 22:47-53；约 18:1-14）

47 耶稣还在说话，十二门徒之一的犹大，带着许多拿着刀棒的人来了，是从祭司长和民间的长老那里来的。48 这出卖耶稣的给了他们一个暗号，说：我与谁亲脸，谁就是祂；你们就抓住祂。49 犹大随即走到耶稣跟前，说：拉比，你好！就与祂亲脸。

50 耶稣对他说：朋友，你来要做的事，快做吧！那些人就上前，下手抓住耶稣。51 跟随耶稣的人，有一个伸手拔出刀来，将大祭司的仆人砍了一刀，削掉了他一个耳朵。

52 耶稣对他说：收刀入鞘吧！凡动刀的，必死在刀下。53 你以为我不能求我父，现在为我派遣多于十二营的天使来吗？54 若是这样，经上所说事情必须如此的话，怎么应验呢？

55 那时，耶稣对众人说：你们拿着刀棒出来抓我，如同抓强盗吗？我天天坐在殿里施教，你们并没有抓我。56 但这一切的事发生，是要应验先知书上的话。当下，门徒都离开祂逃走了。

耶稣在议会受审（可 14:53-65；路 22:63-71；参约 18:19-24）

57 抓捕耶稣的人，把祂押到大祭司该亚法那里去；经学家和长老已经聚集在那里。58 彼得远远地跟着耶稣，直到大祭司的院子，进到里面，就和差役坐在一起，要看结果怎样。

59 祭司长和全议会的人寻找伪证控告耶稣，好处死祂，60 却找不着，虽然有好些人来作伪证。最后有两个人前来，说：61 这个人曾说：我能拆毁神的殿，三天内又建造起来。

62 大祭司就站起来，问耶稣说：你什么都不回答吗？这些人作证告你的是什么呢？63 耶稣却不言语。大祭司对祂说：我指着永活神要你起誓告诉我们：你是不是神的儿子基督？64 耶稣对他说：你说的是。然而我还告诉你们，以后你们将要看见人子坐在那权能者的右边，驾着天上的云降临。

65 大祭司就撕破衣服，说：祂说僭妄的话了！我们何需再找证人呢？这僭妄的话你们都听见了。66 你们以为如何？他们回答说：祂是该死的！67 他们就吐唾沫在祂脸上，用拳头打祂；还有人打祂耳光，说：68 基督啊！你是先知，告诉我们打你的是谁？

彼得三次不认主（可 14:66-72；路 22:54-62；约 18:15-18、25-27）

69 彼得在外面的院子里坐着，有个使女前来，说：你也是同加利利人耶稣一伙的。70 他在众人面前却不承认，说：我不知道你说的是什么！

71 彼得出到门口，又有一个使女看见他，就对那里的人说：这个人也是同拿撒勒人耶稣一伙的。72 他又不承认，起誓说：我不认识那个人！

73没过多久，站在旁边的人上前对彼得说：你实在是他们一伙的，你的口音把你露出来了。74他就发咒起誓说：我不认识那个人！立刻鸡就叫了。75彼得想起耶稣说过的话：鸡叫以前，你要三次不认我。他就出去痛哭。

第二十七章

1到了早晨，众祭司长和民间的长老商定要将耶稣处死，2就把祂捆绑，押去交给总督彼拉多。

犹大上吊而死（参徒 1:18-19）

3这时，出卖耶稣的犹大看见耶稣被定了死罪，就很后悔，把那三十块银子还给祭司长和长老，说：4我出卖了无辜之人的血，有罪了。他们说：这与我们何干？你自己看着办吧！5他就把那银子丢在殿里，出去上吊死了。

6祭司长把银子拾起来，说：这是血价，不可放在殿库里。7他们经过商议，就用那些银子买下窑匠的田，作为外乡人的坟地。8所以那块田称为血田，直到今天。9这就应验了先知耶利米所说的话：他们拿这三十块银子，就是以色列人给祂所估定的价钱，10买了窑匠的田，正如主所指示我的。

耶稣在彼拉多面前受审（可 15:1-5；路 23:1-5；约 18:28-40）

11耶稣站在总督面前；总督问祂说：你是犹太人的王吗？耶稣说：你说的是。12但祂被祭司长和长老控告的时候，什么都不回答。13彼拉多就问祂说：他们作证告你这么多的事，你没有听见吗？14耶稣仍不回答，连一句话也不说，以致总督非常希奇。

耶稣被判钉十字架（可 15:6-15；路 23:13-25；约 19:1-16）

15每逢这个节期，总督会照惯例随众人所要的，释放一个囚犯给他们。16当时有个臭名昭著的囚犯，名叫巴拉巴。17众人聚集的时候，彼拉多问他们说：你们要我释放哪一个给你们？是巴拉巴，还是称为基督的耶稣？18他原知道他们是因嫉妒才把耶稣交给他的。

19他正在坐堂的时候，他的夫人派人来说：这个义人的事，你一点不要管，因为今天我在梦中因祂受了许多的苦。

20但祭司长和长老挑唆众人，要求释放巴拉巴，除灭耶稣。21总督问众人说：这两个人，你们要我释放哪一个给你们呢？他们说：巴拉巴！22彼拉多又问：那么，这称为基督的耶稣，我怎样处置呢？他们都说：钉祂十字架！23他再问：为什么呢？祂做了什么恶事呢？他们更加喊着说：钉祂十字架！

24彼拉多见说也无济于事，反要生乱，就拿水在众人面前洗手，说：流这人的血，罪不在我，你们自己看着办吧！25众人都回答说：祂的血归到我们和我们的子孙身上！26于是彼拉多释放巴拉巴给他们，将耶稣鞭打了，交给人钉十字架。

兵丁戏弄耶稣（可 15:16-20；参约 19:2-3）

27总督的兵丁就把耶稣带进总督府，叫全营的人都聚集到祂周围。28他们剥了祂的衣服，给祂穿上朱红色的袍子，29又用荆棘编作冠冕，戴在祂的头上，再拿一根苇秆放在祂的右手里，然后跪在祂面前，戏弄祂说：犹太人的王万岁！30又向祂吐唾沫，拿过那根苇秆打祂的头。31戏弄完了，就脱下那袍子，给祂穿上自己的衣服，把祂押去钉十字架。

耶稣被钉十字架（可 15:21-32；路 23:26-43；约 19:17-24）

32他们出来的时候，遇见一个古利奈人，名叫西门，就强迫他背着耶稣的十字架。33到了一个地方，名叫各各他，意思就是髑髅地。34兵丁拿苦胆调和的酒给耶稣喝；祂尝了尝，就不肯喝。

35他们将祂钉了十字架，就拈阄分祂的衣服，36然后坐在那里看守祂。37在祂的头以上安了一个牌子，写着祂的罪状：这是犹太人的王耶稣。38有两个强盗和祂同钉十字架，一个在右边，一个在左边。

39路过的人侮辱祂，摇着头说：40你这拆毁圣殿、三天内又建造起来的，救救自己吧！你若是神的儿子，就从十字架上下来吧！41祭司长和经学家并长老，也照样嘲笑祂，说：42祂曾经救别人，却不能救自己！祂若是以色列的王，现在可以从十字架上下来，我们就信祂。43祂倚靠神，神若喜悦祂，现在可以救祂；因为祂曾说：我是神的儿子。44那和祂同钉的强盗，也照样讥笑祂。

耶稣死时的情形（可 15:33-41；路 23:44-49；约 19:28-34）

45从正午到下午三点，遍地都黑暗了。46约在三点，耶稣大声喊着说：以利！以利！拉马撒巴各大尼？意思是：我的神！我的神！你为什么离弃我？47站在那里的人，有的听见就说：祂在呼叫以利亚呢！48其中有一个人赶紧跑去，拿海绵蘸满醋，绑在苇秆上递给祂喝。49其余的人说：等一等，看以利亚来不来救祂。

50耶稣又大声喊叫，就交出了祂的灵。51这时，殿里的隔幔[1]从上到下裂为两半，地也震动，磐石崩裂，52坟墓也开了，许多已睡圣徒的身体起来了。53到了耶稣复活以后，他们从坟墓里出来，进入圣城向许多人显现。

54百夫长和一同看守耶稣的人，看见地震和所发生的事，就极其害怕，说：这人真是神的儿子！55有好些妇女在那里从远处观看；她们是从加利利跟随耶稣、服事祂的。56其中有抹大拉的马利亚、雅各和约西的母亲马利亚、与西庇太两个儿子的母亲。

耶稣的安葬（可 15:42-47；路 23:50-56；约 19:38-42）

57到了傍晚，有个名叫约瑟的财主来了；他是亚利马太人，也是耶稣的门徒。58他去见彼拉多，求耶稣的身体；彼拉多就吩咐给他。59约瑟取了身体，用洁净细麻布裹好，60安放在自己的新坟墓里，就是他在磐石中凿出来的；又把一块大石头滚到坟墓口，这才离去。61抹大拉的马利亚和那个马利亚也在那里，对着坟墓坐着。

卫兵严密看守坟墓

62次日，就是预备日过后的那一天，祭司长和法利赛人聚集来见彼拉多，说：63大人，我们记得那个迷惑人的生前曾说：三天以后，我要复活。64因此，请吩咐人将坟墓严密看守，直到第三天，免得祂的门徒来把祂偷去，然后对百姓说：祂从死里复活了。这样，那后来的迷惑比先前的更厉害了。

65彼拉多说：你们有卫兵；去吧，尽你们所能的严密看守。66他们就带着卫兵同去，用印封了石头，严严守住坟墓。

注：1 隔幔：指分隔圣所和至圣所的幔子。

第二十八章

耶稣复活（可 16:1-8；路 24:1-12；约 20:1-10）

1 安息日过后，七天的第一天，天快亮的时候，抹大拉的马利亚和那个马利亚来看坟墓。2 忽然，地大震动，因为有主的使者从天上下来，把石头滚开，坐在上面。3 他的相貌如同闪电，衣服洁白如雪。4 看守的人因他吓得浑身战抖，好像死人一样。

5 天使对妇女说：不要害怕！我知道你们是寻找被钉十字架的耶稣。6 祂不在这里，因为祂已经复活了，正如祂所说的。你们来看安放祂的地方。7 快去告诉祂的门徒：祂已经从死里复活了，并且要在你们以前到加利利去；在那里你们必看见祂。看哪，我已经告诉你们了！

8 她们就急忙离开坟墓，又害怕，又大大地欢喜，要跑去告诉祂的门徒。9 忽然，耶稣迎着她们，说：你们好！她们就上前，抱住祂的脚拜祂。10 耶稣对她们说：不要害怕！你们去告诉我的弟兄，叫他们到加利利去，在那里必看见我。

卫兵受贿造谣

11 她们去的时候，卫兵中有几个进城去，将所发生的事都报告给祭司长。12 祭司长和长老聚集商议，就拿许多银子给兵丁，说：13 你们要这样说：夜间我们睡觉的时候，祂的门徒来，把祂偷去了。14 倘若这事被总督听见，我们会说服他，保你们没有事。15 兵丁收了银子，就照着所教给他们的去行。这话就流传在犹太人中间，直到今天。

主交给门徒的使命（可 16:14-18；参徒 1:6-8）

16 十一个门徒往加利利去，到了耶稣约定的山上。17 他们见了耶稣就拜祂，但还有人疑惑。

18 耶稣近前对他们说：天上地上所有的权柄都赐给我了。19 所以，你们要去，使万民作我的门徒，奉父、子、圣灵的名给他们施洗（或译：给他们施洗，归入父、子、圣灵的名里）；20 凡我所吩咐你们的，都要教导他们遵守，我就常与你们同在，直到这世代的终结。

马可福音

第一章

施洗者约翰预备道路（太 3:1-12；路 3:1-18；参约 1:19-28）

1 神的儿子、耶稣基督的福音开始了。2 正如先知以赛亚的书上所记的：看哪，我要在你前面派遣我的使者；他要预备你的道路。3 在旷野有人声喊着说：预备主的道，修直祂的路！

4 照着这话，约翰来了，在旷野施洗，传悔改的洗礼，使罪得赦免。5 犹太全地和耶路撒冷的人，都出去到约翰那里，承认自己的罪，在约旦河里受他的洗。

6 约翰身穿骆驼毛的衣服，腰束皮带，吃的是蝗虫野蜜。7 他传道说：有一位在我以后来的，能力比我更大，我就是弯腰给祂解鞋带也不配。8 我是用水给你们施洗，祂却要用圣灵给你们施洗。

耶稣受洗（太 3:13-17；路 3:21-22）

9 那时，耶稣从加利利的拿撒勒来，在约旦河里受了约翰的洗。10 祂从水里一上来，就看见天裂开了，圣灵仿佛鸽子降临在祂身上。11 又有声音从天上来，说：你是我的爱子，我喜悦你。

耶稣受试探（太 4:1-11；路 4:1-13）

12 圣灵随即催耶稣到旷野里去。13 祂在旷野四十天，受撒但的试探；曾与野兽同在一处，有天使来服事祂。

耶稣开始传道（太 4:12-17；路 4:14-15）

14 约翰被捕以后，耶稣来到加利利，传扬神的福音，15 说：日期满了，神的国近了；你们当悔改，相信福音！

呼召首批门徒（太 4:18-22；路 5:1-11；约 1:35-42）

16 耶稣沿着加利利湖边行走，看见西门和他兄弟安得烈，在向湖里撒网；他们本是渔夫。17 耶稣对他们说：来跟从我，我要使你们作得人的渔夫。18 他们就立刻撒下网，跟从了祂。

19 耶稣稍往前走，又看见西庇太的儿子雅各和他兄弟约翰，正在船上补网。20 祂立即呼召他们，他们就把父亲西庇太和雇工撒在船上，跟随祂去了。

在迦百农赶出污鬼（路 4:31-37）

21 他们到了迦百农，耶稣随即在安息日进入会堂施教。22 众人都希奇祂的教训，因为祂教导他们，像有权柄的人，不像经学家。

23 会堂里有一个被污鬼附着的人，喊叫说：24 拿撒勒人耶稣，我们与你何干？你来要除灭我们吗？我知道你是谁：你是神的圣者！

25 耶稣斥责鬼说：不要作声！从他身上出来！26 污鬼使那人抽了一阵疯，大声喊叫，就出来了。27 众人都惊讶，以致彼此对问说：这是怎么回事？是个有权柄的新教训啊！祂吩咐污鬼，污鬼竟听从祂！28 耶稣的名声立即传遍了加利利的四方。

治好许多病人（太 8:14-17；路 4:38-41）

29 他们一出会堂，就同雅各、约翰进了西门和安得烈的家。30 西门的岳母正发烧躺着，有人立即告诉耶稣。31 耶稣前去拉着她的手，扶她起来，烧就退了；她就服事他们。

32 傍晚日落的时候，人们带着一切患病的、鬼附的来到祂跟前。33 全城的人都聚集在门前。34 祂治好了许多患各种疾病的人，又赶出许多鬼；祂不许鬼说话，因为鬼认识祂。

在加利利传道（路 4:42-44）

35清早，天还没有亮，耶稣就起来，去到一个僻静的地方，在那里祷告。36西门和同伴追寻祂，37找到了祂，就对祂说：大家都在找你。

38耶稣对他们说：我们到邻近的乡镇去吧，我也好在那里传道，因为我是为此来的。39祂就走遍加利利全地，在会堂里传道，并且赶鬼。

治好麻风病人（太 8:1-4；路 5:12-16）

40有个麻风病人来求耶稣，向祂跪下，说：你若肯，必能使我洁净。41耶稣动了慈心，就伸手摸他，说：我肯，你得洁净吧！42麻风立刻离开他，他就洁净了。

43耶稣随即送他走，切切嘱咐他，44对他说：千万不要告诉别人，只要去把身体给祭司察看，并为你得洁净献上摩西所吩咐的祭物，给他们作证据。45但那人出去，就大肆宣扬，把这事传开了，以致耶稣不能再公开进城，只好待在外边旷野的地方；人还是从各处来到祂那里。

第二章

治好瘫子（太 9:1-8；路 5:17-26）

1过了些日子，耶稣又进了迦百农。人听说祂在屋子里，2就有许多人来聚集，甚至连门前也没有空地；耶稣就对他们讲道。

3有人带着一个瘫子来见耶稣，是由四个人抬来的。4因为人多，不能近前，他们就把耶稣所在之处的屋顶拆开，拆通以后，就把瘫子连同所躺卧的褥子都缒下来。5耶稣看见他们的信心，就对瘫子说：小子，你的罪赦免了。6有几个经学家坐在那里，心里议论说：

7这个人为什么这样说呢？祂说僭妄的话了！除了神以外，谁能赦免罪呢？

8耶稣灵里立即知道他们心里这样议论，就说：你们心里为何这样议论呢？9或对瘫子说：你的罪赦免了；或说：起来，拿起你的褥子行走，哪一样更容易呢？10但为了使你们知道，人子在地上有赦罪的权柄，（祂就对瘫子说：）11我吩咐你：起来，拿起你的褥子回家去吧！12那人立刻起来，拿着褥子在众人面前出去了，以致众人都惊奇，荣耀神说：我们从来没有见过这样的事！

呼召利未（太 9:9-13；路 5:27-32）

13耶稣又出到湖（见太 4 章注 1）边去，众人都来到祂那里，祂便教导他们。

14耶稣往前去的时候，看见亚勒腓的儿子利未（又名马太）坐在税关上，就对他说：你跟从我吧！他就起来跟从了耶稣。

15耶稣在利未家里坐席，有好些税吏和罪人跟耶稣和祂的门徒一同坐席，因为很多这样的人也跟随耶稣。16法利赛人中的经学家看见祂跟罪人和税吏一同吃饭，就对祂的门徒说：祂为什么跟税吏和罪人一同吃饭呢？17耶稣听见了，就对他们说：健康的人不需要医生，有病的人才需要。我来本不是召义人，而是召罪人。

新与旧的比喻（太 9:14-17；路 5:33-39）

18约翰的门徒和法利赛人都在禁食。有人来问耶稣说：为什么约翰的门徒和法利赛人的门徒都禁食，你的门徒却不禁食呢？

19耶稣对他们说：新郎和伴友同在的时候，伴友怎能禁食呢？只要有新郎同在，他们就不能禁食。20但日子将到，新郎要从他们中间取走，那天他们就要禁食了。

21没有人把新布补在旧衣服上；若是这样，新布缩水必扯坏旧衣服，破的就更大了。22也没有人把新酒装在旧皮袋里；若是这样，新酒必将皮袋胀破，酒和皮袋就都毁了。新酒必须装在新皮袋里。

人子是安息日的主（太 12:1-8；路 6:1-5）

23有一个安息日，耶稣从麦地经过；祂的门徒一边行路，一边掐麦穗吃。24法利赛人问祂说：看哪，他们为什么做安息日不可做的事呢？

25耶稣对他们说：大卫和跟从他的人缺食饥饿的时候，大卫所做的事，你们没有念过吗？26他在亚比亚他作大祭司的时候，进了神的殿，吃了陈设饼，还给跟从他的人吃；这饼除了祭司以外，别的人都不可吃。27祂又对他们说：安息日是为人设立的，人不是为安息日设立的。28所以，人子也是安息日的主。

第三章

治好手萎缩的人（太 12:9-14；路 6:6-11）

1耶稣又进了会堂，那里有一个人，一只手萎缩。2有人窥探耶稣，看祂在安息日治不治，为的是要控告祂。3耶稣对那手萎缩的人说：起来，站在当中。4又问众人说：在安息日，行善或行恶，救命或害命，哪一样是可以的呢？他们都不作声。

5耶稣怒目环视他们一眼，因他们心刚硬甚是忧伤，就对那人说：伸出手来！他把手一伸，手就康复了。6法利赛人出去，立即同希律党的人商议怎样除灭耶稣。

许多人跟随耶稣（路 6:17-19）

7耶稣和门徒退到湖边去，有许多人从加利利来跟随祂；8还有许多人听见祂所做的大事，就从犹太、耶路撒冷、以土买、约旦河东，和推罗、西顿一带来到祂那里。9因为人多，祂就吩咐门徒为祂预备一只小船，免得众人拥挤祂。10祂治好了许多人，以致凡有灾病的，都挤过来要摸祂。11每当污鬼看见祂，就俯伏在祂面前，喊着说：你是神的儿子！12耶稣再三嘱咐他们，不要显露祂的身份。

设立十二使徒（太 10:1-4；路 6:12-16）

13耶稣上了山，把祂所要的人叫来；他们就来到祂跟前。14祂设立了十二个人，称他们为使徒，要他们常和祂同在，也要派他们去传道，15并给他们权柄赶鬼。16他设立的十二个人是：西门（祂又给他起名叫彼得）、17西庇太的儿子雅各和他兄弟约翰（祂又给这二人起名叫半尼其，意思是雷的儿子）、18安得烈、腓力、巴多罗买、马太、多马、亚勒腓的儿子雅各、达太、激进党的西门、19和后来出卖祂的加略人犹大。

耶稣与别西卜（太 12:22-32；路 11:14-23）

20耶稣进了屋，众人又聚集，以致祂和门徒连饭也不能吃。21耶稣的亲属听见，就前来要拉住祂，因为他们说祂癫狂了。

22从耶路撒冷下来的经学家说：祂有别西卜附身；又说：祂是靠着鬼王赶鬼。

23耶稣叫他们来，用比喻对他们说：撒但怎能赶逐撒但呢？24若一国自相分争，那国就站立不住。25若一家自相分争，那家就站立不住。26若撒但自相攻打分争，他就站立不住，必要灭亡。

27没有人能进入壮士家里，抢夺他的家财；除非先捆住那壮士，才可以抢夺他的家财。28我实在告诉你们，世人一切的罪和所说亵渎的话，都可得赦免；29但亵渎圣灵的，永不得赦免，他要担当永远的罪。30祂说这话，是因为他们说祂有污鬼附身。

谁是耶稣的母亲和弟兄（太 12:46-50；路 8:19-21）

31当下，耶稣的母亲和弟兄来了，站在外边，派人来叫祂。32有许多人在祂周围坐着；有人告诉祂说：你的母亲和弟兄在外边找你。33祂却回答说：谁是我的母亲？谁是我的弟兄？34祂就环视在祂周围坐着的人，说：看哪，我的母亲！我的弟兄！35凡遵行神旨意的人，就是我的弟兄姐妹和母亲了。

第四章

撒种的比喻（太 13:1-23；路 8:4-15）

1耶稣又在湖边施教。有许多人聚集到祂那里，祂只得上船坐下。船在湖里，众人都面向湖站在岸上。2祂用比喻教导他们许多道理，在教导中对他们说：

3你们当听！有一个撒种的出去撒种。4撒的时候，有的落在路旁，飞鸟来吃尽了。5有的落在土浅石头地上，土既不深，很快发苗，6太阳出来一晒，因为没有根，就枯干了。7有的落在荆棘里，荆棘长起来，把它挤住了，就

没有结实。8但有的落在好土里，就发苗长大，并且结实，有的三十倍，有的六十倍，有的一百倍。9又说：有耳可听的，就应当听！

10没有外人的时候，跟随耶稣的人和十二个门徒问祂这比喻的意思。11祂对他们说：神国的奥秘只给你们知道，若是对外人讲，凡事都用比喻，12叫他们看是要看见，却不领悟；听是要听见，却不明白；免得他们回转过来，就得赦免。

13耶稣又对他们说：你们不明白这比喻吗？那又怎能明白别的比喻呢？14撒种之人所撒的，就是道。15那撒在路旁的，就是人听了道，撒但立刻来，把撒在他心里的道夺去了。16那撒在石头地上的，就是人听了道，立刻欢喜地接受，17但他里面没有根，不过是暂时的，一旦为道遭了患难或逼迫，立刻就跌倒了。18那撒在荆棘里的，就是人听了道，19后来有今世的忧虑、钱财的迷惑、和其他的私欲进来，把道挤住了，就不能结实。20但那撒在好土里的，就是人听了道，又接受了，并且结实，有的三十倍，有的六十倍，有的一百倍。

掩藏的事终必显露（路 8:16-18）

21耶稣又对他们说：人拿灯来，难道是要放在斗底下或床底下，却不放在灯台上吗？22因为掩藏的事没有不显明出来的，隐瞒的事没有不暴露出来的。23有耳可听的，就应当听！

24耶稣又说：你们要留意所听到的。你们用什么量器量给人，也必用什么量器量给你们，并且要加给你们。25因为凡有的，还要加给他；没有的，连他仅有的，也要从他夺走。

种子发芽生长的比喻

26耶稣又说：神的国如同人把种子撒在地里。27他夜里睡觉，白天起来，种子就发芽生长，虽然他不知道为何这样。28地生五谷是出于自然，先长苗，后吐穗，最后穗上结成饱满的子粒。29庄稼一旦成熟，就用镰刀去割，因为收割的时候到了。

芥菜种的比喻（太 13:31-32；路 13:18-19）

30耶稣又说：神的国我们可以比作什么呢？可用什么比喻来表明呢？31好像一粒芥菜种，种在地里的时候，比地上的百种都小；32但种下去长起来后，比各样的蔬菜都大，又长出大枝子，连天空的飞鸟也可以宿在它的荫下。

33耶稣照着他们所能听的，用许多这样的比喻对他们讲道；34若不用比喻，就不对他们讲；但私底下就把一切讲解给门徒听。

平静风和浪（太 8:23-27；路 8:22-25）

35那天傍晚，耶稣对门徒说：我们渡到对岸去吧。36门徒就离开众人，上祂所在的船，带着祂去；也有别的船跟随祂去。37忽然起了暴风，波浪打入船内，船内就满了水。38耶稣却在船尾，枕着枕头睡觉。门徒把祂叫醒，说：老师！我们要丧命啦，你也不在意吗？39耶稣醒了，就斥责风，又对浪说：停下来！静下来！风就止住，完全平静下来。

40耶稣对他们说：为什么胆怯呢？你们还是没有信心吗？41他们就大大地惧怕，彼此说：这到底是谁？连风和浪也听从祂！

第五章

赶逐群鬼（路 8:26-39；参太 8:28-34）

1他们来到湖对岸、格拉森人的地方。2耶稣一下船，就有一个被污鬼附着的人，从坟墓里出来迎着祂。3那人常常住在坟墓里；没有人能捆住他，就是用铁链也不能。4曾有人多次用脚镣和铁链捆锁他，铁链竟被他挣断，脚镣也被他弄碎；总没有人能制伏他。5他昼夜常在坟墓里和山中喊叫，又用石头砍自己。

6他远远地看见耶稣，就跑过来拜祂，7大声喊着说：至高神的儿子耶稣，我与你何干？我指着神恳求你，不要使我受苦！8这是因耶稣曾吩咐他说：你这污鬼，从这人身上出来！

9耶稣问他说：你叫什么名字？他回答说：我的名字叫群，因为我们众多。10鬼就再三央求耶稣，不要赶逐他们离开那地方。11附近的山坡上，有一大群猪在吃食。12鬼就央求耶稣说：求你让我们到猪群去，进入猪里面吧！13耶稣准了他们；污鬼就出来，进入猪里面。那群猪就闯下山崖，投进湖里淹死了；猪的数目约有二千。

14放猪的人就逃跑，去告诉城里和乡下的人。众人就来，要看所发生的事；15到了耶稣那里，看见那鬼附的人，就是先前被群鬼所附的，坐在那里，穿着衣服，神智清醒，就都害怕。16看见这事的人，便将鬼附之人所遭遇的和那群猪的事，都告诉了众人。17众人就央求耶稣离开他们的境界。

18耶稣上船的时候，先前被鬼附着的人恳求和耶稣在一起。19耶稣不许，却对他说：你回家去，到你亲属那里，将主为你做了何等大的事，怎样怜悯你，都告诉他们。20那人就走了，在底加波利传扬耶稣为他做了何等大的事，众人就都希奇。

治好遗血的女人，使女孩复活（太 9:18-26；路 8:40-56）

21耶稣又坐船渡到对岸；祂还在湖边，就有许多人聚集到祂那里。22有一个管会堂的，名叫睚鲁，他来见了耶稣，就俯伏在耶稣脚前，23再三求祂说：我的小女儿快要死了，求你去按手在她身上，使她痊愈，得以存活。24耶稣就和他同去；有许多人跟着祂，拥挤祂。

25有一个女人，患遗血十二年了，26在好些医生手里受了许多的苦，又花尽了她所有的，一点不见好转，反而更加严重。27她听见耶稣的事，就杂在众人中间，从后面来摸祂的衣服，28因为她说：我只要摸到祂的衣服，就必痊愈。29于是她遗血的源头立刻干了；她便觉得身上的灾病好了。

30耶稣顿时觉得有能力从祂身上出去，就在众人中间转过来问：谁摸我的衣服？31门徒对祂说：你看，这么多人拥挤你，你还问：谁摸我吗？

32耶稣周围观看，要见做这事的女人。33那女人知道在自己身上所发生的事，就恐惧战兢，来俯伏在耶稣跟前，将实情都告诉祂。34耶稣对她说：女儿，你的信心救了你，平平安安地去吧！你的灾病痊愈了。

35耶稣还在说话，有人从管会堂的家里来，说：你的女儿已经死了，何必还劳烦老师呢？36耶稣听见所说的话，就对管会堂的说：不要怕，只要信！37于是耶稣不许别人跟着，只带着彼得、雅各、和雅各的兄弟约翰同去。

38他们到了管会堂的家里；耶稣看见有人乱嚷，还有人大声哭泣哀号，39就进里面，对他们说：为什么乱嚷哭泣呢？孩子不是死了，而是睡着了。他们就嗤笑祂。

40耶稣把他们都撵出去，就带着孩子的父母和跟随的人，进了孩子所在的地方。41祂拉着孩子的手，对她说：大利大，古米！意思是：闺女，我吩咐你起来！42那闺女立即起来行走，他们就大大地惊奇；闺女已经十二岁了。43耶稣再三嘱咐他们，不要让人知道这事，又吩咐给她东西吃。

第六章

耶稣在家乡遭人厌弃（太 13:53-58；路 4:16-30）

1耶稣离开那里，来到自己的家乡，门徒也跟着祂。2到了安息日，祂就在会堂里施教；众人听见，就都希奇，说：这人是从哪里得来这些事呢？所赐给祂的是什么智慧，祂的手竟行出这样的异能呢？3这不是那木匠吗？不是马利亚的儿子，雅各、约西、犹大、西门的哥哥吗？祂妹妹们不也是在我们这里吗？他们就厌弃祂。

4耶稣对他们说：先知没有不被人尊敬的，唯独在他本乡、本族、本家例外。5祂在那里就不能行什么异能，只是按手治好了几个病人。6祂也诧异他们的不信，就往周围乡村施教去了。

派遣十二使徒（太 10:5-15；路 9:1-6）

7耶稣把十二个使徒叫来，派遣他们两个两个地出去，也赐给他们制伏污鬼的权柄，8并且嘱咐他们：路上除了手杖，什么也不要带，不要带食物和口袋，腰袋里也不要带钱；9只要穿鞋，也不要带替换的衣服。10又对他们说：你们无论到何处，进了人的家，就住在那里，直到离开。11何处的人不接待你们，不听从你们，你们离开那里的时候，就把脚上的尘土跺下去，作为反对他们的见证。12门徒就出去传道，叫人悔改；13又赶出许多的鬼，用油抹许多病人，治好了他们。

施洗者约翰被杀（太 14:1-12）

14耶稣的名声传扬开了，希律王也听见了。有人说：施洗者约翰从死里复活了，所以这些异能从他里面发出来。15又有人说：祂是以利亚。还有人说：祂是先知，就像先知中的一位。16希律听见却说：是我所斩的约翰，他复活了。

17原来希律为他兄弟腓力的妻子希罗底的缘故，派人抓了约翰，将他锁在牢里，因为希律娶了那妇人。18约翰曾对他说：你娶你兄弟的妻子是不合法的。19于是希罗底怀恨他，想要杀他，只是不能；20因为希律知道约翰是义人，是圣人，所以敬畏他，保护他。希律听他讲论，虽然非常困惑，但仍乐意听他。

21希罗底的机会终于来了。希律在他的生日，为他的大臣、千夫长、和加利利的首领摆设筵席。22她的女儿进来跳舞，使希律和宾客都很欢喜；王就对女孩说：随你向我求什么，我必给你。23又对她起誓说：你无论向我求什么，就是我国的一半，我也必给你。

24她就出去问她母亲说：我该求什么呢？她母亲说：施洗者约翰的头！25她就急忙进来见王，求他说：我愿王立即把施洗者约翰的头，放在盘子里给我。

26王虽然很后悔，但因所起的誓和众宾客，就不愿拒绝她，27随即派侩子手，吩咐把约翰的头拿来。侩子手就去，在牢里斩了约翰，28把头放在盘子里，拿来给了那女孩；女孩就给她母亲。

29约翰的门徒听见了，就来把他的尸首领去，葬在坟墓里。

给五千人吃饱的神迹（太 14:13-21；路 9:10-17；约 6:1-13）

30使徒聚集到耶稣那里，将所做的事、所传的道都告诉祂。31祂就说：你们来，悄悄到旷野的地方去歇一歇。这是因为来往的人多，他们连吃饭的时间也没有。32他们就上船，悄悄往旷野的地方去。33众人看见他们离去，有许多人认出了他们，就从各城徒步跑去，比他们先赶到了。34耶稣下船上岸，见有许多的人，就怜悯他们，因为他们如同没有牧人的羊一般；祂就开口教导他们许多道理。

35天已经晚了，门徒前来对祂说：这里是野地，天已经晚了，36请解散众人，他们好往周围乡村里去为自己买吃的。37耶稣说：你们给他们吃吧！门徒说：你要我们去买二百个银币的饼，给他们吃吗？38耶稣问：你们有多少饼？去看看！他们知道了，就说：五个饼，还有两条鱼。39耶稣吩咐他们，叫众人分组坐在青草地上。40众人就分组坐下，有的一百人，有的五十人。

41耶稣拿着这五个饼、两条鱼，望着天祝福，然后擘开饼，递给门徒摆在众人面前，又把那两条鱼分给众人。42众人都吃了，并且吃饱了，43收拾碎饼和碎鱼，装满了十二个篮子。44吃饼的人，男人就有五千。

耶稣在湖面上行走（太 14:22-33；约 6:16-21）

45耶稣随即催门徒上船，先渡到对岸的伯赛大去，祂来解散众人。46送别众人以后，祂就上山去祷告。47到了晚上，船在湖中，祂独自在岸上，48看见门徒因为逆风，摇橹甚苦；夜里约四更天，祂就在湖面上往门徒那里走去，想从他们经过。

49门徒看见祂在湖面上走来，以为是鬼怪，就喊叫起来；50因为他们看见了祂，就都惊慌。耶稣连忙对他们说：你们放心！是我，不要怕！51于是上船到他们那里，风就止住了；他们心里十分惊奇，52因为他们还不明白分饼的事，心里还是愚顽。

治好革尼撒勒的病人（太 14:34-36）

53他们渡过湖，来到革尼撒勒之地，就靠了岸；54一下船，众人立刻认出耶稣，55就跑遍那一带，听见祂在何处，便将有病的人用褥子抬到那里。56耶稣无论到了哪里，或村庄，或城镇，或乡间，他们都将病人放在市场上，求耶稣让他们只摸摸祂衣服的穗子；摸着的人就都好了。

第七章

人的传统与神的诫命（太 15:1-9）

1有法利赛人和几个经学家从耶路撒冷来，聚集到耶稣那里。2他们看见祂的门徒中有人用俗手，就是没有洗过的手吃饭。3原来法利赛人和犹太人都拘守古人的传统，若不仔细洗手就不吃饭；4从市场回来，若不洗浴也不吃饭。还有好些别的传统，如洗濯杯、罐、铜器等物，他们都沿袭拘守。

5法利赛人和经学家问祂说：你的门徒为什么不遵行古人的传统，用俗手吃饭呢？6耶稣说：以赛亚指着你们伪善的人说的预言是不错的，如经上所记：这百姓用嘴尊敬我，心却远离我。7他们将人的吩咐当作道理教导人，所以敬拜我也是枉然。8你们是离弃神的诫命，而拘守人的传统。

9耶稣又说：你们巧妙地废弃神的诫命，为要遵守你们的传统。10摩西说：当孝敬父母。又说：咒骂父母的，必须处死。11你们倒说：人若对父母说：我当奉养你的，已经作了各耳板（意思就是献给了神）。12你们就容许他不再奉养父母了。13这就是你们借着所传的传统，废弃了神的诫命。你们还做了许多这样的事。

从心里发出的才能污秽人（太 15:10-20）

14耶稣又把众人叫来，对他们说：你们都要听我的话，也要明白。15从人外面进去的，都不能污秽人，从人里面出来的，那才能污秽人。16有耳可听的，就应当听！（有古卷无 16 节）

17耶稣离开众人，进了屋里，门徒就问祂这比喻的意思。18祂对他们说：你们也是这样不明白吗？难道不知凡从人外面进去的，都不能污秽人吗？19因为不是进入他的心里，而是进入他的肚腹，然后排到厕所里。（这样，祂宣告所有食物都是洁净的。）

20耶稣又说：从人里面出来的，那才能污秽人。21因为从人里面，就是从人心里，发出恶念、淫乱、偷盗、凶杀、22奸淫、贪婪、邪恶、诡诈、邪荡、嫉妒、毁谤、骄傲、愚妄。

23这一切的恶，都是从人里面出来的，都能污秽人。

一个外族妇人的信心（太 15:21-28）

24耶稣起身离开那里，来到推罗和西顿的境内，进了一家屋里，不想有人知道，但是隐藏不住。25有一个妇人，她的小女儿被污鬼附着，听见耶稣的事，就立即来俯伏在祂脚前。26这妇人是希腊人，属叙利非尼基族。她求耶稣赶出那鬼，离开她的女儿。

27耶稣对她说：要先让儿女们吃饱，不好拿儿女的饼丢给狗吃。28妇人回答说：主啊，不错；但是狗在桌子底下也吃孩子们掉下来的碎渣。29耶稣对她说：因这句话，你回去吧，鬼已经离开你的女儿了。30她回到家里，见孩子躺在床上，鬼已经离去了。

治好耳聋舌结的人

31耶稣又离开推罗的境界，经过西顿下到加利利湖，进入底加波利境内。32有人带着一个耳聋舌结的人来见耶稣，求祂按手在他身上。

33耶稣领他离开众人，到一边去，就用指头探他的耳朵，又吐唾沫抹他的舌头，34然后望天叹息，对他说：以法大！意思是：开了吧！35他的耳朵就开了，舌结也解了，说话也清楚了。

36耶稣嘱咐他们不要告诉别人；但祂越是嘱咐，他们越是宣扬。37众人分外希奇，说：祂所做的事都好，甚至使聋子听见，使哑巴说话。

第八章
给四千人吃饱的神迹（太 15:32-39）

1那时，又有许多人聚集，没有什么吃的。耶稣叫门徒来，说：2我怜悯这众人，因为他们同我一起已经三天，也没有任何吃的了。3我若解散他们饿着回家，必有人在路上晕倒，因为其中有些是从远处来的。4门徒说：在这野地，从哪里能得饼给这些人吃饱呢？

5耶稣问：你们有多少饼？他们说：七个。6祂就吩咐众人坐在地上，然后拿着这七个饼，祝谢了，就擘开，递给门徒，叫他们摆开；门徒就摆在众人面前。7他们还有几条小鱼；耶稣祝了福，就吩咐也摆在众人面前。

8众人都吃了，并且吃饱了，收拾剩下的零碎，有七筐子。9吃的人数约有四千。耶稣解散众人，10随即同门徒上船，来到大玛努他境内。

求耶稣显神迹（太 16:1-4）

11法利赛人来和耶稣辩论，想要试探祂，就要求祂显个天上来的神迹。12耶稣灵里深深地叹息，说：这世代为什么求看神迹呢？我实在告诉你们，没有神迹给这世代看！13祂就离开他们，又上船往对岸去了。

防备法利赛人和希律的教训（太 16:5-12）

14门徒忘了带饼；船上除了一个饼，没有别的食物。15耶稣嘱咐他们说：你们要谨慎，防备法利赛人的酵和希律的酵。16门徒就彼此议论说：这是因为我们没有饼吧？

17耶稣知道了，就说：你们为什么因为没有饼就议论呢？你们还不领悟、还不明白吗？你们的心还是愚顽吗？18你们有眼睛，看不见吗？有耳朵，听不见吗？也不记得，19我擘开那五个饼分给五千人，你们收拾的零碎装满了多少篮子吗？他们说：十二个。20又擘开那七个饼分给四千人，你们收拾的零碎装满了多少筐子吗？他们说：七个。21耶稣说：你们还是不明白吗？

治好伯赛大的瞎子

22他们来到伯赛大，有人带来一个瞎子，求耶稣摸他。23耶稣拉着瞎子的手，领他到村外，就吐唾沫在他眼睛上，然后按手在他身上，问他说：你看见什么吗？24他抬头一看，就说：我看见人，他们好像树，走来走去。

25耶稣再次按手在他眼睛上；他定睛一看，就完全康复，什么都看得清楚了。26耶稣送他回家，说：连这村子你也不要进去。

彼得说出耶稣是基督（太 16:13-20；路 9:18-20）

27耶稣和门徒出来，往凯撒利亚腓立比的村庄去，在路上问门徒说：人们说我是谁？28他们说：有人说是施洗者约翰；又有人说是以利亚；还有人说是先知中的一位。29祂又问：你们说我是谁？彼得回答说：你是基督。30祂就嘱咐他们，不要告诉别人。

耶稣预言受难与复活（太 16:21-28；路 9:22-27）

31祂就开始教导他们说：人子必须受许多的苦，被长老、祭司长和经学家弃绝，并且被杀害，过三天复活。32耶稣明明地说出这话，彼得就把祂拉到一边，责劝祂。33耶稣转过来，看着门徒，就责备彼得说：撒但，退到我后面去！因为你不思念神的事，只思念人的事。

34于是祂把众人和门徒叫来，对他们说：若有人要跟从我，就当舍己，背起他的十字架来跟从我。35因为凡要救自己生命的，必丧掉生命；凡为我和福音丧掉生命的，必救了生命

（生命：ψυχή，指魂生命）。36人就是赚得全世界，却赔上自己的生命，有什么益处呢？37人还能拿什么换回生命呢？38凡在这淫乱罪恶的世代，把我和我的道当作可耻的，人子在祂父的荣耀里，带着圣天使降临的时候，也要把那人当作可耻的。

第九章

1耶稣又对他们说：我实在告诉你们，站在这里的，有人在尝死味以前（意：去世以前），就要看见神的国带着能力降临。

耶稣改变形象（太 17:1-13；路 9:28-36）

2过了六天，耶稣带着彼得、雅各、约翰悄悄地上了高山，就在他们面前变了形象，3衣服放光，极其洁白，地上漂布的，没有一个能漂得那样白。4忽然，有以利亚同摩西向他们显现，和耶稣说话。

5彼得对耶稣说：拉比，我们在这里真好！可以搭三座棚，一座为你，一座为摩西，一座为以利亚。6彼得不知道说什么才好，因为他们甚是惧怕。7有一朵云彩来遮盖他们，又有声音从云彩里出来，说：这是我的爱子，你们要听祂！8门徒立即周围观看，不再看见其他的人，只有耶稣同着他们。

9下山的时候，耶稣嘱咐他们说：人子从死里复活以前，不可将所看见的告诉人。10门徒就将这话存记在心，又彼此议论从死里复活是什么意思。

11他们问耶稣说：经学家为什么说以利亚必须先来呢？12耶稣回答说：以利亚确实要先来，并要复兴万事。但经上为什么记着说，人子要受许多

的苦，被人轻慢呢？13我告诉你们，以利亚已经来了，他们竟任意待他，正如经上指着他所写的。

治好被鬼附的小孩（太 17:14-21；路 9:37-42）

14他们到了其他门徒那里，看见有许多人围着他们，又有经学家和他们辩论。15众人看见耶稣，都很希奇，立即跑来向祂问安。16耶稣问他们说：你们和他们辩论什么呢？

17众人中有一个回答说：老师，我把我的儿子带到你这里来，他被哑巴鬼附着。18无论在哪里，鬼抓住他，把他摔倒，他就口中流沫，咬牙切齿，身体僵硬。我请你的门徒把鬼赶出来，他们却是不能。

19耶稣说：唉！不信的世代啊，我同着你们要到几时呢？我忍耐你们要到几时呢？把他带到我这里来吧！20他们就把孩子带来。鬼一看见耶稣，立即使他抽风，倒在地上，滚来滚去，口中流沫。

21耶稣问他父亲说：他得这病有多久了？他父亲说：从小就得了。22鬼多次把他扔进火里、水里，要弄死他。你若能做什么，求你怜悯我们，帮助我们。23耶稣对他说：你若能？在信的人凡事都能。24孩子的父亲立即喊着说：我信！但我信心不足，求你帮助。

25耶稣看见众人都跑过来，就斥责那污鬼说：你这又聋又哑的鬼，我命令你从他身上出来，再也不得进去！26那鬼喊叫，使孩子大大地抽风，就出来了。孩子好像死了一般，以致许多人说：他死了！27但耶稣拉着他的手，扶他起来，他就站起来了。

28耶稣进了屋里，门徒私下问祂说：我们为什么不能赶出那鬼呢？29耶稣说：这一类的鬼，若不祷告是不会出来的。

第二次预言受难与复活（太 17:22-23；路 9:43-45）

30他们离开那里，经过加利利；耶稣不想有人知道，因为祂在教导门徒。31祂说：人子将要被交在人的手里，他们要杀害祂；被杀以后，过三天祂要复活。32门徒却不明白这话，又不敢问祂。

谁是最大的（太 18:1-5；路 9:46-48）

33他们来到迦百农；在屋里的时候，耶稣问门徒说：你们在路上争论什么呢？34门徒都不作声，因为他们在路上彼此争论谁最大。

35耶稣坐下，叫十二个门徒过来，说：若有人想要作为首的，他必须作众人末后的，作众人的仆役。36于是领来一个小孩子，使他站在他们当中，又抱起他，对他们说：37凡因我的名接待一个像这小孩子的，就是接待我；凡接待我的，不是接待我，而是接待那位派我来的。

敌挡与帮助（路 9:49-50）

38约翰对耶稣说：老师，我们看见有一个人奉你的名赶鬼，就禁止他，因为他不跟从我们。39耶稣说：不要禁止他；因为没有人奉我的名行异能，很快又毁谤我。40不敌挡我们的，就是帮助我们的。41凡因你们是属基督的，就在我的名里给你们一杯水喝，我实在告诉你们，他绝不会失去他的赏赐。

要严厉地对付犯罪（太 18:6-9）

42凡使这信入我的一个小子犯罪的，倒不如把大磨石拴在他的脖子上，扔进海里。43倘若你一只手使你犯罪，就把它砍下来；44你缺了一只手进入永生，强如有两只手进入地狱，到那不灭的火里去。45倘若你一只脚使你犯罪，就把它砍下来；46你缺了一只脚进入永生，强如有两只脚被丢进地狱里。47倘若你一只眼使你犯罪，就把它剜出来；你只有一只眼进入神的国，强如有两只眼被丢进地狱里。48在那里虫是不死的，火是不灭的。49因为必用火来腌炼各人。

50盐本是好的，但若失了咸味，可用什么使它再咸呢？你们里面应当有盐，彼此和睦。

第十章

神配合的，人不可分开（太 19:1-12）

1耶稣起身离开那里，来到约旦河东犹太的境界。众人又聚集到祂那里，祂又照常教导他们。2有法利赛人来试探祂，问祂说：人可以休妻吗？3祂回答说：摩西吩咐你们的是什么呢？4他们说：摩西准人写个休书就可以休妻。

5耶稣说：摩西因为你们心硬，才写了这条例给你们。6但起初造人的时候，神造他们有男又有女。7因此，人要离开父母，与妻子连合，二人成为一体。8既然如此，夫妻不再是两个人，而是一体的了。9所以，神配合的，人不可分开。

10进了屋里，门徒又问耶稣这事。11祂对他们说：凡休妻另娶的，就是犯奸淫，辜负他的妻子。12妻子若离弃丈夫另嫁，也是犯奸淫。

耶稣为小孩子祝福（太 19:13-15；路 18:15-17）

13有人带着小孩子来见耶稣，要祂摸他们，门徒就责备那些人。14耶稣看见就恼怒，对门徒说：让小孩子到我这里来，不要阻止他们，因为神的国正是属于这样的人。15我实在告诉你们，凡不像小孩子一样接受神国的，绝对不能进去。16于是抱起小孩子，给他们按手，为他们祝福。

财主难进神的国（太 19:16-30；路 18:18-30）

17耶稣刚要上路，有一个人跑来，跪在祂的面前，问祂说：良善的老师，我该做什么事，才能承受永生呢？18耶稣对他说：你为什么称我是良善的呢？除了神一位之外，再没有良善的。19诫命你是晓得的：不可杀人；不可奸淫；不可偷盗；不可作伪证；不可亏负人；当孝敬父母。20他对耶稣说：老师，这一切我从小都遵守了。

21耶稣看着他，就爱他，对他说：你还缺少一件：去卖掉你所有的，分给穷人，你就必有财宝在天上；你还要来跟从我。22他听见这话，就变了脸色，忧忧愁愁地走了，因为他有很多产业。

23耶稣环视一周，对门徒说：有钱财的人进神的国是何等的难哪！24门徒就希奇祂的话。祂又对他们说：小子们，倚靠钱财的人进神的国是何等的难哪！25骆驼穿过针的眼，比财主进神的国还容易呢！26门徒就更加希奇，彼此说：这样，谁能得救呢？

27耶稣看着他们，说：在人是不能，在神却不然，因为在神凡事都能。28彼得就对祂说：看哪，我们已经撇下所有的跟从你了。

29耶稣说：我实在告诉你们，人为我和福音撇下房屋，或弟兄、姐妹、母亲、父亲、儿女、田地，30没有不在今世得百倍的，就是房屋、弟兄、姐妹、母亲、儿女、田地（也要受逼迫），来世还要得永生。31然而，许多在前的将要在后，在后的将要在前。

第三次预言受难与复活（太 20:17-19；路 18:31-34）

32他们行路上耶路撒冷去；耶稣走在前头，门徒就希奇，跟随的人也害怕。祂又把十二个门徒带到一边，把祂将要遭遇的事告诉他们，说：33看哪，我们上耶路撒冷去，人子要被交给祭司长和经学家；他们要定祂死罪，然后交给外邦人。34他们要戏弄祂，向祂吐唾沫，鞭打祂，杀害祂；过了三天，祂要复活。

不是要受服事，而是要服事人（太 20:20-28）

35西庇太的儿子雅各和约翰前来对耶稣说：老师，我们无论求你什么，愿你给我们做。36耶稣问：要我给你们做什么呢？37他们说：赐我们在你的荣耀里，一个坐在你右边，一个坐在你左边。

38耶稣说：你们不知道所求的是什么。我所喝的杯，你们能喝吗？我所受的洗，你们能受吗？39他们说：我们能。耶稣说：我所喝的杯，你们是要喝；我所受的洗，你们也要受；40只是坐在我的左右，不是我可以赐的，而是为谁预备的，就赐给谁。41那十个门徒听见，就恼怒雅各和约翰。

42耶稣把他们叫来，说：你们知道，外邦人有尊为君王的作主治理他们，有大臣操权管辖他们。43但在你们中间不是这样；你们中间谁想为大，就必须作你们的仆役；44你们中间谁想为首，就必须作众人的奴仆。45因为就连人子来，也不是要受服事，而是要服事人，并且要舍命，作多人的赎价。

治好瞎眼的人（太 20:29-34；路 18:35-43）

46他们到了耶利哥。耶稣同门徒并许多人出耶利哥的时候，有一个讨饭的瞎子，是底买的儿子巴底买，坐在路旁。47他听说是拿撒勒人耶稣，就喊着说：大卫的子孙耶稣啊，可怜我吧！48有许多人责备他，不许他作声；他却更加喊着说：大卫的子孙，可怜我吧！

49耶稣就站住，说：叫他过来。他们就叫那瞎子，对他说：放心，起来！祂叫你啦。50瞎子就丢下衣服，跳起来，走到耶稣跟前。51耶稣问：要我为你做什么？瞎子说：拉波尼，我要能看见！52耶稣说：去吧！你的信心救了你了。他立刻看见了，就在路上跟随耶稣。

第十一章

骑驴进耶路撒冷（太 21:1-11；路 19:28-40；约 12:12-19）

1耶稣和门徒临近耶路撒冷，到了伯法其和伯大尼，在橄榄山那里；耶稣就派两个门徒，2对他们说：你们到对面的村子里去，进去以后立刻就会看见一匹驴驹拴在那里，是从来没有人骑过的，把它解开牵来。3若有人问你们说：为什么做这事？你们就说：主需要它。那人必立即让你们牵来。

4他们去了，便看见一匹驴驹拴在门外的街上，就把它解开。5站在那里的人，有几个问他们说：你们解驴驹做什么？6门徒照着耶稣所说的回答，那些人就让他们牵来了。7他们把驴驹牵到耶稣那里，把自己的衣服搭在上面，耶稣就骑上。

8有许多人把衣服铺在路上，还有人从田间砍来树枝铺在路上。9前呼后拥的众人喊着说：和散那！奉主之名来的当受称颂！10那要来的我们先祖大卫的国，当受称颂！至高之处的和散那！

11耶稣进了耶路撒冷，就去圣殿，将一切都察看一遍；因为天色已晚，就和十二个门徒出城，往伯大尼去了。

咒诅无花果树（太 21:18-22）

12第二天，他们从伯大尼出来，耶稣饿了，13远远看见一棵长满叶子的无花果树，就走过去，或许能在树上找着什么；到了树下，却什么也找不着，只有叶子，因为不是收无花果的时候。14耶稣就对树说：永远不再有人吃你的果子！祂的门徒也听见了。

洁净圣殿（太 21:12-17；路 19:45-46；约 2:13-22）

15他们来到耶路撒冷。耶稣进了圣殿，就赶出在殿里做买卖的人，推倒兑换钱币之人的桌子，和卖鸽子之人的凳子，16也不许任何人拿着商品从殿里经过。17祂教导他们说：经上不是记着：我的殿必称为供万民祷告的殿吗？你们倒使它成为贼窝了！

18祭司长和经学家听见这话，就苦思怎样才能除灭耶稣，因为众人都希奇祂的教训，他们怕祂。19到了傍晚，耶稣和门徒就出到城外。

咒诅无花果树（续）

20早晨，他们从那里经过，看见那棵无花果树连根都枯干了。21彼得想起来，就对耶稣说：拉比，请看！你所咒诅的无花果树已经枯干了。

22耶稣回答说：你们对神要有信心。23我实在告诉你们，无论谁对这座山说：你要挪开，投进海里！他若心里不疑惑，相信他所说的必能成就，就必给他成就。24所以我告诉你们，凡你们祷告祈求的，无论是什么，只要信能得着（或译：信已得着），就必得着。

25你们站着祷告的时候，若想起有人得罪你们，就当饶恕他，好使你们在天上的父也饶恕你们的过犯。26你们若不饶恕，你们在天上的父也必不饶恕你们的过犯。（有古卷无 26 节）

质问耶稣的权柄（太 21:23-27；路 20:1-8）

27他们又来到耶路撒冷。耶稣在殿里行走的时候，祭司长、经学家和长老近前来，28问祂说：你凭什么权柄做这些事？给你这权柄的是谁？29耶稣回答说：我也要问你们一句话，你们回答我，我就告诉你们我凭什么权柄做这些事。30约翰的洗礼是从天上来的，还是从人间来的？你们回答我吧！

31他们彼此商议说：我们若说从天上来，祂必问：那你们为什么不信他呢？32若说从人间来，又怕百姓，因为他们都以约翰为真先知。33于是回答耶稣说：我们不知道。耶稣说：我也不告诉你们我凭什么权柄做这些事。

第十二章

凶恶园户的比喻（太 21:33-46；路 20:9-19）

1耶稣就用比喻对他们说：有人栽了一个葡萄园，四周围上篱笆，挖了一个榨酒池，盖了一座守望楼，租给园户，就出外远行去了。2到了时候，园主就派一个仆人到园户那里，要从园户收取葡萄园的果子。3园户竟抓住他，打了他，叫他空手回去。4园主又派一个仆人到他们那里；他们打伤他的头，并且凌辱他。5园主再派一个仆人去，他们就把他杀了。后来又派好些仆人去，有的被他们打了，有的被他们杀了。

6园主还有一位，是他的爱子，最后就派他去，说：他们必尊敬我的儿子。7那些园户竟彼此说：这是承受产业的；来吧，我们杀他，产业就归我们了！8他们就抓住他，杀了他，把他丢在园外。9这样，园主要怎么办呢？ ... 他要来除灭这些园户，将葡萄园租给别人。10经上记着：匠人所弃的石头，成了房角的头块石头。11这事本是出于主，在我们眼中看为希奇。这经你们没有念过吗？

12他们看出这个比喻是指着他们说的，就想要捉拿祂，但又惧怕众人，于是离开祂走了。

想以纳税的事陷害耶稣（太 22:15-22；路 20:20-26）

13后来，他们派出几个法利赛人和希律党的人到耶稣那里，要就着祂的话陷害祂。14他们来了，就对祂说：老师，我们知道你是诚实的，不顾忌任何人，因你不看人的情面，只是诚诚实实教导神的道。纳税给凯撒，应当不应当？我们该纳不该纳？

15耶稣知道他们的假意，就对他们说：你们为什么试探我？拿一个银币来给我看。16他们就拿来。耶稣问：这头像和名号是谁的？他们说：是凯撒的。17耶稣说：属凯撒的当归给凯撒，属神的当归给神。他们就希奇祂。

复活的问题（太 22:23-33；路 20:27-40）

18常说没有复活的撒都该人来问耶稣说：19老师，摩西给我们写着说：人若死了，撇下妻子，没有留下孩子，他的兄弟当娶他的妻子，为哥哥生子立后。20曾有弟兄七人，第一个娶了妻，死了，没有留下孩子。21第二个娶了她，也死了，没有留下孩子。第三个也是这样。22那七个人都没有留下孩子；最后，那妇人也死了。23在复活的时候，她是哪一个的妻子呢？因为他们七人都娶过她。

24耶稣对他们说：你们错了，不正是因为不明白圣经，也不晓得神的大能吗？25人从死里复活以后，既不娶也不嫁，就像天上的使者一样。26至于死人复活，摩西书上提到燃烧荆棘的那一段，你们没有念过吗？神对摩西说：我是亚伯拉罕的神、以撒的神、雅各的神。27神不是死人的神，而是活人的神。你们是大大地错了！

最重要的诫命（太 22:34-40）

28有一个经学家来，听到了他们辩论，见耶稣回答得好，就问祂说：诫命中哪一条最重要呢？29耶稣回答说：最重要的是：以色列啊，你要听！主我们的神是独一的主。30你要全心、全魂、全意、全力爱主你的神。31第二条是：要爱人如己。再没有别的诫命比这两条更重要了。

32那经学家对耶稣说：老师，你说的实在不错，神是独一的，除了祂以外，再没有别的神。33要全心、全智、全力爱祂，并要爱人如己，这比一切燔祭和祭祀更为重要。34耶稣见他回答得有智慧，就对他说：你离神的国不远了。从此没有人敢再问祂什么了。

基督与大卫的关系（太 22:41-46；路 20:41-44）

35耶稣在殿里施教，说：经学家怎能说基督是大卫的子孙呢？36大卫被圣灵感动，自己说：<u>主</u>对我的主说：你坐在我的右边，等我把你仇敌放在你的脚下。37大卫自己都称祂为主，祂又怎么会是大卫的子孙呢？众人都喜欢听祂。

经学家的伪善（太 23:1-7；路 20:45-47）

38耶稣在教导中说：你们要防备经学家；他们喜爱穿着长袍游行，喜爱人在街市上向他们问安，39又喜爱会堂里的高位，筵席上的首座。40他们侵吞寡妇的家产，假意作长长的祷告。这些人要受更重的刑罚！

穷寡妇的奉献（路 21:1-4）

41耶稣对着银库坐着，看众人怎样投钱入库。有好些财主投了很多的钱。42又有一个穷寡妇来，投了两个小钱，就是一文钱。

43耶稣把门徒叫来，说：我实在告诉你们，这穷寡妇投入库里的，比众人所投的还多。44因为他们都是从富余中拿些来投上，而这寡妇是自己穷乏，还把她一切所有的，就是她一切养生的，都投上了。

第十三章

预言圣殿被毁（太 24:1-2；路 21:5-6）

1耶稣从殿里出来的时候，有一个门徒对祂说：老师，请看，<u>这是何等</u>的石头！何等的建筑！2耶稣对他说：你看见这高大的建筑吗？将来这里没有一块石头留在石头上，不被拆毁的。

这世代终结的预兆（太 24:3-14；路 21:7-19）

3耶稣在橄榄山上对着圣殿坐着，彼得、雅各、约翰和安得烈私下问祂说：4请告诉我们，什么时候会有这些事呢？这一切事将要发生的时候，有什么预兆呢？

5耶稣说：你们要谨慎，免得有人迷惑你们。6将来有好些人冒我的名来，说：我是基督！要迷惑许多人。7你们听见打仗和打仗的消息，不要惊慌；这些事是必须有的，只是末期还没有到。8民要攻打民，国要攻打国；多处必有地震、饥荒。这都只是灾难（原文是生产之痛）的开始。

9你们务要谨慎；因为人要把你们交给议会，并且你们将在会堂里受鞭打，还要因我的缘故站在官长和君王面前，对他们作见证。10然而，福音必须先传给万民。11人把你们拉去交官的时候，不要预先忧虑说什么；到那时候，赐给你们什么话，你们就说什么；因为说话的不是你们，而是圣灵。

12弟兄要把弟兄，父亲要把儿女，送到死地；儿女要与父母为敌，害死他们。13你们还要因我的名被众人恨恶。但那忍耐到底的，必然得救。

大灾难的日子（太 24:15-28；路 21:20-24）

14当你们看见那导致荒凉的可憎物立在不当立的地方（读者须要领悟），那时，在犹太的，应当逃到山上；15在房顶的，不要下来，也不要进屋里拿东西；16在田里的，也不要回去取衣服。

17在那些日子，怀孕的和乳养孩子的有祸了。18你们应当祈求，求这些事不发生在冬天。19因为那些日子必有灾难，是从神造万物直到如今未曾有过的，以后也绝不会有。20若不是主减少那些日子，属血肉的没有一个能够得救；但为祂所拣选的选民，祂将那些日子减少了。

21那时，若有人对你们说：看哪，基督在这里！或说：基督在那里！你们不要相信。22因为有假基督、假先知将要起来，显神迹奇事，若是可能，连选民也要迷惑。23所以你们务要谨慎。我将一切事都预先告诉你们了。

人子必驾云降临（太 24:29-35；路 21:25-33）

24在那些日子，那灾难以后，太阳要变黑暗，月亮也不放光，25众星从天坠落，天势都要震动。26那时，世人（原文是他们）将要看见人子带着极大的能力和荣耀，驾云降临。27祂要派遣使者，将祂的选民从四方，从地极直到天边，都招聚起来。

28你们可以从无花果树学个比方：当树枝发嫩长叶的时候，你们就知道夏天近了；29照样，你们几时看见这些事发生，也该知道人子近了，就在门口了。30我实在告诉你们，这一代还没有过去，这些事就都要发生。31天地都要废去，我的话却绝不废去。

要警醒预备（太 24:36-44；路 12:35-40）

32至于那日子、那时辰，没有人知道，连天上的使者也不知道，子也不知道，唯独父知道。33你们要谨慎，要警醒，因你们不知道那日期几时来到。34这就像一个人要离家远行，把权柄交给仆人，分派各人当做的工，又吩咐看门的警醒。

35所以，你们要警醒，因你们不知道家主什么时候回来，或傍晚，或半夜，或鸡叫，或早晨。36恐怕他忽然来到，看见你们睡着了。37我对你们所说的话，也是对众人说的：要警醒！

第十四章

图谋杀害耶稣（太 26:1-5；路 22:1-2；约 11:45-53）

1逾越节和除酵节过两天就到了，祭司长和经学家苦思怎样使用诡计捉拿耶稣，将祂杀害，2只是说：不可在节期下手，恐怕民间生乱。

在伯大尼受膏（太 26:6-13；约 12:1-8）

3耶稣在伯大尼曾患麻风的西门家里坐席的时候，有个女人拿着一玉瓶极贵的真哪哒香膏来，打破玉瓶，把膏浇在祂的头上。4有几个人就很恼怒，彼此说：何必这样浪费香膏呢？5这香膏可以卖三百多个银币，周济穷人。他们就斥责她。

6耶稣说：由她吧！为什么为难她呢？她向我所做的是一件美事。7因为常有穷人和你们同在，要向他们行善，随时都可以，可是你们不常有我。8她所做的，是尽她所能的；她是为了我的安葬，预先膏了我的身体。9我实在告诉你们，普天之下，无论在什么地方传这福音，都要述说这女人所行的，以记念她。

犹大出卖耶稣（太 26:14-16；路 22:3-6）

10十二门徒之一的加略人犹大去见祭司长，要把耶稣交给他们。11他们听见就欢喜，应许给他银子。他就寻找机会出卖耶稣。

预备逾越节的晚餐（太 26:17-19；路 22:7-13）

12除酵节的第一天，就是宰逾越节羊羔的那一天，门徒问耶稣说：你吃逾越节的晚餐，要我们到哪里去预备呢？

13耶稣就派两个门徒，对他们说：你们进城去，必有一人扛着一罐水迎面而来，你们就跟着他。14他进哪家去，你们就对那家的主人说：老师问：我与门徒吃逾越节晚餐的客房在哪里？15他必指给你们楼上一间摆设整齐的大房间，你们就在那里为我们预备。16门徒出去，进了城，所遇见的正如耶稣所说的。他们就预备了逾越节的晚餐。

预言有人要出卖祂（太 26:20-25；约 13:21-30；参路 22:21-23）

17到了傍晚，耶稣和十二个门徒都来了。18他们坐席正吃的时候，耶稣说：我实在告诉你们，你们中间有一个与我同吃的人，要出卖我。19他们就忧愁起来，一个一个地问祂说：是我吗？

20耶稣对他们说：是十二个门徒中，和我一同在盘子里蘸饼吃的那一个。21人子必要去世，正如经上指着祂所写的；但那出卖人子的人有祸了！那人没有生在世上倒好。

设立主的晚餐（太 26:26-30；路 22:14-20；参林前 11:23-25）

22他们吃的时候，耶稣拿起饼来，祝了福，就擘开，递给门徒，说：你们拿着吃，这是我的身体。23又拿起杯来，祝谢了，递给他们；他们都喝了。24耶稣说：这是我立约的血，为许多人所流的。25我实在告诉你们，我绝不再喝这葡萄酒，直到我在神的国里喝新酒的那一天。

26他们唱了诗，就出来往橄榄山去。

预言彼得不认主（太 26:31-35；路 22:31-34；约 13:36-38）

27耶稣对他们说：你们都要跌倒，因为经上记着说：我要击打牧人，羊就分散了。28但我复活以后，要在你们以前到加利利去。29彼得说：就算所有人都跌倒，我也不会。

30耶稣对他说：我实在告诉你，就在今天夜里，鸡叫两遍以前，你要三次不认我。31彼得却极力说：我就是必须和你同死，也绝不会不认你。众门徒也都是这样说。

在客西马尼祷告（太 26:36-46；路 22:39-46）

32他们来到一个地方，名叫客西马尼。耶稣对门徒说：你们坐在这里，等我去祷告。33于是带着彼得、雅各、约翰同去，就惊恐起来，极其难过，34对他们说：我的魂极其忧伤，几乎要死；你们留在这里，务要警醒。

35祂稍往前走，就俯伏在地，祈祷若是可能，就叫那个时候过去。36祂说：阿爸！父啊！在你凡事都能；求你将这杯从我撤去；然而，不要照我的意愿，只要照你的旨意。37回来后见他们睡着了，就对彼得说：西门，你睡觉吗？你就不能警醒片刻吗？38务要警醒祷告，免得陷入试探；你们的灵虽然愿意，肉体却是软弱。

39祂又去祷告，说的还是同样的话；40回来又见他们睡着了，因为他们十分困倦；他们也不知道该怎样回答祂。41祂第三次回来，对他们说：你们仍然睡觉休息吗？够了！时候到了；看哪，人子要被交在罪人手里了！42起来，我们走吧！看哪，出卖我的人近了！

耶稣被捕（太 26:47-56；路 22:47-53；约 18:1-14）

43耶稣还在说话，十二门徒之一的犹大，忽然带着许多拿着刀棒的人来了，是从祭司长、经学家和长老那里来的。44这出卖耶稣的给了他们一个暗号，说：我与谁亲脸，谁就是祂；你们就抓住祂，牢牢地押走。45犹大随即走到耶稣跟前，说：拉比！就与祂亲脸。46他们就下手抓住祂。47站在旁边的人，有一个拔出刀来，将大祭司的仆人砍了一刀，削掉了他一个耳朵。

48耶稣对他们说：你们拿着刀棒出来抓我，如同抓强盗吗？49我天天在殿里施教，同你们在一起，你们并没有抓我。但这是要应验经上的话。50门徒都离开祂逃走了。

51有一个青年，赤身披着一块麻布，跟着耶稣；那些人捉拿他，52他就丢下麻布，赤身逃走了。

耶稣在议会受审（太 26:57-68；路 22:63-71；参约 18:19-24）

53他们把耶稣押到大祭司那里；众祭司长和长老并经学家都聚集在那里。54彼得远远地跟着耶稣，一直进了大祭司的院子，和差役一同坐着烤火。

55祭司长和全议会的人寻找证据控告耶稣，好处死祂，却找不着；56虽然有好些人作伪证告祂，但他们的见证各不相合。57又有几个人站起来，作伪证告祂说：58我们听见祂说：我要拆毁这座人手所造的殿，三天之内另造一座非人手所造的。59就是这事，他们的见证也不相合。

60大祭司起来站在中间，问耶稣说：你什么都不回答吗？这些人作证告你的是什么呢？61耶稣却不言语，什么也不回答。大祭司又问祂说：你是那当受称颂者的儿子基督吗？62耶稣说：我是。你们将要看见人子坐在那权能者的右边，驾着天上的云降临。

63大祭司就撕破衣服，说：我们何需再找证人呢？64这僭妄的话你们都听见了。你们以为如何？他们都定祂该死的罪。65于是有人向祂吐唾沫，又蒙住祂的脸，用拳头打祂，对祂说：你说预言吧！差役把祂拉过去，打祂耳光。

彼得三次不认主（太 26:69-75；路 22:54-62；约 18:15-18、25-27）

66彼得在下边的院子里，来了大祭司的一个使女，67见彼得在烤火，就看着他，说：你也是同拿撒勒人耶稣一伙的。68彼得却不承认，说：我不知道、也不明白你说的是什么。于是出来，到了前院，鸡就叫了。

69那使女看见他，又对站在旁边的人说：这人也是他们一伙的。70他又不承认。没过多久，站在旁边的人又对他说：你实在是他们一伙的，因为你也是加利利人。71他就发咒起誓说：我不认识你们说的这个人！72立刻鸡就叫了第二遍。彼得想起耶稣对他说过的话：鸡叫两遍以前，你要三次不认我。他就痛哭起来。

第十五章

耶稣在彼拉多面前受审（太 27:11-14；路 23:1-5；约 18:28-40）

1一大清早，祭司长就与长老、经学家和全议会的人商议，然后将耶稣捆绑，押去交给彼拉多。2彼拉多问祂说：你是犹太人的王吗？耶稣回答说：你说的是。3祭司长控告祂许多的事。

4彼拉多又问祂说：你看，他们告你这么多的事，你什么都不回答吗？5耶稣仍不回答，以致彼拉多觉得希奇。

耶稣被判钉十字架（太 27:15-26；路 23:13-25；约 19:1-16）

6每逢这个节期，总督会照众人所求的，释放一个囚犯给他们。7有一个人名叫巴拉巴，和叛乱的人囚在一起；他们在叛乱时曾杀过人。8众人上去，求总督照惯例给他们办理。9彼拉多问：你们要我释放犹太人的王给你们吗？10他知道祭司长是因嫉妒才把耶稣交给他的。11但祭司长挑唆众人，宁可要他释放巴拉巴给他们。

12彼拉多又问：那么，你们所称为犹太人的王，我怎样处置呢？13他们又喊着说：钉祂十字架！14他再问：为什么呢？祂做了什么恶事呢？他们更加喊着说：钉祂十字架！15彼拉多想让众人满意，就释放巴拉巴给他们，将耶稣鞭打了，交给人钉十字架。

兵丁戏弄耶稣（太 27:27-31；参约 19:2-3）

16兵丁把耶稣带进总督府的院子里，叫来全营的人。17他们给祂穿上紫袍，又用荆棘编作冠冕给祂戴上，18就向祂"道贺"说：犹太人的王万岁！19又一再用苇秆打祂的头，向祂吐唾沫，跪下来拜祂。20戏弄完了，就脱下那紫袍，给祂穿上自己的衣服，把祂押去钉十字架。

耶稣被钉十字架（太 27:32-44；路 23:26-43；约 19:17-24）

21有一个古利奈人西门，就是亚历山大和鲁孚的父亲，从乡下来，经过那里；他们就强迫他背着耶稣的十字架。22他们把耶稣带到了各各他（意思是髑髅地），23就拿没药调和的酒给祂喝，祂却不接受。24他们将祂钉了十字架，就分祂的衣服，凭拈阄来决定各人得什么。

25他们把祂钉在十字架上是在上午九点。26祂的罪状牌上写着：犹太人的王。27他们又把两个强盗和祂同钉十字架，一个在右边，一个在左边。28这就应验了经上的话：祂被列在罪犯之中。（有古卷无 28 节）

29路过的人侮辱祂，摇着头说：嘿！你这拆毁圣殿、三天内又建造起来的，30救救你自己，从十字架上下来吧！31祭司长和经学家也照样嘲笑祂，彼此说：祂曾经救别人，却不能救自己！32以色列的王基督，现在可以从十字架上下来，使我们看见就信。那和祂同钉的人也讥笑祂。

耶稣死时的情形（太 27:45-56；路 23:44-49；约 19:28-34）

33从正午到下午三点，遍地都黑暗了。34下午三点，耶稣大声喊着说：以罗伊！以罗伊！拉马撒巴各大尼？意思是：我的神！我的神！你为什么离弃我？35站在旁边的人，有的听见就说：看哪，祂在呼叫以利亚呢！36有一个人跑去，拿海绵蘸满醋，绑在苇秆上递给祂喝，说：等一等，看以利亚来不来把祂取下。

37耶稣大声喊叫，气就断了。38殿里的隔幔（指分隔圣所和至圣所的幔子）从上到下裂为两半。39站在祂对面的百夫长看见祂这样断气，就说：这人真是神的儿子！

40有些妇女从远处观看，其中有抹大拉的马利亚、小雅各和约西的母亲马利亚、与撒罗米，41都是祂在加利利的时候，就跟随祂、服事祂的；还有好些同祂上到耶路撒冷的妇女。

耶稣的安葬（太 27:57-61；路 23:50-56；约 19:38-42）

42这天是预备日（即安息日的前一天），到了傍晚，43有亚利马太人约瑟前来；他是尊贵的议员，一直等候神的国。他放胆进去见彼拉多，求耶稣的身体。44彼拉多听说耶稣死了，甚觉诧异，便叫百夫长来，问他耶稣死了多久。45他既从百夫长得知实情，就把尸首给了约瑟。

46约瑟买了细麻布，把耶稣取下来，用细麻布裹好，安放在磐石中凿出来的坟墓里，又滚来一块石头挡住坟墓口。47抹大拉的马利亚和约西的母亲马利亚，都看见了安放祂的地方。

第十六章

耶稣复活（太 28:1-10；路 24:1-12；约 20:1-10）

1安息日一过，抹大拉的马利亚、雅各的母亲马利亚、和撒罗米买了香膏，要去膏耶稣的身体。2七天的第一天清早，太阳刚出来的时候，她们到了坟墓那里，3彼此说：谁给我们把石头从坟墓口滚开呢？4原来那块石头很大。她们抬头一看，却见石头已经滚开。5她们进了坟墓，看见一个穿白袍的青年坐在右边，就甚惊恐。

6他对她们说：不要惊恐！你们寻找被钉十字架的拿撒勒人耶稣，祂已经复活了，不在这里。请看安放祂的地方。7你们要去告诉祂的门徒和彼得说：祂要在你们以前到加利利去；在那里你们必看见祂，正如祂曾告诉你

们的。8她们就出来，从坟墓那里逃跑，又发抖又惊奇，什么也不告诉人，因为她们害怕。

向抹大拉的马利亚显现（约 20:11-18）

9七天的第一天清早，耶稣复活了，就先向抹大拉的马利亚显现；耶稣从她身上曾赶出七个鬼。10她去告诉那些向来跟随耶稣的人；那时他们正在哀痛哭泣。11他们听说耶稣活了，还被她看见了，却不相信。

向两个门徒显现（路 24:13-35）

12这事以后，门徒中间有两个人往乡下去，正走着的时候，耶稣以另一种形象向他们显现。13他们就去告诉其余的门徒，那些门徒还是不信。

主交给门徒的使命（太 28:16-20；参徒 1:6-8）

14后来，十一个门徒吃饭的时候，耶稣向他们显现，责备他们不信，心里刚硬，因为他们不信那些在祂复活以后看见祂的人。

15祂又对他们说：你们要往普天下去，向一切受造的传扬福音。16信而受洗的必然得救，不信的必被定罪。17信的人必有以下神迹伴随：奉我的名赶鬼；说新的方言1；18手能拿蛇；若喝了什么毒物，也绝不会受害；手按病人，病人就必痊愈。

耶稣被接升天（路 24:50-53；徒 1:9-11）

19主耶稣对他们说完了话，就被接到天上，坐在神的右边。20门徒出去，到处传道；主和他们同工，以神迹相伴随，证实所传的道。

注：1方言：指被圣经感动，用未曾学过、未曾说过的语言祷告或讲道。

路加福音

第一章

1提阿非罗 1 大人：有好些人着手写书，记述我们中间所成就的事，2就是那些从一开始就亲眼看见的传道人，所传给我们的事。3这一切事我也从头到尾详细考察过，所以觉得应该按着次序写给你，4使你知道所告知你的事都是确实的。

天使预言施洗者约翰出生

5在犹太王希律的时候，亚比雅祭司班里有一个祭司，名叫撒迦利亚；他妻子是亚伦的后人，名叫以利莎白。6他们二人在神面前都是义人，遵行主 2 的一切诫命条例，无可指责；7只是没有孩子，因为以利莎白不能生育，二人又都年纪老迈。

8一次，撒迦利亚的祭司班当班，他来在神面前供祭司的职分。9按照祭司分工的规矩抽签，他抽到进主殿去烧香。10在烧香的时候，众百姓都在外面祷告。11有主的使者站在香坛右边，向他显现。12撒迦利亚看见，就惊慌害怕。

13天使对他说：撒迦利亚，不要害怕，因为你的祈祷已蒙垂听；你的妻子以利莎白要给你生一个儿子，你要给他起名叫约翰。14你必欢喜快乐；有许多人因他出生也必喜乐。15他在主面前将要为大；淡酒浓酒他都不喝，从母腹里就被圣灵充满。16他要使许多以色列人回转，归向主他们的神。17他必有以利亚的灵和能力，行在主的前面，使父亲的心转向儿女，使悖逆的人转向义人的智慧，为主预备合用的百姓。

18撒迦利亚问天使说：我凭什么可知道这事呢？我已经老了，我的妻子也年纪老迈了。19天使回答说：我是侍立在神面前的加百列，奉派而来对你说话，将这个好消息报给你。20到了时候，我的话必然应验；但因为你不信，你必哑口，不能说话，直到这事成就的那一天。

21百姓等候撒迦利亚，因他迟迟没有出殿都很诧异。22等到他出来了，却不能和他们说话，他们就知道他在殿里见了异象。他直向他们打手式，竟成了哑巴。

23他供职的日子满了，就回家去了。24此后，他的妻子以利莎白怀了孕，就隐藏了五个月，说：25主在眷顾我的日子，这样恩待我，要把我在人间的羞耻除掉。

天使预言耶稣降生

26到了第六个月，天使加百列奉神派遣，往加利利一座名叫拿撒勒的城去，27到一个童女那里；这童女名字叫马利亚，已经许配给大卫家一个名叫约瑟的人。28天使进去，对她说：蒙大恩的女子，恭喜你！主与你同在！29她因这话非常困惑，反复思想这样问安是什么意思。

30天使对她说：马利亚，不要怕！你在神面前已经蒙恩了。31你将怀孕生子，要给祂起名叫耶稣。32祂要为大，称为至高者的儿子；主神要把祂祖大卫的位赐给祂。33祂要作雅各家的王，直到永远；祂的国也没有穷尽。

34马利亚问天使说：我还没有出嫁，怎能有这事呢？35天使回答说：圣灵要临到你身上，至高者的能力要荫庇你；因此，那将要生的圣者，必称为神的儿子。36况且你的亲戚以利莎白，就是向来称为不生育的，也在老年怀了儿子，现在已经六个月了。37因为在神，没有什么事是不可能的。38马利亚说：我是**主**的使女，情愿照你的话成就在我身上。天使就离开她去了。

马利亚访问以利莎白

39那时，马利亚起身，急忙往山地去，来到犹大的一座城，40进了撒迦利亚的家，向以利莎白问安。41以利莎白一听见马利亚问安，所怀的胎就在腹中跳动；以利莎白也被圣灵充满，42就高声喊着说：你在妇女中是有福的！你腹中的孩子也是有福的！43我主的母亲竟然到我这里来，这事怎么会临到我呢？44因为你问安的声音一入我耳，我腹中的胎儿就欢喜跳动。45你是有福的！因你相信**主**对你所说的必要应验。

马利亚的赞美诗（参撒上 2:1-10）

46马利亚说：

我的魂尊**主**为大，3

47我的灵以神我的救主为乐，

48因为祂顾念祂使女的卑微；

从今以后万代要称我有福。

49那权能者为我成就了大事，

祂的名字为圣。

50祂的怜悯归与敬畏祂的人，

直到世世代代。

51祂用膀臂施展大能；

狂傲的人心里妄想，

祂就将他们驱散了。

52祂使有权势的失位，

使卑微的得以升高；

53使饥饿的得饱美食，

使富足的空手回去。

54祂扶助了祂的仆人以色列，

55记得照祂应许我们列祖的，

怜悯亚伯拉罕和他的后裔，

直到永远。

56马利亚和以利莎白同住了约三个月，就回家去了。

施洗者约翰出生

57以利莎白的产期到了，就生了一个儿子。58邻里亲戚听见**主**向她大施怜悯，就和她一同欢乐。59到了第八天，他们来给孩子行割礼，并要照他父亲的名字叫他撒迦利亚。60他母亲说：不可！要叫他约翰。

61他们说：你亲族中没有叫这名字的。62他们就向他父亲打手式，问他要叫孩子什么名字。63他要了一块写字的板，就写上：他的名字是约翰。他们便都希奇。64撒迦利亚的口立即开了，舌头也舒展了，又能说话，就称颂神。

65住在周围的人都起了敬畏；这一切事就传遍了犹太的山地。66听见的人都将这事放在心里，说：这个孩子将来会怎样呢？因为**主**的手与他同在。

撒迦利亚的预言

67他的父亲撒迦利亚被圣灵充满，就预言说：

68**主**以色列的神当受称颂！

因为祂眷顾了祂的百姓，

为祂的百姓施行了救赎，

69在祂的仆人大卫的家中，

为我们兴起了拯救的角，

70正如祂借圣先知的口，

在很久以前所说的话，

71拯救我们脱离仇敌，

和恨我们之人的手，

72向我们祖先施怜悯，

记念祂所立的圣约，

73就是祂对我们祖宗

亚伯拉罕所起的誓，

74使我们得救脱离仇敌的手，

75就可以一生一世在祂面前，

坦然无惧用圣和义事奉祂。

76孩子啊！

你要称为至高者的先知；
因为你要行在主的前面，
预备祂的道路，

77使祂的百姓因罪得赦免，
得以认识救恩。

78因着我们神怜悯的心肠，
叫清晨的日光从高天临到我们，

79要照亮活在黑暗中死荫里的人，
把我们的脚引到那平安的路上。

80这孩子渐渐长大，灵里刚强，住在旷野，直到他向以色列人公开显现的日子。

注：1 提阿非罗：可能是替保罗辩护的律师。2 主：即旧约中的耶和华，全书同。3魂：ψυχή，常译为心。又见申4章注1。

第二章

耶稣基督的降生（太 1:18-25）

1在那些日子，凯撒奥古斯都降旨：罗马帝国的人都要登记户口。2这是第一次户口登记，当时是居里纽作叙利亚的总督。3于是众人各归本城，去登记户口。

4约瑟也从加利利的拿撒勒城上犹太去，来到大卫的城伯利恒，因他本是大卫家族的人，5好和他所聘定之妻、重孕在身的马利亚一同登记户口。6他们在那里的时候，马利亚的产期到了，7就生了头胎的儿子，用布包起来，放在马槽里，因为客店里没有房间给他们。

天使给牧羊人报喜信

8在伯利恒的郊野，有牧羊人夜间看守羊群。9有主的使者向他们显现，主的荣光四面照着他们；他们就大大惧怕。10那天使对他们说：不要惧怕！我报给你们大喜的信息，是关于万民的：11今天在大卫的城里，为你们生了救主，就是主基督。12你们必能找到一个婴孩，用布包着，卧在马槽里；这就是给你们的记号。

13忽然有一大队天兵，同那天使赞美神说：14在至高之处，荣耀归与神！在地上，平安归与祂所喜悦的人！

15众天使离开他们回天上去了。牧羊人彼此说：我们到伯利恒去，看看所发生的事，就是主所指示我们的。16他们急忙去了，就找到马利亚、约瑟、和那卧在马槽里的婴孩；17看见以后，就把天使论这孩子的话传开了。18凡听见的，都希奇牧羊人对他们所说的话。19马利亚却把这一切的事存在心里，反复思想。

20牧羊人回去了，因所听见所看见的一切事，正如天使向他们所说的，就荣耀赞美神。

受割礼，起名

21到了第八天，就给孩子行割礼，给祂起名叫耶稣，就是祂成胎以前，天使所起的名。

在圣殿里奉献给主

22按摩西的律法满了洁净的日子，他们带着孩子上耶路撒冷去，要把祂奉献给主，（23正如主的律法上所记的：凡头生的男子，都当称圣归主。）24并照主的律法上所说的献上祭物，就是一对斑鸠或两只雏鸽。

西面和亚娜论耶稣

25在耶路撒冷有一个人，名叫西面；这人既公义又虔诚，一直盼望以色列的安慰者来到，又有圣灵在他身上。26他得了圣灵的启示，知道自己死前必看见主的基督。27他被圣灵感动进入圣殿，正遇见耶稣的父母抱着孩子进来，要照律法的规矩为祂办理。28西面就把祂抱过来，称颂神说：

29主啊！如今可以照你的话，释放仆人安然去世；30因为我的眼睛已经看见你的救恩，31就是你在万民面前所预备的，32是启示外邦人的光，又是你民以色列的荣耀。

33祂的父母因这论祂的话就甚希奇。34西面又给他们祝福，然后对祂母亲马利亚说：这孩子被立，是要使以色列中许多人跌倒，许多人兴起；又要成为被人反对的标记，35使许多人心里的意念显露出来，你自己的魂也要被刀刺透。

36又有女先知亚拿，是亚设支派法内力的女儿，年纪已经老迈，结婚后同丈夫住了七年，就寡居了，37现在已经八十四岁，从不离开圣殿，禁食祈求，昼夜事奉神。38就在那时，她前来称谢神，并向一切盼望耶路撒冷得救赎的人，讲论孩子的事。

39约瑟和马利亚按照主的律法办完了一切的事，就回加利利，到自己的城拿撒勒去了。40孩子渐渐长大，刚强起来，充满智慧，又有神的恩典在祂身上。

十二岁的耶稣在殿里

41每年到逾越节，祂父母就上耶路撒冷去。42当祂十二岁的时候，他们按照惯例上去过节。43守满了节期，众人都回去，孩童耶稣仍旧留在耶路撒冷，他的父母却不知道，44以为祂在同行的人中间；走了一天，才在亲属和熟人中找祂，45没有找着，就回到耶路撒冷找祂。46找了三天，发现祂在殿里，坐在教师中间，一边听，一边问。47凡听见祂的，都希奇祂的聪明和祂的应对。48祂父母看见祂，

就很诧异。祂母亲对祂说：我儿，为什么向我们这样行呢？看哪，你父亲和我都焦急地找你！

49耶稣说：为什么找我呢？难道不知我应当以我父的事为念吗（或译：我应当在我父的家里吗）？50祂所说的这话，他们并不明白。51祂就同他们下去，回到拿撒勒，并且服从他们。祂母亲把这一切的事都存在心里。

52耶稣的智慧和身量，并神和人对祂的喜爱，都不断增长。

第三章

施洗者约翰预备道路（太 3:1-12；可 1:1-8；参约 1:19-28）

1凯撒提庇留在位第十五年，本丢彼拉多作犹太总督，希律作加利利分封的王，他兄弟腓力作以土利亚和特拉可尼分封的王，吕撒聂作亚比利尼分封的王，2亚那和该亚法作大祭司。那时，神的话临到了撒迦利亚的儿子、在旷野的约翰。3他就来到约旦河一带，传悔改的洗礼，使罪得赦免。4正如先知以赛亚的书上所记的：

在旷野有人声喊着说：
预备主的道，修直祂的路！
5一切山洼都要填满，
大小山冈都要削平；
弯曲的要改为平直，
崎岖的要改为坦途。
6凡属血肉的，
都要看见神的救恩！

7约翰对出来要受他洗的众人说：毒蛇的种类！谁指示你们逃避那将来的愤怒呢？8你们要结出果子来，与悔改相称。不要自己心里说：我们有亚伯拉罕为我们的祖宗。我告诉你们，神能

从这些石头中给亚伯拉罕兴起子孙来。9现在斧头已经放在树根上，凡不结好果子的树，就砍下来，丢进火里。

10众人问他说：那么，我们当做什么呢？11他回答说：有两件衣服的，就分给那没有的；有食物的，也当照样行。12又有税吏来要受洗，问他说：老师，我们当做什么呢？13他说：除了所规定的，不要多收。14又有兵丁问他说：我们当做什么呢？他说：不要勒索人，不要敲诈人，要以自己的粮饷为足。

15百姓正期盼着基督来临，就都心里猜想：或许约翰就是基督。16约翰对众人说：我是用水给你们施洗，但有一位能力比我更大的要来，我就是给祂解鞋带也不配；祂要用圣灵与火给你们施洗。17祂手里拿着扬锨，要扬净祂的禾场，把麦子收进仓里，把糠秕用不灭的火烧尽。18约翰还用许多别的话劝勉百姓，向他们传扬福音。

19但是分封的王希律，因为娶了他兄弟的妻子希罗底，又因他所行的种种恶事，受到了约翰的责备，20就在一切恶事之外再加一件：把约翰关进了监牢。

耶稣受洗（太 3:13-17；可 1:9-11）

21众百姓都受了洗，耶稣也受了洗。祂正祷告，天就开了，22圣灵以仿佛鸽子的形体降临在祂身上；又有声音从天上来，说：你是我的爱子，我喜悦你。

耶稣的家谱（太 1:1-17）

23耶稣开始传道，年纪约三十岁。依人看来，祂是约瑟的儿子；约瑟是希里的儿子；24再往上历代是：玛塔、利未、麦基、雅拿、约瑟、25玛他提亚、亚摩斯、拿鸿、以斯利、拿该、

26玛押、玛他提亚、西美、约瑟、约大、27约亚拿、利撒、所罗巴伯、撒拉铁、尼利、28麦基、亚底、哥桑、以摩当、珥、29约细、以利以谢、约令、玛塔、利未、30西缅、犹大、约瑟、约南、以利亚敬、31米利亚、麦拿、玛达他、拿单、大卫、32耶西、俄备得、波阿斯、撒门、拿顺、33亚米拿达、亚兰、希斯仑、法勒斯、犹大、34雅各、以撒、亚伯拉罕、他拉、拿鹤、35西鹿、拉吴、法勒、希伯、沙拉、36该南、亚法撒、闪、挪亚、拉麦、37玛土撒拉、以诺、雅列、玛勒列、该南、38以挪士、塞特、亚当；亚当是神的儿子。

第四章

耶稣受试探（太 4:1-11；可 1:12-13）

1耶稣被圣灵充满，从约旦河回去，就被圣灵引到旷野，四十天受魔鬼的试探。2在那些日子，祂没有吃什么；日子满了，祂就饿了。3魔鬼对祂说：你若是神的儿子，可以吩咐这块石头变成食物。4耶稣回答说：经上记着：人活着，不是只靠食物，更要靠神口里所出的一切话。

5魔鬼又领祂上到高山，霎时间把天下的万国都指给祂看，6对祂说：这一切权柄、荣华我都可以给你，因为这都交给了我，我愿意给谁就给谁。7所以，只要你在我面前下拜，这一切就都是你的。8耶稣回答说：经上记着：当拜主你的神，只可以事奉祂。

9魔鬼又领祂到耶路撒冷，叫祂站在殿顶上，对祂说：你若是神的儿子，可以从这里跳下去；10因为经上记着：主要为你吩咐祂的使者保护你；11他

们要用手把你托起来，免得你的脚摔在石头上。12耶稣回答说：经上说：不可试探**主**你的神。13魔鬼用完了各种试探，就暂时离开了耶稣。

耶稣开始传道（太 4:12-17；可 1:14-15）

14耶稣带着圣灵的能力回到加利利，祂的名声就传遍了周围各地。15祂在各会堂里施教，众人都称赞祂。

耶稣在家乡遭人厌弃（太 13:53-58；可 6:1-6）

16耶稣来到拿撒勒，就是祂长大的地方。在安息日，祂照常进了会堂，站起来要念圣经。17执事把先知以赛亚的书递给祂，祂就展开，找到那一处，其上写着说：

18**主**的灵在我身上，
　　因为祂用膏膏我，
　　叫我去传福音给贫穷的人，
　　派遣我宣告被掳的得释放，
　　使瞎眼的得看见，
　　受压制的得自由，
19宣告**主**悦纳人的禧年。

20祂把书卷起来，还给执事，就坐下。会堂里的人都定睛看祂。21祂就对他们说：你们听的这经，今天应验了。22众人都称赞祂，并希奇祂口中所出的恩言；然而他们又说：这不是约瑟的儿子吗？

23耶稣对他们说：你们必引用这俗语向我说：医生，医治你自己吧！我们听见你在迦百农所行的事，也在你的家乡这里行吧！

24耶稣又说：我实在告诉你们，没有先知在自己的家乡被人悦纳。25我告诉你们实事，在以利亚的时候，天闭塞了三年半，遍地有大饥荒，那时以色列中有许多寡妇。26以利亚并没有奉派遣往她们任何人那里去，只奉派遣往西顿的撒勒法一个寡妇那里去。27先知以利沙的时候，以色列中有许多人患麻风，但其中没有一个得洁净的，倒是叙利亚人乃缦得了洁净。

28会堂里的众人听见这话，都怒气填胸，29就起来撵祂出城，把祂带到山崖（那城建在山上），要把祂推下去。30祂却从他们中间穿过去，离开了。

在迦百农赶出污鬼（可 1:21-28）

31耶稣下到加利利的一座城迦百农，在安息日教导众人。32他们都希奇祂的教训，因为祂的话带着权柄。

33会堂里有一个被污鬼的灵附着的人，大声喊叫说：34唉！拿撒勒人耶稣，我们与你何干？你来要除灭我们吗？我知道你是谁：你是神的圣者！

35耶稣斥责鬼说：不要作声！从他身上出来！鬼把那人摔倒在众人中间，就出来了，却没有伤害他。36众人都惊讶，彼此对问说：这是什么道理呢？祂用权柄能力吩咐污鬼，污鬼就出来了！37于是祂的名声传遍了周围各地。

治好许多病人（太 8:14-17；可 1:29-34）

38耶稣出了会堂，进了西门的家。西门的岳母正发高烧，有人就为她求耶稣。39耶稣站到她旁边，斥责那发烧病，烧就退了；她就立刻起来服事他们。

40日落的时候，凡有病人的，无论害什么病，都被带到耶稣那里。祂为他们每一个人按手，医好了他们。41又有鬼从好些人身上出来，喊着说：你是神的儿子！耶稣斥责他们，不许他们说话，因为他们知道祂是基督。

在加利利传道（可 1:35-39）

42天刚发亮，耶稣出来，去到一个僻静的地方。众人寻找他，到了祂那里，要留住祂，不让祂离开他们。43但耶稣对他们说：我也必须到别的城去传扬神国的福音，因我奉派原是为此。44于是祂到加利利的各会堂传道。

第五章

呼召首批门徒（太 4:18-22；可 1:16-20；约 1:35-42）

1耶稣站在革尼撒勒湖边，众人拥挤祂，要听神的道。2祂见有两只船停在湖边；渔夫都离开船洗网去了。3祂上到其中的一只船，是西门的，请他把船撑开，稍微离岸；祂就坐下，从船上教导众人。

4祂讲完了，对西门说：把船撑到水深之处，下网打鱼。5西门说：主啊，我们劳苦了一整夜，也都没有打着什么。但因你的话，我就下网吧。6他们就下了网，竟网住许多鱼，网几乎要裂开，7便招呼另一只船上的同伴来帮忙。他们就来，把鱼装满了两只船，甚至船要沉下去。

8西门彼得看见，就俯伏在耶稣膝前，说：主啊！离开我，因我是个罪人！9他和同他一起的人，都惊讶这一网所打的鱼。10他的伙伴、西庇太的儿子雅各和约翰也是这样。耶稣对西门说：不要怕！从今以后，你要作得人的渔夫了。11他们把两只船撑到岸边，就撇下所有的，跟从了耶稣。

治好麻风病人（太 8:1-4；可 1:40-45）

12有一次，耶稣在一座城里，有个满身麻风的人看见祂，就脸伏于地，求祂说：主啊，你若肯，必能使我洁净。13耶稣伸手摸他，说：我肯，你得洁净吧！麻风立刻就离开了他。

14耶稣嘱咐他说：不要告诉任何人，只要去把身体给祭司察看，并照摩西所吩咐的，为你得了洁净献上祭物，给他们作证据。15但耶稣的名声更加传开；有许多人聚集来要听道，也指望病得医治。16祂却退到僻静的地方去祷告。

治好瘫子（太 9:1-8；可 2:1-12）

17有一天，耶稣正在施教，有些法利赛人和律法教师也坐在那里；他们是从加利利和犹太的各乡村、并耶路撒冷来的。主的能力与祂同在，使祂能够医治病人。

18有人用褥子抬来一个瘫子，想抬进去放在耶稣面前，19却因人多，没有办法抬进去，就上到房顶，拆开瓦片，把他连同褥子缒到当中，正在耶稣面前。20耶稣看见他们的信心，就对瘫子说：朋友，你的罪赦免了。21经学家和法利赛人就议论说：这说僭妄话的是谁？除了神以外，谁能赦免罪呢？

22耶稣知道他们所议论的，就说：你们心里为何议论呢？23或说：你的罪赦免了；或说：你起来行走，哪一样更容易呢？24但为了使你们知道，人子在地上有赦罪的权柄，（祂就对瘫子说：）我吩咐你：起来，拿起你的褥子回家去吧！25那人立刻在众人面前起来，拿着他所躺卧的褥子回家去，不住地荣耀神。26众人都惊奇，也都荣耀神，并且满了敬畏，说：我们今天看见非常的事了！

呼召利未（太 9:9-13；可 2:13-17）

27这事以后，耶稣出去，看见一个税吏，名叫利未（又名马太），坐在税关上，就对他说：你跟从我吧！28他就撇下所有的，起来跟从了耶稣。

29利未在他家里为耶稣大摆筵席，有许多税吏和别的人与他们一同坐席。30法利赛人和经学家就向耶稣的门徒发怨言说：你们为什么跟税吏和罪人一同吃喝呢？31耶稣对他们说：健康的人不需要医生，有病的人才需要。32我来本不是召义人，而是召罪人悔改。

新与旧的比喻（太 9:14-17；可 2:18-22）

33他们对耶稣说：约翰的门徒常常禁食祈祷，法利赛人的门徒也是这样；你的门徒却是又吃又喝。34耶稣对他们说：新郎和伴友同在的时候，怎能叫伴友禁食呢？35但日子将到，新郎要从他们中间取走，那天他们就要禁食了。

36耶稣又对他们讲比喻说：没有人从新衣服上撕下一块补在旧衣服上；若是这样，新衣服撕破了，从新衣服上撕下来的和旧衣服也不相称。37也没有人把新酒装在旧皮袋里；若是这样，新酒必将皮袋胀破，酒就漏出来，皮袋也毁了。38新酒必须装在新皮袋里。39没有人喝了陈酒还想喝新酒，他总说陈酒好。

第六章
人子是安息日的主（太 12:1-8；可 2:23-28）

1有一个安息日，耶稣从麦地经过；祂的门徒掐了麦穗，用手搓着吃。2有几个法利赛人说：你们为什么做安息日不可做的事呢？

3耶稣对他们说：大卫和跟从他的人饥饿的时候，大卫所做的事，连这个你们也没有念过吗？4他进了神的殿，拿陈设饼吃，还给跟从他的人吃；这饼除了祭司以外，别的人都不可吃。5祂又对他们说：人子是安息日的主。

治好手萎缩的人（太 12:9-14；可 3:1-6）

6另一个安息日，耶稣进会堂里施教，那里有一个人，右手萎缩了。7经学家和法利赛人窥探耶稣，看祂在安息日治不治，好得把柄控告祂。

8耶稣知道他们的意念，就对那手萎缩的人说：起来，站在当中。他就起来站着。9耶稣对他们说：我问你们：在安息日，行善或行恶，救命或害命，哪一样是可以的呢？10祂就环视他们众人一眼，然后对那人说：伸出手来！他把手一伸，手就康复了。11他们却满心恼怒，彼此商议怎样对付耶稣。

选立十二使徒（太 10:1-4；可 3:13-19）

12那时，耶稣出去，上山祷告，整夜祷告神。13到了天亮，祂把门徒叫来，从中挑选十二个人，称他们为使徒，14就是西门（祂又给他起名叫彼得）和他兄弟安得烈，雅各和约翰，腓力和巴多罗买，15马太和多马，亚勒腓的儿子雅各和激进党的西门，16雅各的儿子犹大，和后来出卖祂的加略人犹大。

许多人跟随耶稣（可 3:7-12）

17耶稣和他们下了山，站在一块平地上，在那里有许多门徒，又有许多百姓，是从犹太全地、耶路撒冷、和推罗、西顿沿海一带来的。18他们来要听祂讲道，又指望病得医治；那些被污鬼缠磨的，也都得了医治。19众人都想要摸祂，因为有能力从祂身上出来，医好了他们。

论福与祸（参太 5:3-12）

20耶稣举目看着门徒说：
你们贫穷的人有福了，
因为神的国是你们的。

21你们饥饿的人有福了，
因为你们将来要饱足。
你们哀哭的人有福了，
因为你们将来要喜笑。

22人因人子恨恶你们，拒绝你们，辱骂你们，弃掉你们的名如同恶物，你们就有福了。23在那天，你们要欢喜跳跃，因为你们在天上的赏赐是大的；他们的祖先对待先知也是这样。

24但你们富足的人有祸了，
因为你们已经受了安慰。
25你们饱足的人有祸了，
因为你们将来要饥饿。
你们喜笑的人有祸了，
因为你们要哀痛哭泣。

26人都说你们好的时候，你们就有祸了，因为他们的祖先对待假先知也是这样。

论爱仇敌（太 5:38-48）

27只是我告诉你们听道的人：要爱你们的仇敌，善待恨你们的人。28要为咒诅你们的祝福，并为凌辱你们的祷告。29有人打你这边的脸，连那边也转给他打；有人夺了你的外衣，连内衣也让他拿去。30凡求你的，就给他；有人夺了你的东西，不用再要回来。31你们想要人怎样待你们，你们也要怎样待别人。

32你们若只爱那爱你们的人，有什么可称道的呢？就是罪人也爱那爱他们的人。33你们若只善待那善待你们的人，有什么可称道的呢？就是罪人也是这样行。34你们若借给人，又指望收回，有什么可称道的呢？就是罪人也借给罪人，再如数收回。35你们要爱你们的仇敌，要善待他们，并要借给人不指望偿还；这样，你们的赏赐必大，你们也必作至高者的儿子，因为祂恩待那忘恩的和作恶的。36你们要仁慈，像你们的父仁慈一样。

不要论断人（太 7:1-5）

37你们不要论断人，就不被论断；你们不要定罪人，就不被定罪；你们要饶恕人，就必蒙饶恕。38你们要给人，就必有给你们的，并且要用十足的升斗，连摇带按、上尖下流地倒在你们怀里；因为你们用什么量器量给人，也必用什么量器量给你们。

39耶稣又用比喻对他们说：瞎子怎能引领瞎子呢？两个人不都要掉进坑里吗？40学生不会高过老师；学成了的，都不过和老师一样。

41为什么看得见你弟兄眼中的木屑，却想不到自己眼中有梁木呢？42你不留意自己眼中的梁木，怎能对你弟兄说：弟兄，让我除掉你眼中的木屑呢？伪善的人哪，先除掉你自己眼中的梁木，然后才能看得清楚，除掉你弟兄眼中的木屑。

树与果子（太 12:33-35，参太 7:15-20）

43没有好树结坏果子，也没有坏树结好果子。44每棵树都是从果子认出来的。人不是从荆棘摘取无花果，也不是从蒺藜摘取葡萄。45善人从他心里所存的善就发出善来，恶人从他心里所存的恶就发出恶来；因为心里所充满的，口里就说出来。

听道也要行道（太 7:24-27）

46你们为什么称呼我"主啊！主啊！"却不遵行我所吩咐的呢？47凡到我这里来，听了我的话就去行的，我要指示你们他像什么人：48他像一个人建房子，深深地挖地，把根基立在磐石上；到发大水的时候，水冲击那房子，也不能摇动它，因为建造得好。49但那听了不去行的，就像一个人把房子建在沙地上，没有根基；水一冲击，房子立刻倒塌，而且毁坏得很惨。

第七章

一个百夫长的信心（太 8:5-13）

1耶稣对百姓讲完了这一切的话，就进了迦百农。2有一个百夫长，他所器重的仆人患病，快要死了。3百夫长听见耶稣的事，就托几个犹太人的长老，去求耶稣来救他的仆人。4他们到了耶稣那里，就切切地求祂说：你给他行这事，是他所配得的，5因为他爱我们的百姓，为我们建造了会堂。

6耶稣就和他们同去。离那家不远，百夫长托几个朋友来，对耶稣说：主啊！不必劳烦你，因为我不配你到我舍下。7我也觉得自己不配来见你；只要你说一句话，我的仆人就必痊愈。8因为我在别人权下，也有兵丁在我以下；我对这个说：去！他就去；对那个说：来！他就来；对我的仆人说：你做这事！他就去做。

9耶稣听见这话，就希奇他，转身对跟随的众人说：我告诉你们，这么大的信心，就是在以色列中我也没有遇见过。10受托的人回到家里，见那仆人已经好了。

使寡妇的独子复活

11过了不久，耶稣往一座名叫拿因的城去，祂的门徒和极多的人与祂同行。12快到城门，有个死人被抬出来。这人是他母亲独生的儿子；他母亲又是寡妇。城里的许多人陪着她。13主看见她，就怜悯她，对她说：不要哭！14然后上前按着棺柩，抬的人就站住。耶稣说：青年人，我吩咐你起来！

15那死人就坐起来，并且说话。耶稣就把他交给他母亲。16众人都起了敬畏，荣耀神说：有大先知在我们中间兴起来了！又说：神眷顾祂的百姓了！17这事就传遍了犹太和周围各地。

耶稣论施洗者约翰（太 11:2-19）

18约翰的门徒把这些事都告诉约翰。19他就叫来两个门徒，派他们去问主：那位要来的就是你，还是我们要等另一位？20那两个人来到耶稣那里，说：施洗者约翰派我们来问你：那位要来的就是你，还是我们要等另一位呢？

21就在那时，耶稣治好了许多有疾病的、患灾病的、被恶鬼附着的，又开恩使好些瞎子能够看见。22祂就回答说：你们回去，把所看见所听见的告诉约翰，就是瞎子看见，瘸子行走，麻风洁净，聋子听见，死人复活，穷人有福音传给他们。23不因我跌倒的，就有福了！

24约翰派来的人一走，耶稣就对众人讲论约翰说：你们从前出到旷野，是要看什么呢？要看被风吹动的芦苇吗？25你们出去，到底要看什么？要看身穿柔软衣服的人吗？那穿华丽衣服、宴乐度日的人是在王宫里。26你们出去，究竟要看什么？要看先知吗？我告诉你们，是的，他比先知大多了。27经上记着说：我要在你前面派遣我的使者；他要在你面前预备你的道路。所说的就是他。28我告诉你们，妇人所生的，没有一个大过约翰；然而，神国里最小的比他还大。

29众百姓和税吏因为受过约翰的洗，听见这话，就以神为义。30但法利赛人和律法师没有受过约翰的洗，就拒绝了神对他们的旨意。

31耶稣又说：我可把这世代的人比作什么呢？他们好像什么呢？32好像孩童坐在街市上，彼此呼叫说：我们向你们吹喜笛，你们不跳舞；我们向你们唱哀歌，你们不哭泣。33施洗者约翰来了，不吃饼，不喝酒，你们就说他是有鬼附身。34人子来了，也吃也喝，你们又说祂是贪吃好喝的人，是税吏和罪人的朋友。35然而，智慧借着她的儿女显为公义。

有罪女人得蒙赦免（参太26:6-13）

36有一个法利赛人请耶稣同他吃饭，耶稣就到法利赛人家里坐席。

37那城里有一个女人，是个罪人，得知耶稣在法利赛人家里坐席，就拿着一玉瓶香膏，38站在耶稣背后，挨着祂的脚哭，眼泪湿了耶稣的脚，就用她的头发擦干，又连连亲祂的脚，抹上香膏。

39请耶稣的法利赛人看见这事，就心里说：这人若是先知，必知道摸祂的是谁，是个怎样的女人；因她是个罪人。

40耶稣对他说：西门，我有话要对你说。西门说：老师，请说。41耶稣说：一个债主有两个债户，一个欠五百银币，一个欠五十银币。42因为他们无力偿还，他就开恩免了二人的债。那么，他们当中哪一个更爱他呢？43西门回答说：我想是那多得恩免的人。耶稣说：你判断得不错。

44耶稣转过来向着那女人，对西门说：你看见这女人吗？我进了你的家，你没有给我水洗脚，她却用眼泪湿了我的脚，又用头发擦干。45你没有与我亲脸，她却从我一进来就不住地亲我的脚。46你没有用油抹我的头，她却用香膏抹我的脚。47所以我告诉你，她许多的罪都赦免了，因为她爱得多；但那赦免少的，爱得就少。48于是对那女人说：你的罪赦免了。49同席的人心里说：这是什么人，竟然赦免罪？

50耶稣对那女人说：你的信心救了你，平平安安地去吧！

第八章
供给耶稣和门徒的妇女

1此后，耶稣周游各城各乡传道，传扬神国的福音。同着祂的有十二个门徒，2还有几个得了医治、脱离恶鬼和疾病的妇女，就是称为抹大拉的马利亚（从她身上曾赶出七个鬼）、3希律的管家库撒的妻子约亚娜、苏撒娜，和好些别的妇女；她们都用自己的财物供给耶稣和门徒。

撒种的比喻（太13:1-23；可4:1-20）

4当许多人聚集，又有人从各城往祂这里来的时候，祂就用比喻说：5有一个撒种的出去撒种。撒的时候，有的落在路旁，被人践踏，天空的飞鸟又来吃尽了。6有的落在磐石上，一长出来就枯干了，因为得不着滋润。7有的落在荆棘里，荆棘一同生长，把它挤住了。8但有的落在好土里，生长起来，结实百倍。耶稣说了这些话，就大声说：有耳可听的，就应当听！

9门徒问祂这比喻是什么意思。10祂说：神国的奥秘只给你们知道，对别的人就用比喻，叫他们看也看不明，听也听不懂。

11这比喻是这样：种子就是神的道。12那落在路旁的，就是人听了道，随后魔鬼就来，从他们的心里把道夺去，恐怕他们信了得救。13那落在磐石上的，就是人听了道，也欢喜地接受，但他们没有根，不过暂时相信，一旦遭遇试炼，就离弃了。14那落在荆棘里的，就是人听了道，走开以后，被今生的忧虑、钱财和享乐挤住了，就结不出成熟的子粒来。15但那落在好土里的，就是人听了道，又以诚实善良的心持守，且忍耐着结实。

掩藏的事终必显露（可 4:21-25）

16没有人点了灯用斗盖住，或是放在床底下，而是放在灯台上，使进来的人能看见亮光。17因为掩藏的事没有不显明出来的，隐瞒的事没有不暴露出来被人知道的。18所以，要留意你们是怎样听；因为凡有的，还要加给他；没有的，连他自以为有的，也要从他夺走。

谁是耶稣的母亲和弟兄（太 12:46-50；可 3:31-35）

19耶稣的母亲和弟兄来见祂，因为人多，不能到祂跟前。20有人告诉祂说：你的母亲和弟兄站在外边，想要见你。21祂却回答说：我的母亲和弟兄，就是那些听了神的道就遵行的人。

平静风和浪（太 8:23-27；可 4:35-41）

22有一天，耶稣和门徒上了船，祂对门徒说：我们渡到湖1对岸去吧。他们就开了船。23航行的时候，耶稣睡着了。湖上忽然起了暴风，船将要满了水，甚是危险。24门徒来叫醒祂，说：主啊！主啊！我们要丧命啦！耶稣醒了，斥责那狂风和大浪；风浪就止住，平静下来。

25耶稣对他们说：你们的信心在哪里呢？他们又惧怕，又希奇，彼此说：这到底是谁？祂吩咐风和浪，连风和浪也听从祂！

赶逐群鬼（可 5:1-20；参太 8:28-34）

26他们到了格拉森人的地方，就是加利利的对岸。27耶稣一上岸，就有城里一个被鬼附着的人迎着祂。这人很久不穿衣服，不住房子，只住在坟墓里。28他见了耶稣，就俯伏在祂面前，大声喊着说：至高神的儿子耶稣，我与你何干？求你不要使我受苦！29这是因耶稣曾吩咐污鬼从那人身上出来。原来鬼曾多次抓住他；他虽被人看守，又被铁链和脚镣捆锁，他竟把锁链挣断，被鬼催逼到旷野。

30耶稣问他说：你叫什么名字？他说：叫群。原来有许多鬼附在他身上。31鬼就央求耶稣，不要吩咐他们到无底坑里去。32那里有一大群猪在山上吃食。鬼央求耶稣，准他们进入猪里面。耶稣准了他们。33于是鬼从那人身上出来，进入猪里面。那群猪就闯下山崖，投进湖里淹死了。

34放猪的人看见所发生的事，就逃跑，去告诉城里和乡下的人。35众人就来，要看所发生的事；到了耶稣那里，看见鬼已离开的那人，坐在耶稣脚前，穿着衣服，神智清醒，就都害怕。36看见这事的人，便将鬼附之人怎样得救告诉他们。37格拉森一带的人，因为极其害怕，都求耶稣离开他们；于是耶稣上船回去。

38鬼已离开的那人恳求和耶稣在一起；耶稣却叫他回去，说：39你回家去，述说神为你做了何等大的事。他就去，满城传扬耶稣为他做了何等大的事。

治好遗血的女人，使女孩复活（太 9:18-26；可 5:21-43）

40耶稣回来的时候，众人迎接祂，因为他们都等候祂。41有一个管会堂的，名叫睚鲁，来俯伏在耶稣脚前，求耶稣到他家里去。42因他有个独生女儿，约十二岁，快要死了。耶稣去的时候，众人拥挤祂。

43有一个女人，患遗血十二年了，在医生手里花尽了她一切养生的，却没有一人能医好她。44她来到耶稣背后，摸祂衣服的穗子，遗血立刻就止住了。45耶稣问：摸我的是谁？众人都否认。彼得说：主啊，众人都围着你，拥挤你。

46耶稣说：一定有人摸我，因我觉得有能力从我身上出去。47那女人见不能隐瞒，就战战兢兢，来俯伏在耶稣跟前，把摸祂的缘故，和她怎样立刻得了医治，当着众人都说出来。48耶稣对她说：女儿，你的信心救了你，平平安安地去吧！

49耶稣还在说话，有人从管会堂的家里来，说：你的女儿已经死了，不必再劳烦老师了。50耶稣听见，就对他说：不要怕，只要信！你的女儿就必得救。

51耶稣到了他的家，除了彼得、约翰、雅各和女孩的父母，不许别人同祂进去。52众人都为女孩哭泣哀号。耶稣说：不要哭！她不是死了，而是睡着了。53他们知道女孩已经死了，就嗤笑祂。

54耶稣拉着她的手，呼叫说：孩子，起来！55她的灵便回来，她就立刻起来了。耶稣吩咐给她东西吃。56她的父母惊奇不已；耶稣嘱咐他们，不要把所发生的事告诉人。

注：1 湖：指加利利湖，又叫革尼撒勒湖、提比哩亚湖；多被译作海。

第九章

派遣十二使徒（太 10:5-15；可 6:7-13）

1耶稣把十二个使徒叫来，赐给他们能力和权柄，可以制伏一切的鬼，医治各样的病，2然后派他们去传扬神国的道，医治病人。3祂对他们说：路上什么也不要带，不要带手杖、口袋、食物和银子，也不要带替换的衣服。4无论进哪一家，就住在那里，直到离开。5凡不接待你们的，你们离开那城的时候，就把脚上的尘土跺下去，作为反对他们的见证。6门徒就去，走遍各乡，传扬福音，到处治病。

希律的困惑（参太 14:1-12）

7分封的王希律听见所发生的一切事，就很困惑，因为有人说是约翰从死里复活了，8又有人说是以利亚显现了，还有人说是古时的一位先知复活了。9希律说：约翰我已经斩了；这却是谁，我竟听见祂这样的事呢？就想要见祂。

给五千人吃饱的神迹（太 14:13-21；可 6:30-44；约 6:1-13）

10使徒回来，将所做的事都告诉耶稣。祂就带着他们，悄悄退到名叫伯赛大的城去。11众人知道了，就跟着祂去；祂便接待他们，对他们讲论神国的道，医治需要医治的人。

12天不早了，十二门徒来对祂说：请解散众人，他们好往周围乡村里去借宿找吃的，因为我们这里是野地。13耶稣说：你们给他们吃吧！门徒说：我们不过有五个饼、两条鱼，若不去为这众人买食物就不够。14原来男人就有大约五千。耶稣对门徒说：叫众人分组坐下，每组大约五十个人。15门徒就如此行，叫众人都坐下。

16耶稣拿着这五个饼、两条鱼，望着天祝福，然后擘开饼，递给门徒摆在众人面前。17众人都吃了，并且吃饱了，收拾剩下的零碎，装满了十二个篮子。

彼得说出耶稣是基督（太 16:13-20；可 8:27-30）

18一次耶稣私下祷告，只有门徒同祂一起；祂问他们说：众人说我是谁？19他们说：有人说是施洗者约翰；又有人说是以利亚；还有人说是古时的一位先知复活了。20祂又问：你们说我是谁？彼得回答说：你是神的基督！

耶稣预言受难与复活（太 16:21-28；可 8:31-9:1）

21耶稣切切嘱咐他们，不可将这件事告诉人。22又说：人子必须受许多的苦，被长老、祭司长和经学家弃绝，并且被杀害，第三天复活。

23耶稣又对众人说：若有人要跟从我，就当舍己，天天背起他的十字架来跟从我。24因为凡要救自己生命的，必丧掉生命；凡为我丧掉生命的，必救了生命。25人就是赚得全世界，却丧了自己，或赔上自己，有什么益处呢？26凡把我和我的道当作可耻的，人子在祂与父并圣天使的荣耀里降临的时候，也要把那人当作可耻的。27我实在告诉你们，站在这里的，有人在尝死味以前，就要看见神的国。

耶稣改变形象（太 17:1-13；可 9:2-13）

28说了这话以后大约八天，耶稣带着彼得、约翰、雅各上山去祷告。29正祷告的时候，祂的面貌就改变了，衣服洁白放光。30忽然，有摩西和以利亚两个人同耶稣说话。31他们在荣耀里显现，谈论耶稣去世的事，就是祂将要在耶路撒冷成就的事。32彼得和他的同伴都打盹，一醒过来，就看见耶稣的荣耀，和同祂站着的那两个人。

33二人正要离开耶稣的时候，彼得对耶稣说：主啊，我们在这里真好！可以搭三座棚，一座为你，一座为摩西，一座为以利亚。他不知道所说的是什么。

34他还在说这话，有一朵云彩来遮盖他们；他们进入云彩里，就都害怕。35有声音从云彩里出来，说：这是我的儿子，我所拣选的；你们要听祂！36声音过后，就只看见耶稣一人。在那些日子，门徒不提所见的事，没有告诉任何人。

治好被鬼附的小孩（太 17:14-21；可 9:14-29）

37第二天，他们下了山，有许多人迎接耶稣。38众人中有一人喊着说：老师，求你顾念我的儿子，因为他是我的独生子。39他被鬼抓住，就忽然喊叫；鬼又使他抽风，口中流沫，重重伤害他，难以离开他。40我求你的门徒把鬼赶出来，他们却是不能。

41耶稣说：唉！不信又悖谬的世代啊，我同着你们、忍耐你们要到几时呢？把你儿子带到这里来吧！42他来的时候，鬼把他摔倒，又使他抽风。耶稣就斥责那污鬼，把孩子治好，交给他父亲。众人都诧异神的大能。

第二次预言受难与复活（太 17:22-23；可 9:30-32）

43耶稣所做的各种事，众人正希奇的时候，祂对门徒说：44你们要把这话存在耳中：人子将要被交在人的手里。45门徒却不明白这话，因为意思是隐藏的，使他们不能明白；他们也不敢问祂这话的意思。

谁是最大的（太 18:1-5；可 9:33-37）

46门徒中间起了争论：他们中间谁为最大。47耶稣看出他们心里的意念，就把一个小孩子领来，叫他站在自己旁边，48对他们说：凡因我的名接待这小孩子的，就是接待我；凡接待我的，就是接待那位派我来的。你们中间最小的，那人就是最大的。

敌挡与帮助（可 9:38-40）

49约翰说：主啊，我们看见有一个人奉你的名赶鬼，就禁止他，因他不和我们一同跟从你。50耶稣说：不要禁止他；因为不敌挡你们的，就是帮助你们的。

撒玛利亚人不接待主

51耶稣被接升天的日子将到，祂就定意往耶路撒冷去。52祂派人在祂前头去；他们到了撒玛利亚的一个村庄，要为祂预备。53那里的人不接待祂，因为祂是面向耶路撒冷而去。54祂的门徒雅各和约翰看见了，就说：主啊，你要我们吩咐火从天上降下来，烧灭他们吗？55耶稣转过身来，责备两个门徒。56他们就往别的村庄去了。

跟从耶稣的代价（太 8:18-22）

57他们走在路上的时候，有一个人对耶稣说：你无论往哪里去，我都要跟从你。58耶稣对他说：狐狸有洞，天空的飞鸟有窝，人子却没有枕头的地方。59又对另一个人说：你跟从我吧！那人说：主啊，请让我先回去埋葬我的父亲。60耶稣说：让死人去埋葬他们的死人，你只管去传扬神国的道。

61又有一个人说：主啊，我要跟从你，但让我先回去向家人告别。62耶稣说：手扶着犁向后看的，不配进神的国。

第十章

派遣七十个人

1这事以后，主又设立七十个人，派遣他们两个两个地，在祂前面往祂所要到的各城各地去。2祂对他们说：庄稼很多，工人却少；所以你们当求庄稼的主，派遣工人收割祂的庄稼。

3你们去吧！我派你们出去，如同羊羔进入狼群。4不要带钱囊、口袋和鞋；在路上也不要向人问安。

5无论进哪一家，先要说：愿这一家平安！6那里若有平安之子，你们的平安就必临到那家；不然，就归回你们。7你们要住在那家，吃喝他们所供给的，因为做工的配得报酬。不要从这家搬到那家。

8无论进哪一城，人若接待你们，给你们摆上什么，你们就吃什么。9要医治城里的病人，对他们说：神的国临近你们了。10无论进哪一城，人若不接待你们，你们就到街上去，说：11就是你们城里的尘土，粘在我们的脚上，我们也当着你们擦去。虽然如此，你们也该知道：神的国临近了。12我告诉你们，在审判的日子，所多玛所受的，比那城还容易受呢！

咒诅不肯悔改的城（太 11:20-24）

13哥拉汛哪，你有祸了！伯赛大啊，你有祸了！因为在你们中间所行的异能，若行在推罗和西顿，他们早已披麻蒙灰，坐在地上悔改了。14在审判的日子，推罗和西顿所受的，比你们还容易受呢！15迦百农啊，你要升到天上吗？不！你必坠落阴间。

16听从你们的，就是听从我；弃绝你们的，就是弃绝我；弃绝我的，就是弃绝那位派我来的。

七十个人回来

17那七十个人欢欢喜喜地回来，说：主啊，因你的名，就是鬼也服了我们。18耶稣对他们说：我曾看见撒但从天上坠落，像闪电一样。19看哪，我已赐给你们权柄，可以践踏蛇和蝎子，又能胜过仇敌一切的能力，没有什么能害你们。20然而，不要因鬼服了你们就欢喜，要因你们的名记录在天上而欢喜。

耶稣欢乐赞美天父（太 11:25-27）

21就在那时，耶稣因圣灵而欢乐，说：父啊，天地的主，我赞美你！因为你将这些事向聪明通达的人隐藏起来，向婴孩却显明出来。父啊，是的，因为你的美意本是如此。

22我父已将一切交付了我；除了父，没有人知道子是谁；除了子和子所愿意启示的，没有人知道父是谁。

23耶稣转身悄悄对门徒说：看见你们所看见的，那眼睛就有福了！24我告诉你们，从前有许多先知和君王，想看你们所看的，却没有看见；想听你们所听的，却没有听见。

好撒玛利亚人的比喻

25有一个律法师起来试探耶稣，问：老师，我该做什么事，才能承受永生呢？26耶稣对他说：律法上写的是什么？你念的是怎样呢？27他回答说：你要全心、全魂、全力、全意爱**主**你的神。还有：要爱邻居如同自己。28耶稣说：你答得对；你这样行，就必得永生。29那人想要称义自己，就问耶稣说：谁是我的邻居呢？

30耶稣回答说：有一个人从耶路撒冷下耶利哥去，落在强盗手中。他们剥去他的衣服，把他打个半死，就丢下他走了。31刚好有个祭司从这条路下来，看见了他，却从对边走过去了。32又有一个利未人来到这地方，看见了他，也照样从对边走过去了。

33但有一个撒玛利亚人，行路来到那里，看见他就动了慈心，34上前把油和酒倒在他的伤处，包裹好了，扶他骑上自己的牲口，带到客店里照料他。35第二天又拿出两个银币，交给店主，说：请你照料他；此外所花费的，我回来必还你。

36这三个人，你认为哪一个是落在强盗手中之人的邻居呢？37他说：是那怜悯他的。耶稣说：你去照样行吧。

上好的福分

38他们继续前行，进了一个村庄；有个妇人名叫马大，把耶稣接到她家里。39她有一个妹妹，名叫马利亚，坐在主的脚前听祂讲道。40马大因为许多服事忙乱不已，就前来说：主啊，我妹妹留下我一个人服事，你不在意吗？请吩咐她来帮助我。

41主回答说：马大，马大，你为许多的事忧虑烦恼，42但是不可少的只有一件；马利亚选择了那上好的福分，是不能从她夺去的。

第十一章

耶稣教导门徒祷告（太 6:9-13）

1耶稣在一个地方祷告；祷告完了，有个门徒对祂说：主啊，求你教导我们祷告，像约翰教导他的门徒。

2耶稣说：你们祷告的时候，要说：我们在天上的父（有古卷作：父啊），愿你的名被尊为圣；愿你的国降临；愿你的旨意行在地上，如同行在天上。（有古卷无愿你的旨意...）3我们日用的饮食，求你每天赐给我们。4赦免我们的罪，因我们也赦免凡亏欠我们的人。不要叫我们遇见试探；救我们脱离那恶者。（有古卷无救我们...）

要祈求、寻找、叩门（太 7:7-11）

5耶稣又说：假设你们某人有个朋友，半夜到他那里，说：朋友，请借给我三个饼，6因为我的一个朋友行路到了我这里，我没有什么招待他。7那人在里面回答说：不要烦扰我；门已经关了，孩子们也同我在床上了，我不能起来给你。

8我告诉你们，虽然不因他是朋友起来给他，却要因他厚脸直求，就起来照他所需要的给他。9所以我告诉你们，你们祈求，就给你们；寻找，就必寻见；叩门，就给你们开门。10因为凡祈求的，就得着；寻找的，就寻见；叩门的，就给他开门。

11你们中间作父亲的，谁有儿子求鱼，反拿蛇当鱼给他呢？12求鸡蛋，反给他蝎子呢？13你们虽然不好，尚且知道把好东西给儿女，何况天上的父，难道不更要把圣灵给求祂的人吗？

耶稣与别西卜（太 12:22-32；可 3:20-30）

14耶稣赶出一个哑巴鬼；鬼一出来，哑巴就说话，众人都希奇。15其中却有人说：祂是靠着鬼王别西卜赶鬼。16又有人试探祂，求祂显个天上来的神迹。

17耶稣知道他们的意念，就对他们说：凡一国自相分争，必成为荒场；凡一家自相分争，必然要败落。18若是撒但自相分争，他的国怎能站立得住呢？你们说我是靠着别西卜赶鬼；19我若是靠着别西卜赶鬼，你们的子弟又是靠着谁赶鬼呢？这样，他们就要审判你们了。20我若是靠着神的能力赶鬼，这就是神的国临到你们了。

21壮士全副武装，看守他的住宅，他的家财就平安无事。22但有一个比他更强的来，胜过他，夺去他所倚靠的盔甲兵器，就把他的家财分了。23不与我相合的，就是敌我的；不同我收聚的，就是分散的。

污鬼又回来的比喻（太 12:43-45）

24污鬼从人里面出来，走过无水之地，寻找安歇之处，没有找着，就说：我要回到我所出来的屋子里去。25它回去后，看见里面打扫整理过了，26就去带了另外七个比自己更恶的鬼来，都进去住在那里。那人后来的景况，就比先前的更坏了。

27耶稣正说这些话的时候，众人中间有个女人大声说：怀你胎、乳养你的有福了！28耶稣却说：听了神的道就遵守的人，更为有福！

约拿的神迹（太 12:38-42）

29众人越聚越多，耶稣就说：这世代是一个邪恶的世代；他们求看神迹，除了约拿的神迹以外，再没有神迹给他们看。30约拿怎样成为尼尼微人的神迹，人子也要照样成为这世代的神迹。31在审判的时候，南方的女王要起来，定这世代的罪，因为她从地极而来，要听所罗门的智慧之言。看哪，在这里有比所罗门更大的！32在审判的时候，尼尼微人要起来，定这世代的罪，因为他们听了约拿所传的，就悔改了。看哪，在这里有比约拿更大的！

里面的光（太 5:15，6:22-23）

33没有人点了灯放在地窖里，或是斗底下，而是放在灯台上，使进来的人能看见亮光。34眼睛就是身体的灯。你的眼睛若明亮，全身就光明；你的眼睛若昏花，全身就黑暗。35所以你要小心，恐怕你里面的光黑暗了。36若是你全身光明，毫无黑暗，就必全然光明，如同灯的亮光照亮你。

法利赛人的伪善（太 23:1-7）

37 话刚说完，有个法利赛人请耶稣同他吃饭，耶稣就进去坐席。38 这法利赛人看见耶稣饭前不洗手，就很诧异。39 主对他说：如今你们法利赛人洗净杯盘的外面，你们里面却装满了贪婪和邪恶。40 无知的人哪，那造外面的，不也造里面吗？41 只要把里面的施舍给人，凡物对你们就都是洁净的。

法利赛人和律法师的灾祸（太 23:13-36）

42 你们法利赛人有祸了！因为你们将薄荷、芸香、和各样蔬菜献上十分之一，却把公义和爱神忽略了；前者是你们应当行的，后者更是不可忽略的。

43 你们法利赛人有祸了！因为你们喜爱会堂里的高位，又喜爱人在街市上向你们问安。44 你们有祸了！因为你们就像没有标志的坟墓，人走在上面还不知道。

45 律法师中有一个回答说：老师，你说这话把我们也侮辱了。

46 耶稣说：你们律法师也有祸了！因为你们把难担的担子放在别人身上，但自己连一个指头也不肯动。

47 你们有祸了！因为你们修造先知的坟墓，而他正是你们祖先所杀害的。48 可见你们祖先所做的事，你们既见证又称许，因为他们杀害先知，你们修造先知的坟墓。

49 所以，神曾用智慧说：我要派遣先知和使徒到他们那里去，有的他们要杀害，有的他们要逼迫，50 好使创世以来所流一切先知的血，都要向这世代的人追讨，51 就是从亚伯的血起，直到在坛和殿中间被杀害的撒迦利亚的血为止。是的，我告诉你们，都要向这世代的人追讨。

52 你们律法师有祸了！因为你们把知识的钥匙夺去，自己不进去，又阻挡那些要进去的人。

53 耶稣从那里出来，经学家和法利赛人就极力敌对祂，质问祂许多事，54 伺机从祂话中抓住把柄。

第十二章

应当怕谁（太 10:26-31）

1 这时，有几万人聚集，甚至彼此践踏。耶稣先对门徒说：你们要防备法利赛人的酵，就是伪善。2 掩盖的事没有不暴露出来的，隐藏的事没有不被人知道的。3 因此，你们在暗中所说的，将要在明处被人听见；你们在内室耳语的，将要在房顶被人宣扬。

4 我的朋友，我对你们说，不要怕那些杀人身体以后不能再做什么的。5 我要指示你们应当怕谁：当怕那位杀人身体以后，又有权柄把人丢进地狱里的。是的，我告诉你们，正要怕祂。6 五只麻雀不是卖两个铜钱吗？但在神面前，一只也不会忘记。7 就连你们的头发，也都被数过了。不要惧怕，你们比许多麻雀还要贵重！

要在人面前承认主（太 10:32-33）

8 我又告诉你们，凡在人面前认我的，人子在神的使者面前也必认他；9 凡在人面前不认我的，人子在神的使者面前也必不认他。10 凡说话干犯人子的，还可得赦免；但亵渎圣灵的，总不得赦免。

11 人把你们带到会堂、官长和掌权者面前，不要忧虑怎样申辩，说什么话，12 因为到那时候，圣灵必指教你们当说的话。

无知财主的比喻

13众人中有一个人对耶稣说：老师，请你吩咐我的兄弟和我分家业。14耶稣说：人哪，谁立我作审判官，给你们分家业呢？15于是对众人说：你们要谨慎自守，免去一切的贪心，因为人的生命并不在于家业丰富。

16耶稣就对他们讲比喻说：有个财主，田产丰盛。17他心里思想说：我的出产没有地方收藏，怎么办呢？18又说：我要这样办：要把我的仓房拆了，另盖更大的，在那里收藏我一切的粮食和财物。19然后要对我的魂1说：魂哪，你有许多财物积存，可供多年享用，只管安逸，吃喝快乐吧！

20神却对他说：无知的人哪，今夜就要取你的命；你所预备的，要归谁呢？

21凡为自己积财，在神面前却不富足的，也是这样。

不要忧虑（太 6:25-34）

22耶稣又对门徒说：所以我告诉你们，不要为生命忧虑吃什么，为身体忧虑穿什么；23因为生命胜于饮食，身体胜于衣服。24你们想想乌鸦：既不种，也不收，没有仓，没有库，神尚且养活它们；你们比飞鸟贵重多了！25你们谁能借着忧虑使寿命多加一刻呢（或译：使身量多加一肘呢）？26这极小的事，你们尚且不能做，为什么还忧虑其他的事呢？

27想想百合花是怎样生长的：它不劳苦，也不纺织；然而我告诉你们，就是所罗门在最荣华的时候所穿戴的，也还不如这花中的一朵呢！28小信的人哪，野地的草今天存在，明天就丢进炉子里，神还这样给它穿戴，何况你们呢！

29你们不要求吃什么，喝什么；不要忧虑。30这都是世上的外邦人所追求的；你们需要这些东西，你们的父是知道的。31你们只要求祂的国，这些东西就都要加给你们了。32你们这小群哪，不要惧怕，因为你们的父乐意把国赐给你们。

要积财于天（太 6:19-21）

33你们要把财物卖掉周济穷人，为自己预备永不破旧的钱囊、取用不尽的财宝存在天上，那里贼不能靠近，虫不能蛀坏。34因为你们的财宝在哪里，你们的心也在哪里。

要警醒预备 （太 24:36-44；可 13:32-37）

35你们要把腰束上，把灯点着，36好像仆人等候主人从婚筵上回来，主人回来叩门，就立刻给他开门。37主人回来，看见仆人警醒，那仆人就有福了。我实在告诉你们，主人必叫他们坐席，自己把腰束上，进前伺候他们。38或在二更天，或在三更天，主人回来，看见仆人这样，那仆人就有福了。

39你们知道，家主若是晓得贼在什么时候要来，就必警醒，不让窃贼挖进屋来。40你们也要预备，因为在你们没想到的时候，人子就来了。

忠心的仆人有福了（太 24:45-51）

41彼得问：主啊，你说这个比喻，是为我们，还是为众人呢？

42主说：谁是那忠心又精明的管家，为主人所派，管理家里的人，按时分粮给他们呢？43主人回来，看见他这样行，那仆人就有福了。44我实在告诉你们，主人要派他管理所有的财产。

45但仆人若心里说：我的主人必回得迟！就动手打其他的仆人和使女，并且吃喝醉酒；46在他没想到的日子，不知道的时辰，他的主人要来，严厉地处罚他，定他和不信的人同罪。

47知道主人的意愿，却不预备，不按他的意愿去行，那仆人必多受责打；48但那不知道的，做了当受责打的事，却会少受责打；因为多交给了谁，就要向谁多取；多托付了谁，就要向谁多要。

不是带来和平（太 10:34-36）

49我来是要把火丢在地上，我多么希望这火已经燃烧起来！50我有当受的洗，还没有成就，我是何等的困迫！

51你们以为我来是给地上带来和平吗？我告诉你们，不是，我是带来分争。52从今以后，一家五个人将要分争，三个反对两个，两个反对三个。53他们将要分争，父亲反对儿子，儿子反对父亲；母亲反对女儿，女儿反对母亲；婆婆反对媳妇，媳妇反对婆婆。

分辨时代（参太 16:2-3）

54耶稣又对众人说：你们看见西边起了云彩，马上就说：要下阵雨！果然如此。55起了南风，你们就说：将要燥热！真的燥热。56伪善的人哪，你们知道分辨天地的气色，为何竟不知道分辨这个时代呢？57为何不自己判断，什么是合理的呢？

58你同告你的对头去见官长，还在路上，务要尽力和他了结；免得他拉你到法官面前，法官把你交给差役，差役把你关进监牢。59我告诉你，若还有一文钱没有还清，你绝不能从那里出来。

注：1魂：见太 10 章注 1。

第十三章

若不悔改都要灭亡

1就在那时，有几个在场的人告诉耶稣：彼拉多将所杀加利利人的血混在他们的祭物中。

2耶稣说：这些加利利人如此受害，你们以为他们比其他的加利利人更有罪吗？3我告诉你们，不！你们若不悔改，都要如此灭亡！4从前西罗亚楼倒塌，压死十八个人；你们以为那些人比其他住在耶路撒冷的人更有罪吗？5我告诉你们，不！你们若不悔改，都要如此灭亡！

不结果的无花果树

6于是耶稣讲了这个比喻：一个人有一棵无花果树，栽在葡萄园里；他来到那树前找果子，却找不着，7就对园丁说：看哪，这三年我都到这无花果树前找果子，竟找不着。把它砍掉吧，何必白占土地呢？8园丁说：主啊，今年且留着，等我周围松松土，加些肥，9明年若结果子便罢，不然再把它砍掉。

在安息日治好驼背的人

10安息日，耶稣在会堂里施教。11有个女人被鬼附着，病了十八年，腰弯得一点也直不起来。12耶稣看见了，便叫她过来，对她说：妇人，你脱离这病了！13于是用两只手按着她，她立刻直起腰来，就荣耀神。

14管会堂的因为耶稣在安息日治病，就很恼怒，对众人说：有六天应当做工，那六天可来求医，安息日却不可以。15主说：伪善的人哪，你们各人在安息日，难道不把牛驴从槽上解开，牵去喝水吗？16何况这个女人本是亚伯拉罕的后裔，被撒但捆绑了十八年，不当在安息日解开她的捆绑吗？

17耶稣说了这话，敌对祂的就都蒙羞；众人因祂所行一切荣耀的事，就都欢喜。

芥菜种和面酵的比喻（太 13:31-33；可 4:30-32）

18耶稣说：神的国好像什么呢？我可把它比作什么呢？19好像一粒芥菜种，有人拿去种在园里，长大后，成了树，连天空的飞鸟也宿在它的枝上。20又说：我可把神的国比作什么呢？21好像面酵，有个妇人拿去揉在三斗面里，直到全团面都发起来。

要从窄门进去（太 7:13-14、21-23）

22耶稣往耶路撒冷去，在所经过的各城各乡施教。23有一个人问祂说：主啊，得救的只是少数人吗？

24耶稣对众人说：你们要竭力从窄门进去。我告诉你们，将来有许多人想要进去，却是不能。25一旦家主起来把门关了，你们才站在外面叩门，说：主啊，请给我们开门！祂就要回答说：我不认识你们，不晓得你们是从哪里来的！

26那时，你们必说：我们在你面前吃过喝过，你也在我们的街上施教过。27祂必说：我告诉你们，我不晓得你们是从哪里来的。你们一切作恶的人，离开我走吧！

28你们将要看见亚伯拉罕、以撒、雅各、和众先知都在神的国里，你们却被赶到外面，在那里必要哀哭切齿了。29从东从西，从南从北，将有人来在神的国里坐席。30只是有些在后的将要在前，有些在前的将要在后。

为耶路撒冷哀叹（太 23:37-39）

31就在那时，有几个法利赛人来对耶稣说：你走吧，离开这里，因为希律想要杀你。32耶稣说：你们去告诉那个狐狸：今天明天我赶鬼治病，第三天我的事就成全了。33虽然这样，今天明天后天我必须前行，因为先知不可能在耶路撒冷以外丧命。

34耶路撒冷啊，耶路撒冷！你常杀害先知，又用石头打死奉派到你这里来的人。我多次想要聚集你的儿女，好像母鸡把小鸡聚集在翅膀底下，可是你们不愿意！35看哪，你们的家必成荒场，留给你们。我告诉你们，你们绝不再看见我，直等到你们说：奉主之名来的当受称颂！

第十四章

在安息日治好患水臌病的人

1安息日，耶稣到一个法利赛人的首领家里去吃饭，他们就窥探祂。2在祂面前有个患水臌病的人。3耶稣问律法师和法利赛人说：在安息日治病，可以吗？4他们却不言语。耶稣就治好那人，叫他走了。5然后问他们说：你们中间谁有儿子或牛，在安息日掉进井里，不立即拉上来呢？6他们不能回答这话。

耶稣教导做客和请客

7耶稣看见请来的人都选择尊位，就用比喻对他们说：8你被人请去赴婚筵，不要坐在尊位上，恐怕有比你尊贵的人也被请来，9那请你们的人必来对你说：你把座位让给这一位吧！你就得羞惭地退到末位了。10你被请的时候，要去坐在末位上，好叫那请你的人来对你说：朋友，请上坐！那时你在同席的人面前就有光彩了。11因为凡自高的，必降为卑；自卑的，必升为高。

12耶稣又对请祂的人说：你摆设午饭或晚饭，不要请你的朋友、弟兄、亲属和富足的邻居，恐怕他们也回请你，你就得了回报。13你摆设筵席，要请那贫穷的、残废的、瘸腿的、瞎眼的，14你就有福了，因为他们不能回报你；到义人复活的时候，你必得着报赏。

婚筵的比喻（太 22:1-14）

15同席的有一人听见这话，就对耶稣说：在神国里吃饭的有福了！

16耶稣对他说：有一个人大摆筵席，请了许多的人。17到了开席的时候，他派仆人去对所请的人说：请来吧，一切都准备好了。18众人却一致地推辞。第一个说：我买了一块地，必须去看看；请你原谅我。19另有一个说：我买了五对牛，要去试一试；请你原谅我。20还有一个说：我刚娶了妻，所以不能去。

21那仆人回来，把这些事告诉主人；主人就发怒，吩咐仆人说：你快出去，到城里的大街小巷，把那贫穷的、残废的、瞎眼的、瘸腿的都领到这里来。

22仆人又来说：主啊，你所吩咐的已经做了，还有空位。23主人对仆人说：你出去，到大路上和围墙边，强迫人来，好把我的屋子坐满。24我告诉你们，先前所请的人，没有一个能够尝到我的筵席。

作门徒的代价（太 10:37-39）

25有许多人和耶稣同行；祂转过身来对他们说：26人到我这里来，若不爱我胜过爱自己的父母、妻子、儿女、弟兄、姐妹、甚至自己的性命，就不能作我的门徒（若不爱我胜过爱：原文是若不恨）。27凡不背着自己的十字架跟从我的，也不能作我的门徒。

28你们有哪个人，想要盖一座楼，不先坐下计算费用，看看能不能盖成呢？29恐怕奠了基，却不能完工，看见的人都要嘲笑他，说：30这个人开了工，却不能完工。

31或是有哪个王，要出去和另一个王打仗，不先坐下酌量：能不能用一万兵，去迎战那领二万兵来攻打他的呢？32若是不能，就趁敌人还远的时候，派使者去求和。33照样，你们无论何人，若不撇下一切所有的，就不能作我的门徒。

34盐本是好的，但若失了咸味，可用什么使它再咸呢？35或用在田里，或堆在粪里，都不合适，只好丢在外面。有耳可听的，就应当听！

第十五章
失羊的比喻（太 18:10-14）

1众税吏和罪人都挨近耶稣，要听祂讲道。2法利赛人和经学家叽咕议论说：这个人竟接待罪人，还同他们吃饭！

3于是耶稣讲了这个比喻：4你们中间谁有一百只羊，迷失一只，不把这九十九只留在野地，去找那只迷失的羊，直到找着呢？5找着了，就欢欢喜喜地扛在肩上；6回到家里，就把朋友邻居请来，对他们说：和我一同欢喜吧，因我那只迷失的羊已经找着了！7我告诉你们，一个罪人悔改，在天上也要这样为他欢喜，比为九十九个不用悔改的义人欢喜更大。

失钱的比喻

8或是一个妇人有十块钱，失落一块，难道不点上灯，打扫屋子，仔细寻找，直到找着吗？9找着了，就把朋友邻居请来，对他们说：和我一同欢喜吧，因我那块失落的钱已经找着了！10我告诉你们，一个罪人悔改，在神的使者面前也是这样为他欢喜。

浪子的比喻

11耶稣又说：一个人有两个儿子。12小儿子对父亲说：父亲，请把我应得的那份家业给我。父亲就把财产分给他们。13 没过几天，小儿子就收拾他一切所有的，到远方去，在那里生活放荡，挥霍钱财。14 他花尽了一切，又遇着那地方大遭饥荒，就穷困起来；15 于是他去投靠那地方的一个人；那人就派他到田里去放猪。16 他恨不得拿猪所吃的豆荚充饥，也没有人给他。

17 他醒悟过来，就说：我父亲有那么多的雇工，粮食有余，我倒在这里饿死吗？18 我要起来，到我父亲那里去，向他说：父亲！我得罪了天，又得罪了你；19 我不配再称为你的儿子，把我当作一个雇工吧！20 于是起来，往他父亲那里去。离家还很远，父亲望见他，就动了慈心，跑来抱着他的颈项，连连与他亲脸。

21 儿子说：父亲！我得罪了天，又得罪了你；我不配再称为你的儿子…22 父亲却吩咐仆人说：快！把那最好的袍子拿出来给他穿上，把戒指戴在他手上，把鞋子穿在他脚上，23 把那头肥牛犊牵来宰了，我们要吃喝快乐；24 因我这个儿子是死而复活、失而又得的。他们就快乐起来。

25 那时，大儿子正在田里；当他回来，离家不远，听见奏乐跳舞的声音，26 就叫来一个仆人，查问是怎么回事。27 仆人说：你弟弟回来了；你父亲因为得他平安无恙地回来，就把那肥牛犊宰了。

28 大儿子就生气，不肯进屋；他父亲就出来劝他。29 他对父亲说：我服事你这么多年，从来没有违背你的命令，你并没有给我一只山羊羔，使我能和朋友一同快乐。30 但你这个儿子，和娼妓花尽了你的财产，他一回来，你倒为他宰了肥牛犊！

31 父亲对他说：儿啊！你常和我同在，我一切所有的都是你的。32 但你这个弟弟，是死而复活、失而又得的，所以我们理当欢喜快乐。

第十六章
要学不义管家的精明

1 耶稣又对门徒说：一个财主有个管家，别人向他告这管家挥霍他的财产。2 财主就把管家叫来，对他说：我所听见你的这事，是怎么回事呢？把你管理的账交代清楚，因你不能再作管家了。

3 那管家心里说：主人要撤去我管家之职，我将来做什么呢？锄地吧，我没力气；讨饭吧，我又怕羞…4 有了！我知道怎样行，可以使人在我不作管家之后，接我到他们的家里去。

5 于是他把欠他主人债的一个一个叫来，问第一个说：你欠我的主人多少？6 他说：一百桶油。管家说：拿你的账，快快坐下，写成五十。7 又问另一个说：你欠多少？他说：一百石麦子。管家说：拿你的账，写成八十。

8 主人就夸奖这不义管家做事精明；因在处理各自的世事上，今世之子比光明之子更加精明。9 我又告诉你们，要借着不义的钱财结交朋友，到了钱财无用的时候，他们可以接你们到永远的居所里去。

10 在极小的事上忠心的，在大事上也忠心；在极小的事上不义的，在大事上也不义。11 你们若在不义的钱财上不忠心，谁还把那真实的钱财托付你们呢？12 你们若在别人的东西上不忠心，谁还把你们自己的东西给你们呢？

其他若干教训（参太 5:31-32，11:12-13；可 10:11-12）

13一个仆人不能事奉两个主人，因他不是恨这个爱那个，就是重这个轻那个。你们不能事奉神，又事奉玛门（玛门就是钱财）。

14贪爱钱财的法利赛人听见这一切话，就嗤笑耶稣。15耶稣对他们说：你们是在人面前自称为义的，但神知道你们的心。在人中间高贵的，神却看为可憎的。

16律法和先知到约翰为止，从此神国的福音就传开了，人人都努力要进去。17天地废去，比废去律法的一点一画还要容易。

18凡休妻另娶的，就是犯奸淫；娶被休妇人的，也是犯奸淫。

财主与拉撒路

19有个财主，身穿紫色袍和细麻衣，天天奢华宴乐。20又有一个讨饭的，名叫拉撒路，浑身是疮，被人放在财主门口，21渴望得着财主桌上掉下来的零碎充饥；甚至有狗来舔他的疮。

22后来那讨饭的死了，被天使带去放在亚伯拉罕的怀里。财主也死了，埋葬了。23财主在阴间受痛苦，举目远远望见亚伯拉罕，和他怀里的拉撒路，24就喊着说：我祖亚伯拉罕哪，可怜我吧！请派拉撒路来，用指尖蘸点水，凉凉我的舌头，因为我在这火焰里极其痛苦。

25亚伯拉罕说：孩子，你该回想你生前享过福，拉撒路却受苦；如今他在这里得安慰，你倒受痛苦。26不但这样，在我们与你们之间，有一深渊隔定，以致人想从这边过到你们那边是不可能的，想从那边过到我们这边也是不可能的。

27财主说：我祖啊，既是这样，求你派拉撒路到我父家去，28因我还有五个弟兄，他可以警告他们，免得他们也来到这痛苦的地方。

29亚伯拉罕说：他们有摩西和先知的话可以听从。30他说：我祖亚伯拉罕哪，不行啊！但是若有一个从死里复活的到他们那里去，他们必要悔改。31亚伯拉罕说：他们若不听从摩西和先知的话，就是有个从死里复活的，他们也是不听劝的。

第十七章

使人犯罪的有祸了（太 18:6-7；可 9:42）

1耶稣又对门徒说：使人犯罪的事是免不了的，但那使人犯罪的有祸了！2就是拿块磨石拴在他的脖子上，扔进海里，还强如他使这小子中的一个犯罪。3所以，你们要谨慎！

饶恕、信心（太 18:21-22；太 17:20）

若是你的弟兄得罪你，就责劝他；他若悔改，就饶恕他。4倘若他一天七次得罪你，又七次回转，说：我悔改。你总要饶恕他。

5使徒对主说：求主加增我们的信心。6主说：你们若有一粒芥菜种大的信心，就是对这棵桑树说：你要连根拔起，栽在海里！它也必听从你们。

仆人的本分

7你们谁有仆人耕了地或放完羊从田间回来，就对他说：你快来坐下吃饭！8而不是对他说：你给我预备晚饭，束上腰伺候我，等我吃喝完了，你才可以吃喝呢？9仆人做了所吩咐的，主人还要感谢他吗？10照样，你们做了一切所吩咐的，只当说：我们是无用的仆人，只是做了应当做的。

治好十个麻风病人

11耶稣往耶路撒冷去，经过撒玛利亚和加利利之间。12当祂进入一个村子，有十个麻风病人迎着祂，远远地站着，13高声说：耶稣啊，主啊，可怜我们吧！

14耶稣看见了，就对他们说：你们去，把身体给祭司察看。他们去的时候，就得了洁净。15其中一个见自己痊愈了，就回来大声地荣耀神，16又在耶稣脚前脸伏于地，感谢祂；这人是撒玛利亚人。

17耶稣说：得洁净的不是十个人吗？那九个在哪里呢？18除了这外族人，再没有人回来归荣耀给神吗？19就对那人说：起来回去吧！你的信心救了你了。

神的国降临时的情形（参太 24:23-28、37-41）

20法利赛人问神的国几时来到，耶稣回答说：神的国来到，不是可以观察到的。21人也不能说：看哪，在这里！或说：在那里！因为神的国就在你们中间。

22祂又对门徒说：日子将到，你们渴望看到人子的一个日子，却看不到。23有人会对你们说：看哪，在那里！看哪，在这里！你们不要出去追随他们。24因为人子在祂降临的日子，好像闪电从天这边一闪，直照到天的那边。25只是祂必须先受许多的苦，又被这世代弃绝。

26挪亚的日子怎样，人子的日子也是怎样。27那时，人又吃又喝，又娶又嫁，到了挪亚进方舟的那天，洪水就来，把他们全都灭了。28又好像罗得的日子，人又吃又喝，又买又卖，又耕种又建造，29到了罗得离开所多玛的那天，就有火与硫磺从天上降下

来，把他们全都灭了。30人子显现的日子也是这样。

31在那天，人在房顶上，东西在屋里，不要下来拿；人在田里的，也不要回家。32你们要回想罗得的妻子！33凡想要保全生命的，必丧掉生命；凡丧掉生命的，必保全生命。34我告诉你们，在那天夜里，两个人在一张床上，一个被接去，一个被撇下。35两个女人一同推磨，一个被接去，一个被撇下。36两个人在田里，一个被接去，一个被撇下。（有古卷无 36 节）

37门徒问：主啊，在哪里有这事呢？耶稣说：尸首在哪里，鹰也必聚集在那里。

第十八章

教导人要恒切祷告

1耶稣讲了一个比喻，说的是要常常祷告，不可灰心。2祂说：某城里有一个法官，既不惧怕神，也不尊重人。3那城里有个寡妇，常到他那里，说：求你给我伸冤，惩治我的对头！4他很久都不肯，但后来心里说：我虽不怕神，也不尊重人，5只因这个寡妇一再烦扰我，我就给她伸冤吧，免得她继续来缠磨我。

6主又说：你们听听这个不义法官所说的话吧。7神的选民昼夜向祂呼吁，难道祂还不给他们伸冤吗？难道祂会迟迟不理他们吗？8我告诉你们，祂必快快地给他们伸冤。然而，人子来的时候，在地上找得到有信心的吗？

两种祷告

9耶稣又向那些自恃为义、藐视别人的人讲了这个比喻：10有两个人上殿里去祷告，一个是法利赛人，一个

是税吏。11法利赛人站着，自言自语地祷告说：神啊，我感谢你，我不像别人：勒索、不义、奸淫，也不像这个税吏。12我每周禁食两次，凡我所得的，都献上十分之一。

13那税吏却远远地站着，甚至不敢举目望天，只是捶着胸说：神啊，求你可怜我这个罪人！14我告诉你们，得称为义回家去的，是这人而不是那人；因为凡自高的，必降为卑；自卑的，必升为高。

耶稣为小孩子祝福（太 19:13-15；可 10:13-16）

15有人甚至把婴孩也抱来见耶稣，要祂摸他们；门徒看见，就责备那些人。16耶稣却叫他们来，说：让小孩子到我这里来，不要阻止他们，因为神的国正是属于这样的人。17我实在告诉你们，凡不像小孩子一样接受神国的，绝对不能进去。

财主难进神的国（太 19:16-30；可 10:17-31）

18有一个官问耶稣说：良善的老师，我该做什么事，才能承受永生呢？19耶稣对他说：你为什么称我是良善的呢？除了神一位之外，再没有良善的。20诫命你是晓得的：不可奸淫；不可杀人；不可偷盗；不可作伪证；当孝敬父母。21他说：这一切我从小都遵守了。

22耶稣听见了，就说：你还缺少一件：要卖掉你一切所有的，分给穷人，你就必有财宝在天上；你还要来跟从我。23他听见这话，就非常忧愁，因为他极其富足。

24耶稣见他这样，说：有钱财的人进神的国是何等的难哪！25骆驼穿过针的眼，比财主进神的国还容易呢！26听

见的人说：这样，谁能得救呢？27耶稣说：在人不可能的事，在神却能。

28彼得说：看哪，我们已经撇下自己所有的跟从你了。29耶稣说：我实在告诉你们，人为神的国撇下房屋，或妻子、弟兄、父母、儿女，30没有不在今世得许多倍，且在来世得永生的。

第三次预言受难与复活（太 20:17-19；可 10:32-34）

31耶稣把十二个门徒带到一边，对他们说：看哪，我们上耶路撒冷去，先知所写一切关于人子的事，都要成就了。32祂要被交给外邦人；他们要戏弄祂，凌辱祂，向祂吐唾沫，33并要鞭打祂，杀害祂；第三天祂要复活。34这些事门徒一点也不明白，意思是隐藏的；他们不知道所说的是什么。

治好瞎眼的人（太 20:29-34；可 10:46-52）

35耶稣快到耶利哥的时候，有个瞎子坐在路旁讨饭。36他听见许多人经过，就问是什么事。37他们告诉他，是拿撒勒人耶稣经过。38他就喊着说：大卫的子孙耶稣啊，可怜我吧！39走在前头的人就责备他，不许他作声；他却更加喊着说：大卫的子孙，可怜我吧！

40耶稣就站住，吩咐把他领过来，到了跟前，就问他说：41要我为你做什么？他说：主啊，我要能看见！42耶稣说：你看见吧！你的信心救了你了。43他立刻看见了，就跟随耶稣，一路荣耀神。众人看见，也赞美神。

第十九章

耶稣和税吏长撒该

1耶稣进了耶利哥，从城中经过。3有一个人名叫撒该，作税吏长，是个

财主。3他想看看耶稣是怎样的人，却看不见，因为人多，他又身材矮小；4于是跑到前头，爬上桑树，要看耶稣，因为耶稣必从那里经过。

5耶稣到了那里，抬头一看，就对他说：撒该，快下来！今天我必须住在你家里。6他就急忙下来，欢欢喜喜地接待耶稣。7众人看见，都叽咕议论说：祂竟到罪人家里去住宿！

8撒该站着对主说：主啊，我把一半财产分给穷人；我若敲诈了谁什么，就还他四倍。9耶稣说：今天救恩到了这家，因他也是亚伯拉罕的子孙。10人子来，是要寻找拯救失丧的人。

和仆人算账的比喻（太 25:14-30）

11众人都在听这些话，祂就再讲一个比喻，因祂快到耶路撒冷，又因他们以为神的国马上就要显现。12祂说：有一个贵胄，要到远方去受封为王，然后才回来，13就把他的十个仆人叫来，交给他们十锭银子，说：拿去做生意，直到我回来。

14但他本国的人恨他，派遣使者随后去，说：我们不愿这人作我们的王。

15他受封为王回来，就吩咐把领了银子的仆人叫来，要知道他们做生意赚了多少。16第一个上来说：主啊，你的一锭银子，已经赚了十锭。17主人说：好！良善的仆人，你既在极小的事上有忠心，可以有权管理十座城。18第二个上来说：主啊，你的一锭银子，已经赚了五锭。19主人说：你也可以管理五座城。

20另一个上来说：主啊，这是你的一锭银子，我把它包存在手巾里。21我很怕你，因你是个厉害的人，没有存储要提取，没有播种要收割。

22主人说：你这个恶奴才！我要凭你的话定你的罪；你既知道我是厉害的人，没有存储要提取，没有播种要收割，23你为什么不把我的银子存进银行，到我回来的时候，连本带利取回来呢？24就对站在旁边的人说：夺过他这一锭来，给那有十锭的。

25他们说：主啊，他已经有十锭了。26主人说：我告诉你们，凡有的，还要加给他；没有的，连他仅有的，也要从他夺走。27至于我的那些仇敌，就是不要我作他们王的，把他们拉来，在我面前杀了吧！

骑驴进耶路撒冷（太 21:1-11；可 11:1-11；约 12:12-19）

28耶稣说了这些话，就在前头走，上耶路撒冷去。29快到伯法其和伯大尼，在橄榄山那里，耶稣就派两个门徒，说：30你们到对面的村子里去，进去后必看见一匹驴驹拴在那里，是从来没有人骑过的，把它解开牵来。31若有人问你们为什么解它？你们就说：主需要它。

32奉派的人去了，所遇见的正如耶稣所说的。33他们解开驴驹的时候，主人问他们说：你们为什么解驴驹？34他们说：主需要它。35他们把驴驹牵到耶稣那里，把自己的衣服搭在上面，扶着耶稣骑上。

36耶稣往前去的时候，众人把自己的衣服铺在路上。37临近耶路撒冷，要下橄榄山的时候，众门徒因所看见的一切异能，都欢乐起来，大声赞美神，38说：奉主之名来的王当受称颂！在天上，有和平，至高之处有荣耀！

39众人中有几个法利赛人对耶稣说：老师，责备你的门徒吧！40耶稣说：

我告诉你们，若是他们闭口不说，这些石头必要喊叫！

为耶路撒冷哀哭

41耶稣快到耶路撒冷，看见了城，就为她哀哭，42说：真希望你今天能知道关系你平安的事！无奈这事现在是隐藏的，使你看不出来。43因为日子将到，你的仇敌要筑垒攻击你，团团包围你，四面困住你，44要扫灭你和你里面的儿女，连一块石头也不留在石头上，因你没有看出眷顾你的时候。

洁净圣殿（太 21:12-17；可 11:15-19；约 2:13-22）

45耶稣进了圣殿，就赶出在殿里做买卖的人，46对他们说：经上记着：我的殿必作祷告的殿。你们倒使它成为贼窝了！

47耶稣天天在殿里施教。祭司长、经学家、和百姓的首领都想要杀害祂，48但是无从下手，因为众百姓总挨着听祂。

第二十章

质问耶稣的权柄（太 21:23-27；可 11:27-33）

1有一天，耶稣在殿里教导百姓，传扬福音；祭司长、经学家同着长老上前来，2问祂说：你告诉我们，你凭什么权柄做这些事？给你这权柄的是谁？3耶稣回答说：我也要问你们一句话，你们告诉我：4约翰的洗礼是从天上来的，还是从人间来的？

5他们彼此商议说：我们若说从天上来，祂必问：那你们为什么不信他呢？6若说从人间来，众百姓都要用石头打死我们，因为他们确信约翰是先知。7于是回答说：不知道是从哪里来

的。8耶稣说：我也不告诉你们我凭什么权柄做这些事。

凶恶园户的比喻（太 21:33-46；可 12:1-12）

9耶稣就对百姓讲了这个比喻：有人栽了一个葡萄园，租给园户，就出外远行去了很久。10到了时候，园主就派一个仆人到园户那里，叫他们把园中当纳的果子交给他；园户竟打了他，叫他空手回去。11园主又派一个仆人去，他们也打了他，并且凌辱他，叫他空手回去。12园主又派第三个仆人去，他们也把他打伤，推出园外。

13园主说：我该怎么办呢？我要派我的爱子去，或许他们尊敬他。14但园户看见他，竟彼此商议说：这是承受产业的；我们杀他吧，使产业归于我们！15于是把他推出葡萄园外杀了。这样，园主要怎样惩治他们呢？…16他要来除灭这些园户，将葡萄园租给别人。

他们听了就说：愿这永不发生！17耶稣看着他们，说：经上记着：匠人所弃的石头，成了房角的头块石头。这是什么意思呢？18凡跌在这石头上的，必要跌得粉碎；这石头掉在谁的身上，必把谁砸得稀烂。

19经学家和祭司长看出这个比喻是指着他们说的，当时就想下手抓祂，但又惧怕百姓。

想以纳税的事陷害耶稣（太 22:15-22；可 12:13-17）

20于是他们窥探耶稣，派来奸细装作好人，要抓祂的话柄，好将祂交在总督的政权之下。21奸细问祂说：老师，我们知道你所讲所教的都对，也不顾忌人的情面，只是诚诚实实教导

神的道。22我们纳税给凯撒，应当不应当？

23耶稣看出他们的诡诈，就对他们说：24拿一个银币来给我看。这头像和名号是谁的？他们说：是凯撒的。25耶稣说：这样，属凯撒的当归给凯撒，属神的当归给神。

26他们当着百姓不能抓到祂的话柄，又希奇祂的应对，就闭口不言了。

复活的问题（太 22:23-33；可 12:18-27）

27常说没有复活的撒都该人，有几个来问耶稣说：28老师，摩西给我们写着说：人若死了，有妻无子，他的兄弟当娶他的妻子，为哥哥生子立后。29曾有弟兄七人，第一个娶了妻，没有孩子就死了；30第二个、第三个也娶过她；31那七个人都娶过她，没有留下孩子就死了。32最后，那妇人也死了。33那么，在复活的时候，她是哪一个的妻子呢？因为他们七人都娶过她。

34耶稣对他们说：这世界的人，有娶又有嫁。35但是算为配得那个世界、配得从死里复活的人，不娶也不嫁；36因为他们不能再死，和天使一样；既是复活的人，就为神的儿子。37至于死人复活，摩西在提到燃烧荆棘的那一段里，称主是亚伯拉罕的神、以撒的神、雅各的神，就指示明白了。38神不是死人的神，而是活人的神，因为在祂人都是活的。

39有几个经学家说：老师，你说得好。40此后他们不敢再问祂什么了。

基督与大卫的关系（太 22:41-46；可 12:35-37）

41耶稣对他们说：人怎能说基督是大卫的子孙呢？42诗篇上大卫自己说：主对我的主说：你坐在我的右边，43等我使你的仇敌作你的脚凳。44大卫既然称祂为主，祂又怎么会是大卫的子孙呢？

经学家的伪善（太 23:1-7；可 12:38-40）

45众百姓听的时候，耶稣对门徒说：46你们要防备经学家；他们喜爱穿着长袍游行，喜爱人在街市上向他们问安，又喜爱会堂里的高位，筵席上的首座。47他们侵吞寡妇的家产，假意作长长的祷告。这些人要受更重的刑罚！

第二十一章

穷寡妇的奉献（可 12:41-44）

1耶稣抬头观看，见财主把奉献投进库里，2又见一个穷寡妇投了两个小钱，3就说：我实在告诉你们，这穷寡妇所投的比众人还多；4因为他们都是从富余中拿些来投作奉献，而这寡妇是自己穷乏，还把她一切养生的都投上了。

预言圣殿被毁（太 24:1-2；可 13:1-2）

5几个门徒正在谈论圣殿，说它是用精美的石头和奉献的礼物装饰的，耶稣就说：6论到你们所看见的这些，将来日子到了，这里没有一块石头留在石头上，不被拆毁的。

这世代终结的预兆（太 24:3-14；可 13:3-13）

7他们问祂说：老师，什么时候会有这些事呢？这些事将要发生的时候，有什么预兆呢？

8耶稣说：你们要谨慎，不要受迷惑；因为将来有好些人冒我的名来，说：我是基督！又说：时候近了！你们不要跟从他们。9你们听见打仗和暴乱的事，不要惊慌，因这些事必须先有，只是末期不会立刻就到。

10耶稣又对他们说：民要攻打民，国要攻打国；11地要大大震动，多处必有饥荒、瘟疫，又有可怕的异象和大神迹从天上显现。12但这一切的事以前，人要下手抓住你们，逼迫你们，把你们交给会堂，关进监牢；你们还要因我的名被拉到君王和官长面前。13这却成为你们作见证的机会。

14所以，你们当心里镇定，不要预先思虑怎样申辩；15因为我必赐给你们口才、智慧，是一切敌对你们的人所敌不住、驳不倒的。16你们甚至要被父母、弟兄、亲戚、朋友出卖，有的要被他们害死；17你们还要因我的名被众人恨恶。18然而，你们连一根头发也不至失落。19你们常存忍耐，就必得着生命。

预言耶路撒冷被毁（参太 24:15-21、可 13:14-19）

20当你们看见耶路撒冷被军兵围困，就知道她成为荒场的日子近了。21那时，在犹太的，应当逃到山上；在城里的，应当出来；在乡下的，不要进城；22因为这是报应的日子，使经上所写的都得应验。

23在那些日子，怀孕的和乳养孩子的有祸了；因为有大灾难要降在这地，有震怒要临到这民。24他们要倒在刀下，被掳到各国；耶路撒冷要被外邦人践踏，直到外邦人的日期满足。

人子必驾云降临（太 24:29-35；可 13:24-31）

25日月星辰将显出异兆；地上的邦国也有困苦，因海中波浪的响声惶惑不安。26天势都要震动；人想到那将要临到世界的事，就都吓得发昏。27那时，他们将要看见人子带着能力，大有荣耀，驾云降临。28这些事一开始发生，你们就当挺身昂首，因为你们得赎的日子近了。

29耶稣又对他们讲比喻说：你们看看无花果树和各样的树。30它们一旦发芽，你们看见，就知道夏天近了。31照样，你们几时看见这些事发生，也该知道神的国近了。32我实在告诉你们，这一代还没有过去，这些事就都要发生。33天地都要废去，我的话却绝不废去。

要警醒祈求

34你们要谨慎，恐怕因为贪吃、醉酒、和今生的忧虑累住你们的心，那日子就如同网罗忽然临到你们；35因那日子将要这样临到住在全地所有的人。36你们要时时警醒，常常祈求，使你们能逃避这一切要发生的事，得以站立在人子面前。

37耶稣白天在殿里施教，傍晚就出城到橄榄山过夜。38众百姓清早上圣殿，到祂那里听祂讲道。

第二十二章

图谋杀害耶稣（太 26:1-5；可 14:1-2；约 11:45-53）

1除酵节，又名逾越节，快到了。2祭司长和经学家苦思怎样才能杀害耶稣，因为他们惧怕百姓。

犹大出卖耶稣（太 26:14-16；可 14:10-11）

3那时，撒但进了十二门徒之一、称为加略人犹大的心。4他去见祭司长和守殿官，商量怎样把耶稣交给他们。5他们甚是欢喜，约定给他银子。6他同意了，就寻找机会，要趁众人不在的时候把耶稣交给他们。

预备逾越节的晚餐（太 26:17-19；可 14:12-16）

7除酵节当宰逾越节羊羔的那一天到了。8耶稣就派彼得和约翰，说：你们去，预备逾越节的晚餐给我们吃。9他们问祂说：你要我们在哪里预备呢？

10耶稣说：你们进了城，必有一人扛着一罐水迎面而来，你们就跟着他，到他所进的那家去，11对那家的主人说：老师问：我与门徒吃逾越节晚餐的客房在哪里？12他必指给你们楼上一间摆设整齐的大房间，你们就在那里预备。13他们去了，所遇见的正如耶稣所说的。他们就预备了逾越节的晚餐。

设立主的晚餐（太 26:26-30；可 14:22-26；参林前 11:23-25）

14时候到了，耶稣和使徒一同坐席。15耶稣对他们说：我极愿意在我受害以前，同你们吃这逾越节的晚餐。16我告诉你们，我绝不再吃这晚餐，直到它在神的国里成就。

17耶稣接过杯来，祝谢了，说：你们拿这杯，大家分着喝。18我告诉你们，从今以后，我绝不再喝这葡萄酒，直到神的国来临。19又拿起饼来，祝谢了，就擘开，递给他们，说：这是我的身体，是为你们舍的；你们当如此行，为的是记念我。20饭后也照样拿起杯来，说：这杯是用我的血所立的新约；这血是为你们流的。

21看哪！那要出卖我之人的手，与我的手一同在桌子上。22人子固然要照所预定的去世，但那出卖人子的人有祸了！23他们就彼此对问，他们中间哪一个要做这事。

门徒再次争论谁最大（参路 9:46-48）

24门徒中间又起了争论：他们中间谁算最大。25耶稣说：外邦人有君王作主治理他们；那些掌权管他们的称为恩主。26但你们不可这样；你们中间最大的，倒要像最年幼的；作首领的，倒要像服事人的。27是谁为大：是坐席的还是服事人的？不是坐席的大吗？然而，我在你们中间如同服事人的。

28我在磨炼之中，常和我同在的就是你们。29我将国赐给你们，正如我父赐给我一样，30使你们可以在我的国里，在我的席上吃喝，并且坐在宝座上，审判以色列的十二个支派。

预言彼得不认主（太 26:31-35；可 14:27-31；约 13:36-38）

31西门！西门！撒但要求筛你们，像筛麦子一样。32但我已经为你祈求，使你不至失去信心。你回头以后，要坚固你的弟兄。33彼得说：主啊，就是同你坐牢，同你受死，我都准备好了！

34耶稣说：彼得，我告诉你，今夜鸡叫以前，你要三次说不认识我。

吩咐要带钱囊、口袋和刀

35耶稣问门徒说：以前我派你们出去，没有带钱囊、口袋、鞋子，你们缺乏什么没有？他们说：没有。

36耶稣说：但如今，有钱囊的要带着，有口袋的也要带着；没有刀的，要卖掉衣服买把刀。37经上写着说：祂被列在罪犯之中。我告诉你们，这话必须应验在我身上，因为那关于我的事必然成就。

38他们说：主啊，请看！这里有两把刀。耶稣说：够了。

在橄榄山上祷告（太 26:36-46；可 14:32-42）

39耶稣出来，照常往橄榄山去，门徒也跟着祂。40到了那地方，就对他们说：你们务要祷告，免得陷入试探。41然后离开他们，约有扔一块石头那么远，就跪下祷告，42说：父啊！你若愿意，就把这杯从我撤去；然而，不要成就我的意愿，只要成就你的旨意。43有一位天使从天上显现，加给祂力量。

44耶稣极其伤痛，祷告更加恳切，汗珠如大血滴滴在地上。45祷告完了，祂就起来，到门徒那里，见他们因为忧愁都睡着了，46就对他们说：你们为什么睡觉呢？起来祷告，免得陷入试探！

耶稣被捕（太 26:47-56；可 14:43-50；约 18:1-14）

47耶稣还在说话，就来了许多人；十二门徒之一、那名叫犹大的领着他们；他走近耶稣，要与祂亲脸。48耶稣对他说：犹大，你以亲脸为暗号出卖人子吗？49左右的人见情况不好，就说：主啊，我们可以拿刀砍吗？50其中有一个人将大祭司的仆人砍了一刀，削掉了他的右耳。51耶稣说：到此为止！就摸那人的耳朵，把他治好了。

52耶稣对来捉拿祂的祭司长、守殿官和长老说：你们拿着刀棒出来抓我，如同抓强盗吗？53我天天同你们在殿里，你们不敢向我下手；现在却是你们的时候，是黑暗掌权了！

彼得三次不认主（太 26:69-75；可 14:66-72；约 18:15-18、25-27）

54他们抓住耶稣，把祂押到大祭司的住宅里，彼得远远地跟着。55他们在院子里生了火，一同坐着；彼得也坐在他们中间。56有个使女看见彼得坐在火光里，就定睛看他，说：这个人也是同那人一伙的。57彼得却不承认，说：妇人，我不认识祂！

58没过多久，另一个人看见他，说：你也是他们一伙的。彼得说：你这个人，我不是！

59大约过了一小时，又有一个人肯定地说：他实在是同那人一伙的，因为他也是加利利人。60彼得说：你这个人，我不知道你说的是什么！还在说话，鸡就叫了。

61主转过身来看彼得，彼得便想起主对他说过的话：今夜鸡叫以前，你要三次不认我。62他就出去痛哭。

耶稣在议会受审（太 26:57-68；可 14:53-65；参约 18:19-24）

63看守耶稣的人戏弄祂，殴打祂，64又蒙住祂的眼睛，问祂说：你是先知，告诉我们打你的是谁？65他们还说了许多别的话侮辱祂。

66天一亮，民间的众长老、祭司长和经学家都聚集，把耶稣押到他们的议会里，67说：你若是基督，就告诉我们。耶稣说：我若告诉你们，你们也绝不相信；68我若是问你们，你们也绝不回答。69从今以后，人子要坐在神权能者的右边。70他们都问：那么，你是神的儿子吗？耶稣说：你们所说的是。

71他们说：我们何需再找证人呢？祂亲口所说的，我们都亲自听见了。

第二十三章
耶稣在彼拉多面前受审（太 27:11-14；可 15:1-5；约 18:28-40）

1他们全体都起来，把耶稣押到彼拉多面前，2就告祂说：我们发现这人煽惑国民，阻止人向凯撒纳税，还自称是基督，是王。3彼拉多问耶稣说：你是犹太人的王吗？耶稣回答说：你说的是。4彼拉多对祭司长和众人说：我查不出这人有什么罪。5但他们坚持说：祂煽动百姓，在犹太全地传道，从加利利起，直到这里。

希律王藐视耶稣

6彼拉多听见这话，就问耶稣是不是加利利人。7当他得知耶稣来自希律所管之地，就把祂送到希律那里；那时希律正在耶路撒冷。

8希律看见耶稣，非常欢喜，因为听见过祂的事，久已想要见祂，并且希望看祂行个神迹。9于是问祂许多的事，祂却什么也不回答。

10祭司长和经学家站在那里，极力地控告祂。11希律和他的兵丁就藐视祂，戏弄祂，给祂穿上华丽的衣服，把祂送回彼拉多那里。12从前希律和彼拉多彼此有仇，在那天竟成了朋友。

耶稣被判钉十字架（太 27:15-26；可 15:6-15；约 19:1-16）

13彼拉多叫来祭司长、官长和百姓，14对他们说：你们把这个人带到我这里，说祂煽惑百姓；我已经在你们面前审问祂，并没有查出祂有你们告祂的罪。15就是希律也是如此，所以把祂送回来了。可见祂没有做过什么该死的事。16故此，我要责打祂，就将祂释放。（有古卷有17节：每逢这个节期，总督必须释放一个囚犯给他们。）18众人却一齐喊着说：除掉这个人！释放巴拉巴给我们！19这巴拉巴是因在城里叛乱杀人被关进监牢的。

20彼拉多想释放耶稣，就又劝解他们。21无奈他们喊着说：钉祂十字架！钉祂十字架！22彼拉多第三次对他们说：为什么呢？祂做了什么恶事呢？我并没有查出祂有什么该死的罪。所以我要责打祂，就将祂释放。

23但他们大声催逼，要求将耶稣钉十字架；他们的喊声就得了胜。24彼拉多这才照他们所要求的判决，25把他们所求的、那因叛乱杀人关进监牢的人释放，把耶稣交给他们随意处置。

耶稣被钉十字架（太 27:32-44；可 15:21-32；约 19:17-24）

26他们押着耶稣去的时候，抓住一个从乡下来的古利奈人西门，把十字架放在他身上，要他背着跟在耶稣后面。27有许多百姓跟随耶稣，其中有些妇女为祂号啕痛哭。

28耶稣转身对她们说：耶路撒冷的女儿啊，不要为我哀哭，要为自己和自己的儿女哀哭。29因为日子将到，人必说：不能生育的，未曾怀胎的，未曾乳养的，有福了！30那时，人要对大山说：倒在我们身上吧！又对小山说：遮盖我们吧！31树还青绿他们就行这些事，树枯干时将会怎么样呢？

32又有两个犯人，和耶稣一同押去处死。33到了那叫髑髅地的地方，就在那里将祂钉了十字架，又钉了那两个犯人，一个在右边，一个在左边。34当下耶稣说：父啊，赦免他们！因为他们所做的，他们不晓得。兵丁就拈阄分祂的衣服。

35百姓站着观看；官长也嗤笑说：祂曾经救别人；祂若是基督，神所拣选的，让祂救自己吧！36兵丁也戏弄祂，上前拿醋递给祂喝，37说：你若是犹太人的王，就救你自己吧！38在耶稣头以上有一个牌子，写着：这是犹太人的王。

39那同钉的两个犯人，有一个也侮辱祂说：你不是基督吗？救你自己和我们吧！40但另一个应声责备他说：你既然是一样受刑，难道还不惧怕神吗？41我们是罪有应得，所受的与所做的相称；但这个人没有做过什么不当的事。42然后他对耶稣说：耶稣啊，你得国降临的时候，求你记念我！43耶稣对他说：我实在告诉你，今天你要同我在乐园里了。

耶稣死时的情形（太 27:45-56；可 15:33-41；约 19:28-34）

44约在正午，遍地都黑暗了，直到下午三点。45太阳变黑了；殿里的隔幔（见太 27 章注 1）从中裂为两半。46耶稣大声喊着说：父啊！我将我的灵交在你手里。说了这话，气就断了。

47百夫长看见所发生的事，就荣耀神说：这真是个义人！48聚集观看的众人，看见所发生的事，都捶着胸回去了。49所有认识耶稣的人，包括从加利利跟着祂来的妇女们，都站在远处看这些事。

耶稣的安葬（太 27:57-61；可 15:42-47；约 19:38-42）

50有一个人名叫约瑟，是个议员，为人善良公义；51众人所谋所为，他都没有附从。他是犹太亚利马太城的人，一直等候神的国。52他去见彼拉多，求得耶稣的身体，53就取下来，用细麻布裹好，安放在磐石中凿出来的坟墓里；那里头从来没有葬过人。54这天是预备日，安息日快到了。55那些从加利利和耶稣同来的妇女跟着约瑟，看见了坟墓和祂的身体怎样安放，56就回去预备了香料和香膏。在安息日，她们遵照诫命安息了。

第二十四章

耶稣复活（太 28:1-10；可 16:1-8；约 20:1-10）

1七天的第一天，黎明的时候，那些妇女带着所预备的香料来到坟墓前，2看见那大石头已经从坟墓口滚开了。3她们就进去，却不见主耶稣的身体；4正在困惑不解，忽然有两个人站在旁边，衣服放光。

5她们惊怕，将脸伏地。那两个人对她们说：为什么在死人中找活人呢？6祂不在这里，已经复活了。当记得祂还在加利利的时候怎样告诉你们：7人子必须被交在罪人手里，钉在十字架上，第三天复活。

8她们就想起了耶稣的话，9便从坟墓那里回去，把这一切事都告诉十一个使徒和其余的人。10那告诉使徒的，是抹大拉的马利亚、约亚拿、雅各的母亲马利亚、和同她们在一起的妇女。11她们这些话，使徒以为是胡言，不信她们。12彼得却起来，跑到坟墓前，低头往里看，只看见细麻布在那里，就回去了，心里希奇所发生的事。

向两个门徒显现（可 16:12-13）

13同一天，门徒中间有两个人往一个村子去；这村子名叫以马忤斯，离耶路撒冷约有二十五里。14他们彼此谈论所发生的这一切事。15正在交谈议论的时候，耶稣亲自挨近他们，和他们同行；16但他们的眼睛被迷住，没有认出祂。

17耶稣问他们说：你们边走边谈论什么呢？他们就站住，满脸的愁容。18其中一个名叫革流巴的回答说：莫非唯独你在耶路撒冷作客，却不知道这几天在那里所发生的事吗？

19耶稣问：什么事呢？他们说：就是拿撒勒人耶稣的事。祂是个先知，在神和众百姓面前，说话行事都有大能。20祭司长和我们的官长竟把祂交出去，被判死罪，钉在十字架上。21但我们原指望祂是那位要救赎以色列的。不但如此，自从这事发生，已经第三天了。22还有，我们中间有几个妇女使我们惊奇；她们清早到了坟墓那里，23不见祂的身体，就回来说：她们看见天使显现，天使说祂活了。24又有我们的几个人去到坟墓那里，所看见的正如妇女们所说的，只是没有看见祂。

25耶稣对他们说：无知的人哪，先知所说的一切话，你们的心信得太迟钝了！26基督不是必须这样受害，然后进入祂的荣耀吗？27于是从摩西和众先知起，凡经上所指着自己的话，都给他们讲解明白了。

28临近他们所要去的村子，耶稣好像还要往前行。29他们却强留祂，说：快傍晚了，天不早了，同我们住下吧！耶稣就进去，要同他们住下。30到了吃饭的时候，耶稣拿起饼来，祝谢了，就擘开，递给他们。31他们的眼睛开了，这才认出祂来；祂却忽然不见了。

32他们彼此说：在路上祂和我们说话，给我们讲解圣经的时候，我们心里不是火热的吗？33他们就立即起身，回到耶路撒冷，找到十一个使徒，和同他们聚在一起的人，34说：主果然复活了，还向西门显现了！35两个人就把路上的事，和擘饼时主怎样被他们认出来，都述说了一遍。

向众门徒显现（约 20:19-23；参太 28:16-20、可 16:14-18、徒 1:3-8）

36他们还在说这些事，耶稣亲自站在他们当中，说：愿你们平安！37他们却惊慌害怕，以为看见了鬼。38耶稣说：你们为什么惊慌？为什么心里起疑惑呢？39你们看我的手、我的脚，就知道实在是我了。摸我看看！鬼无骨无肉，你们看我都有。40说了这话，就把手和脚给他们看。

41他们又欢喜又惊奇，仍然不敢相信；耶稣就问：你们这里有什么吃的没有？42他们就给了祂一片烧鱼。43祂接过来，在他们面前吃了。

44耶稣对他们说：这就是我从前还与你们同在的时候，对你们说过的话：摩西的律法、先知的书、和诗篇上所记关于我的一切事，都必须应验。

45于是耶稣开他们的心窍，使他们能明白圣经；46又对他们说：照经上所写的，基督要受害，第三天从死里复活，47并且人要奉祂的名，传悔改以得赦罪之道，从耶路撒冷起，直传到万邦。48你们就是这些事的见证人。

49看哪，我要将我父所应许的降在你们身上；你们要在城里等候，直到你们领受从上头（即从天上）来的能力。

耶稣被接升天（可 16:19-20；徒 1:9-11）

50耶稣领他们出来，直到伯大尼附近，就举手给他们祝福。51正祝福的时候，祂就离开他们，被接升天去了。52他们就拜祂，大大地欢喜，回到耶路撒冷，53常在殿里称颂神。

约翰福音

第一章

道、神、生命、与光

1 太初有道，道与神同在，道就是神。2 这道太初与神同在。3 万物是借着祂造的；凡被造的，没有一样不是借着祂造的。4 生命在祂里头，这生命就是人的光。5 光照在黑暗里，黑暗未曾胜过光（或译：黑暗却不接受光）。

6 有一个人，是从神那里派来的，名叫约翰。7 他来是作见证人，要为那光作见证，使众人借着他可以相信。8 他不是那光，只是要为那光作见证。

9 那光是真光，来到这世界，要照亮每一个人。10 祂在这世界，世界本是借着祂造的，世界却不认识祂。11 祂到自己的地方来，自己的人却不接受祂。12 凡接受祂的，就是信入（believe in）祂名的人，祂就赐给他们权利，成为神的儿女。13 这种人不是从血气生的，不是从情欲生的，也不是从人意生的，而是从神生的。

道成了肉身

14 道成了肉身，住在我们中间，满有恩典和真理。我们也见过祂的荣耀，正是从父而来独生子（或译：独一儿子；18 节同）的荣耀。15 约翰为祂作见证，喊着说：这就是我曾说：那位在我以后来的，其实是在我以前的，因祂本来在我以前。

16 从祂丰满的恩典里，我们都领受了，而且恩上加恩。17 律法本是借着摩西传的；恩典和真理都是借着耶稣基督来的。18 从来没有人看见神，只有在父怀里的独生子将祂表明出来。

施洗者约翰作的见证（参太 3:1-12、可 1:1-8、路 3:1-18）

19 以下也是约翰作的见证。犹太人从耶路撒冷派祭司和利未人来见约翰，问他说：你是谁？20 他就回答，并不拒绝，声明说：我不是基督。21 他们又问：那么你是谁呢？是以利亚吗？他说：我不是。又问：是那先知吗？他说：也不是。

22 于是他们说：你到底是谁，让我们好回复派我们来的人。你自己说，你是谁？23 他说：我就是那在旷野有人声喊着说：修直主的道的；正如先知以赛亚所说的。

24 那些人是法利赛人派来的。25 他们就问他说：你既不是基督，不是以利亚，也不是那先知，为什么施洗呢？26 约翰回答说：我是用水施洗，但有一位站在你们中间，是你们不认识的。27 祂就是那在我以后来的，我给祂解鞋带也不配。

28 这些事发生在约旦河东的伯大尼、约翰施洗的地方。

神的羔羊

29 次日，约翰看见耶稣朝他走来，就说：看哪，神的羔羊，除去世人罪孽的！30 这就是我曾说：有一位在我以后来的，其实是在我以前的，因祂本来在我以前。31 我先前不认识祂，但为了能使祂显明给以色列人，我就来用水施洗。

32 约翰又作见证说：我曾看见圣灵仿佛鸽子从天降下，住在祂的身上。33 我先前不认识祂，只是那派我来用水施洗的对我说：你看见圣灵降下来，住在谁的身上，谁就是用圣灵施洗的。34 我看见了，就见证这位是神的儿子。

呼召首批门徒（太 4:18-22；可 1:16-20；路 5:1-11）

35再次日，约翰同他两个门徒又站在那里，36看见耶稣走过，就说：看哪，神的羔羊！37两个门徒听见他说这话，就跟从了耶稣。38耶稣转过身来，看见他们跟着，就问他们说：你们寻求什么？他们说：拉比，你在哪里住？（拉比意思是老师。）

39耶稣说：你们来看。他们就去看祂在哪里住，这一天便与祂同住；那时约是下午四点。

40听见约翰的话跟从耶稣的那两个人，一个是西门彼得的兄弟安得烈。41他先找到自己的哥哥西门，对他说：我们遇见弥赛亚了！（弥赛亚意思是基督）42于是领他去见耶稣。耶稣看着他，说：你是约翰的儿子西门，你要称为矶法。（矶法译成希腊文就是彼得）

呼召腓力和拿但业

43又次日，耶稣想要往加利利去，遇见腓力，就对他说：你跟从我吧！44这腓力是伯赛大人，和安得烈、彼得同城。45腓力找到拿但业，对他说：摩西在律法书上所写的，和众先知所记的那一位，我们遇见了，就是约瑟的儿子拿撒勒人耶稣。46拿但业对他说：拿撒勒还能出什么好的吗？腓力说：你来看！

47耶稣看见拿但业朝祂走来，就指着他说：看哪，这是个真以色列人，他心里是没有诡诈的。48拿但业问耶稣说：你从哪里知道我呢？耶稣回答说：腓力还没有招呼你，你在无花果树底下，我就看见你了。49拿但业说：拉比，你是神的儿子！你是以色列的王！

50耶稣对他说：因为我说你在无花果树底下就看见你，你就信吗？你将要看见比这更大的事。51又说：我实实在在地告诉你们，你们将要看见天开了，神的使者在人子身上上去下来。

第二章

变水为酒

1第三天，在加利利的迦拿有婚筵，耶稣的母亲在那里。2耶稣和祂的门徒也被请去赴婚筵。3酒喝完了，耶稣的母亲对祂说：他们没有酒了。4耶稣说：母亲（原文是妇人），这与你我何干？我的时候还没有到。5祂母亲对仆人说：祂告诉你们什么，你们就做什么。

6有六口石缸摆在那里，每口可盛两三桶水，是犹太人行洁净礼用的。7耶稣对仆人说：把缸都倒满水。他们就倒满了，直到缸口。8耶稣又说：现在舀出来，送给管筵席的。他们就送去了。

9管筵席的尝了那水变的酒，并不知道是从哪里来的，只有舀水的仆人知道。管筵席的就把新郎叫来，10对他说：人都是先摆上好酒，等客人喝足了，才摆上次等的；你倒把好酒留到现在！

11这是耶稣所行的第一件神迹，是在加利利的迦拿行的，显出祂的荣耀来；祂的门徒就信入了祂。

12这事以后，耶稣和祂的母亲、弟弟门徒都下到迦百农，在那里住了几天。

洁净圣殿（太 21:12-17；可 11:15-19；路 19:45-48）

13犹太人的逾越节近了，耶稣就上耶路撒冷去。14祂见殿里有卖牛羊鸽子的，还有兑换钱币的人坐在那里，15就拿绳子做成鞭子，把牛羊都赶出殿去，还倒掉兑换钱币之人的钱币，推翻他们的桌子。16又对卖鸽子的人说：把这些东西拿走！不要将我父的殿当作买卖的地方！17祂的门徒就想起经上记着说：我为你的殿心里焦急，如同火烧。

18犹太人就问祂说：你能显个什么神迹给我们看，证明你有权柄做这些事吗？19耶稣回答：你们拆毁这殿，我三天内要再建立起来。20犹太人说：这殿用了四十六年才建成，你三天内就再建立起来吗？21但耶稣所说的殿，是指祂的身体。22所以到祂从死里复活以后，门徒就想起祂说过这话，便信了圣经和祂所说的。

耶稣知道人心里所存的

23当耶稣在耶路撒冷过逾越节的时候，许多人看见祂所行的神迹，就信入了祂的名。24祂却不将自己交托他们，因祂知道所有的人，25也不需要谁来见证人是怎样，因祂知道人心里所存的。

第三章

人必须重生

1有个法利赛人，名叫尼哥德慕，是个犹太人的官。2这人夜里来见耶稣，说：拉比，我们知道你是从神那里来作教师的，因为你所行的这些神迹，若没有神同在，无人能行。3耶稣说：我实实在在地告诉你，人若不重生，就不能见神的国。4尼哥德慕说：人已经老了，如何能重生呢？难道他能再进母腹生出来吗？

5耶稣说：我实实在在地告诉你，人若不是从水和圣灵生的，就不能进神的国。6从肉身生的就是肉身，从圣灵生的就是灵。7我说你们必须重生，你不要以为希奇。8风想去哪里，就吹到那里；你听见风的响声，却不晓得

它从哪里来，要往哪里去；凡从圣灵生的，也是如此（风和灵同字）。9尼哥德慕问祂说：怎能有这些事呢？

10耶稣说：你是以色列人的教师，还不明白这些事吗？11我实实在在地告诉你，我们所讲论的，是我们知道的，我们所见证的，是我们见过的；你们却不接受我们的见证。12我对你们说地上的事，你们尚且不信，若说天上的事，如何能信呢？13除了从天降下的人子，没有人升过天。14摩西在旷野怎样举起铜蛇，人子也必照样被举起来，15使一切信入祂的都得永生。

16神爱世人，甚至将祂的独生子（或译：独一儿子；18节同）赐给他们，叫一切信入祂的，不至灭亡，反得永生。17因为神派祂的儿子到世上来，不是要定世人的罪，而是要使世人借祂得救。18信入祂的，不被定罪；不信的人，罪已定了，因为他不信入神独生子的名。

19光来到世间，世人因自己的行为是恶的，不爱这光，倒爱黑暗，定他们的罪就是在此。20凡作恶的都恨这光，不肯来就这光，恐怕他的行为暴露出来。21但行真理的必来就这光，好显明他所行的是靠神而行。

祂必兴旺，我必衰微

22这事以后，耶稣和门徒来到犹太地，一同住在那里，并且施洗。23约翰也在靠近撒林的哀嫩施洗，因为那里水多，众人都去受洗。24那时约翰还没有被关进监牢。

25约翰的门徒和一个犹太人辩论洁净的礼，26就来见约翰，说：拉比，曾同你在约旦河东、你曾为祂作见证的那位，也在施洗，众人都到祂那里去了。

27约翰说：若不是从天上赐的，人就不能得到什么。28我曾说：我不是基督，只是奉派在祂前面来。你们自己可以给我作证。29娶新娘的本是新郎；新郎的朋友站着听祂，因新郎的声音就大大喜乐。故此，我这喜乐已经满足。30祂必兴旺，我必衰微。

31那从上头（即从天上）来的是在万有之上；那出于地的是属于地，他所说的也是属于地。那从天上来的，是在万有之上。32祂将所见所闻的见证出来，却没有人接受祂的见证。33那接受祂见证的，就印证神是真的。34神所派来的，就说神的话，因为神赐圣灵给祂是没有限量的。35父爱子，已将万有交在祂手里。36信入子的人有永生；不信子的人得不着永生（原文是见不到生命），神的震怒却留在他身上。

第四章

直涌到永生的活水

1当主得知法利赛人听见祂收门徒、施洗比约翰还多，（2其实不是耶稣亲自施洗，而是祂的门徒施洗，）3祂就离开犹太，又往加利利去。

4祂必须经过撒玛利亚，5于是到了撒玛利亚的一座城，名叫叙加，靠近雅各给他儿子约瑟的那块地；6在那里有雅各井。耶稣因为走路困乏，就在井旁坐下。那时约是正午。

7有个撒玛利亚妇人前来打水。耶稣对她说：请你给我水喝。（8那时门徒都进城买食物去了。）9撒玛利亚妇人问祂说：你是犹太人，怎么向我一个撒玛利亚妇人要水喝呢？原来犹太人和撒玛利亚人没有来往。

10耶稣回答说：你若知道神的恩赐，和向你要水喝的是谁，你必早就求祂，祂也必早就给你活水了。11妇人说：先生，你没有打水的器具，这井又深，你从哪里得活水呢？12我们的祖宗雅各将这井留给我们，他自己和儿孙并牲畜也都喝这井里的水，难道你比他还大吗？

13耶稣回答说：凡喝这水的，还要再渴；14人若喝我所赐的水，就永远不渴。我所赐的水要在他里面成为泉源，直涌到永生。15妇人说：先生，请把这水赐给我，使我不渴，也不用来这里打水。

要用灵和诚实敬拜

16耶稣说：你去叫你丈夫也到这里来。17妇人说：我没有丈夫。耶稣说：你说没有丈夫，说得不错。18你曾经有五个丈夫，你现在有的并不是你的丈夫。你这话是真的。19妇人说：先生，我看出你是先知。20我们的祖先在这山上敬拜，你们倒说，敬拜的地方必须在耶路撒冷。

21耶稣说：妇人，你当信我，时候将到，那时你们敬拜父，既不在这山上，也不在耶路撒冷。22你们敬拜的，你们不知道；我们敬拜的，我们却知道，因为救恩是从犹太人出来的。23时候将到，现在就是了，真正敬拜父的，要用灵和诚实敬拜祂，因为父要的是这样敬拜祂的人。24神是灵，敬拜祂的，必须用灵和诚实敬拜祂。

25妇人说：我知道那称为基督的弥赛亚要来；祂来了，必将一切的事告诉我们。26耶稣说：我，这和你说话的，就是祂。

27这时，门徒回来了，见祂竟和一个妇人说话，就甚希奇；只是没有人问：你要什么？或问：你为什么和她说话？

28那妇人就留下水罐，回城里去，对众人说：29你们来看哪！有一个人将我所行的一切事都给我说出来了，莫非这人就是基督吗？30众人就出城，往祂这里来。

庄稼已经熟了

31这其间，门徒对耶稣说：拉比，请吃。32耶稣说：我有食物吃，是你们不知道的。33门徒就彼此说：难道有人拿什么给祂吃了吗？

34耶稣说：我的食物就是遵行派我来者的旨意，完成祂的工。35你们不是说：还要四个月，才可以收割吗？我告诉你们，举目向田观看，庄稼已经熟了，可以收割了。36收割的人得工钱，积蓄五谷到永生，使撒种的和收割的一同快乐。37那人撒种，这人收割，这话在此是真的。38我派你们去收你们未曾劳苦的；别人劳苦了，你们享受他们所劳苦的。

39那城里有好些撒玛利亚人信入了耶稣，因为那妇人作见证说：祂将我所行的一切事都给我说出来了。40于是撒玛利亚人来见耶稣，求祂在他们那里住下，祂就在那里住了两天。

41因耶稣的话，信的人就更多了。42他们对妇人说：现在我们信，不再是因为你的话，而是因为我们亲自听见了，知道这位真是世人的救主。

治好大臣的儿子

43过了那两天，耶稣离开那里，往加利利去。（44耶稣自己曾作见证，说先知在本乡不受尊敬。）45到了加利利，加利利人就接待祂，因为他们也曾上去过节，节期中看见了祂在耶路撒冷所行的各种事。

46耶稣又来到了加利利的迦拿，就是祂曾变水为酒的地方。有一个大臣，他的儿子在迦百农患病。47他听见耶稣从犹太到了加利利，就来见祂，求祂下去医治他的儿子，因为他的儿子快要死了。48耶稣就对他说：若不看见神迹奇事，你们总是不信。

49那大臣说：先生，求你趁着我的孩子还没有死就下去。50耶稣对他说：回去吧，你的儿子活了。那人信了耶稣所说的话，就回去了。51回去的时候，他的仆人迎见他，说他儿子活了。52他就问是什么时候见好的。他们说：昨天下午一点，烧就退了。53他便知道这正是耶稣对他说："你的儿子活了"的时候；他自己和全家就都信了。

54这是耶稣在加利利所行的第二件神迹，是祂从犹太回去以后行的。

第五章
治好病了三十八年的瘫子

1这事以后，犹太人的一个节期到了，耶稣就上耶路撒冷去。

2在耶路撒冷，靠近羊门有一个池子，希伯来话叫作毕士大，旁边有五个廊子；3里面躺着许多病人，有瞎眼的、瘸腿的、瘫痪的，4等候水动，因为有天使会下到池子搅动池水，水动之后，谁先下去，无论患什么病，都得痊愈。（有古卷无4节）

5在那里有一个人，病了三十八年。6耶稣看见他躺着，知道他病了很久，就问他说：你想痊愈吗？7病人回答说：先生，水动的时候，没有人把我放进池子里；我正去的时候，总有别人比我先下去。8耶稣对他说：起来，拿起你的褥子走吧！9那人立刻痊愈，就拿起褥子走了。

10那天是安息日，所以犹太人对那个得了医治的人说：今天是安息日，你不可拿褥子。11他却回答说：那使我痊愈的对我说：拿起你的褥子走吧。12他们问他说：叫你拿起褥子走的是谁？13那个得了医治的人不知道是谁，因为那里人很多，耶稣已经躲开了。

14后来，耶稣在殿里遇见他，对他说：你已痊愈了，不要再犯罪，恐怕你遭遇的更加厉害。15那人就去告诉犹太人：使他痊愈的是耶稣。16犹太人就逼迫耶稣，因祂在安息日做了这事。17耶稣就对他们说：我父做事直到如今，我也做事。18犹太人就更想杀祂，因祂不但犯了安息日，而且称神为祂的父，将自己和神当作平等。

子的权柄

19耶稣对他们说：我实实在在地告诉你们，子凭着自己不能做什么，只能做祂看见父所做的；父所做的事，子也照样做。20父爱子，将自己所做的一切事指给祂看，还要将比这更大的事指给祂看，使你们希奇。21父怎样使死人复活得生命，子也照样随自己的意愿使人得生命。22父不审判任何人，祂将审判的事都交给了子，23使人都尊敬子，如同尊敬父一样。不尊敬子的，就是不尊敬派子来的父。

24我实实在在地告诉你们，听我的话、又信派我来者的，就有永生，不至于受审判，而是已经出死入生了。25我实实在在地告诉你们，时候将到，现在就是了，死人要听见神儿子的声音，听见的人都要活过来。26因为父怎样在自己有生命，也赐子照样在自己有生命；27并且因为祂是人子，就赐给祂行审判的权柄。

28你们不要对此感到希奇；时候将到，凡在坟墓里的，都要听见祂的声音，29并且都要出来，行善的复活得生命，作恶的复活受审判。30我凭着自己不能做什么；我怎样听见，就怎样审判。我的审判也是公平的，因我不求自己的意愿，只求那位派我来者的旨意。

为耶稣有四重见证

31我若是为自己作见证，我的见证就不真（意：没有效）。32另有一位为我作见证，我也知道他为我所作的见证是真的。33你们曾派人到约翰那里，他为真理作过见证。34我本不接受从人来的见证，但我说这些话，是为了使你们得救。35约翰是盏燃烧发光的灯，你们曾乐意在他的光中欢乐，虽然时间不长。

36我还有比约翰更大的见证；因为父交给我、要我完成的工，就是我所做的这些工，也为我作见证：我是父所派来的。

37派我来的父，也亲自为我作过见证。你们从来没有听过祂的声音，也没有见过祂的形象。38祂的道1你们也没有存在心里，因为祂所派来的，你们不相信。

39你们查考圣经，因为你们以为其中有永生；但正是这圣经，也为我作见证。40然而你们不肯到我这里来得生命。

41我不接受从人来的荣耀。42但我知道，你们心里没有神的爱。43我奉我父的名来，你们却不接受我；若有别人奉自己的名来，你们倒要接受他。44你们互相接受荣耀，却不求从独一之神来的荣耀，怎能信我呢？

45不要以为我要向父控告你们；有一位控告你们的，就是你们所仰赖的摩西。46你们若信摩西，也必信我，因为他曾写过关于我的事。47你们若不信他所写的，怎能信我的话呢？

注：1 道：λόγος；有时译为话；这是个常见字。

第六章
给五千人吃饱的神迹（太 14:13-21；可 6:30-44；路 9:10-17）

1这事以后，耶稣渡过加利利湖，就是提比哩亚湖（见太4章注1）。2有许多人因为看见祂在病人身上所行的神迹，就跟随祂。3耶稣上到山上，和门徒一同坐在那里。4那时，犹太人的逾越节近了。

5耶稣举目看见许多人往祂这里来，就问腓力说：我们从哪里买饼给这众人吃呢？6祂问这话是要试验腓力；祂自己原知道要怎样行。7腓力回答说：就是二百个银币的饼，也不够他们每人吃一点。

8有一个门徒，就是西门彼得的兄弟安得烈，对耶稣说：9这里有一个孩童，带着五个大麦饼、两条鱼；只是分给这么多人，又算什么呢？

10耶稣说：你们叫众人坐下。那地方草很多，众人就坐下来，男人就有大约五千。11耶稣拿起饼来，祝谢了，就分给坐着的人；分鱼也是这样，都是随着他们所要的。

12众人都吃饱了，耶稣对门徒说：把剩下的零碎收拾起来，免得糟蹋了。13他们便将那五个大麦饼的零碎，就是众人吃了剩下的，收拾起来，装满了十二个篮子。

14众人看见耶稣所行的神迹，就说：这真是那位要到世上来的先知！15耶稣知道众人要来强逼祂作王，就又独自退到山上去了。

耶稣在湖面上行走（太 14:22-33；可 6:45-52）

16到了傍晚，门徒下到湖边，17上了船，要渡过湖往迦百农去。天已经黑了，耶稣没有来到他们那里。18忽然狂风大作，湖就翻腾起来。19门徒摇橹，行了约十多里，看见耶稣在湖面上走来，渐渐近了船，他们就害怕。20耶稣对他们说：是我，不要怕！21于是门徒欢然接祂上船，船就立刻到了他们所要去的地方。

耶稣是生命的粮

22第二天，站在湖对岸的众人看见那里只有一只船，又知道耶稣没有同祂的门徒上船，门徒是自己去的。23但有几只从提比哩亚来的船，停在靠近主祝谢后、分饼给众人吃的地方。24众人见耶稣和门徒都不在那里，就上了船，往迦百农去找耶稣。25他们在湖这边找到耶稣，就问祂说：拉比，你是几时到这里来的？

26耶稣回答说：我实实在在地告诉你们，你们找我，并不是因见了神迹，而是因为吃饼得饱。27不要为那必朽坏的食物劳力，却要为那存到永生的食物劳力，就是人子所要赐给你们的，因为祂是父神所印证的。

28众人问祂说：我们当做什么，才算是做神的工呢？29耶稣回答说：信入神所派来的，这就是做神的工。30他们又问：你行个什么神迹，使我们看见就信你呢？你到底要做什么呢？31我们的祖先在旷野吃过吗哪，如经上所记：祂从天上赐下粮来给他们吃。

32耶稣说：我实实在在地告诉你们，不是摩西把从天上来的粮赐给你们，而是我父把从天上来的真粮赐给你们。33因为神的粮就是那位从天上降下来、赐生命给世人的。34他们说：先生，求你常将这粮赐给我们！

35耶稣说：我就是生命的粮。到我这里来的，必定不饿；信入我的，永远不渴。36只是我对你们说过，你们已经看见我，还是不信。37凡父所赐给我的人，必到我这里来；到我这里来的，我绝不丢弃他。

38因为我从天上降下来，不是要行我自己的意愿，而是要行那位派我来者的旨意。39派我来者的旨意就是：祂所赐给我的，我连一个也不失落，在末日要使他复活。40因为我父的旨意，是要每个看见子又信入子的都得永生，且在末日我要使他复活。

41犹太人因祂说：我是从天上降下来的粮，就叽咕议论祂，42说：这不是约瑟的儿子耶稣吗？祂的父母我们不是都认识吗？祂现在怎么说：我是从天上降下来的呢？

43耶稣说：你们不要彼此议论。44若不是派我来的父吸引人，就没有人能到我这里来；到我这里来的，在末日我要使他复活。45先知书上写着说：他们都要蒙神的教导。凡听了父的教导又学习的，就到我这里来。46这不是说有人看见过父；唯独从神来的，祂才看见过父。

47我实实在在地告诉你们，信的人有永生。48我就是生命的粮。49你们的祖先在旷野吃过吗哪，还是死了。50这是从天上降下来的粮，使人吃了就不死。51我是从天上降下来的活粮；人若吃这粮，就必永远活着。我所要赐的粮，就是我的肉，是为世人得生命而赐的。

52于是犹太人彼此争论说：这个人怎能把祂的肉给我们吃呢？53耶稣说：我实实在在地告诉你们，你们若不吃人子的肉，不喝人子的血，就没有生命在你们里面。54吃我肉喝我血的人，就有永生，在末日我要使他复活。55我的肉是真食物，我的血是真饮料。56吃我肉喝我血的人，就常在我里面，我也常在他里面。57永活的父怎样派我来，我又因父活着，照样，吃我肉的人也要因我活着。58这就是从天上降下来的粮；吃这粮的人，必永远活着，不像你们的祖先吃那吗哪，还是死了。

59这些话是祂在迦百农会堂里施教的时候说的。

永生之道

60祂的门徒中，有好些人听了就说：这话甚难，谁能接受呢？

61耶稣心里知道门徒因为这话议论，就对他们说：这话是使你们跌倒吗？62倘若你们看见人子升到祂原来所在之处，又怎样呢？63赐人生命的本是灵，肉是无益的。我对你们所说的话，就是灵，就是生命。64只是你们中间有不信的人。原来耶稣从起初就知道谁不相信祂，谁要出卖祂。65耶稣又说：所以我对你们说过，若不是蒙父的恩赐，就没有人能到我这里来。

66从此，祂门徒中有许多人退去，不再和祂同行。67耶稣问那十二个门徒说：你们也想离去吗？68西门彼得回答说：主啊，你有永生之道，我们还归从谁呢？69我们已经信了，又知道你是神的圣者。

70耶稣说：我不是拣选了你们十二个吗？但其中有一个是魔鬼。71耶稣这话是指着加略人西门的儿子犹大说的；他虽是十二门徒之一，却要出卖耶稣。

第七章
耶稣的弟弟也不信祂

1这事以后，耶稣在加利利往来；祂不愿在犹太往来，因为犹太人想要杀祂。

2犹太人的住棚节近了，3祂的弟弟就对祂说：你离开这里到犹太去吧，好让你的门徒也看见你所行的事。4人要显扬自己，没有在暗中行事的；你既行这些事，就当将自己显明给世人看。5原来连祂的弟弟也没有信入祂。

6耶稣就对他们说：我的时候还没有到，但你们的时候总是方便的。7世人不能恨你们，却是恨我，因为我指证他们的行为是恶的。8你们上去过节吧，我现在不上去过这节，因为我的时候还没有到。9耶稣说了这话，仍旧待在加利利。

10但祂弟弟上去以后，祂也上去过节，不是公开去的，像是暗中去的。

11节期中犹太人寻找耶稣，问：祂在哪里？12众人因祂议论纷纷，有的说：祂是好人。有的说：不，祂迷惑众人。13但没有人公开谈论祂，因为惧怕犹太人的首领。

节期中在殿里教导人

14节期过了一半，耶稣上殿里去施教。15犹太人就希奇，说：这人没有学过，怎么明白经书呢？

16耶稣说：我的教训不是我自己的，而是那位派我来者的。17人若立志遵行神的旨意，就必晓得我这教训是出于神，还是我凭自己说的。18那凭自己说的，是求自己的荣耀；唯有那求派祂来者之荣耀的，这人才是真的，在祂里面没有不义。19摩西不是把律法传给你们吗？你们却没有一个人遵行律法。为何想要杀我呢？20众人回答说：你有鬼附身！谁想要杀你呢？

21耶稣说：我做了一件事，你们都以为希奇。22摩西把割礼传给你们（其实割礼不是始于摩西，而是始于列祖），因此在安息日你们也给人行割礼。23若为避免违背摩西的律法，人可以在安息日受割礼，我在安息日使一个人全然康复，你们就向我发怒吗？24不要按外表断定是非，总要按公平断定是非。

祂是基督吗？

25耶路撒冷人中有的说：这不就是他们想要杀的人吗？26看哪，祂还公开地讲道，他们也不向祂说什么。难道官长真的知道祂是基督吗？27可是我们知道这个人从哪里来；但基督来的时候，没有人会知道祂从哪里来。

28那时，耶稣在殿里施教，大声说：你们知道我，也知道我从哪里来。我来并不是由于自己；那位派我来的是真实的，你们却不认识祂。29但我认识祂，因为我是从祂来的，是祂派了我来。

30于是他们想要捉拿耶稣，只是没有人下手，因为祂的时候还没有到。31但众人中有好些人信入了祂，说：基督来了以后，祂所行的神迹，难道能比这人所行的更多吗？

派差役捉拿耶稣

32法利赛人听见众人这样议论耶稣，祭司长和法利赛人就派差役来捉拿祂。

33于是耶稣说：我还有一点点时间和你们同在，然后就要回到派我来的那里去。34你们要找我，却找不着；我所在的地方，你们不能到。

35犹太人就彼此对问说：这人要到哪里去，使我们找不着呢？难道祂要到散居在希腊人中的犹太人那里，去教导希腊人吗？36祂说：你们要找我，却找不着；我所在的地方，你们不能到。这话是什么意思呢？

信的人将领受圣灵

37节期的最后一天，就是最重要的那天，耶稣站着高声说：人若渴了，可以到我这里来喝！38信入我的人，就如经上所说：从他腹中要流出活水的江河来。39耶稣这话是指着信入祂的人要领受的圣灵说的。那时还没有赐下圣灵，因为耶稣尚未得着荣耀。

众人因着耶稣起了分裂

40众人听见这话，有的说：这真是那先知！41又有的说：祂是基督。也有的说：难道基督是从加利利出来的吗？42经上不是说，基督是大卫的后裔，要从大卫本乡伯利恒出来吗？43于是众人因着耶稣起了分裂。44其中有人想捉拿祂，只是无人下手。

45差役回到祭司长和法利赛人那里；他们问差役说：你们为何没有把祂带来呢？46差役回答说：从来没有像祂这样说话的！47法利赛人说：难道你们也受了迷惑吗？48官长或是法利赛人当中，有谁信入祂呢？49但这些不明白律法的百姓，是被咒诅的！

50他们当中有一个人，就是先前夜里去见耶稣的尼哥德慕，对他们说：51不先听本人的口供，不查知他所做的事，难道我们的律法就定他的罪吗？

52他们回答说：你也是出于加利利吗？你查考就知道，没有先知是出于加利利。53于是各人都回家去了。

第八章

谁是没有罪的？

1耶稣却往橄榄山去。2清早，祂又来到殿里；众百姓都到祂那里，祂就坐下教导他们。

3经学家和法利赛人，带着一个行淫时被抓住的妇人来，叫她站在当中，4然后对耶稣说：老师，这妇人是正行淫时被抓住的。5摩西在律法上吩咐我们，要把这样的妇人用石头打死。你怎么说？

6他们说这话，是要试探祂，好得着把柄控告祂。祂却弯下腰，用指头在地上画字。7他们还是不住地问祂，祂就直起腰来，对他们说：你们中间谁是没有罪的，谁就可以先拿石头打她。8然后又弯下腰，在地上画字。

9他们听见这话，就从老到少一个一个地走了，只剩下耶稣一人，和还站在那里的妇人。10耶稣直起腰来，问她说：妇人，那些人在哪里呢？没有人定你的罪吗？11她说：主啊，没有。耶稣说：我也不定你的罪。去吧，从此不要再犯罪了。

耶稣是世界的光

12耶稣又对众人说：我是世界的光；跟从我的，就绝不在黑暗里行，必要得着生命的光。13法利赛人对祂说：你是为自己作见证，你的见证不真（意：没有效）。

14耶稣说：我就是为自己作见证，我的见证还是真的，因我知道我从哪里来，要往哪里去；你们却不知道我从哪里来，要往哪里去。15你们是凭肉身判断人，我却不判断人。16我就是判断人，我的判断也是对的，因为不是我独自判断，还有派我来的父与我同在。17你们的律法上也记着说：两个人的见证就是真的。18我为自己作见证，派我来的父也为我作见证。

19他们就问祂说：你的父在哪里？耶稣回答说：你们不认识我，也不认识我的父；若是认识我，也就认识我的父。

20这些话是祂在殿的银库那里施教的时候说的。没有人捉拿祂，因为祂的时候还没有到。

不信耶稣的必因罪死亡

21耶稣又对他们说：我要去了，你们必寻找我，并且你们要因自己的罪死亡。我所去的地方，你们不能到。22犹太人说：祂说：我所去的地方，你们不能到。难道祂要自杀吗？

23耶稣对他们说：你们是出于下头的，而我是出于上头的；你们是属这世界的，我不是属这世界的。24所以我对你们说：你们要因自己的罪死亡。你们若不相信我是基督，必要因自己的罪死亡。

25他们就问祂说：你是谁？耶稣对他们说：就是我从起初就告诉你们的。26关于你们，我有许多事要讲论，要判断；但那派我来的是真实的，我在祂那里所听见的，我就传给世人。

27他们却不明白耶稣是对他们讲论父。28于是耶稣说：你们举起人子以后，就必知道我是基督，并且知道我不凭着自己做任何事；我说这些话，都是照着父所教导我的。29这位派我来的与我同在，祂没有撇下我独自一人，因

我总是做祂所喜悦的事。30耶稣说这些话的时候，就有许多人信入了祂。

真理必使你们得以自由

31耶稣对信祂的犹太人说：你们若持守我的道，就真是我的门徒了。32你们必认识真理，真理必使你们得以自由。

33不信的犹太人（原文是他们）说：我们是亚伯拉罕的后裔，从来没有作过谁的奴仆；你怎么说：你们必得以自由呢？

34耶稣回答说：我实实在在地告诉你们，凡犯罪的，就是罪的奴仆。35奴仆不能永远住在家里；儿子可以永远住在家里。36所以，神的儿子若使你们自由，你们就真自由了。37我知道你们是亚伯拉罕的后裔，但你们竟想要杀我，因为你们心里容不下我的话。38我所说的，是我在我的父那里看见的；你们所行的，是你们从你们的父那里听见的。

魔鬼的儿女听不进主的话

39他们说：我们的父就是亚伯拉罕。耶稣说：你们若是亚伯拉罕的子孙，就必行亚伯拉罕所行的事。40我将在神那里所听见的真理告诉了你们，现在你们竟然想要杀我；这不是亚伯拉罕所行的事。41你们是行你们的父所行的事。他们说：我们不是从淫乱生的；我们只有一位父，就是神。

42耶稣说：倘若神是你们的父，你们就必爱我，因为我是从神而来，到了这里；我不是凭着自己来的，而是祂派了我来。43你们为什么不明白我所说的呢？无非是因你们听不进我的话。44你们是出于你们的父魔鬼；你们父的私欲，你们都愿意行。他从起

初就是杀人的，不守真理，因他心里没有真理。他说谎是出于本性，因他本来是说谎的，也是说谎之人的父。45我讲真理，你们却因此不信我。46你们中间谁能指证我有罪呢？我既然讲真理，你们为什么不信我呢？47出于神的，必听神的话；你们不听，因为你们不是出于神。

还没有亚伯拉罕就有了我

48犹太人说：我们说你是撒玛利亚人，并且有鬼附身，不正对吗？49耶稣说：我没有鬼附身；我尊敬我的父，你们倒侮辱我。50我不求自己的荣耀；有一位为我求荣耀、定是非。51我实实在在地告诉你们，人若遵守我的道，就永远不经历（直译：看见）死亡。

52犹太人对祂说：现在我们确知你是有鬼附身。亚伯拉罕死了，众先知也死了，你还说：人若遵守我的道，就永远不经历死亡（原文是不尝死味）。53难道你比我们祖宗亚伯拉罕还大吗？他死了，众先知也死了；你将自己当作什么人呢？

54耶稣回答说：我若荣耀我自己，我的荣耀就算不得什么；荣耀我的本是我的父，就是你们说是你们神的那一位。55你们未曾认识祂，我却认识祂；我若说不认识祂，我就是说谎的，像你们一样；但我认识祂，也遵守祂的道。56你们的祖宗亚伯拉罕因能看见我的日子就欢喜，看见以后就快乐。

57犹太人说：你还没有五十岁，哪见过亚伯拉罕呢？58耶稣说：我实实在在地告诉你们，还没有亚伯拉罕，就有了我（直译：我是）。59于是他们拿石头要打祂；耶稣却隐藏，从殿里出去了。

第九章

治好生来瞎眼的人

1耶稣往前去的时候，看见一个生来就瞎眼的人。2门徒问祂说：拉比，这人生来就瞎眼，是谁犯了罪？是这人，还是他的父母呢？

3耶稣回答说：既不是这人犯了罪，也不是他父母犯了罪，而是要在他的身上彰显神的作为。4趁着白昼，我们必须做那派我来者的工；黑夜一到，就没有人能做工了。5我在世界的时候，就是世界的光。6耶稣说了这话，就吐唾沫在地上，用唾沫和泥，抹在瞎子的眼睛上，7对他说：你到西罗亚池子里去洗一洗（西罗亚意思是奉派遣）。他去一洗，回来时就看见了。

8邻居们和以前见他讨饭的人说：这不是那向来坐着讨饭的人吗？9有人说：是他。又有人说：不是，却是像他。他自己说：是我。10他们就问他说：你的眼睛是怎么开的呢？11他回答说：那个名叫耶稣的人，和泥抹我的眼睛，对我说：你到西罗亚池子里去洗一洗。我去一洗，就看见了。12他们问：那个人在哪里？他说：我不知道。

法利赛人盘问瞎眼的人

13他们把那从前瞎眼的人带到法利赛人那里。14耶稣和泥开他眼睛的那天是安息日。15法利赛人也问他是怎么得看见的。他对他们说：祂把泥抹在我的眼睛上，我去一洗，就看见了。

16法利赛人中有的说：这个人不是从神来的，因为祂不守安息日。也有人说：一个罪人怎能行这样的神迹呢？他们就起了分裂。17他们又问瞎子说：祂既然开了你的眼睛，你说祂是怎样的人呢？他说：是个先知。

18犹太人不相信他是从前瞎眼、后来得看见的，就把他的父母叫来，19问他们说：这是你们所说、你们那生来就瞎眼的儿子吗？他现在怎么能看见了呢？

20他父母回答说：他是我们的儿子，生来就瞎眼，这是我们知道的。21但他现在怎么能看见，我们却不知道；是谁开了他的眼睛，我们也不知道。你们问他吧；他已经成人了，能够替自己说。22他父母说这话，是惧怕犹太人，因为犹太人已经商定，若有人承认耶稣是基督，就把他赶出会堂。23因此他父母说：他已经成人了，你们问他吧。

24于是，法利赛人再次把那从前瞎眼的人叫来，对他说：你要将荣耀归给神！我们知道这人是个罪人。25他说：祂是不是个罪人，我不知道；有一件事我知道：从前我是瞎眼的，现在能够看见了。

26他们又问他说：祂向你做了什么？是怎样开了你的眼睛呢？27他回答说：我已经告诉你们，你们不听，为什么又想听呢？莫非你们也想作祂的门徒吗？28他们就骂他说：你才是那人的门徒！我们是摩西的门徒。29神曾对摩西说话，是我们知道的；只是这个人，我们不知道祂从哪里来！

30那人回答说：祂开了我的眼睛，你们竟不知道祂从哪里来，这真是奇怪！31我们知道神不听罪人；只有敬畏神、遵行祂旨意的，神才听他。32自古以来，未曾听见有人把生来是瞎子的眼睛开了。33这人若不是从神来的，就不能做什么。34他们说：你全然生在罪中，还敢教训我们吗？于是把他赶出去了。

属灵的瞎眼

35耶稣听说他们把他赶出来了，后来遇见他，就问：你信人子吗？36他问：先生，谁是人子，我可以信祂呢？37耶稣说：你已经看见祂，这和你说话的就是祂。38他说：主啊，我信！就向耶稣下拜。

39耶稣说：我为审判到这世上来，使不能看见的可以看见，能看见的反瞎了眼。40同祂在那里的法利赛人，有的听见这话就问：难道我们也瞎了眼吗？41耶稣对他们说：你们若瞎了眼，就没有罪了；但现在你们说自己能看见，所以你们的罪还在。

第十章

耶稣是羊的门

1我实实在在地告诉你们，人进羊的圈，不从门进去，倒从别处爬进去，那人就是贼，就是强盗。2从门进去的，才是羊的牧人。3看门的就给他开门；羊也听他的声音。他按着名字叫自己的羊，把羊领出来。4他把自己的羊放出来后，就走在前头，羊也跟着他，因为认得他的声音。5羊绝不会跟着生人，反要逃跑，因为不认得他的声音。

6耶稣将这比喻告诉他们，他们却不明白所说的是什么意思。7所以耶稣又说：我实实在在地告诉你们，我就是羊的门。8凡在我以前来的，都是贼，是强盗，羊也不听他们。9我就是门；凡从我进来的，必然得救，并且可出可入，得着草吃。10贼来了，无非是要偷窃、杀害、毁坏；我来了，是要使羊得生命，并且得的更丰盛。

耶稣是好牧人

11我是好牧人；好牧人为羊舍命。12作雇工的，不是牧人，羊不是他自己的，看见狼来了，就撇下羊逃跑；狼就抢夺羊，把羊赶散了。13雇工逃跑，因他是雇工，并不顾念羊。

14我是好牧人；我认识我的羊，我的羊也认识我，15正如父认识我，我也认识父一样；并且我为羊舍命。16我还有别的羊，不是这圈里的；我必须把他们领来，他们也必听我的声音，并且要合成一群，归于一个牧人。

17父爱我，因我将命舍去，好再取回来。18没有人能夺去我的命，是我自己舍的。我有权把命舍去，也有权再取回来。这是我从我父所领受的命令。

19因这些话，犹太人又起了分裂。20其中有好些人说：祂有鬼附身，而且疯了，为什么听祂呢？21又有人说：这不是鬼附之人所说的话。难道鬼能开瞎子的眼睛吗？

被犹太人弃绝

22在耶路撒冷有献殿节，那时是冬天。23耶稣在圣殿的所罗门廊下走过，24犹太人围着祂，对祂说：你叫我们悬疑不定要到几时呢？你若是基督，就明明地告诉我们。

25耶稣回答说：我已经告诉你们，你们不信。我奉我父的名所行的事，也为我作见证；26但你们仍不信，因为你们不是我的羊。27我的羊听我的声音；我认识他们，他们也跟从我。28我又赐给他们永生，他们必永不灭亡；谁也不能从我手里把他们夺去。29我的父，就是把羊赐给我的，比万有都大；谁也不能从我父的手里把他们夺去。30我与父本是一。

31犹太人又拿石头要打祂。32耶稣对他们说：我已从父显出许多善事给你们看，你们是因哪一件事拿石头打我呢？33犹太人回答说：我们不是因为善事拿石头打你，而是因为你说僭妄的话；又因为你是个人，竟把自己当作神。

34耶稣说：你们的律法上不是写着：我曾说你们是神吗？35经上的话是不能废的；若是那些得了神话语的人尚且称为神，36父所分别为圣、又派到世上来的，说自己是神的儿子，你们就说祂说了僭妄的话吗？37我若不行我父的事，你们就不必信我。38我若行了，你们纵然不信我，也当信这些事，使你们又知道又明白：父在我里面，我在父里面。39他们又想要捉拿祂，祂却走开脱离了他们的手。

40耶稣又往约旦河东去，到了约翰起初施洗的地方，住在那里。41有许多人来到祂那里；他们说：约翰没有行过一件神迹，但他指着这人所说的话都是真的。42在那里，许多人信入了耶稣。

第十一章

拉撒路患病死了

1伯大尼的拉撒路病了；伯大尼就是马利亚和她姐姐马大的村庄。2这马利亚就是后来用香膏抹主，又用头发擦祂脚的；患病的拉撒路是她的兄弟。3两姊妹就派人去见耶稣，说：主啊，你所爱的人病了。4耶稣听见，就说：这病不至于死，而是为了神的荣耀，好使神的儿子借此得着荣耀。

5耶稣很爱马大和她妹妹并拉撒路。6祂听见拉撒路病了，却仍在祂所在之地住了两天，7然后才对门徒说：我们再到犹太去吧。8门徒说：拉比，犹太人近来要拿石头打你，你还要到那里去吗？

9耶稣回答说：白天不是有十二小时吗？人在白天走路，就不至于跌倒，因为看见这世界的光。10若在黑夜走路，就必跌倒，因为他没有光。

11耶稣说了这话，随后对他们说：我们的朋友拉撒路睡了，我要去叫醒他。12门徒说：主啊，他若睡了，就必能好。13耶稣说的是他的死，他们却以为说的是睡觉休息。

14耶稣就明明地告诉他们说：拉撒路死了。15我为你们的缘故，很高兴我不在那里，这样好使你们相信。现在我们到他那里去吧。16那又叫底土马的多马，就对其他门徒说：我们也去和他同死吧。

耶稣是复活，是生命

17耶稣到了，就知道拉撒路在坟墓里已经四天了。18伯大尼离耶路撒冷不远，约有六里路。19有好些犹太人来看马大和马利亚，要为她们兄弟的死安慰她们。20马大听见耶稣来了，就出去迎接祂；马利亚还待在家里。

21马大对耶稣说：主啊，你若早在这里，我兄弟就不会死。22就是现在，我也知道，你无论向神求什么，神也必赐给你。23耶稣说：你兄弟必复活。24马大说：我知道，在末日复活的时候，他必复活。

25耶稣对她说：我是复活，我是生命。信入我的，就是死了，也必复活，26凡活着信入我的，必永远不死。你信这话吗？27她说：主啊，是的，我信你是基督，是神的儿子，就是那位要到世上来的。

耶稣哭了

28马大说了这话，就回去叫她妹妹马利亚，私下说：老师来了，祂叫你去。29马利亚听见了，就急忙起来，往耶稣那里去。30那时，耶稣还没有进村，仍在马大迎接祂的地方。31那些同马利亚在家里、安慰她的犹太人，见她急忙起来出去，就跟着她，以为她要到坟墓那里去哭。

32马利亚到了耶稣那里，看见祂，就俯伏在祂脚前，说：主啊，你若早在这里，我兄弟就不会死。33耶稣看见她哭，与她同来的犹太人也哭，就灵里悲叹，深受搅扰，34便问：你们把他安放在哪里？他们说：主啊，请你来看。

35耶稣哭了。36犹太人就说：你看祂多么爱拉撒路！37其中有些人说：祂曾开了瞎子的眼睛，难道不能救这人不死吗？

耶稣使拉撒路复活

38耶稣又深深地悲叹，来到坟墓前。那坟墓是个洞，有一块石头堵着。39耶稣说：你们把石头挪开。那死人的姐姐马大对祂说：主啊，他必定臭了，因为已经四天了。

40耶稣说：我不是对你说过，你若信，就必看见神的荣耀吗？41他们就把石头挪开。耶稣举目望天，说：父啊，我感谢你，因为你已经听我。42我知道你常常听我，但我说这话，是为了站在周围的众人，好使他们相信是你派了我来。43说了这话，就大声呼叫说：拉撒路，出来！44那死人就出来了，手脚裹着布，脸上包着巾。耶稣对他们说：解开他，让他走！

图谋杀害耶稣（太 26:1-5；可 14:1-2；路 22:1-2）

45那些来看马利亚的犹太人，看见耶稣所做的事，就有许多信入了祂。46但其中也有人去见法利赛人，将耶稣所做的事告诉他们。47祭司长和法利赛人就招聚议会，说：这人行出许多神迹，我们怎么办呢？48若是这样由着祂，人人都要信入祂，罗马人也要来，夺我们的圣地（原文是这地方）和百姓。

49其中有一个人，就是当年的大祭司该亚法，对他们说：你们什么都不知道！50也不想想，一个人替百姓死，免得整个民族灭亡，这对你们是有益的。51他说这话不是出于自己，而是因为他是当年的大祭司，所以预言耶稣要替犹太民族死；52不但要替犹太民族死，还要将神四散的儿女都聚集归于一。

53从那天起，他们就商议要杀害耶稣。54耶稣就不再在犹太人中公开往来，却离开那里，往靠近旷野的地方去，到了一座城，名叫以法莲，就和门徒住在那里。

55犹太人的逾越节近了，有许多人从乡下上到耶路撒冷，要在节前洁净自己。56他们寻找耶稣，站在殿里的时候彼此问：你们以为如何，祂不来过节吗？57那时，祭司长和法利赛人已经下令，若有人知道祂在哪里，就要报告，他们好去捉拿祂。

第十二章
在伯大尼受膏（太 26:6-13；可 14:3-9）

1逾越节六天前，耶稣来到伯大尼，就是祂从死里所复活的拉撒路所在的地方。2有人在那里给祂预备筵席；马大伺候，拉撒路是与祂同席的人之一。3马利亚就拿出一斤极贵的真哪哒香膏，抹耶稣的脚，又用自己的头发去擦，屋里就充满了香膏的香气。

4有一个门徒，就是将要出卖耶稣的加略人犹大，说：5为什么不把这香膏卖三百个银币，周济穷人呢？6他说这话，不是因他顾念穷人，而是因他是一个贼，管着钱囊，常偷存在其中的。7耶稣说：由她吧！她是为我安葬之日存留这香膏的。8因为常有穷人和你们同在，可是你们不常有我。

9有许多犹太人得知耶稣在那里，就来了，不但是因耶稣的缘故，也是要看祂从死里所复活的拉撒路。10祭司长就商定，连拉撒路也要杀掉，11因有好些犹太人因拉撒路的缘故，离开他们信入了耶稣。

骑驴进耶路撒冷（太 21:1-11；可 11:1-11；路 19:28-40）

12第二天，许多上来过节的人听见耶稣将到耶路撒冷，13就拿着棕树枝出去迎接祂，喊着说：和散那！奉主之名来的以色列王当受称颂！14耶稣得了一匹驴驹，就骑上，如经上所记的：15锡安的民哪，不要惧怕！看哪，你的王骑着驴驹来了。16这些事门徒起先不明白，等到耶稣得了荣耀以后，才想起这些话是指着祂写的，并且众人果然向祂这样行了。

17当耶稣呼唤拉撒路出坟墓、使他从死里复活的时候同祂在那里的众人，都继续作见证。18众人出来迎接耶稣，也因为听见祂行了这个神迹。19法利赛人彼此说：看哪，我们是徒劳无益，世人都跟随祂去了。

有希腊人求见耶稣

20那时，上来过节敬拜的人中，有几个希腊人。21他们来见加利利的伯赛大人腓力，求他说：先生，我们想见耶稣。22腓力就去告诉安得烈，安得烈同腓力又去告诉耶稣。

23耶稣说：人子得荣耀的时候到了。24我实实在在地告诉你们，一粒麦子若不落在地里死了，仍旧是一粒，若是死了，就结出许多的子粒来。25爱惜自己生命的，必丧掉生命；在这世上恨恶自己生命的，必保守生命到永生。26若有人服事我，就当跟从我；我在哪里，服事我的人也要在哪里。若有人服事我，我父必尊重他。

人子必须被举起来

27现在我心（原文是魂）里忧愁，我可以说什么呢？说："父阿，求你救我脱离这时候"吗？但我原是为这时候来的。28父啊，愿你荣耀你的名！

当时就有声音从天上来，说：我已经荣耀了，还要再荣耀。29站在旁边的众人听见，就说：打雷了。还有人说：有天使对祂说话。

30耶稣说：这声音不是为我，而是为你们。31现在这世界受审判，这世界的王要被赶出去。32我若从地上被举起来，就要吸引万人归向我。

33耶稣说这话，是指明自己将要怎样死。34众人说：我们听见律法上说，基督要存到永远；你怎么说，人子必须被举起来呢？这人子是谁呢？

35耶稣对他们说：光在你们中间还有一点点时间，应当趁着有光行走，免得黑暗临到你们。那在黑暗中行走的，不知道往哪里去。36你们应当趁着有光，信入这光，使你们成为光明之子。耶稣说了这话，就离开他们隐藏了。

主的道要审判不信的人

37祂虽然在他们面前行了许多神迹，他们还是不信入祂。38这是要应验先知以赛亚所说的话：**主**啊，我们所传的，有谁信呢？**主**的膀臂可向谁显露呢？39他们之所以不能信，是因为以赛亚又说：40**主**使他们瞎了眼，硬了心，免得他们眼睛看见，心里明白，回转过来，我就要医治他们。

41以赛亚说这些话，是因为看见了祂的荣耀，就指着祂说的。42虽然如此，连官长中也有好些人信入了祂，只是因为法利赛人不敢承认，恐怕被赶出会堂；43因为他们爱人的荣耀，过于爱神的荣耀。

44耶稣大声说：信入我的，不是信入我，而是信入那位派我来的。45人看见我，就是看见那位派我来的。46我到世上来作光，使凡信入我的，不住在黑暗里。

47若有人听见我的话不遵守，我不审判他；因为我来不是要审判世人，而是要拯救世人。48弃绝我、不接受我话的人，有审判他的：我所讲的道（或话；见约5章注1），在末日要审判他。49因为我没有凭着自己讲，而是派我来的父已经给我命令，叫我说什么，讲什么。50我也知道祂的命令就是永生。所以我所讲的，都是照着父对我所说的。

第十三章

耶稣为门徒洗脚

1逾越节以前，耶稣知道自己离世归父的时候到了。祂既然爱世间属自己的人，就爱他们到底。

2吃晚饭的时候，魔鬼已将出卖耶稣的意念，放在加略人西门的儿子犹大的心里。3耶稣知道父已经将万有交在祂手里，且知道自己是从神出来的，又要回到神那里去，4就起身离席，脱去外衣，拿一条手巾束腰，5然后把水倒进盆里，就开始洗门徒的脚，并用束腰的手巾擦干。

6轮到西门彼得，彼得就对祂说：主啊，你要洗我的脚吗？7耶稣回答说：我所做的，你现在不明白，但以后必明白。8彼得说：你绝不可洗我的脚！耶稣说：我若不洗你，你就与我无份了。9西门彼得说：主啊，不但我的脚，连手和头也要洗。

10耶稣说：洗过澡的人，只需要洗脚，全身就干净了。你们是干净的，但不都是干净的。11原来耶稣知道要出卖祂的是谁，所以说：你们不都是干净的。

12耶稣洗完了他们的脚，就穿上外衣，又坐下来，对他们说：我向你们所做的，你们明白吗？13你们叫我老师，又叫我主，你们叫得不错，我本来就是。14我是主，是老师，尚且洗你们的脚，你们也当彼此洗脚。15我给你们作了榜样，你们也当照着我向你们所做的去做。16我实实在在地告诉你们，仆人不能大过主人，奉派的不能大过派他的。17你们既然知道这些，若是去行就有福了。

18有些话我不是指着你们众人说的；我知道我所拣选的人。但这是要应验经上的话：那吃我饭的，用脚跟踢我。19现在事情还没有发生，我就告诉你们，使你们到事情发生以后，可以相信我是基督。20我实实在在地告诉你们，接待我所派遣的，就是接待我；接待我，就是接待那位派遣我的。

预言有人要出卖祂（太 26:20-25；可 14:17-21；参路 22:21-23）

21耶稣说了这话，心（原文是灵）里忧愁，就指证说：我实实在在地告诉你们，你们中间有一个人要出卖我。22门徒彼此相看，猜不出所说的是谁。

23有一个门徒，是耶稣所爱的，侧身坐着，靠近耶稣的胸怀。24西门彼得向他示意，要他问主是指着谁说的。25那门徒就靠在耶稣的胸膛上，问祂说：主啊，是谁？

26耶稣回答说：我蘸一点饼给谁，就是谁。祂就蘸了一点饼，递给加略人西门的儿子犹大。27他吃了以后，撒但就进入了他的心。耶稣便对他说：你要做的，快去做吧！28同席的人，没有一个知道是为什么对他说这话。29有人因为犹大管着钱囊，就以为耶稣是叫他去买过节所需要的东西，或是叫他拿些东西周济穷人。30犹大吃了那点饼，立刻就出去。那时是夜间。

吩咐门徒要彼此相爱

31他出去后，耶稣就说：现在人子得了荣耀，神在人子身上也得了荣耀。32神既在人子身上得了荣耀，神也要在自己身上荣耀人子，并且要快快地荣耀祂。

33小子们，我还有一点点时间与你们同在；以后你们要找我，但是我所去的地方你们不能到。这话我对犹太人说过，现在也照样对你们说。

34我给你们一条新命令，就是你们要彼此相爱；我怎样爱你们，你们也要怎样彼此相爱。35你们若是彼此相爱，众人因此就认出你们是我的门徒了。

预言彼得不认主（太 26:31-35；可 14:27-31；路 22:31-34）

36西门彼得问耶稣：主啊，你要到哪里去？耶稣回答说：我所去的地方，你现在不能跟我去，以后却要跟我去。37彼得问：主啊，我为什么现在不能跟你去？我愿意为你舍命！38耶稣说：你愿意为我舍命吗？我实实在在地告诉你，鸡叫以前，你要三次不认我。

第十四章

耶稣是道路、真理、生命

1你们心里不要忧愁；你们信入神，也当信入我。2在我父的家里有许多住处；若是没有，我就早已告诉你们了。我去就是要为你们预备地方。3我若去为你们预备了地方，就必再来接你们到我那里去；我在哪里，叫你们也在哪里。4我要去哪里，你们知道去的路。5多马对祂说：主啊，我们不知道你要去哪里，怎能知道去的路呢？

6耶稣说：我就是道路、真理、生命；若不借着我，没有人能到父那里去。7你们若认识我，也就认识我的父。从今以后，你们认识祂，并且已经看见祂。8腓力对祂说：主啊，求你将父显给我们看，我们就知足了。

9耶稣对他说：腓力，我与你们同在这样长久，你还不认识我吗？人看见了我，就是看见了父；你怎么说：求你将父显给我们看呢？10我在父里面，父在我里面，你不信吗？我对你们所说的话，不是凭着自己说的，而是住在我里面的父做祂自己的事。11你们当信我：我在父里面，父在我里面；即使不信，也当因我所做的事而信。

12我实实在在地告诉你们，我所做的事，信入我的人也要做，并且要做比这更大的事，因为我往父那里去。13你们奉我的名无论求什么，我必成就，使父因子得着荣耀。14你们若奉我的名向我求什么，我必成就。

应许赐下圣灵（保惠师）

15你们若爱我，就必遵守我的命令。16我要请求父，父就另外赐给你们一位保惠师，叫祂永远与你们同在，17就是真理的圣灵；世人不能接受祂，因为看不见祂，也不认识祂；你们却认识祂，因祂与你们同在，也要在你们里面。

18我不会撇下你们为孤儿，我必到你们这里来。19过不多久，世人不再看见我，你们却要看见我；因为我活着，你们也要活着。20到那天，你们就知道我在父里面，你们在我里面，我也在你们里面。21有了我的命令又遵守的，这人就是爱我的；爱我的，必蒙我父爱他，我也要爱他，并且要向他显现。

22犹大（不是加略人犹大）问耶稣说：主啊，你为什么要向我们显现，不向世人显现呢？

23耶稣回答说：人若爱我，就必遵守我的道；我父也必爱他，并且我们要到他那里去，与他同住。24不爱我的人，就不遵守我的道。你们所听见的道不是我的，而是派我来的父的。

25我趁还与你们同在，将这些事告诉你们。26但保惠师，就是父在我的名里所要派来的圣灵，要将一切的事教导你们，并且要使你们想起我对你们所说过的一切话。27我留下平安给你们；我将我的平安赐给你们；我所赐的，不像世人所赐的。你们心里不要忧愁，也不要胆怯。

28你们听见我对你们说了：我去以后，还要到你们这里来。你们若爱我，就必因我到父那里去而喜乐，因为父比我大。29现在事情还没有发生，我就告诉你们，使你们到事情发生以后可以相信。30我不再和你们多说话，因为这个世界的王将到；他在我的身上毫无所有。31 但为了使世人知道我爱父，父怎样吩咐我，我就怎样行。起来，我们走吧！

第十五章

耶稣是真葡萄树

1 我是真葡萄树，我父是栽培的人。2 凡属我不结果子的枝子，祂就剪掉；凡结果子的，祂就修剪干净，使枝子结果子更多。3 你们因着我所讲给你们的道，已经干净了。4 你们要常在我里面，我也常在你们里面。枝子若不留在葡萄树上，自己就不能结果子；你们若不常在我里面，也是这样。

5 我是葡萄树，你们是枝子。常在我里面的，我也常在他里面，这人就多结果子；因为离开了我，你们就不能做什么。6 人若不常在我里面，就像枝子丢在外面枯干，人拾起来，扔进火里烧了。7 你们若常在我里面，我的话就常在你们里面，你们无论想要什么，祈求就给你们成就。8 你们多结果子，我父就因此得荣耀，你们也显明是我的门徒了。

9 我爱你们，正如父爱我一样；你们要常在我的爱里。10 你们若遵守我的命令，就常在我的爱里，正如我遵守了我父的命令，常在祂的爱里。11 这些事我都告诉你们，好使我的喜乐存在你们心里，并使你们的喜乐可以满足。12 你们要彼此相爱，像我爱你们一样；这就是我的命令。

13 人为朋友舍命，人的爱没有比这更大的。14 你们若遵行我所吩咐的，就是我的朋友了。15 我不再称你们为仆人，因仆人不知道主人所做的事；

我已经称你们为朋友，因为我从我父所听见的，都已经告诉你们了。

16 不是你们拣选了我，而是我拣选了你们，并且分派你们去结果子，结常存的果子，使你们奉我的名，无论向父求什么，祂都赐给你们。17 这些事我都吩咐你们，是要使你们彼此相爱。

世人恨主也恨门徒

18 世人若恨你们，你们应该知道，在恨你们以前已经恨我了。19 你们若属世界，世界必爱属自己的；只因你们不属世界，我已从世界中把你们拣选出来，所以世界就恨你们。

20 你们要记住我对你们说过的话：仆人不能大过主人。他们若逼迫了我，也要逼迫你们；他们若遵守了我的话，才可能遵守你们的话。21 但他们因我的名，必向你们行这一切的事，因他们不认识那位派我来的。

22 我若没有来教导他们，他们就没有罪；但如今他们对自己的罪没有借口。23 恨我的，也恨我的父。24 我若没有在他们中间行别人未曾行过的事，他们就没有罪；但如今连我与我的父，他们都看见了，也都恨恶了。25 这是要应验他们律法上所写的话：他们无故地恨我。

26 我要从父那里派遣保惠师来，就是从父出来真理的圣灵；祂来了，就要为我作见证。27 你们也要作见证，因为你们从一开始就与我同在。

第十六章

1 这些事我都告诉你们，使你们不至于跌倒。2 人将要把你们赶出会堂；并且时候将到，凡杀害你们的，都以为是事奉神。3 他们必这样行，因为他们未曾认识父，也未曾认识我。4这些事我都告诉你们，好使你们到了时候可以想起我对你们说过了。我起先没有将这些事告诉你们，因为我与你们同在。

圣灵的工作

5现在我往派我来的那里去，你们中间并没有人问我：你往哪里去？6反倒因我将这些事告诉你们，你们就满心忧愁。7但我告诉你们实情：我去是与你们有益的；我若不去，保惠师就不会到你们这里来；我若去，就派祂来。8祂来了，就要使世人为罪、为义、为审判知罪自责。9为罪，是因他们不信入我；10为义，是因我往父那里去，你们就不再看见我；11为审判，是因这世界的王受了审判。

12我还有好些事要告诉你们，可是你们现在担当不了。13只等真理的圣灵来了，祂要引导你们进入一切真理。祂不会凭着自己说，只会说祂所听见的，并且要把将来的事告诉你们。14祂要荣耀我，因祂要把从我所领受的告诉你们。15凡父所有的，都是我的；所以我说，祂要把从我所领受的告诉你们。

16过不多久，你们就不再看见我；再过不久，你们还要看见我。

忧愁将要变为喜乐

17有几个门徒就彼此说：祂对我们说："过不多久，你们就不再看见我；再过不久，你们还要看见我。"又说："因为我往父那里去。"这是什么意思呢？18门徒又说：祂说"过不多久"是什么意思呢？我们不明白祂在说什么。

19耶稣看出他们想要问祂，就说：我说"过不多久，你们就不再看见我；再过不久，你们还要看见我"，你们是为这话彼此相问吗？20我实实在在

地告诉你们，你们将要痛哭哀号，世人倒要喜乐；你们将要忧愁，但你们的忧愁要变为喜乐。21妇人生产的时候会有忧愁，因为她的时候到了；但她生下孩子以后，就不再记得那苦楚，因为欢喜世上生了一个人。

22你们现在也有忧愁；但当我再看见你们，你们的心就必喜乐，并且没有人能将你们的喜乐夺去。23到那天，你们什么也不会问我了。我实实在在地告诉你们，你们奉我的名，无论向父求什么，祂必赐给你们。24你们从来没有奉我的名求什么；现在你们求，就必得着，使你们的喜乐可以满足。

耶稣已经胜过世界

25这些事我是用比喻对你们说的；时候将到，我不再用比喻对你们说，却要将父明明地告诉你们。26到那天，你们要奉我的名求；我不是说我要为你们求父。27父自己爱你们，因为你们已经爱我，又信我是从父出来的。28我从父出来，到了这世界；我又离开这世界，往父那里去。

29门徒说：如今你是明说，并不用比喻了。30现在我们晓得，你凡事都知道，不需要人问你，因此我们相信你是从神出来的。

31耶稣说：现在你们信吗？32看哪，时候将到，且已经到了，你们要分散，各自回家去，留下我独自一人；其实我不是独自一人，因为有父与我同在。33这些事我都告诉你们，好使你们在我里面有平安。在世上你们有苦难，但你们可以放心，我已经胜了世界。

第十七章

耶稣为自己祈祷

1耶稣说了这话，就举目望天，说：父啊，时候到了，愿你荣耀你的儿子，使儿子也荣耀你；2正如你曾赐祂权柄，管理一切属血肉的，叫祂将永生赐给你所赐给祂的人。3认识你独一的真神，和你所派来的耶稣基督，这就是永生。4我在地上已经荣耀你；你所交给我、要我做的工，我已经完成了。5父啊，现在求你使我与你同享荣耀，就是在有世界以前，我与你同有的荣耀。

耶稣为门徒祈祷

6你从世上赐给我的人，我已将你的名显明给他们。他们本是你的，你将他们赐给我，他们也遵守了你的道。7如今他们知道，凡你所赐给我的，都是从你那里来的；8因为你所赐给我的道，我已经赐给他们，他们也接受了，又确实知道我是从你出来的，并且相信是你派了我来。

9我为他们祈求；我不为世人祈求，却为你所赐给我的人祈求，因他们是你的。10凡是我的都是你的，你的也是我的，并且我因他们得了荣耀。11我不再在世上，他们却在世上；我往你那里去。圣父啊，求你凭你的名，就是你所赐给我的名，保守他们，使他们合而为一，像我们一样。12我与他们同在的时候，凭你的名，就是你所赐给我的名，保守了他们，护卫了他们；其中除了那个灭亡之子，没有一个灭亡，好使经上的话应验。

13现在我往你那里去，趁着还在世上说这些话，是要他们心里充满我的喜乐。14我已将你的道赐给他们。世界恨他们，因为他们不属世界，正如我不属世界一样。15我不求你带他们离开世界，只求你保守他们脱离那恶者。16他们不属世界，正如我不属世界一样。17求你用真理使他们成圣；你的道就是真理。18你怎样派我到世上，我也照样派他们到世上。19我为他们圣别自己，好使他们也因真理得以圣别。

耶稣为所有信祂的人祈祷

20我不但为这些人祈求，也为那些因他们的话信入我的人祈求，21使他们都合而为一，正如你父在我里面，我在你里面；愿他们也在我们里面，使世人可以信是你派了我来。22你所赐给我的荣耀，我已经赐给他们，使他们合而为一，像我们合而为一。23我在他们里面，你在我里面；愿他们完完全全合而为一，使世人知道是你派了我来，也知道你爱他们如同爱我一样。

24父啊，我在哪里，愿你所赐给我的人也同我在哪里，使他们看见你所赐给我的荣耀；因为创立世界以前，你已经爱我了。

25公义的父啊，世人未曾认识你，我却认识你；这些人也知道是你派了我来。26我已经使他们认识了你的名，并且还要使他们认识，好使你所爱我的爱在他们里面，我也在他们里面。

第十八章

耶稣被捕（太 26:47-56；可 14:43-50；路 22:47-53）

1耶稣说了这话，就同门徒出去，过了汲沦溪。那里有个园子，祂和门徒进去了。2出卖祂的犹大也知道那地方，因为祂和门徒曾多次在那里聚集。3犹大领着一队兵，以及祭司长和法利赛人的差役，拿着灯笼、火把、兵器来到了那里。

4耶稣知道将要临到自己的一切事，就出来问他们说：你们找谁？5他们回答说：找拿撒勒人耶稣。耶稣说：我是。出卖祂的犹大也同他们站在那里。6耶稣一说我是，他们就退后倒在地上。7祂又问他们说：你们找谁？他们说：找拿撒勒人耶稣。

8耶稣说：我已经告诉你们，我是。你们若找我，就让这些人走吧！9这是要应验耶稣说过的话：你所赐给我的人，我一个也没有失落。

10西门彼得带着一把刀，就拔出来，将大祭司的仆人砍了一刀，削掉了他的右耳；那仆人名叫马勒古。11耶稣对彼得说：收刀入鞘吧！我父所给我的那杯，我怎能不喝呢？

12那队兵、千夫长、和犹太人的差役就抓住耶稣，把祂捆绑起来，13先押到亚那面前，因为他是当年的大祭司该亚法的岳父。14这该亚法就是先前劝导犹太人，说一个人替百姓死是有益的那个人。

彼得第一次不认主（又见 18:25-27）

15西门彼得跟着耶稣，还有一个门徒跟着；那门徒是大祭司认识的，就同耶稣进了大祭司的院子。16彼得却站在门外。大祭司认识的那个门徒出来，和看门的使女说了一声，就把彼得带进去了。17那看门的使女对彼得说：你不也是这个人的门徒吗？他说：我不是！

18仆人和差役因为天冷，就生了炭火，站在那里烤火；彼得也同他们站着烤火。

大祭司盘问耶稣（参太 26:59-68、可 14:55-65、路 22:66-71）

19大祭司就以耶稣的门徒和祂的教训盘问祂。20耶稣回答说：我向来是公开地对世人讲话；我常在会堂和殿里，就是犹太人聚集的地方施教；我在暗地里并没有说什么。21你为什么问我呢？可以问那听见的人，我对他们说的是什么；我所说的事，他们都知道。

22耶稣说了这话，站在旁边的一个差役就打祂耳光，说：你这样回答大祭司吗？23耶稣说：我若说得不对，你可以指证哪里不对；若说得对，你为什么打我呢？

24亚那就把耶稣，仍被捆着，押到大祭司该亚法那里去。

彼得第二、第三次不认主（太 26:69-75；可 14:66-72；路 22:54-62）

25西门彼得正站着烤火，有人对他说：你不也是祂的门徒吗？彼得不承认，说：我不是！26有一个大祭司的仆人，是彼得削掉耳朵那人的亲属，说：我不是看见你同祂在园子里吗？27彼得又不承认，立刻鸡就叫了。

耶稣在彼拉多面前受审（太 27:11-14；可 15:1-5；路 23:1-5）

28众人将耶稣从该亚法那里押到总督府，那时是清早。他们自己没有进总督府，恐怕染了污秽，不能吃逾越节的晚餐。29彼拉多就出来见他们，问：你们控告这人什么事呢？30他们回答说：这人若不是作恶的，我们就不会把祂交给你。

31彼拉多说：你们自己把祂带去，按照你们的律法审判祂吧。犹太人说：我们没有处死人的权柄。32这是要应验耶稣所说、自己将要怎样死的话。

33彼拉多又进了总督府，把耶稣叫去，问祂说：你是犹太人的王吗？34耶稣回答说：这话是你自己说的，还是别人对你讲论我说的呢？35彼拉多说：难道我是犹太人吗？是你本国的人和祭司长把你交给我；你做了什么事呢？

36耶稣回答说：我的国不属于这世界。我的国若属于这世界，我的臣仆必要争战，使我不至于被交给犹太人；只是我的国不属于这世界。37彼拉多问祂说：那么，你是王吗？耶稣回答说：我是王，你说的是。我出生，我来到世间，就是为要给真理作见证。凡属真理的，都听我的话。

38彼拉多说：真理是什么呢？说了这话，又出来见犹太人，对他们说：我查不出祂有什么罪。39但你们有个惯例，在逾越节要我给你们释放一个人；你们要我给你们释放犹太人的王吗？40他们又喊着说：不要这人！要巴拉巴！这巴拉巴是个强盗。

第十九章

耶稣被判钉十字架（太 27:15-26；可 15:6-15；路 23:13-25）

1当下，彼拉多将耶稣鞭打了。2兵丁用荆棘编作冠冕，戴在祂头上，又给祂穿上紫色外袍，3然后挨近祂说：犹太人的王万岁！他们还打祂耳光。

4彼拉多又出来对众人说：看哪，我把祂带出来见你们，要使你们知道，我查不出祂有什么罪。

5耶稣出来，戴着荆棘冠冕，穿着紫色外袍。彼拉多对他们说：你们看这个人！6祭司长和差役看见祂，就喊着说：钉祂十字架！钉祂十字架！彼拉多说：你们自己把祂带去钉十字架吧。我查不出祂有什么罪。7犹太人回答说：我们有律法，按那律法祂是该死的，因祂自命为神的儿子。

8彼拉多听见这话，就更加害怕，9又进总督府，问耶稣说：你究竟是从哪里来的？耶稣却不回答。10彼拉多说：你不对我说话吗？难道你不知道我有权释放你，也有权把你钉十字架吗？

11耶稣回答说：若不是从上头赐给了你，你就无权办我；所以，把我交给你的那人罪更重了。12从此彼拉多想要释放耶稣，无奈犹太人喊着说：你若释放这个人，就不是凯撒的忠臣（原文是朋友）；凡自命为王的，就是背叛凯撒的。

13彼拉多听见这话，就带耶稣出来，在称为华石台，希伯来话叫作厄巴大的地方坐堂。14那天是逾越节的预备日，约在早晨六点；彼拉多对犹太人说：看哪，你们的王！15他们喊着说：除掉祂！除掉祂！钉祂十字架！彼拉多问：我可以把你们的王钉十字架吗？祭司长回答说：除了凯撒，我们没有王。16于是，彼拉多将耶稣交给他们去钉十字架。

耶稣被钉十字架（太 27:32-44；可 15:21-32；路 23:26-43）

17他们就把耶稣押走。耶稣背着自己的十字架出来，到了一个地方，名叫髑髅地，希伯来话叫各各他。18他们就在那里钉祂十字架；还有两个人和祂同钉，一边一个，祂在中间。19彼拉多又用牌子写了一个名号，安在十字架上，写的是：犹太人的王，拿撒勒人耶稣。

20有许多犹太人念这名号，因为耶稣被钉十字架的地方离城很近，这名号又是用希伯来文、罗马文、希腊文写的。21犹太人的祭司长就对彼拉多说：请不要写"犹太人的王"，要写

"这人自称是犹太人的王"。22彼拉多说：我所写的，已经写了。

23兵丁既将耶稣钉了十字架，就拿祂的外衣分为四份，每人一份；又拿祂的内衣，这内衣没有缝，是上下一片织成的。24他们就彼此说：我们不要撕破，只要拈阄，看谁得着。这是要应验经上的话：他们分了我的外衣，又为我的内衣拈阄。兵丁果然这样行了。

25站在耶稣十字架旁边的，有祂母亲、祂母亲的姊妹、革罗巴的妻子马利亚、和抹大拉的马利亚。26耶稣见祂母亲和祂所爱的那个门徒（就是写下本书的约翰）站在旁边，就对祂母亲说：母亲（原文是妇人），看哪，你的儿子！27又对那门徒说：看哪，你的母亲！从此，那门徒就把她接到自己家里去了。

耶稣死时的情形（太 27:45-56；可 15:33-41；路 23:44-49）

28这事以后，耶稣知道一切的事已经成就，为使经上的话应验，就说：我渴了。29有一个坛子装满了醋，放在那里；他们就拿海绵蘸满醋，绑在牛膝草上，送到祂的口边。30耶稣尝了那醋，就说：成了！便垂下头，交出了祂的灵。

31犹太人因这天是预备日，又因那安息日是个大日，就求彼拉多叫人打断他们的腿，把他们取下来，免得尸首在安息日留在十字架上。32于是兵丁前去，把与耶稣同钉的两个人的腿都打断了。33只是到了耶稣那里，见祂已经死了，就没有打断祂的腿。34但有一个兵丁拿枪刺祂的肋旁，立即有血和水流出来。

35看见这事的那人就作见证，他的见证都是真的；他知道自己所说的是真的，使你们也可以相信。36这些事发生，是要应验经上的话：祂的骨头一根也不可折断。37经上又有一处说：他们要仰望自己所刺的人。

耶稣的安葬（太 27:57-61；可 15:42-47；路 23:50-56）

38这些事以后，有亚利马太人约瑟来求彼拉多，要把耶稣的身体领去。他是耶稣的门徒，只因害怕犹太人，就在暗中作门徒。彼拉多准了，他就把耶稣的身体领去了。39先前夜里去见耶稣的尼哥德慕也来了，还带着没药和沉香调和的香料，约有一百斤。40他们按照犹太人殡葬的规矩，把耶稣的身体用细麻布加上香料裹好。41在耶稣钉十字架的地方有一个园子，园子里有一座新坟墓，是从来没有葬过人的。42因这天是犹太人的预备日，又因那坟墓近，他们就把耶稣安放在那里。

第二十章

耶稣复活（太 28:1-10；可 16:1-8；路 24:1-12）

1七天的第一天清早，天还黑的时候，抹大拉的马利亚来到坟墓那里，看见那大石头已经从坟墓口挪开了，2就跑去见西门彼得和耶稣所爱的那个门徒，对他们说：有人把主从坟墓里搬走了，我们不知道放在哪里。

3彼得和那门徒就出来，往坟墓那里去。4两个人都跑，那门徒比彼得跑得更快，先到了坟墓，5低头往里看，看见细麻布还放在那里，但他没有进去。

6西门彼得随后也到了，进坟墓里去，看见细麻布还放在那里，7又看见耶稣的裹头巾没有和细麻布放在一处，是另在一处卷着。8先到坟墓的那门徒也进去，看见后就信了马利亚的话。（9因为他们还不明白经上的话，就是耶稣必须从死里复活。）10于是两个门徒又回去了。

向抹大拉的马利亚显现（可 16:9-11）

11马利亚却站在坟墓外面哭；哭的时候，低头往坟墓里看，12就见两个天使，穿着白衣，在安放耶稣身体的地方坐着，一个在头，一个在脚。13天使问她说：妇人，你为什么哭？她说：有人把我的主搬走了，我不知道放在那里。14她说了这话，就转过身来，看见耶稣站在那里，却不知道那是耶稣。

15耶稣问她说：妇人，你为什么哭？你找谁？马利亚以为是看园的，就说：先生，若是你把祂搬去了，请告诉我你把祂放在哪里，我好去搬回来。16耶稣说：马利亚！她就转过身来，用希伯来话对祂说：拉波尼！（拉波尼意思是老师。）

17耶稣说：不要拉住我（或译：摸我），因为我还没有升上去见我的父。你到我的弟兄那里去，告诉他们说：我要升上去见我的父，也是你们的父，见我的神，也是你们的神。18抹大拉的马利亚就去告诉门徒说：我看见主了！她又将主对她说的这话告诉他们。

向众门徒显现（路 24:36-49；参太 28:16-20、可 16:14-18、徒 1:3-8）

19那一天（就是七天的第一天）傍晚，门徒所在的地方门都关了，因为害怕犹太人。耶稣来了，站在当中，对他们说：愿你们平安！20说了这话，就把手和肋旁指给他们看。门徒看见主，就都喜乐了。

21耶稣又对他们说：愿你们平安！父怎样派遣了我，我也照样派遣你们。22说了这话，就向他们吹一口气，说：你们领受圣灵！23你们赦免谁的罪，谁的罪就赦免了；你们留下谁的罪，谁的罪就留下了。

向多马显现

24十二门徒之一、又叫底土马的多马，耶稣来的时候没有和他们同在。25其他门徒就对他说：我们看见主了！多马却说：除非看见祂手上的钉痕，用指头探入那钉痕，又用手探入祂的肋旁，我总不信。

26过了八天，门徒又在屋里，多马也和他们同在，门都关了。耶稣来了，站在当中，说：愿你们平安！27然后对多马说：把你指头伸过来，摸摸（原文是看）我的手；伸出你的手来，探入我的肋旁。不要疑惑，只要相信。28多马说：我的主！我的神！29耶稣对他说：你因看见了我才信；那些没有看见就信的有福了！

写本书的目的

30耶稣还在门徒面前行了许多别的神迹，没有记在这书上。31但记下这些事，是要使你们信耶稣是基督，是神的儿子，并使你们因着信，可以因祂的名得生命。

第二十一章
在湖边向七个门徒显现

1这些事以后，耶稣又在提比哩亚湖边向门徒显现。祂显现的经过如下：2西门彼得、又叫底土马的多马、加利利的迦拿人拿但业、西庇太的两个儿子、和另外两个门徒都在一处。3西门彼得对他们说：我打鱼去。他们说：我们也和你同去。他们就出去，上了船；那一夜什么也没有打着。

4天将亮的时候，耶稣站在岸边，门徒却不知道那是耶稣。5耶稣问他们说：小子们，打着鱼没有？他们回答说：没有。6耶稣说：把网撒在船的右边，就必打着。他们便撒下网，竟不能拉上来，因为有很多鱼。

7耶稣所爱的那个门徒对彼得说：是主！那时西门彼得赤着身子，一听见是主，就束上外衣，跳进湖里。8其他门徒就撑着船过来，拉着那网鱼，因为离岸不远，只有约二百肘。

9他们上了岸，看见那里有炭火，上面有鱼又有饼。10耶稣对他们说：把刚才打的鱼拿几条来。11西门彼得就去，把网拉到岸上。那网满了大鱼，共一百五十三条；鱼虽这样多，网却没有破。

12耶稣说：你们来吃早饭吧！门徒中没有一个敢问祂：你是谁？因为知道是主。13耶稣就来拿饼和鱼给他们。14这是耶稣从死里复活以后，第三次向门徒显现。

耶稣三问彼得

15他们吃完早饭，耶稣问西门彼得说：约翰的儿子西门，你爱我比这些更深吗？彼得说：主啊，是的，你知道我爱你。耶稣说：你喂养我的小羊。

16耶稣第二次问他说：约翰的儿子西门，你爱我吗？彼得说：主啊，是的，你知道我爱你。耶稣说：你牧养我的羊。

17耶稣第三次问他说：约翰的儿子西门，你爱我吗？彼得因为耶稣第三次问他：你爱我吗？就很忧愁，对耶稣说：主啊，你是无所不知的；你知道我爱你。耶稣说：你喂养我的羊。

18我实实在在地告诉你，你年轻的时候，自己束上腰带，随意往来；但年老的时候，你要伸出手来，别人要捆绑你，把你带到你不愿意去的地方。19耶稣说这话，是指明彼得要以怎样的死来荣耀神。说了这话，就对他说：你跟从我吧！

耶稣所爱的那个门徒

20彼得转过身来，看见耶稣所爱的那个门徒跟着，就是在晚餐时靠着耶稣的胸膛问："主啊，要出卖你的是谁"的那个门徒。21彼得看见他，就问耶稣说：主啊，这人将来怎样？

22耶稣对他说：我若要他活到我再来，与你何干？你跟从我吧！23于是有话传在弟兄中间，说那门徒不死。其实耶稣不是说他不死，只是说：我若要他活到我再来，与你何干？24为这些事作见证，并且记载这些事的，就是这门徒；我们知道他的见证是真的。

25耶稣所行的，还有许多别的事，若是一一写出来，我想所写的书，就是世界也容纳不下。

使徒行传

第一章

嘱咐门徒等候圣灵

1提阿非罗啊，我在前书（指路加福音）中，讲述了耶稣从一开始，2直到祂借着圣灵吩咐了所拣选的使徒以后、被接升天的日子为止，所行所教导的一切事。3祂受害以后，用许多的确据将自己活活地显给使徒看，四十天之久向他们显现，讲说神国的事。

4耶稣和他们聚集的时候，嘱咐他们说：不要离开耶路撒冷，要等候父所应许的，就是你们听见我说过的：5约翰是用水施洗，但过不了几天，你们要受圣灵的洗。6聚集的人问耶稣说：主啊，你复兴以色列国就在这时候吗？

7耶稣对他们说：父凭着自己的权柄所定的时候、日期，不是你们可以知道的。8但圣灵降临在你们身上，你们就必得着能力，并且要在耶路撒冷、犹太全地、撒玛利亚、直到地极，作我的见证人。

耶稣被接升天（可 16:19-20；路 24:50-53）

9耶稣说了这话，就在他们眼前被接升天，有朵云彩把祂接去，离开了他们的视线。

10当祂渐渐离去，他们定睛望天的时候，忽然有两个人，身穿白衣，站在旁边，说：11加利利人哪，你们为何站着望天呢？这位被接升天离开你们的耶稣，你们见祂怎样往天上去，祂还要怎样来。

选出马提亚作使徒

12当下，门徒从橄榄山回耶路撒冷去。橄榄山离耶路撒冷不远，约有安息日可以走的路程。13他们进了城，就上到常去的一个楼上房间；在那里有彼得、约翰、雅各、安得烈、腓力、多马、巴多罗买、马太、亚勒腓的儿子雅各、激进党的西门、和雅各的儿子犹大。14他们同着几个妇女，和耶稣的母亲马利亚，并耶稣的弟兄，都同心合意地恒切祷告。

15那时，约有一百二十个人聚会，彼得就在弟兄中间站起来，说：16弟兄们！圣灵曾借大卫的口，预言领人捉拿耶稣的犹大，经上的话必须应验。17他本来列在我们当中，并在这职事上得了一份。18这人用他不义的报酬买了一块田，后来身体栽倒，肚腹崩裂，肠子都流出来。19住在耶路撒冷的众人都知道这事，所以他们用本地话称那块田为亚革大马，意思就是血田。20因为诗篇上写着说：愿他的住处变为荒场，无人住在其中。又说：愿别人得着他的职分。

21所以，必须从主耶稣在我们中间出入的整个期间，22就是从约翰施洗开始，到主被接升天离开我们为止，常常伴随我们的人中，选一位与我们同作耶稣复活的见证人。

23于是他们推举两个人，就是约瑟（也叫巴撒巴，又叫犹士都）和马提亚，24然后祷告说：主啊，你知道万人的心；求你指明这二人中，你拣选哪一个，25叫他得这使徒的职分。这职分犹大已经丢弃，往他自己的地方去了。26于是众人为他们摇签，摇出马提亚来；他就和十一个使徒同列。

第二章

五旬节赐下圣灵

1五旬节到了，门徒都聚集在一处。2忽然，从天上有响声下来，好像一阵暴风吹过，充满了他们所坐的整个屋子；3又有火焰般的舌头显现出来，分开落在他们各人头上。4他们就都被圣灵充满，按着圣灵所赐的口才，用别国的语言说起话来1。

5那时，有从天下各国来的虔诚犹太人，住在耶路撒冷。6这声音一响，众人都聚集过来，每个人都听见门徒用听众各自的本地话讲说，就困惑不解，7都惊讶希奇说：看哪，这说话的不都是加利利人吗？8我们各人怎么听见他们讲说我们生来所用的本地话呢？9我们帕提亚人、玛代人、以拦人，和住在美索不达米亚、犹太、加帕多家、本都、亚西亚、10弗吕家、旁非利亚、埃及的人，并靠近古利奈的利比亚地区的人，与寄居在罗马的犹太人和归信犹太教的人，11以及克里特人和阿拉伯人，都听见他们用我们各自的本地话，讲说神的大能作为。

12众人就都惊讶困惑，彼此说：这是什么意思呢？13还有人讥笑说：他们是喝酒喝醉了。

彼得在五旬节讲道

14彼得就和十一个使徒站起来，高声说：犹太人和一切住在耶路撒冷的人哪，这件事你们都当知道，请你们侧耳听我的话。15你们以为这些人是喝醉了，其实不是，因为现在才早上九点钟。16这正是先知约珥所说的：

17神说：在末后的日子，我要将我的灵浇灌各种的人（原文是一切属血肉的）。你们的儿女要说预言；你们的青年要见异象；你们的老人要做异梦。18在那些日子，我也要将我的灵浇灌我的仆人和使女，他们也要说预言。19在天上我要显出奇事，在地上我要显出神迹；有血，有火，有烟雾。20太阳要变为黑暗，月亮要变为血红；这都在主大而威赫的日子来到以前。21那时，凡求告主名的都必得救。

22以色列人哪，请听我的话：神已借着拿撒勒人耶稣，在你们中间施行异能、奇事、神迹，将祂证明出来，这是你们自己知道的。23祂既按着神的定旨和预知被交给人，你们就借不法之人的手，把祂钉在十字架上杀了。24神却使祂复活，解除死的痛苦，因为祂不可能被死拘禁。

25大卫指着祂说：我看见主常在我的面前；因祂在我右边，我就不至摇动。26所以我的心欢喜，我的舌快乐，我的肉身也要安居在盼望中。27因为你必不将我的魂2撇在阴间，也不让你的圣者经历朽坏（指肉身腐烂朽坏）。28你已将生命的道路指示我，必使我在你的面前有满足的喜乐。

29弟兄们！先祖大卫的事，我可以明确地对你们说：他死了，埋葬了，他的坟墓至今还在我们这里。30大卫既是先知，又晓得神曾向他起誓，要从他的后裔中立一位坐在他的宝座上，31就预先看明这事，讲论基督的复活，说祂不被撇在阴间，祂的肉身也不经历朽坏。

32这位耶稣，神已经使祂复活了，我们都是这件事的见证人。33祂既被高举到神的右边，又从父领受了所应许的圣灵，就把你们所看见所听见的浇灌下来。34大卫并没有升到天上，但他自己说：主对我的主说：你坐在我的右边，35等我使你的仇敌作你的脚凳。36故此，以色列全家当确实地知道，你们钉在十字架上的这位耶稣，神已经立祂为主和基督了。

37众人听了，觉得扎心，就对彼得和其余的使徒说：弟兄们，我们当做什么？38彼得说：你们各人要悔改，奉耶稣基督的名受洗，使你们的罪得赦免，就必领受所赐的圣灵。39因这应许是给你们和你们的儿女，并一切在远方的人，就是**主**我们神所召的人。

40彼得还用许多别的话作了见证，并劝勉他们说：你们当救自己脱离这弯曲的世代。41于是，接受他话的人都受了洗；那一天，门徒增添了约三千人。

信徒的团契生活

42他们全力投入使徒的教训、团契、擘饼、祈祷。43众人都起了敬畏；使徒们又行了许多奇事神迹。44信的人都在一处，凡物公用；45并且卖了田产、家业，照各人所需的分给各人。46他们同心合意，天天恒切在殿里聚会，挨家挨户擘饼，存着欢喜诚实的心用饭，47又常常赞美神，得众民的喜爱。主将得救的人天天加给他们。

注：¹ 这是一次多人同时说方言；见可16 章注 1。² 魂：见太 10 章注 1。

第三章
彼得医好瘸腿的人

1下午三点祷告的时候，彼得、约翰上圣殿去。2有个生来瘸腿的人，天天被人抬来，放在圣殿的美门门口，乞求进殿的人施舍。3他见彼得、约翰将要进殿，就求他们施舍。4彼得、约翰定睛看他；彼得说：看着我们！5那人就留意看他们，指望得点什么。

6彼得说：金银我都没有，只把我所有的给你：我奉拿撒勒人耶稣基督的名，叫你起来行走！7于是拉着他的右手，扶他起来；他的脚和踝骨立刻健壮了，8就跳起来，站着，又行走，同他们进了殿，走着跳着赞美神。9众百姓看见他一边走一边赞美神，10认得他就是那常坐在圣殿的美门门口乞求施舍的，就因发生在他身上的事满心希奇，惊讶不已。

彼得在所罗门廊下讲道

11那人在所罗门廊下拉着彼得和约翰的时候，众百姓都希奇，一齐跑到他们那里。12彼得看见了，就对百姓说：

以色列人哪，为什么因这事希奇呢？为什么定睛看着我们，好像我们是凭自己的能力或虔诚，使这人行走呢？13亚伯拉罕、以撒、雅各的神，就是我们列祖的神，已经荣耀祂的仆人耶稣。你们曾把耶稣交给彼拉多，彼拉多决定要释放祂，你们竟在彼拉多面前弃绝了祂。

14你们弃绝了那圣洁公义者，反而要求释放一个凶手给你们。15你们杀害了那生命的创始者，神却使祂从死里复活了；我们都是这件事的见证人。16我们因信祂的名，祂的名就使你们所看见所认识的这人健壮了；正是从祂而来的信心，使你们众人面前的这人完全好了。

17弟兄们，我晓得你们做这事是出于无知，你们的官长也是如此。18但神借着众先知的口，预言祂的基督将要受害的事，就这样应验了。19所以，你们当悔改归正，使你们的罪得以涂抹，20这样，那安舒的日子就必从**主**面前来到；**主**也必将耶稣，就是为你们所预定的基督派来。21天必须接待祂，直到万物复兴的时候，就是神在很久以前，借着圣先知的口所说的。22摩西也曾经说：**主**你们神要从你们弟兄中间，给你们兴起一位像我的先知；凡祂向你们所说的，你们都要听从。23凡不听从那先知的，要从民中全然灭绝。

24从撒母耳以来的众先知，凡说预言的，也都说到这些日子。25你们是先知的子孙，并且承受神与你们祖先所立的约。神曾对亚伯拉罕说：地上万族都要因你那个后裔得福。26当神兴起祂的仆人，就派遣祂先到你们这里来，赐福给你们，叫你们各人回转，离开罪恶。

第四章

彼得、约翰在议会受审

1二使徒对百姓说话的时候，祭司、守殿官和撒都该人忽然来了。2他们因二使徒教导百姓，本着耶稣宣扬死人复活，就很恼怒，3于是下手抓住他们；因为天已经晚了，就把他们关押到第二天。4但听道的人有许多信了，男人的数目约有五千。

5第二天，官长、长老、和经学家都聚集在耶路撒冷，6大祭司亚那、该亚法、约翰、亚历山大、和大祭司的所有亲族也在那里。7他们叫二使徒站在当中，查问说：你们是凭什么能力、奉谁的名做这事呢？

8那时，彼得被圣灵充满，对他们说：百姓的官长和长老啊！9若是因在一个病人身上所行的善事，我们今天受审，问这人是怎么得了痊愈，10你们众人和以色列的众百姓都当知道，站在你们面前的这个人得痊愈，是因你们所钉十字架、神从死里所复活的拿撒勒人耶稣基督的名。11祂是你们匠人所弃的石头，成了房角的头块石头。12除祂以外，别无拯救，因为在天下人间，没有赐下别的名，我们可以靠着得救。

13他们看见彼得和约翰的胆量，又看出他们原是没有学问的平民，甚觉希奇，就认出他们是跟过耶稣的；14又看见那得了医治的人和他们一同站着，就无话反驳；15于是吩咐他们到议会外面去，然后彼此商议说：16我们应当怎样处置这二人呢？他们确实行了一件明显的神迹，住在耶路撒冷的人全都知道，我们无法否认。17为避免这件事在民间更加传开，我们必须威吓他们，不准他们再奉这名对任何人讲论。

18于是他们叫二人来，严令他们不得再奉耶稣的名讲论施教。19但彼得和约翰说：听从你们不听从神，这在神面前对不对，你们自己判断吧！20我们所看见所听见的，不能不说。21官长想不出办法刑罚他们，因为百姓都为所发生的奇事荣耀神，只好又威吓一番，把他们释放了。22原来借这神迹得了医治的那人有四十多岁了。

信徒同心祈祷

23二人获释以后，就到自己的人那里去，把祭司长和长老所说的话都告诉他们。24他们听见了，就同心合意地高声向神说：主啊！你是创造天、地、海、和其中万物的。25你曾借着圣灵，托你仆人我们先祖大卫的口说：列邦为何发怒争闹？列民为何空谋妄想？26世上的君王都起来，臣宰也都聚在一起，要敌挡**主**，和祂的受膏者。

27希律和本丢彼拉多，同外邦人和以色列民，果然在这城里聚集，敌挡你所膏的圣仆耶稣，28要做你手和你旨意所预定必有的事。29主啊，他们威吓我们，现在求你鉴察，并使你的仆人大放胆量，传讲你的道；30同时求你伸手医治疾病，也使神迹奇事借你圣仆耶稣的名行出来。

31祷告完了，聚会的地方震动，他们就都被圣灵充满，放胆传讲神的道。

信徒凡物公用

32众信徒都是一心一意，没有一个人说他的财物有哪样是自己的，一切都是大家公用。33使徒大有能力，见证主耶稣的复活，众人都蒙大恩。34他们中间没有一个有缺乏的，因为凡有田产房屋的都卖了，把所卖得的钱拿来，35放在使徒脚前，照各人所需的分给各人。

36有一个利未人，生于居比路（即塞浦路斯），名叫约瑟，使徒称他为巴拿巴（意思是劝慰者）。37他有田地，也卖了，把钱拿来，放在使徒脚前。

第五章

欺骗圣灵的人暴死

1有一个人，名叫亚拿尼亚，同他妻子撒非喇卖了田产，2把钱留下一些，只把一部分拿来放在使徒脚前，他妻子也知道。3彼得说：亚拿尼亚！为什么撒但充满了你的心，使你欺骗圣灵，把卖地的钱留下一些呢？4地没有卖时，不是你自己的吗？地卖了以后，钱不是你作主吗？你为什么起意做这事呢？你不是欺骗人，而是欺骗神！

5亚拿尼亚听见这话，就仆倒，断了气；听见的人都大大惧怕。6有几个青年人来，将他包裹，抬出去埋葬了。

7大约过了三小时，他的妻子进来，还不知道所发生的事。8彼得问她说：你告诉我，你们卖地的钱就是这些吗？她说：是的，就是这些。9彼得说：你们为什么同心试探主的灵呢？看哪，埋葬你丈夫之人的脚已到门口，他们也要把你抬出去！10她立刻仆倒在彼得脚前，断了气。那几个青年人进来，见她已经死了，就抬出去，埋在她的丈夫旁边。11全教会和听见这事的人都大大惧怕。

主借使徒施行神迹奇事

12主借使徒的手，在百姓中行了许多神迹奇事；信徒都同心合意，聚集在所罗门廊下。13其余的人没有一个敢挨近他们，百姓却尊重他们。14信主的人更加增添，男的女的都有很多。15甚至有人将病人抬到街上，放在床上或褥子上，指望彼得走过的时候，他的影子可以落在一些人的身上。16还有许多人带着病人和被污鬼缠磨的，从耶路撒冷四围的城邑来，全都得了医治。

使徒遭受逼迫

17大祭司和他的所有同伙，就是撒都该教派的人，都满心忌恨，18就下手抓住使徒，关进公共监牢。19但主的使者夜间开了牢门，把他们领出来，说：20你们去站在殿里，把这生命的道都讲给百姓听。使徒听了这话，清早就进殿里施教。

21大祭司和他的同伙来了，叫齐议会的人和以色列人的众长老，然后派人去监牢，要把使徒提出来。22差役到了监牢，却找不到他们，就回来报告说：23我们看见监牢紧锁，守卫也都站在门外；等到开了牢门，里面却一个人也找不到。24守殿官和祭司长听见这话，都很困惑，不知这事将会怎样。

25有一个人来报告说：你们因在牢里的人，现正站在殿里教导百姓。26于是守殿官同差役去带使徒来，但没有用暴力，因为害怕百姓用石头打他们。27带来以后，便叫使徒站在议会前；大祭司问他们说：28我们不是严令你们，不得再奉这名施教吗？你们倒把你们的教训充满了耶路撒冷，还想要使这人的血归到我们身上！

29彼得和众使徒回答说：顺从神不顺从人，是应当的。30你们挂在木头上杀害的耶稣，我们列祖的神已经使祂复活了。31神已将祂高举到自己的右边，叫祂作君王，作救主，将悔改以得赦罪之恩赐给以色列人。32我们都是这些事的见证人；神所赐给顺从之人的圣灵也为这些事作见证。

33议会的人听见，就极其恼怒，想要杀他们。34但有一个法利赛人，名叫迦玛列，是众百姓所敬重的律法教师；他在议会中站起来，吩咐人把使徒暂时带到外面去，35然后对众人说：

以色列人哪，对这些人怎样处置，你们应当谨慎。36从前丢大起来，自称是大人物，附从他的人约有四百；他一被杀，附从他的全都散去，归于无有。37此后，在户口登记的日子，又有加利利人犹大起来，引诱一些百姓跟从他；他一灭亡，附从他的也都四散。38现在我劝你们不要管这些人，任凭他们吧！他们所谋所行的，若是出于人，必然要失败；39若是出于神，你们就无法阻止他们，恐怕你们倒是攻击神了。

40议会的人听了他的劝告，便叫使徒来，鞭打了一顿，又严令他们不得再奉耶稣的名讲论，就把他们释放了。41他们离开议会，欢欢喜喜，因被算是配得为主的名受羞辱。42他们就天天在殿里，又挨家挨户，不住地教导人，传耶稣是基督。

第六章

选出七位执事

1在那些日子，门徒不断增多，有说希腊话的犹太人，向说希伯来话的犹太人发怨言，因为在每天的供给上忽略了他们的寡妇。2十二使徒就叫众门徒来，说：我们撇下神的道去管理饭食，实不合宜。3所以弟兄们，当从你们中间选出七个有好名声、满有圣灵和智慧的人，我们就派他们负责这事。4但我们要全力投入祷告和传道。

5全会众都喜悦这话，就选出司提反，一个满有信心和圣灵的人，和腓利、伯罗哥罗、尼迦挪、提门、巴米拿、以及归信犹太教的安提阿人尼哥拉，6叫他们站在使徒面前；使徒祷告以后，就为他们按手。

7神的道日益兴旺；耶路撒冷门徒人数大大增加，许多祭司也信从了这道。

司提反被捕

8司提反满得恩典和能力，在百姓中行了大奇事和神迹。9当时有些称为自由人会堂的人，其中有古利奈人、亚历山太人，和从基利家、亚西亚来的人，起来和司提反辩论。10司提反凭智慧和圣灵讲论，他们敌挡不住。

11于是他们挑唆人说：我们听见他说谤渎摩西和神的话。12他们又煽动百姓、长老和经学家，就忽然来抓住他，把他带到议会去，13捏造伪证说：这人不住地说攻击这圣地和律法的话。14我们曾听见他说：那个拿撒勒人耶稣要毁坏此地，还要改变摩西传给我们的规条。

15坐在议会里的人都定睛看他，见他的面貌好像天使的面貌。

第七章

司提反的申诉

1大祭司就问：果真有这些事吗？

2司提反说：诸位父老兄弟请听！我们祖宗亚伯拉罕还在美索不达米亚、尚未住在哈兰的时候，荣耀的神向他显现，3对他说：你要离开本地、本族，往我所要指示你的地去。4他就离开迦勒底人之地，去住在哈兰。他父亲死了以后，神使他从那里迁到你们现在所住之地。

5在这里，神并没有给他产业，连立足之地也没有给他；但神应许要将这地赐给他和他的后裔为业，尽管那时他还没有儿子。6神这样说：你的后裔必在别国的地寄居，被奴役、受苦待四百年。7神又说：但奴役他们的那国，我要惩罚；然后他们要出来，在这地方事奉我。8神又赐他割礼的约。后来他生了以撒，就在第八天给以撒行了割礼。以撒生雅各，雅各生十二位先祖。

9先祖嫉妒约瑟，把他卖到埃及；神却与他同在，10救他脱离一切苦难，又在埃及王法老面前，赐给他恩典和智慧；法老就立他为宰相，管理埃及和法老的全家。

11后来，埃及和迦南全地遭遇饥荒，大受艰难，我们的先祖也绝了粮。12雅各听见埃及有粮，就派我们的先祖去，这是第一次。13第二次，约瑟就与弟兄相认，他的亲族也被法老知道了。14约瑟就派弟兄去，请他父亲雅各和所有的亲族都来，总共七十五人。15于是雅各下到了埃及；后来他和我

们的先祖都死在那里。16他们的遗体被带到示剑，葬在亚伯拉罕在示剑用银子从哈抹子孙买来的坟地里。

17神向亚伯拉罕所应许的日期快要到的时候，以色列民在埃及繁增众多，18有一个不知道约瑟的新王兴起，治理埃及。19他用诡计待我们的宗族，苦害我们的祖先，强迫他们丢弃婴孩，不让婴孩存活。

20那时，摩西出生，俊美非凡，在他父亲家里抚养了三个月。21他被丢弃的时候，法老的女儿将他捡去，养为自己的儿子。22摩西学了埃及人的一切学问，说话行事都有才能。

23摩西四十岁时，心中起意去看望他的同胞以色列人，24看见他们有一个人被欺负，就护卫他，为他报仇，打死了那埃及人。25他以为同胞们能明白：神在借他搭救他们；他们却不明白。26第二天，有两个以色列人争斗，他就出面想劝他们和睦，说：你们二位是弟兄，为什么彼此伤害呢？

27但那欺负人的把他推开，说：谁立你作我们的首领和审判官呢？28难道你要杀我，像昨天杀那埃及人吗？29摩西听见这话就逃走，到米甸地寄居，在那里生了两个儿子。

30过了四十年，在西奈山的旷野，有位使者从荆棘里火焰中向他显现。31他看见那异象，甚觉希奇，就上前去观看，有主的声音说：32我是你列祖的神，就是亚伯拉罕、以撒、雅各的神。摩西战战兢兢，不敢观看。

33主又对他说：把你脚上的鞋脱下来，因为你所站的地方是圣地。34我的百姓在埃及所受的困苦，我实在看见了；他们悲叹的声音，我也听见了；

我下来就是要救他们。你来！我要派你到埃及去。

35这摩西，就是他们曾弃绝说：谁立你作我们的首领和审判官的；神却借那在荆棘中向他显现的使者，派他作首领，作救赎者。36他将百姓领出来，在埃及，在红海，在旷野，四十年间施行奇事神迹。37那曾对以色列人说：神要从你们弟兄中间，给你们兴起一位像我的先知的，就是这位摩西。38他曾在旷野的大会中，与那位在西奈山上对他说话的使者同在，又与我们的祖先同在，并且领受了活的圣言，传给我们。

39我们的祖先不肯听从他，反而弃绝他，心里转向埃及，40对亚伦说：你为我们制造神像，可以在我们前面引路，因为领我们出埃及的那个摩西，我们不知道他遭了什么事。

41那时，他们造了一个牛犊，又拿祭物献给那像，并因自己手所造的狂欢。42神就转脸不顾，任凭他们事奉天象，正如先知书上所写的：以色列家啊，你们在旷野四十年，难道是将祭牲和供物献给我吗？43你们抬着摩洛的帐幕和你们神的星理番，就是你们造来敬拜的偶像。所以我要把你们掳到巴比伦以外。

44我们的祖先在旷野有见证的帐幕（见出16章注1），是神吩咐摩西照着所看见的样式做的。45这帐幕，我们的祖先相继传承。当神在他们面前赶走外邦人以后，他们就同约书亚把帐幕搬进承受为业之地，直到大卫的日子。46大卫在神面前蒙恩，祈求为雅各的神预备居所；47所罗门就为神建成了殿。48其实，至高者并不住人手所造的殿，就如先知所言：49主说：天是我的座位，地是我的脚凳；你们要为我造怎样的殿宇呢？哪里是我安息的地方呢？50这一切不都是我手所造的吗？

51你们这些硬着颈项、心与耳都未受割礼的人，常常抗拒圣灵！你们祖先怎样，你们也是怎样！52有哪一个先知你们祖先没有逼迫呢？他们还把那些预言那位义者要来的人杀了；如今你们又把那位义者出卖了，杀害了。53你们领受了天使所传的律法，竟不遵守！

司提反被石头打死

54众人听见这话，心里极其恼怒，向司提反咬牙切齿。55但司提反被圣灵充满，定睛望天，看见神的荣耀，又看见耶稣站在神的右边，56就说：看哪！我看见天开了，人子站在神的右边。

57众人大声喊叫，捂着耳朵，一齐向他冲去，58把他推到城外，就用石头打他。作证的人都脱掉衣服，放在一个名叫扫罗（又名保罗）的青年脚前。

59他们正用石头打的时候，司提反呼求说：主耶稣啊，求你接收我的灵！60然后跪下来，大声喊着说：主啊，不要将这罪归与他们！说了这话，他就睡了。

扫罗也很赞同将他处死。

第八章

扫罗残害教会

1从这天起，耶路撒冷的教会大遭逼迫，除了使徒以外，门徒都分散到犹太和撒玛利亚各地。2有些虔诚的人把司提反埋葬了，为他大大悲哀。3扫罗却残害教会，挨家挨户进去，无论男女都拉去关进监牢。

福音传到撒玛利亚

4那些分散的人，就在所到之处传道。5腓利下到撒玛利亚城，向人传扬基督。6众人听了道，又看见腓利所行的神迹，就同心合意地听从他的话。7因为有许多人被污鬼附着，那些鬼大声喊叫，就从他们身上出来了；还有许多瘫痪的、瘸腿的，也都得了医治。8在那城里，就大有欢乐。

9有一个人，名叫西门，自称是大人物，向来在那城里行邪术，使撒玛利亚的百姓惊奇。10众人无论大小都听从他，说：这人就是神的能力，称为大能者。11他们听从他，因他长期使用邪术使他们惊奇。12等到他们信了腓利所传神国的福音和耶稣基督的名，连男带女就受了洗。13西门自己也信了，受洗以后就常跟着腓利，看见他所行的神迹和大异能，就甚惊奇。

14使徒在耶路撒冷听见撒玛利亚人接受了神的道，就派彼得、约翰到他们那里去。15二人到了，就为他们祷告，好使他们领受圣灵；16因为圣灵尚未降在他们任何人的身上，他们只是奉主耶稣的名受了洗。17于是二人为他们按手，他们就领受了圣灵。

18西门看见使徒一按手，便有圣灵赐下来，就拿钱给使徒，19说：请把这权柄也给我，叫我为谁按手，谁就领受圣灵。20彼得说：你的银子和你一同灭亡吧！因你以为神的恩赐是可以用钱买到的。21你在这件事上无份无关，因为在神面前你的心不正。22你当悔改离弃这恶，并祈求主，或许你心里的意念可得赦免。23我看出你正在苦胆之中，被罪恶捆绑。24西门说：请你们为我祈求主，使你们所说的没有一样临到我。

25二人作了见证，讲了主的道，就回耶路撒冷去，一路上在撒玛利亚好些村庄传扬福音。

埃塞俄比亚的太监信主

26有位主的使者对腓利说：起来，向南走，往那条从耶路撒冷下迦萨的路上去。（那条路在旷野。）27腓利就起身去了。有个埃塞俄比亚的太监，是埃塞俄比亚女王甘大姬的大臣，总管银库。他来耶路撒冷敬拜，28现在回去，坐在车上念先知以赛亚的书。

29圣灵对腓利说：你上前去，挨近那车！30腓利就跑上去，听见他念先知以赛亚的书，就问他说：你所念的，你明白吗？31他说：没有人指教我，我怎能明白呢？于是请腓利上车，与他同坐。

32他所念的那段经文是：祂像绵羊被人牵到宰杀之地，又像羊羔在剪毛的人手下无声，祂就是这样不开口。33祂处境卑微，被剥夺公理；谁能述说祂的世代呢？因为祂的生命从地上被夺走。

34太监对腓利说：请问，先知说这话是指着谁？是指着自己，还是指着别人？35腓利就开口，从这经文起，向他传讲耶稣。

36二人一路前行，到了有水之处，太监说：看哪，这里有水，我受洗有什么不可呢？（有古卷有37节：腓利说：你若全心相信，就可以。他回答说：我信耶稣基督是神的儿子。）38于是太监吩咐停车，腓利和太监都下到水里，腓利就给他施洗。

39他们从水里上来，主的灵就把腓利提去了；太监再也看不见他，就欢欢喜喜地继续行路。40后来有人在亚锁都遇见腓利。他走遍各城，传扬福音，直到凯撒利亚。

第九章

扫罗悔改信主（参徒 22:6-16、26:12-18）

1 扫罗仍向主的门徒口吐威吓凶杀的话。他去见大祭司，2 请求他发公函给大马色（即大马士革）的各会堂，若是找到信奉这道的人，无论男女，都可捆绑带到耶路撒冷。

3 扫罗就去了，将到大马色，忽然有光从天上来，四面照着他。4 他就仆倒在地，听见有声音对他说：扫罗！扫罗！你为什么逼迫我？5 他问：主啊，你是谁？主说：我就是你所逼迫的耶稣。6 起来，进城去；你所当做的事，必有人告诉你。

7 同行的人听见声音，却看不见人，就站在那里，说不出话来。8 扫罗从地上起来，睁开眼睛，却什么也看不见。人就牵着他的手，领他进了大马色。9 一连三天，他不能看见，不吃也不喝。

10 在大马色有个门徒，名叫亚拿尼亚。主在异象中对他说：亚拿尼亚！他说：主啊，我在这里。11 主对他说：起来，到直街上犹大家里，去找一个大数人，名叫扫罗；他正在祷告，12 在异象中看见一个人，名叫亚拿尼亚，进来给他按手，使他又能看见。

13 亚拿尼亚回答说：主啊，我听见许多人说到这人，他在耶路撒冷向你的圣徒做了许多恶事，14 并且他在这里有从祭司长得来的权柄，要捆绑一切求告你名的人。15 主对他说：你只管去！他是我所拣选的器皿，要在外邦人、君王、和以色列人面前宣扬我的名。16 我也要指示他，为我的名他必须受许多苦难。

17 亚拿尼亚就去了，进入那家，为扫罗按手，说：扫罗弟兄，在你来的路上向你显现的主，就是耶稣，派遣我来，使你又能看见，且被圣灵充满。18 扫罗的眼睛上，立刻有像鳞片的东西掉下来，他就又能看见了，于是起来受了洗；19 吃过饭，就又有了力气。

扫罗在大马色传道

扫罗和大马色的门徒同住了几天，20 随即在各会堂传扬耶稣，说祂是神的儿子。21 凡听见的人都惊奇，说：在耶路撒冷残害求告这名的，不就是这人吗？他到这里来，不就是要捆绑他们，押到祭司长那里去吗？22 但扫罗越来越有能力，驳倒住在大马色的犹太人，证明耶稣就是基督。

扫罗逃脱犹太人的谋害

23 过了好些日子，犹太人商定要杀扫罗，24 但他们的计谋被扫罗知道了。他们又昼夜在城门口守候，要杀害他。25 他的门徒就在夜间，用筐子把他从城墙上缒下去。

扫罗在耶路撒冷

26 扫罗到了耶路撒冷，想与门徒交往，他们却都怕他，不信他是门徒。27 只有巴拿巴接待他，带他去见使徒，把他在路上怎样看见主，主怎样向他说话，和他在大马色怎样奉耶稣的名放胆传道，都述说给他们听。28 于是，扫罗在耶路撒冷和门徒出入来往，奉主的名放胆传道，29 并与说希腊话的犹太人讲论辩驳；他们却图谋杀他。30 弟兄们知道了，就带他下到凯撒利亚，送他到大数去。

31 那时，犹太、加利利、撒玛利亚各处的教会得平安，被建立；信徒都敬畏主，蒙圣灵的安慰，人数继续增加。

彼得医好躺卧八年的瘫子

32 彼得周游各地，下到了居住在吕大的圣徒那里，33 遇见一个人，名叫以尼雅，得了瘫痪病，在褥子上躺卧了八年。34 彼得对他说：以尼雅，耶稣基督医好你了！起来，收拾你的褥子。他就立刻起来了。35 住在吕大和沙仑的人都看见了他，就转向了主。

彼得使死去了的门徒复活

36 在约帕有一个女门徒，名叫大比莎，希腊话叫多加；她广行善事，多施周济。37 那时，她患病而死，人把她洗了，停放在楼上。

38 吕大靠近约帕；门徒听见彼得在那里，就派两个人去，恳求他说：请到我们那里去，不要耽延！39 彼得就起身和他们同去；到了以后，人就领他上楼。众寡妇都站在他旁边哭，又把多加与她们同在时所做的内衣外衣拿给他看。

40 彼得叫她们都出去，就跪下来祷告，然后转身对着死人说：大比莎，起来！她就睁开眼睛，看见彼得，便坐起来。41 彼得伸手扶她起来，叫圣徒和寡妇都进去，把多加活活地交给他们。

42 这事传遍了约帕，就有许多人信主。43 此后，彼得在约帕一个皮革匠西门的家里住了许多日子。

第十章

虔诚的哥尼流蒙神指示

1 在凯撒利亚有一个人，名叫哥尼流，是意大利营的百夫长。2 他是个虔诚人，他和全家都敬畏神，多多周济百姓，常常向神祷告。3 一天下午大约三点钟，他在异象中，清楚看见神的使者来到他那里，说：哥尼流！

4 哥尼流定睛看他，惊怕地问：主啊，什么事？天使说：你的祷告和你的周济已达到神面前，蒙祂记念了。5 现在你当派人到约帕去，请那又叫彼得的西门来，6 他住在一个皮革匠西门的家里，那房子在海边。

7 向他说话的天使走了以后，他就叫来两个仆人和常伺候他的一个虔诚兵，8 把这些事都述说给他们听，就派他们到约帕去。

彼得看见异象（参徒 11:5-14）

9 第二天大约正午，他们行路快到那城的时候，彼得上房顶去祷告，10 觉得饿了，想要吃饭；那家的人预备饭的时候，彼得魂游象外，11 看见天开了，有一物降下，像一块大布，系着四角缒到地上，12 里面有地上各种四足的走兽和爬物，并天空的飞鸟；13 又有声音向他说：彼得，起来，宰了吃！14 彼得却说：主啊，万万不可！俗物和不洁之物，我从来没有吃过。15 第二次又有声音向他说：神所洁净的，你不可当作俗物。16 这样一连三次，那物随即收回天上去了。

17 彼得心里正在困惑不解，不知所看见的异象是什么意思，哥尼流所派来的人寻访到了西门的家，站在门外，18 喊着问：那又叫彼得的西门住在这里吗？19 彼得还在思想那个异象，圣灵对他说：有三个人来找你。20 起来，下去，和他们同去，不要疑惑，因为是我派他们来的。

21 于是彼得下去见那些人，说：我就是你们所找的人。你们来是为什么缘故呢？22 他们说：百夫长哥尼流是个义人，敬畏神，受到犹太全族人的称赞。他蒙一位圣天使指示，请你到他家里去，要听你的话。

23彼得就请他们进去住宿。次日，他就起身和他们同去，还有约帕的几个弟兄同着他去。24又次日，他们进入凯撒利亚；哥尼流已经请了他的亲属密友等候他们。25彼得一到，哥尼流就迎接他，俯伏在他脚前拜他。26但彼得拉他起来，说：起来，我也不过是人。

27彼得和他说着话进去，见有好些人聚集在那里，28就对他们说：你们知道，犹太人和别国的人亲近来往，本是不合法的；但神已经指示我，不可把任何人看作俗的或不洁净的，29所以我一被请，就不推辞而来。现在请问，你们请我来有什么事呢？

30哥尼流说：四天前的这个时候，我在家中守着下午三点钟的祷告，忽然有个身穿明亮衣服的人，站在我面前，31说：哥尼流，你的祷告已蒙垂听，你的周济在神面前已蒙记念。32你当派人到约帕去，请那又叫彼得的西门来；他住在海边一个皮革匠西门的家里。33于是我立即派人去请你。你来了就好；现今我们都在神面前，要听主所吩咐你的一切话。

彼得将福音传给外邦人

34彼得就开口说：我实在看出，神不偏待人。35无论哪一国，敬畏祂、行公义的人，都为祂所悦纳。36神借耶稣基督（祂是万有的主）传和平的福音，将道传给以色列人。37你们知道约翰传讲洗礼以后，从加利利开始，在犹太全地所发生的事，38就是神怎样以圣灵和能力膏拿撒勒人耶稣，祂又怎样周游四方行善事，医好凡被魔鬼压制的人，因为神与祂同在。

39耶稣在犹太人之地和耶路撒冷所行的一切事，我们都是见证人。他们竟然把祂挂在木头上杀害了。40神却在第三天使祂复活，并且让祂向人显现；41不是向所有人，而是向神预先所拣选的见证人，就是我们这些在祂从死里复活以后、和祂同吃同喝的人。42祂吩咐我们传道给众人，证明祂是神所立定、要审判活人和死人的那一位。43众先知也为祂作见证说：信入祂的人，都必因祂的名得蒙赦罪。

外邦人领受圣灵

44彼得还在说这些话，圣灵就降临在所有听道的人身上。45那些和彼得同来、受过割礼的信徒，见圣灵的恩赐也浇灌在外邦人身上，就都希奇；46因为听见他们说方言，又尊神为大。47于是彼得说：这些人既然领受了圣灵，和我们一样，谁能禁止用水给他们施洗呢？48就吩咐奉耶稣基督的名给他们施洗。然后他们请彼得住了几天。

第十一章
彼得向耶路撒冷教会报告

1使徒和在犹太的众弟兄，听说外邦人也接受了神的道。2等到彼得上到耶路撒冷，那些强调割礼的门徒就指责他说：3你进了未受割礼之人的家，还和他们一同吃饭！

4于是彼得按着次序给他们解释，说：5我在约帕城里祷告的时候，魂游象外，看见异象，有一物降下，像一块大布，系着四角从天缒下，直落到我跟前，6我定睛观看，见里面有地上四足的牲畜、野兽和爬物，并天空的飞鸟。7我又听见有声音向我说：彼得，起来，宰了吃！8我说：主啊，万万不可！俗物和不洁之物，从来没有入过我的口。9第二次又有声音从天上说：神所洁净的，你不可当作俗物。10这样一连三次，就都收回天上去了。

11就在那时，有三个人站在我所住的房屋门前，是从凯撒利亚派来找我的。12圣灵吩咐我和他们同去，不要疑惑。同着我去的，还有这六位弟兄；我们都进了那人的家。13那人就告诉我们，他如何看见天使站在他的屋里，说：你当派人到约帕去，请那又叫彼得的西门来；14他有话告诉你，可以使你和你的全家得救。

15我一开始讲话，圣灵就降临在他们身上，正像当初降在我们身上一样。16我就想起主所说的话："约翰是用水施洗，但你们要受圣灵的洗。"17神既然赐给他们恩赐，像在我们信主耶稣基督的时候赐给我们的一样，我是谁，哪能拦阻神呢？

18大家听了这些话，就不再言语，只荣耀神说：这样看来，神也赐外邦人悔改得生命了。

安提阿的教会

19那些因司提反事件遭逼迫而四散的门徒，一直走到腓尼基、居比路、安提阿；他们只向犹太人传道。20但其中有几个居比路人和古利奈人，他们到了安提阿，也向希腊人传讲主耶稣。21主的手与他们同在，有许多人信而归主。

22这事传到耶路撒冷教会人的耳中，他们就派巴拿巴到安提阿去。23他到了那里，看见神所赐的恩典，就甚欢喜，劝勉众人立定心志，恒久靠主。24这巴拿巴是个好人，满有圣灵和信心；于是有许多人归服了主。25他又

到大数去找扫罗；26找着了，就带他到安提阿。整整一年，他们同在教会聚会，教导了许多人。门徒称为基督徒，就是始于安提阿。

27在那些日子，有几位先知从耶路撒冷下到安提阿。28其中一位名叫亚迦布的站起来，借着圣灵指明天下将有严重饥荒。（这事后来发生在革老丢年间。）29于是门徒决定，各人照自己的力量捐钱，送去供给住在犹太的弟兄。30他们就这样行，托巴拿巴和扫罗把捐款送到众长老那里。

第十二章

雅各被杀，彼得被囚

1那时，希律王下手苦害教会中的一些人。2他先杀了约翰的哥哥雅各，3见犹太人喜欢这事，就又抓了彼得；这是在除酵节期间。4希律抓了彼得，将他关进监牢，交给四班兵丁看守，每班四个人，打算在逾越节后把他提出来，当着百姓办他。5于是彼得被囚在牢里；但教会迫切地为他向神祷告。

天使巧救彼得出牢

6希律将要提他出来的前一夜，彼得被两条铁链锁住，睡在两个兵丁中间，门外还有守卫看守监牢。7忽然，有主的使者站在旁边，囚室里面有光照耀。天使拍彼得的肋旁，把他叫醒，说：快快起来！那铁链就从他的手上脱落下来。

8天使对他说：束上腰带，穿上鞋子。他就这样行了。天使又说：披上外衣，跟着我来。9彼得就出来跟着他，还不知道天使所做的事是真的，只以为是见了异象。10过了第一道和第二道岗哨，就来到通往城内的铁门，那

门自动开了。他们出来，走过一条街，天使忽然离开了他。

11 彼得清醒过来，说：现在我真知道，主派祂的使者救我脱离希律的手，和犹太人一切所期望的。12 想明白了，就到约翰（又叫马可）的母亲马利亚家去；有好些人聚集在那里祷告。

13 彼得敲外门，有个名叫罗大的使女出来探听，14 听出是彼得的声音，就欢喜得顾不上开门，跑进去报告说：彼得站在门外！15 他们说：你疯了！她坚持说是他。他们就说：必是他的天使。

16 彼得不住地敲门；他们开了门，看见是他，就都惊奇。17 彼得摆手示意，不要他们作声，然后告诉他们主怎样领他出牢；又说：你们把这些事告诉雅各和众弟兄。就离开往别处去了。

18 到了天亮，兵丁乱成一团，不知道彼得到哪里去了。19 希律找他，没有找着，就审问守卫，下令把他们拉去杀了。后来希律离开犹太，下到凯撒利亚，住在那里。

希律被神击打死亡

20 希律恼怒推罗和西顿的人。但这两地的人是从王的领地得粮，因此他们打通王的内侍臣伯拉斯都，然后同心合意来向希律求和。

21 在所定的日子，希律穿上王服，坐在高台上，向他们演讲。22 众人喊着说：这是神的声音，不是人的声音！23 希律不归荣耀给神，主的使者就立刻击打他，他被虫咬，气就断了。

24 神的道日益兴旺，越传越广。25 巴拿巴和扫罗办完了送交捐款的事，就从耶路撒冷回来，还带来了又叫马可的约翰。

第十三章

巴拿巴和扫罗受圣灵派遣

1 在安提阿的教会中，有几位先知和教师，就是巴拿巴、又叫尼结的西面、古利奈人路求、与分封的王希律一同长大的马念、和扫罗。2 他们事奉主、禁食的时候，圣灵说：要为我分派巴拿巴和扫罗，去做我召他们所做的工。3 于是禁食祷告，又为他们按手，就派他们去了。

第一次宣教旅程（徒 13:4 到 14:28）

在居比路（即塞浦路斯）

4 他们既受圣灵派遣，就下到西流基，从那里坐船去居比路。5 到了撒拉米，就在犹太人的各会堂里传讲神的道；约翰作了他们的帮手。

6 他们走遍全岛，直到帕弗，遇见一个冒充先知的犹太人，名叫巴耶稣，是个术士。7 这人常和总督士求保罗同在。总督是个通达人，他请来巴拿巴和扫罗，要听神的道。8 但那术士以吕马（以吕马意思就是术士）敌挡使徒，要使总督不信真道。

9 扫罗，又叫保罗，被圣灵充满，定睛看着他，10 说：你这充满各样诡诈奸恶、魔鬼的儿子、众义的仇敌，你混乱主的正道还不停止吗？11 现在主的手攻击你，你要瞎眼，暂时不能看见日光。他的眼睛立刻昏蒙黑暗，四下摸索，找人牵他。12 总督看见所发生的事，很希奇主的道，就信了。

在彼西底的安提阿

13 保罗和他的同伴从帕弗开船，来到旁非利亚的别加；约翰却离开他们，回耶路撒冷去了。14 他们从别加往前行，来到彼西底的安提阿，在安息日进入会堂坐下。15 读完了律法和先知的书，管会堂的派人来说：二位弟兄，若有什么劝勉众人的话，请说。

16保罗站起来，摆手示意说：以色列人和敬畏神的人哪，请听！17以色列民的神拣选了我们的祖先，当他们寄居在埃及的时候，抬举他们，用大能的臂膀把他们领出来；18又在旷野养育（或译：容忍）他们大约四十年；19在灭了迦南地的七族以后，就把那地赐给他们为业；20前后历时大约四百五十年。此后又给他们设立士师，直到先知撒母耳的时候。

21后来他们求一个王，神就将便雅悯支派中基士的儿子扫罗，给他们作王四十年。22在废了扫罗以后，神就兴起大卫作他们的王，又为他作见证说：我找到耶西的儿子大卫，一个合我心意的人；他必凡事遵行我的旨意。

23从这人的后裔中，神已照着所应许的，为以色列人兴起一位救主，就是耶稣。24在祂出来以前，约翰先向以色列的众民传讲悔改的洗礼。25约翰将要行完他的路程时说：你们以为我是谁？我不是基督。但有一位在我以后来的，我给祂解脚上的鞋带也不配。

26弟兄们，亚伯拉罕的子孙们，和你们中间敬畏神的人哪，这救恩之道是传给我们的！27耶路撒冷的居民和他们的官长，因为不认识耶稣，也不明白每安息日所读众先知的话，就把祂定了死罪，正应验了先知的预言；28虽然查不出祂有该死的罪，还是要求彼拉多杀他；29既成就了经上所记关于祂的一切事，就把祂从木头上取下来，放在坟墓里。30神却使祂从死里复活了。31有许多日子，祂向那些

同祂从加利利上到耶路撒冷的人显现；这些人如今在民间作了祂的见证人。

32我们也给你们报这好消息：那向我们祖先应许的话，33神已经向我们这些作儿女的应验，使耶稣复活了；正如诗篇第二篇上所记的：你是我的儿子，我今天生了你。34论到神使祂从死里复活，不再归于朽坏，曾这样说：我必将所应许大卫的那神圣的、可靠的恩典赐给你们。35又在另一篇上说：你必不让你的圣者经历朽坏。

36大卫按照神的旨意服事了他那一代的人，就睡了，与他列祖同葬，已经经历朽坏。37但神所复活的这一位，没有经历朽坏。

38所以弟兄们，你们当知道，赦罪之道是借这位传给你们的。39在你们靠摩西的律法不能得称义的一切事上，信靠这位就都得称义了。40所以你们务要小心，免得先知书上所说的临到你们：41亵慢的人哪，你们要观看，要惊奇，要灭亡，因为在你们的日子，我要行一件事，即使有人告诉你们，你们也绝不信。

42二人出会堂的时候，众人恳求他们下一个安息日再给他们讲这些事。43许多犹太人和归信犹太教的虔诚人，散会以后跟着保罗和巴拿巴。二人就对他们讲道，劝他们要恒久留在神的恩典中。

44下一个安息日，几乎全城的人都来聚集，要听主的道。45犹太人见这么多人，就满心嫉妒，硬驳保罗所说的话，并且毁谤。46保罗和巴拿巴放胆地说：神的道先传给你们，原是应当的；只因你们弃绝这道，断定自己不配得永生，我们就转向外邦人。47因为主曾

这样吩咐我们：我已经立你作外邦人的光，叫你施行救恩直到地极。

48外邦人听见这话就欢喜，赞美主的道；凡预定得永生的人都信了。49于是主的道传遍了那整个地区。50但犹太人挑唆敬虔尊贵的妇女，和城里首要的人，逼迫保罗和巴拿巴，将他们驱逐出境。51二人对着众人跺下脚上的尘土，就往以哥念去了。52门徒满心喜乐，又被圣灵充满。

第十四章

在以哥念和路司得

1在以哥念，二人同进犹太人的会堂讲道，讲得许多犹太人和希腊人都信了。2但那些不信的犹太人煽动外邦人，使他们的心里恼恨弟兄。3二人在那里住了很久，倚靠主放胆讲道；主借他们的手施行神迹奇事，证明祂恩典的道。4城里的众人就起了分裂，有的附从犹太人，有的附从使徒。

5那时，有外邦人和犹太人同他们的官长想要凌辱使徒，用石头打他们。6二人知道了，就逃往吕高尼的路司得和特庇二城，以及周围地区，7在那里继续传扬福音。

保罗使生来就瘸腿的痊愈

8路司得城里坐着一个两脚无力的人，生来就是瘸腿的，从来没有行走过。9他听保罗讲道；保罗定睛看他，见他有信心，可以得痊愈，10就大声说：起来，两脚站直！那人就跳起来，而且行走。

11众人看见保罗所做的事，就用吕高尼话大声说：有神成为人形降临在我们中间了！12于是称巴拿巴为宙斯，称保罗为希耳米，因为保罗是领头讲道的。13城外宙斯庙的祭司牵着牛，拿着花圈，来到城门前，要同众人向二使徒献祭。

14巴拿巴和保罗二使徒听见，就撕破衣服，冲进众人中间，喊着说：15诸位，为什么做这事呢？我们也不过是人，性情和你们一样。我们传福音给你们，就是要使你们离弃这些虚妄的事，转向那创造天、地、海、和其中万物的活神。16祂在已过的世代，任凭万国各行其道；17然而并非没有为祂自己留下证据，就如常施恩惠，从天降雨，赏赐丰年，使你们饮食充足，满心喜乐。

18二人说了这些话，总算拦住众人不向他们献祭。19但有些犹太人从安提阿和以哥念来，挑唆众人，就用石头打保罗，以为他死了，便拖到城外。20门徒正围着他，他就起来，走进城去。第二天，他就同巴拿巴到特庇去了。

结束第一次宣教旅程

21二人在那城里传了福音，使好些人作了门徒，就回路司得、以哥念、安提阿去，22坚固门徒的心，劝勉他们恒守信仰；又说：我们进入神的国，必须经历许多艰难。23二人在各教会选立了长老，又禁食祷告，就把他们交托给所信入的主。

24二人经过彼西底，来到旁非利亚；25在别加讲了道，就下到亚大利，26从那里坐船，回到安提阿。当初他们被交托与神的恩典，去做他们现在已经完成的工，就是在这地方。

27他们到了那里，招聚教会的人，就述说神同着他们所行的一切事，以及神怎样为外邦人开了信道的门。28二人就同门徒住了不少日子。

第十五章

耶路撒冷会议

1 有几个人从犹太下来，教导弟兄们说：你们若不按照摩西的规条受割礼，就不能得救。2 保罗和巴拿巴与他们激烈地争执、辩论；大家就派保罗、巴拿巴、和他们中间的几个人，为这个问题上耶路撒冷，去见使徒和长老。3 于是教会送他们起行。他们经过腓尼基、撒玛利亚，一路传说外邦人转向主的事，使众弟兄大大喜乐。

4 到了耶路撒冷，教会和使徒并长老都接待他们，他们就述说神同着他们所行的一切事。5 但有几个原属法利赛教派的信徒，站起来说：必须给外邦人行割礼，吩咐他们遵守摩西的律法。

6 使徒和长老就聚集商议这事。7 辩论了很久，彼得就站起来说：诸位弟兄，你们知道，早前神在你们中间拣选了我，使外邦人从我口中得听福音之道，而且相信。8 知道人心的神，也为他们作了见证，赐圣灵给他们，正如赐给我们一样；9 又借着信洁净他们的心，并不区分他们我们。10 现在你们为什么试探神，要把我们祖先和我们都不能负的轭，放在门徒的颈项上呢？11 我们相信，我们得救是因主耶稣的恩典，和他们是一样。

12 大家都静默无声，听巴拿巴和保罗述说神借他们在外邦人中所行的神迹奇事。13 他们说完以后，雅各就说：诸位弟兄，请听我说。14 刚才西门述说了神当初怎样眷顾外邦人，从他们中间选取百姓归于自己名下。15 众先知的话也与此相合，正如经上所记：16 此后我要回来，重建大卫倒塌的帐幕，在废墟上重新建造，把它再立起

来，17 使其余的人，就是所有称为我名下的外邦人，都寻求主。18 这是自古以来显明这些事的主说的。

19 所以我的意见是，不可为难那些转向神的外邦人；20 只要写信，吩咐他们禁戒偶像的污秽、淫乱、勒死的牲畜和血。21 因为历代以来，摩西的书在各城里都有人传讲，每安息日在会堂里都有人诵读。

耶路撒冷会议的决议

22 当时，使徒和长老同全教会决定，要从他们中间选派人，同保罗和巴拿巴到安提阿去；所选派的就是犹大（又叫巴撒巴）和西拉，都是在弟兄中领头的。23 于是写信交给他们，信上说：

使徒和作长老的弟兄们，向安提阿、叙利亚、基利家的外邦众弟兄问安！

24 我们听说，有几个人从我们这里出去，说了些话搅扰你们，使你们的心里困惑；其实我们没有吩咐他们。25 所以我们一致决定，要选派几个人，同我们亲爱的巴拿巴和保罗到你们那里去；26 这二人是为我们主耶稣基督的名不顾性命的。27 我们就选派了犹大和西拉，他们也要亲口述说这些事。28 因为圣灵和我们决定，不将别的重担放在你们身上；但有几件事是必须的，29 就是禁戒祭过偶像之物、血、勒死的牲畜和淫乱。你们若能禁戒这几样，就好了。愿你们平安！

30 他们受了派遣，就下安提阿去，招聚众人，交付书信。31 众人念了，就因信上勉励的话欢喜了。32 犹大和西拉也是先知，就用许多的话劝勉弟兄，坚固他们。33 住了一些日子，弟兄们送他们平平安安地回到派遣他们的人那里去。（有古卷有 34 节：但是西拉

决定留在那里。）35保罗和巴拿巴仍住在安提阿，和许多别的人一同施教，传主的道。

第二次宣教旅程（徒 15:36 到 18:22）

36过了一些日子，保罗对巴拿巴说：我们回到从前传过主道的各城去看望弟兄们吧，看看他们情况如何。37巴拿巴想带着又叫马可的约翰同去；38但保罗认为不应带他同去，因为他从前在旁非利亚离开他们，不和他们同去做工。39二人各持己见，以致彼此分开。巴拿巴带着马可，坐船往居比路去。40保罗拣选了西拉，蒙弟兄们把他交托与主的恩典，也出发了。41他就走遍叙利亚和基利家，坚固众教会。

第十六章

提摩太跟保罗、西拉同工

1保罗来到特庇，又到路司得。在那里有一个门徒，名叫提摩太，是一个信主的犹太妇人的儿子，父亲却是希腊人。2路司得和以哥念的弟兄都称赞他。3保罗想要带他同去，只因那些地方的犹太人都知道他父亲是希腊人，就带他去给他行了割礼。

4他们经过各城，就把耶路撒冷使徒和长老所定的条规交给门徒遵守。5于是，众教会在信仰上更加坚固，人数天天增加。

主借异象带保罗到马其顿

6因为圣灵禁止他们在亚西亚传道，他们就穿过弗吕家和加拉太地区；7到了每西亚的边界，想要往庇推尼去，耶稣的灵却不允许。8他们就越过每西亚，下到特罗亚去。9在夜间有异象显给保罗：有个马其顿人，站着恳求他说：请你过到马其顿来帮助我们吧！

10保罗见了这个异象，我们断定是神呼召我们去给他们传扬福音，于是立即准备到马其顿去。

福音传到欧洲

11我们从特罗亚开船，直航到撒摩特喇，第二天到了尼亚波利；12从那里来到了马其顿地区的首要城市腓立比，是罗马的殖民地；我们在这城里住了几天。

13在安息日，我们出了城门来到河边，知道那里有个祷告的地方；我们坐下来，对聚集的妇女讲道。14听的人中有一个卖紫色布的妇人，名叫吕底亚，是推雅推喇城的人，向来敬拜神；主开启她的心，使她留意保罗所讲的。15她和她的一家受洗以后，便恳求我们说：你们若认为我对主是忠心的，就请到我家里来住。于是强留我们住下。

二使徒在腓立比被囚

16一天，我们往那祷告的地方去，一个有巫鬼附身的使女迎面而来；她靠算命给她的主人们赚了许多钱。17她跟着保罗和我们，喊着说：这些人是至高神的仆人，在向你们传讲得救之道！18她一连多日这样喊叫，保罗非常厌烦，转身对那鬼说：我奉耶稣基督的名，命令你从她身上出来！那鬼当时就出来了。

19使女的主人们见赚钱的指望没有了，便揪住保罗和西拉，拉到市场去见官长，20带到了市政官面前，说：这些人本是犹太人，竟然扰乱我们的城，21传我们罗马人不可接受、不可实行的规矩。22众人就一同起来攻击他们；市政官吩咐剥掉他们的衣服，用棍棒打。23打了许多棍，便将他们关进监牢，吩咐狱卒严密看守。24狱卒领了这样的命令，就把他们关进内牢，两脚套上木枷。

保罗领狱卒全家信主

25约在半夜，保罗和西拉祷告，唱诗赞美神，众囚犯都侧耳而听。26忽然，地大震动，甚至监牢的地基都摇动了，牢门立刻全开，众囚犯的锁链都松开了。27狱卒醒来，看见牢门全开，以为囚犯已经逃走，就拔刀要自杀。28保罗大声呼叫说：不要伤害自己！我们都在这里。

29狱卒叫人把灯拿来，就冲进去，战战兢兢地俯伏在保罗和西拉面前；30然后领他们出来，问：二位先生，我当做什么，才能得救呢？31他们说：当信主耶稣，你和你的家人都必得救。

32他们就把主的道，讲给他和他全家的人听。33当夜，就在那时，狱卒把他们带去，洗他们的伤；他和属他的人随即都受了洗。34狱卒又把他们领到家里，给他们摆上饭。他和全家的人因为信了神，都很喜乐。

市政官道歉，二使徒获释

35到了天亮，市政官派差役来，说：释放那两个人吧。36狱卒就把这话告诉保罗，说：市政官派人来释放你们；现在可以出来，平平安安地去吧！37保罗却说：我们都是罗马公民，没有定罪，他们就在众人面前殴打我们，还把我们关进监牢；现在要私下撵我们出去吗？不行！他们要亲自来领我们出去！

38差役就把这话回报市政官；市政官听说他们是罗马公民，就害怕了。39于是来恳求他们，领他们出来，请他们离开那城。40二人出了监牢，就到吕底亚家里去，见了弟兄们，劝勉一番，就离开了。

第十七章

在帖撒罗尼迦

1保罗和西拉经过暗非波里、亚波罗尼亚，来到帖撒罗尼迦；在那里有犹太人的会堂。2保罗照常进会堂去，一连三个安息日，根据圣经与他们辩论，3讲解证明基督必须受害，从死里复活，又说：我所传给你们的这位耶稣，就是基督。4他们中间有些人信服了，就附从保罗和西拉，还有许多敬虔的希腊人，和不少首要的妇女。

5但那些不信的犹太人心里嫉妒，招聚一些市井恶徒，结伙成群，骚乱全城，闯进耶孙的家，搜寻保罗和西拉，要把他们带到民众那里；6没有找着他们，就把耶孙和几个弟兄拉到市政官那里，喊叫说：这些搅乱天下的，也到这里来了，7耶孙竟然接待他们！这些人都违抗凯撒的法令，说另有一个王耶稣。8众人和市政官听见这话，就都惊慌；9于是要耶孙和其余的人交保释金，才将他们释放。

在庇哩亚

10弟兄们随即在夜间，送保罗和西拉往庇哩亚去。二人到了，就进入犹太人的会堂。11这里的人比帖撒罗尼迦的人开明，热心接受这道，天天查考圣经，要看是否确实如此。12于是他们中间有许多人信了，还有尊贵的希腊妇女和不少希腊男人。

13但帖撒罗尼迦的犹太人，得知保罗又在庇哩亚传神的道，也到那里去，煽动搅扰众人。14弟兄们立即送保罗走，一直送到海边；西拉和提摩太仍留在庇哩亚。15护送保罗的人把他一直送到雅典，然后领了保罗给西拉和提摩太的命令，要他们尽快地到他这里来，就回去了。

保罗在雅典

16保罗在雅典等候他们的时候，看见满城都是偶像，灵里非常激愤；17于是在会堂里与犹太人和敬虔的希腊人辩论，又天天在市场上与所遇见的人辩论。18有些以彼古罗派和斯多亚派的哲学家，也与他争论。有的说：这胡言乱语的想说什么呢？有的说：他似乎是宣传外邦的鬼神。这是因为保罗传讲耶稣与复活。

19他们就把保罗带到亚略巴古，说：你所讲的这个新道，我们也可以知道吗？20因为你将一些奇怪的事传到我们耳中，我们想要知道这些事是什么意思。21原来雅典人和住在那里的客旅，都不在意别的事，只爱打听传说新奇的事。

22保罗站在亚略巴古当中，说：诸位雅典人哪，我看你们凡事都很敬畏鬼神。23我走过城中的时候，曾察看你们所敬拜的，甚至发现有一座坛，上面写着：献给未识之神。你们所不认识而敬拜的，我现在告诉你们。

24创造宇宙和其中万物的神，既是天地的主，就不住人手所造的庙宇，25也不需要人手服事，好像缺少什么；自己倒将生命、气息、万物赐给万人。26祂从一本造出万族的人，住在全地上，并且预先定准他们的年限和居住的疆界，27要使他们寻求神，或许可以揣摩而得。其实祂离我们各人不远，28我们生活、行动、存留都在于祂，就如你们有些诗人说：我们也是祂的族类。

29我们既是神的族类，就不应当以为神的神性是像人用手艺、心思所雕刻的金、银、石头。30世人蒙昧无知的时候，神并不监察，如今祂却吩咐各处的人都要悔改。31因为祂已定了日子，要借祂所设立的人，按照公义审判世界。祂已经使这人从死里复活，给万人作可信的凭据。

32众人听见死人复活的事，就有人讥笑他；也有人说：我们想再听你讲这事。33于是保罗从他们当中出去了。34但有几个人接近他，信了主，其中有亚略巴古的成员丢尼修、一个名叫大马莉的妇人、和其他同着他们的人。

第十八章

保罗在哥林多

1这事以后，保罗离开雅典，来到哥林多，2遇见一个生于本都、名叫亚居拉的犹太人，最近带着妻子百姬拉从意大利来，因为革老丢（罗马帝国的皇帝）命令犹太人都离开罗马。保罗就到他们那里，3去和他们同住做工，因为都是同行，他们也以制造帐棚为业。4每逢安息日，保罗就到会堂里辩论，劝导犹太人和希腊人。

5西拉和提摩太从马其顿下来的时候，保罗正在迫切传道，向犹太人证明耶稣就是基督。6但因他们抗拒、毁谤，保罗就抖着衣服说：你们的罪（原文是血）归到自己头上，与我无关。从今以后，我要往外邦人那里去。

7保罗离开会堂，去到一个名叫提多犹士都的人家里；这人是敬拜神的，他的家靠近会堂。8管会堂的基利司布和全家都信了主；许多哥林多人听了道，也信了主，并受了洗。

9夜间，主在异象中对保罗说：不要怕，只管讲，不要闭口。10有我与你同在，必没有人下手害你，因为在这城里我有许多的百姓。11保罗在那里住了一年半，将神的道教导他们。

12到迦流作亚该亚总督的时候，犹太人同心攻击保罗，把他拉到法庭，13说：这个人煽动人不按律法敬拜神。

14保罗刚要说话，迦流就对犹太人说：犹太人哪，如果是为冤情或恶性犯罪，我就理当耐心地听你们。15但所争论的，若是关于言词、名称、和你们的律法，你们就自己看着办吧！这样的事我不愿意审问。16迦流就把他们赶出法庭。17众人便揪住管会堂的所提尼，在法庭前打他。这些事迦流一概不管。

结束第二次宣教旅程

18保罗又住了许多日子，就辞别弟兄们，坐船往叙利亚去；百姬拉、亚居拉和他同去。他因为许过愿，就在坚革哩剪了头发。19到了以弗所，保罗就把他们留在那里，自己进会堂去，和犹太人辩论。20众人请他多住一些日子，他谢绝了，21但告别时又说：神若愿意，我还要回到你们这里来。于是开船离开了以弗所。22他在凯撒利亚下了船，就上耶路撒冷问候教会，然后下到安提阿。

第三次宣教旅程（徒18:23到21:17）

23保罗在安提阿住了一些日子，又离开那里，先后经过加拉太地区和弗吕家，坚固众门徒。

亚波罗在以弗所讲道

24有一个生于亚历山太、名叫亚波罗的犹太人，来到了以弗所；他的口才很好，极能讲解圣经。25他在主的道上受了教导，灵里火热，将耶稣的事详细讲论教导人；但是他只知道约翰的洗礼。26他在会堂里放胆讲道；百姬拉和亚居拉听了，就把他接来，将神的道给他讲解得更加详细。

27他想到亚该亚去，弟兄们就鼓励他，并写信请门徒接待他。他到了那里，大大地帮助了那些蒙恩信主的人，28因为他在众人面前有力地驳倒了犹太人，引用圣经证明耶稣就是基督。

第十九章

保罗在以弗所

1亚波罗在哥林多的时候，保罗经由内陆地区来到了以弗所，遇见几个门徒，2问他们说：你们信的时候领受圣灵没有？他们说：没有，我们连赐圣灵也未曾听说过。3保罗又问：那你们受的是什么洗呢？他们说：是约翰的洗。

4保罗说：约翰所施的是悔改的洗，告诉百姓当信入那在他以后来的，就是耶稣。5他们听见这话，就奉主耶稣的名受洗。6保罗给他们按手，圣灵便降临在他们身上，他们就说方言，又说预言。7他们一共约有十二个人。

8一连三个月，保罗进会堂里放胆讲道，辩论神国的事，劝导众人。9但有些人刚硬不信，还在众人面前毁谤这道，保罗就离开他们，带着门徒，天天在推喇奴的学堂举办辩论。10这样有两年之久，使住在亚西亚的，无论是犹太人还是希腊人，都听见主的道。

11神借保罗的手，行了一些非常的异能；12甚至有人把挨过他身体的手巾或围裙拿去，放在病人身上，病就好了，恶鬼也出来了。

妄称耶稣的名遭祸

13 那时，有几个周游各处、念咒赶鬼的犹太人，向有恶鬼附身的人妄称主耶稣的名，说：我奉保罗所传的耶稣，命令你们出来！14 做这事的，是犹太人祭司长士基瓦的七个儿子。15 恶鬼回答他们说：耶稣我认识，保罗我知道；你们却是谁呢？16 恶鬼所附的人就跳在他们身上，制伏了他们，打得他们赤着身子带着伤，从那屋里逃出来。

17 住在以弗所的犹太人和希腊人都知道这事，也都惧怕，主耶稣的名从此被尊为大。18 许多信了的人，前来承认述说自己所行的事。19 许多行邪术的，把书拿来当众烧掉；他们计算书价，共值五万银币。20 就这样，主的道大大兴旺，而且得胜。

21 这些事完了，保罗灵里决定，等他经过了马其顿和亚该亚，就到耶路撒冷去；又说：我到了那里以后，也必须到罗马去看看。22 于是他从帮助他的人中，派提摩太、以拉都二人到马其顿去，自己暂时留在亚西亚。

以弗所的骚乱

23 那时，因为这道起了不小的骚乱。24 有个名叫底米丢的银匠，是制造亚底米神银龛的，使这行手艺人做了不少生意。25 他聚集他们和同行的工人，说：诸位，你们知道，我们是靠这桩生意发财。26 但你们都看见也听见，这保罗不但在以弗所，也几乎在全亚西亚，说服引诱了许多人，说：人手所造的都不是神。27 这样，不但我们这个行业声誉受损，就是大女神亚底米的庙也要被人轻看，甚至全亚西亚和普天下所敬拜的大女神自己，也将威荣扫地。

28 众人听见，就怒气填胸，喊着说：以弗所人的亚底米伟大！29 于是全城骚动起来；众人抓住与保罗同行的马其顿人该犹和亚里达古，同心冲进戏院。30 保罗想进去，到民众那里，但门徒不让他去。31 几个亚西亚的官员，是保罗的朋友，也派人来劝他，不要冒险进戏院里去。

32 聚集的人乱成一团，有的喊叫这个，有的喊叫那个，大都不知是为什么聚集。33 有人把亚历山大从众人中拉出来，犹太人推他往前，他就摆手示意，要向民众申辩。34 只因众人认出他是犹太人，所有人就同声喊着说：以弗所人的亚底米伟大！如此约有两个小时。

35 城里的书记安抚了众人，就说：以弗所人哪，谁不知道以弗所人的城，是看守大亚底米的庙，和从天上落下来的神像的呢？36 这事既是无可辩驳，你们就当冷静，不可鲁莽行事。37 你们带来的这些人，既没有抢劫庙中之物，也没有谤渎我们的女神。38 若是底米丢和他同行的人有控告人的事，可以上法庭，也有总督在，可以彼此对告。39 你们若有别的诉求，就当以合法的集会解决。40 今天的骚乱本是无缘无故，说不出个所以然来，我们有被控告暴乱的危险。

41 他说了这些话，便叫众人散去了。

第二十章

到马其顿、希腊、特罗亚

1 骚乱平息以后，保罗请门徒来，劝勉一番，就辞别起行，往马其顿去。2 他走遍那一带，用许多话劝勉门徒，然后来到希腊。3 在那里住了三个月，正要坐船到叙利亚去，犹太人设计要害他，他就决定经由马其顿回去。4与他同行的有庇哩亚人毕罗斯的儿子所巴特、帖撒罗尼迦人亚里达古和西公都、特庇人该犹，还有提摩太、亚西亚人推基古和特罗非摩。5这些人先走，在特罗亚等候我们。6我们在除酵节后才从腓立比开船，五天后到特罗亚，和他们会合，在那里住了七天。

保罗在特罗亚使死人复活

7七天的第一天，我们聚会擘饼，保罗对大家讲论，因为他次日要离开，就一直讲到了半夜。8我们聚会的楼上房间，有好些灯烛。9有个名叫犹推古的少年，坐在窗台上，困倦沉睡了。保罗一直地讲，他就在熟睡中，从三楼上掉下去了；扶起他来，已经死了。

10保罗下去，伏在他身上，把他抱住，说：你们不要惊慌，他的魂还在身上。11保罗又上楼去，擘饼，吃了，谈论很久，直到黎明，这才离开。12他们把那孩子活着带走，大得安慰。

从特罗亚到米利都

13我们先上船，开往亚朔去，要在那里接保罗；因为他是这样安排的，他自己要走陆路去。14在亚朔会合以后，我们就接他上船，来到米推利尼。15从那里开船，次日到了基阿的对面；又次日，在撒摩靠岸；再次日，来到米利都；16因为保罗早已决定越过以弗所，免得在亚西亚耽搁。他急着赶路，希望能在五旬节前赶到耶路撒冷。

保罗劝勉以弗所的长老

17保罗从米利都派人到以弗所，请教会的长老来。18他们来了，保罗就说：自从我到亚西亚的第一天以来，我在你们中间一直为人如何，是你们知道的。19我服事主，凡事谦卑，常流泪，又因犹太人的谋害历经试炼。20凡与你们有益的，我都毫无保留地告诉你们，或在众人面前，或是挨家挨户，我都教导你们；21又对犹太人和希腊人证明：当向神悔改，信入我们的主耶稣。

22现在我被圣灵催逼，往耶路撒冷去，不知道在那里要遭遇什么事；23只知道在各城圣灵都警告我，说有锁链和患难等着我。24我却不以性命为念，也不看为宝贵，只求行完我的路程，完成我从主耶稣所领受的事工，证明神恩典的福音。

25我曾经在你们中间来往，传讲神国的道；如今我晓得，你们以后都不会再见我的面了。26所以今天我向你们证明，若有何人灭亡，罪不在我身上（直译：我在众人的血上是洁净的）；27因为神的旨意，我都毫无保留地告诉你们了。

28圣灵既然立了你们作全群的监督，你们就当为自己谨慎，也为全群谨慎，牧养神的教会，就是祂用自己的血所买来的。29我知道我离去以后，必有凶暴的豺狼进入你们中间，毫不爱惜羊群。30就是你们中间，也必有人起来，说些悖谬的话，引诱门徒跟从他们。31所以你们应当警醒，记念我三年之久，昼夜不住地流泪劝戒你们各人。

32如今我把你们交托给神和祂恩典的道；这道能够建立你们，使你们和一切成圣的人同得基业。33我未曾贪图过任何人的金银衣服。34我这两只手，常供给我和我同工的需要，这是你们自己知道的。35我凡事给你们作了榜样，使你们知道，必须这样劳苦，扶助软弱的人；又当记念主耶稣说过的话：施比受更为有福。

36保罗说完了这些话，就同众人跪下来祷告。37众人都痛哭，抱着保罗的颈项和他亲脸。38最使他们伤心的，就是他说以后不会再见他的面那句话。然后，众人送他上了船。

第二十一章

结束第三次宣教旅程

1我们离别了众人，就开船直航到哥士；第二天到了罗底，从那里到帕大喇，2遇见一艘船，要往腓尼基去，就上船起行；3望见居比路，就从南边驶过，往叙利亚开去；我们在推罗上了岸，因为船要在那里卸货。

4我们找到一些门徒，就在那里住了七天。他们被圣灵感动，劝保罗不要上耶路撒冷去。5过了这几天，我们就起程前行；他们都带着妻子儿女，送我们直到城外。我们都跪在岸上祷告，然后彼此辞别。6我们上了船，他们就回家去了。

7我们从推罗来到多利买，结束了水上航行，就去问候弟兄们，和他们同住了一天。8第二天，我们离开那里，来到凯撒利亚，到了传福音者腓利家里，和他同住。他是当初七个执事中的一个。9他有四个女儿，都是处女，能说预言。

10我们在那里住了好几天，有位名叫亚迦布的先知从犹太下来，11到了我们这里，就拿保罗的腰带，捆住自己的手脚，说：圣灵说：耶路撒冷的犹太人，要如此捆绑这腰带的主人，把他交在外邦人手里。12我们听见这话，就和当地的人苦劝保罗不要上耶路撒冷去。

13保罗说：你们为什么这样痛哭，使我心碎呢？我为主耶稣的名，不但被人捆绑，就是死在耶路撒冷，也都准备好了。14我们劝不动他，便住了口，只说：愿主的旨意成就。

15过了几天，我们收拾行李上耶路撒冷去。16有凯撒利亚的几个门徒和我们同去，带我们到一个作门徒很久的居比路人拿孙家里住宿。

保罗会见雅各和众长老

17到了耶路撒冷，弟兄们欢欢喜喜地接待我们。18第二天，保罗同我们去见雅各，长老们也都在那里。19保罗问候了他们，就将神借他的职事在外邦人中所行的事，一一地述说了。

20他们听了，就荣耀神；然后对保罗说：弟兄，你看，犹太人中信主的有好几万了，并且都为律法热心。21但他们听见人说，你教导所有在外邦的犹太人离弃摩西，叫他们不要给孩子行割礼，也不要遵行条规。22你来了，众人一定会听见，这可怎么办呢？

23你就照着我们告诉你的行吧：我们这里有四个人，都有愿在身。24你带他们去，和他们一同行洁净礼，并且替他们付费，使他们得以剃头。这样，众人就可知道，先前所听见你的事都是子虚乌有，而你自己却是循规蹈矩，遵守律法。25至于信了主的外邦人，我们已经写信，吩咐他们禁戒祭过偶像之物、血、勒死的牲畜和淫乱。

26于是保罗带着那四个人，第二天和他们一同行了洁净礼，然后进殿报明洁净期满、将为他们各人献祭的日子。

保罗在圣殿里被抓

27那七天快完了，几个从亚西亚来的犹太人看见保罗在殿里，就煽动众人下手抓他，28喊着说：以色列人哪，快来帮忙！这就是在各处教导众人攻击我们的百姓、律法、和这地方的；他还把希腊人带进圣殿，污秽了这圣地。29原来他们曾经看见以弗所人特罗非摩同保罗在城里，就以为保罗带他进了殿。

30于是全城轰动，众人一齐跑来，抓住保罗，拉他出殿，殿门立刻都关了。31他们正想要杀他，营里的千夫长得到消息，说耶路撒冷全城都乱了，32就立即带着兵丁和几个百夫长，跑下去到他们那里。他们看见千夫长和兵丁，才停止殴打保罗。

33千夫长上前抓住他，吩咐人用两条铁链捆住，又问他是什么人，做了什么事。34众人有的喊叫这个，有的喊叫那个；因为这样乱嚷，千夫长无法得知实情，就吩咐人将保罗带到兵营去。35到了台阶上，因为众人猛挤，兵丁只好将保罗抬起来。36众人跟在后面，喊着说：除掉他！

37将要被带进兵营，保罗对千夫长说：我可以对你说句话吗？38千夫长说：你懂希腊话吗？莫非你是不久以前作乱、带领四千凶徒到旷野去的那埃及人吗？39保罗说：我本是犹太人，生于基利家的大数，并不是无名小城的人。求你准我对百姓说话。40千夫长准了，保罗就站在台阶上，向众人摆手示意；他们都静下来后，保罗便用希伯来话对他们说：

第二十二章
保罗在犹太众人面前申辩

1诸位父老兄弟，请听我的申辩。2众人听见他用希伯来话对他们讲，就更加安静了。3保罗接着说：

我本是犹太人，生于基利家的大数，在这城里长大，在迦玛列门下，按照我们祖先的律法严格受教，为神热心，像你们众人今天一样。4我也曾经逼迫信奉这道的人，直到死地，无论男女都捆绑关进监牢。5这是大祭司和众长老都可以给我作证的。我甚至从他们领了写给弟兄们的公函，往大马色去，要把在那里的信徒捆绑起来，带到耶路撒冷加以刑罚。

保罗自述信主经过（徒 26:12-18；参徒 9:1-19）

6当我前去，约在正午，将到大马色的时候，忽然有大光从天上来，四面照着我。7我就仆倒在地，听见有声音对我说：扫罗！扫罗！你为什么逼迫我？8我问：主啊，你是谁？祂说：我就是你所逼迫的拿撒勒人耶稣。

9与我同行的人看见了那光，却没有听明白那位对我说话者的声音。10我问：主啊，我当做什么？主说：起来，进大马色去，在那里，有人会将派你做的一切事都告诉你。11我因那光的荣耀不能看见，同行的人就牵着我的手，进了大马色。

12有一个人名叫亚拿尼亚，按照律法是虔诚人，为一切住在那里的犹太人所称赞。13他来见我，站在旁边，对我说：扫罗弟兄，你可以看见了！我当时往上一看，就看见了他。

14他又说：我们列祖的神拣选了你，让你明白祂的旨意，得以看见那位义者，听祂口中出的声音。15因你要将所看见所听见的，为祂向所有人作见证。16现在你为什么耽延呢？起来受洗，求告祂的名，洗去你的罪。

保罗奉派向外邦人传道

17后来，我回到耶路撒冷，在殿里祷告的时候，魂游象外，18看见主对我说：快！赶快离开耶路撒冷，因你为我作的见证，这里的人必不接受。19我说：主啊，他们知道我曾经把信你的人关进监牢，又在各会堂里鞭打他们；20并且你的见证人司提反被害流血的时候，我也站在旁边，表示赞同，还看守害死他之人的衣服。21主对我说：你去吧！我要派你远远地往外邦人那里去。

保罗利用罗马公民身份

22众人听他说到这句话，就高声说：这样的人，从世上除掉吧！他不应该活着。23众人喊叫，摔掉衣服，把尘土向空中扬起来。24千夫长就吩咐将保罗带进兵营，叫人用鞭子拷问他，要知道他们向他这样喊叫是为什么缘故。25刚用皮条捆上，保罗对站在旁边的百夫长说：你们鞭打没有定罪的罗马公民，合法吗？

26百夫长听见这话，就去报告千夫长，说：你要做什么？这个人是罗马公民！27千夫长就来问保罗说：告诉我，你是罗马公民吗？保罗说：我是。28千夫长说：我花了许多钱才取得罗马籍。保罗说：我生来就是。29那些要拷问保罗的人，立刻离开了他。千夫长既得知他是罗马公民，又因为捆绑了他，也害怕了。

30千夫长想要知道犹太人控告保罗的实情，第二天就吩咐祭司长和全议会的人都聚集，然后将保罗带下来，给他松了绑，叫他站在他们面前。

第二十三章

保罗在议会前申辩

1保罗定睛看着议会的人，说：诸位弟兄，我在神面前行事为人，都是凭着无亏的良心，直到今天。

2大祭司亚拿尼亚就吩咐站在旁边的人打他的嘴。3保罗对他说：你这粉饰的墙，神要击打你了！你坐堂为的是按律法审问我，你竟违背律法，吩咐人打我吗？4站在旁边的人说：你敢辱骂神的大祭司吗？5保罗说：弟兄们，我不知道他是大祭司；经上记着说：不可毁谤你百姓的官长。

6保罗看出他们一部分是撒都该人，一部分是法利赛人，就在议会中大声说：诸位弟兄，我是法利赛人，也是法利赛人的子孙。我现在受审判，是因盼望死人复活！7他说了这话，法利赛人和撒都该人就起了争执，会众分裂为两派。8因为撒都该人说没有复活，没有天使，也没有灵，法利赛人却说这些都有。

9于是大大争吵起来；有几个法利赛派的经学家站起来争辩说：我们看不出这人有什么不对，倘若有灵或是天使对他说过话，怎么样呢？10争吵更加激烈，千夫长怕保罗被他们撕碎了，就吩咐兵丁下去，把他从众人当中抢出来，带进兵营去。

11当夜，主站在保罗旁边，说：你放心！你怎样在耶路撒冷为我作见证，也必照样在罗马为我作见证。

犹太人设计杀害保罗

12到了天亮，犹太人同谋起誓，说：不先杀保罗，就不吃不喝。13这样同谋起誓的有四十多人。14他们去见祭司长和长老，说：我们已经起了大誓：不先杀保罗，就不吃什么。15现在你们要同议会的人去请求千夫长，要他带保罗下到你们这里来，装作要详细审查他的事。我们已经准备好了，不等他到这里就杀他。

16保罗的外甥听见他们要设埋伏，就来到兵营里告诉保罗。17保罗请来一个百夫长，说：请你带这少年去见千夫长，他有事告诉他。18百夫长就带他去见千夫长，说：囚犯保罗请我去，求我带这少年来见你；他有事告诉你。19千夫长就拉着他的手，走到一旁，私下问他说：你有什么事告诉我呢？

20他说：犹太人已经约定，要请求你明天带保罗下到议会去，装作要详细查问他的事。21你切不要听从他们，因为他们有四十多人埋伏等待保罗。他们已经起誓说：不先杀保罗，就不吃不喝。现在准备好了，只等你的应允。22千夫长就叫他回去，嘱咐他说：不要告诉别人你将这事报告了我。

保罗被送交总督腓力斯

23千夫长便叫来两个百夫长，说：预备步兵二百，马兵七十，长枪手二百，今夜九点往凯撒利亚去；24还要预备牲口让保罗骑上，把他安全送到总督腓力斯那里去。25千夫长又写了公函，大意是说：

26革老丢吕西亚，向总督腓力斯大人问安！27这人被犹太人抓住，将要被杀，我得知他是罗马公民，就带兵丁下去把他救了出来。28因为想要知道他们告他的缘故，我就带他下到他们的议会去，29便查知他被告，是因他们律法上的问题，并没有什么该死该绑的罪名。30后来获报有人要谋害他，我就立即送他到你那里去，又吩咐告他的人到你面前告他。

31于是兵丁照着所吩咐的，连夜将保罗带到安提帕底。32第二天，让马兵护送他去，他们就返回兵营。33马兵到了凯撒利亚，把公函呈给总督，将保罗也交给他。34总督看了公函，就问保罗是哪省的人；既得知他是基利家人，35就说：等告你的人来了，我要听审你的案子。便吩咐人把他看守在原希律的王府里。

第二十四章
犹太人控告保罗

1过了五天，大祭司亚拿尼亚同着几个长老，和一个律师帖土罗下来，向总督控告保罗。2保罗被传上来后，帖土罗就告他说：

3腓力斯大人：我们因你得以大享太平，这国因着你的先见正在改革；我们随时随地感激不尽。4不敢多烦扰你，只求你能宽容，听我们说几句。

5我们发现这人，如同瘟疫一般。他是拿撒勒教派里的一个头目，煽动天下所有的犹太人暴乱，6连圣殿也想要污秽，我们就把他抓起来，7想要按我们的律法审问他；不料千夫长吕西亚前来，把他强行从我们手中抢去，吩咐告他的人到你这里来。（有古卷无7节）8你自己审问他，就能知道我们告他的一切事了。

9众犹太人也都附和，声称事情确实如此。

保罗在总督面前申辩

10总督示意叫保罗说话，保罗就说：我知道你在这国审案多年，所以我乐意为自己申辩。11你可以查知，从我上到耶路撒冷敬拜，到今天还不超过十二天。12他们并没有看见我在殿里，或在会堂，或在城里，跟人辩论，煽动众人。13就连他们现在控告我的事，也不能向你证实。

14但有一事我要向你承认：我正是按他们所称为异端的道，事奉我们列祖的神，又信一切合乎律法和先知书上所记的事，15并且靠神有个盼望：将来义人和不义的人都要复活；就是他们自己也是这样盼望。16我因此鞭策自己，对神对人常存无亏的良心。

17过了几年，我带着周济本国的捐款回去，并献供物。18他们看见我在殿里的时候，我已得了洁净，并没有聚众，也没有喧嚷。19至于那几个从亚西亚来的犹太人，若有告我的事，就应当到你面前来告我。20不然，就让这些人自己说，我站在议会前的时候，他们究竟查出我有什么罪。21纵然有，也不过一句话，就是我站在他们中间大声说：我今天在你们面前受审，是因我信死人复活！

腓力斯拖延结案

22腓力斯本是详细晓得这道，就推延说：等千夫长吕西亚下来，我再审断你们的事。23于是吩咐百夫长看守保罗，但是给他一些自由，也不阻止他的亲友来供给他。

24过了几天，腓力斯同他的犹太妻子土西拉来了，就叫保罗去，听他讲论信入基督耶稣的事。25保罗讲论公义、节制、和将来的审判，腓力斯感到害怕，就说：你暂且回去吧，等我有空再叫你来。26腓力斯又指望保罗送钱给他，所以多次叫他去，和他谈论。

27过了两年，波求非斯都接替腓力斯任总督；腓力斯想讨好犹太人，就将保罗留在牢里。

第二十五章

保罗要向凯撒上诉

1非斯都上任三天以后，就从凯撒利亚上到耶路撒冷。2祭司长和犹太人的首领向他控告保罗，3又恳求他，向他求情，要他将保罗转到耶路撒冷来（他们要在路上埋伏杀害他）。4非斯都回答说：保罗关押在凯撒利亚，我自己很快要到那里去。5又说：你们中间有权势的和我一同下去，那人若有什么不是，就可以告他。

6非斯都住在他们那里不超过八天或十天，就回到凯撒利亚；第二天便开庭，吩咐将保罗带上来。7保罗来了，那些从耶路撒冷下来的犹太人就站在他周围，提出许多严重的指控，都是他们不能证实的。

8保罗申辩说：无论是犹太人的律法，还是圣殿，或是凯撒，我都没有干犯。9但非斯都想讨好犹太人，就问保罗说：你愿意上耶路撒冷去，在那里听我审断这些事吗？

10保罗说：我是站在凯撒的法庭，这里是我应当受审的地方。我向犹太人并没有行过什么不义的事，这也是你清楚知道的。11我若行了不义的事，犯了什么该死的罪，就是死也不会推辞。但这些人告我的事若都不实，就没有人可以把我交给他们。我要上诉于凯撒（罗马帝国的皇帝）！

12非斯都和议会商量以后，就说：你既要上诉于凯撒，就要到凯撒那里去。

非斯都向亚基帕王提保罗的案子

13过了一些日子，亚基帕王和百尼姬来到凯撒利亚，问候非斯都。14他们在那里住了许多日子，非斯都就向王提起保罗的案子，说：这里有一个人，是腓力斯留下来的囚犯。15我在耶路撒冷的时候，祭司长和犹太人的长老控告他，要求定他的罪。16我回答他们说：任何被告，还没有和原告对质，未得机会为所告他的事申辩，就先定他的罪，这不符合罗马人的条例。

17后来他们到了这里，我就没有耽延，第二天便开庭，吩咐把那人带上来。18原告起来告他；所控告的，并非我所预料的恶事，19不过是为他们自己宗教上的一些问题，又为一个叫耶稣的，已经死了，保罗却声称是活着的。20这些事当怎样审理，我心里作难，就问他是否愿意上耶路撒冷去，在那里为这些事受审。21但保罗要求把他留下，等待皇上审断，我就吩咐把他留下，等我把他送到凯撒那里去。22亚基帕对非斯都说：我也愿意亲自听听这人。非斯都说：明天你就可以听他。

23第二天，亚基帕和百尼姬大摆威风而来，同着众千夫长和城里的尊贵人进了公堂。非斯都吩咐一声，保罗就被带上来。24非斯都说：亚基帕王和在座的诸位，你们看这个人！耶路撒冷和这里的犹太人都曾向我恳求，喊着说：他不该再活着！25但我查明他没有犯什么该死的罪，并且他自己要上诉于皇上，我就决定把他送去。26关于这人，我没有确实的事可以奏明主上；因此，我把他带到你们面前，特别是你亚基帕王面前，为要在查问之后，我可以有所陈奏。27因为在我看来，送囚犯去罗马，不指明他的罪状是不合理的。

第二十六章
保罗在亚基帕王面前申辩

1亚基帕对保罗说：准你为自己申辩。于是保罗伸手示意，申辩说：

2亚基帕王啊，犹太人所控告我的种种事，今天我能在你面前申辩，实为有幸；3特别是你熟悉犹太人的各种规条和问题，所以求你耐心听我。

4我起初在本族的人中，后来在耶路撒冷，自幼以来为人如何，犹太人都知道。5他们认识我已经很久，若是愿意就可以作证，我是按照我们宗教中最严格的教派，过一个法利赛人的生活。6现在我站着受审，是因为盼望神给我们祖先的应许。7这应许，我们的十二个支派都盼望得着，因此他们日以继夜热切地事奉神。王啊，我被犹太人控告，就是因这盼望。8神使死人复活，你们为什么断定为不可信的呢？

9从前我自己也以为，应当多方攻击拿撒勒人耶稣的名。10我在耶路撒冷也曾这样行了。我从祭司长得了权柄，就把许多圣徒关进监牢；他们被杀，我也投票赞成。11我多次在各会堂里施刑，想要强迫他们说亵渎的话；又因格外恼恨他们，就追逼他们，甚至追到外邦的城邑。

保罗自述信主经过（徒 22:6-16；参 徒 9:1-19）

12那时，我领了祭司长的权柄和委任，往大马色去。13王啊，我在路上，正午的时候，看见有光从天上来，比太阳还明亮，四面照着我和与我同行的人。14我们都仆倒在地，我就听见有声音用希伯来话对我说：扫罗！扫罗！你为什么逼迫我？你踢刺棒是难的！

15我问：主啊，你是谁？主说：我就是你所逼迫的耶稣。16你起来站着；

我特意向你显现，是要派你作执事，将你所看见的事，和我将要显给你的事，都见证出来。17我必救你脱离你的本民和外邦人的手。18我派你到他们那里去，使他们眼睛得开，从黑暗转向光明，从撒但权下转向神；又因信入我得蒙赦罪，和一切成圣的人同得基业。

保罗放胆传道

19亚基帕王啊，我故此没有违背那从天上来的异象；20先在大马色，后在耶路撒冷和犹太全地，又在外邦，劝人悔改转向神，行事与悔改相称。21因这缘故，犹太人在殿里抓住我，想要杀我。22然而我蒙神的帮助，直到今天还能站住，向大大小小的作见证；所讲的，并不外乎众先知和摩西所说必要发生的事，23就是基督必须受害，最先从死里复活，把光明的道传给祂的本民和外邦人。

24保罗申诉到这里，非斯都大声说：保罗，你癫狂了！你的学问太大，反使你癫狂了！25保罗说：非斯都大人，我没有癫狂，我所说的都是真实清醒的话。26王也晓得这些事，所以我才向王放胆直言；我确信这些事没有一件向王是隐藏的，因为都不是在背地里做的。27亚基帕王啊，你信先知吗？我知道你是信的。

28亚基帕对保罗说：你想少微一劝，就使我作基督徒吗？29保罗说：无论少劝多劝，我向神所求的，不仅是你，而是今天所有听我的人，都能像我一样，只是不要像我有这些锁链。

30于是，王和总督并百尼姬，以及在坐的人都起来，31退到里面，彼此议论说：这人并没有犯什么该死该绑

的罪。32亚基帕对非斯都说：这人要是没有上诉于凯撒，就可以释放了。

第二十七章
保罗坐船前往罗马

1非斯都既决定要我们坐船去意大利，就将保罗和别的囚犯交给皇家军营里的一个百夫长，名叫犹流。2有一艘亚大米田的船，要开往亚西亚沿岸的几个地方，我们上去，船就开了。和我们同去的，有帖撒罗尼迦的马其顿人亚里达古。

3第二天，我们到了西顿；犹流宽待保罗，准他到朋友那里去，受他们的照应。4从那里又开船，因为逆风，就贴着居比路的背风岸航行。5过了基利家和旁非利亚前面的海域，就到了吕家的每拉。6在那里，百夫长找到一艘亚历山太的船，要开往意大利去，就叫我们上了那船。

7一连多日船都行得很慢，好不容易来到革尼土的对面；因为被风拦阻，就贴着克里特的背风岸，从撒摩尼的对面驶过。8我们沿着海岸航行，好不容易来到一个名叫佳港的地方，靠近拉西亚城。

9许多日子消耗掉了，禁食的节期也过了，现在航行很危险，保罗就劝众人说：10诸位，我看这次航行，不但货物和船只要遭毁坏，大受损失，连我们的性命也都难保。11但百夫长信从船长和船主，不相信保罗所说的。12又因这个港口不适合过冬，所以大多数人主张开船离开那里，或许能到非尼基过冬。非尼基是克里特的一个港口，一面朝西南，一面朝西北。

船在海上遭遇飓风

13这时微微起了南风，他们以为目的可以达到，就起了锚，贴近克里特航行。14但没过多久，飓风就从岛上扑来；那风名叫友拉革罗。15船被飓风抓住，敌不住风，我们只好任风吹刮。16有个小岛名叫高大；当船冲到这岛的背风岸，我们才好不容易收住救生船；17拉上来后，就用缆绳捆绑船底。因为担心船在赛耳底沙滩上搁浅，就落下篷帆，任船飘流。

18我们被风浪猛烈地颠簸，第二天就开始抛弃货物；19第三天，又亲手把船上的器具也抛弃了。20一连多日没有看到太阳和星星，又有狂风大浪催逼，我们得救的希望就都绝了。

21众人多日没有吃饭，保罗就站在他们中间，说：诸位，你们本该听我的话，不从克里特开船出来，就不会遭受这毁坏和损失。22现在我劝你们放心，你们谁也不会丧命，只是丧失这船。23因我所属所事奉的神，祂的使者昨夜站在我的旁边，说：24保罗，不要害怕，你必定站在凯撒面前；与你同船的人，神都赐给你了。25所以诸位可以放心，我信神，祂对我怎样说，也必怎样成就。26只是我们必要撞在一个岛上。

27到了第十四天夜里，船在亚得里亚海飘来飘去；约在半夜，水手以为接近陆地，28就测水深，测得有十二丈；稍往前行，又测水深，测得有九丈。29因为担心撞在石头上，就从船尾抛下四个锚，然后祈盼天亮。

30水手想要离船逃走，把救生船缒下海里，装作要从船头抛锚。31保罗对百夫长和兵丁说：这些人若不留在船上，你们就不能得救。32于是兵丁砍断救生船的绳子，让它飘走。

33天快亮的时候，保罗劝众人都吃饭，说：你们什么也不吃，忍饿苦盼，已经十四天了。34现在我劝你们吃饭，这是为了你们活命；因为你们各人连一根头发也不至损失。35他说了这话，就拿起饼来，在众人面前感谢神，擘开吃。36于是他们放下心来，都吃了饭。37我们在船上的，共有二百七十六人。38他们吃饱了，就把麦子抛进海里，使船轻一些。

船只搁浅，脱险上岸

39到了天亮，他们不认识那地方，但看见一个有沙滩的海湾，就商定试着把船开过去。40于是砍断缆绳，把锚弃在海里；同时松开舵绳，拉起前帆，顺着风向沙滩驶去。41但遇着两水夹流的地方，船就搁了浅；船头胶着不动，船尾被海浪的猛力冲坏了。

42兵丁想把囚犯杀掉，恐怕有人泅水逃走。43但百夫长想救保罗，不准他们任意而行。他吩咐会泅水的跳下去，先上岸；44其余的人用板子或船上别的东西上岸。这样，人人都脱险上了岸。

第二十八章

保罗在马尔他岛

1我们脱险上岸以后，才知道那岛叫马耳他。2当地人待我们非常友善；因为下雨，天气又冷，就生火接待我们众人。

3保罗拾起一捆柴，放在火上；有条毒蛇，因为热爬出来，咬住了他的手。4当地人见毒蛇悬在他的手上，就彼此说：这人一定是个凶手，虽从海里脱险上来，天理仍不容他活着。5但保罗把毒蛇抖在火里，并没有受伤。6他们等着看他肿胀，或是忽然倒下死去；等了多时，见他无事，就转念说：他是个神！

7那地附近有些田产是岛长部百流的；他接待我们，热情地款待了三天。8当时，部百流的父亲患有痢疾，发烧躺着。保罗进去，为他祷告，给他按手，治好了他。9因此，岛上其他有病的人都来了，也得了医治。10他们又多方地尊敬我们；到了开船的时候，还把我们所需要的送到船上。

保罗抵达罗马

11过了三个月，我们上了一艘亚历山太的船；这船以宙斯双子为船徽，是在那岛过了冬的。12到了叙拉古，我们停泊了三天；13又从那里绕行，来到利基翁；过了一天，起了南风，第二天就来到部丢利；14在那里遇见了一些弟兄，应邀和他们同住了七天。这样，我们来到了罗马。

15城里的弟兄们一听见我们的消息，就赶到亚比乌和三馆迎接我们。保罗见了他们，就感谢神，放心壮胆。

16我们进了罗马城，保罗获准和一个看守他的兵另住一处。

保罗在罗马传道

17过了三天，保罗请犹太人的首领来。他们来了，保罗就说：诸位弟兄，我虽没有做什么事干犯本国的百姓，或祖先的规条，却在耶路撒冷被捆绑，交在罗马人的手里。18他们审问了我，就想要释放我，因为我并没有该死的罪。19无奈犹太人反对，我才迫不得已上诉于凯撒，并非有什么事要控告我本国的百姓。20因此，我请你们来见面谈谈。我本是为以色列人所盼望的，才戴上了这锁链的。

21他们说：我们未曾接到从犹太来论你的信，也没有弟兄来报告，或说你有什么不好。22但是我们愿意听听你的意见，因为我们知道这个教派是到处遭人反对的。

23他们和保罗约定了日子，那天就有许多的人来到他的住处。保罗从早到晚对他们讲论，证明神国的道，引用摩西的律法和先知的书，劝导他们信从耶稣。24他所说的，有的信服，有的不信。

25他们彼此不合，就都散去；临走时保罗说了一番话：圣灵借着先知以赛亚向你们祖先所说的话，是不错的，26祂说：你去告诉这百姓说：你们听是要听见，却不明白；你们看是要看见，却不领悟；27因为这百姓心思愚钝，耳朵发沉，眼睛闭着；不然，他们眼睛看见，耳朵听见，心里明白，回转过来，我就要医治他们。28所以你们应当知道，神这救恩如今传给外邦人，他们也必听从。

29保罗说了这话，犹太人就走了，彼此激烈争论。（有古卷无29节）

30保罗在自己所租的房子里住了整整两年，接待一切前来见他的人，31放胆传讲神国的道，并教导主耶稣基督的事，没有人禁止他。

罗马书

第一章

神的福音

1基督耶稣的仆人保罗，蒙召作使徒，特派传神的福音。2这福音，是神从前借众先知在圣经上所应许的，3是关于祂儿子、我们的主耶稣基督的；按肉身说，祂是大卫的后裔，4按神圣的灵说，因从死里复活，以大能显明是神的儿子。5借着祂，我们领受了恩典和使徒的职分，为祂的名在万国中使人信服真道，6其中包括你们这些蒙召属于耶稣基督的人。

7我写信给你们所有住在罗马、为神所爱、蒙召作圣徒的人。愿恩典、平安，从神我们的父和主耶稣基督归与你们！

保罗渴望访问罗马

8首先，我借耶稣基督为你们众人感谢我的神，因你们的信德传遍了天下。9我在祂儿子的福音上，用我的灵所事奉的神可以作证，我是怎样不住地记念你们，10在祷告中常常祈求，或许照着神的旨意，终能顺利地到你们那里去。11因为我渴望见到你们，要把些属灵的恩赐分给你们，使你们得以坚固。12这样，我在你们中间，因着你们和我彼此的信心，可以互相鼓励。

13弟兄们，我不愿意你们不知道，我曾多次计划要到你们那里去，好在你们中间得些果子，像在其他外邦人中一样，可是至今仍有拦阻。14无论是希腊人还是非希腊人（原文是没开化的人），聪明人还是愚拙人，我都欠着他们的债。15所以，我深愿将福音也传给你们在罗马的人。

福音本是神的大能

16我不以福音为耻；这福音本是神的大能，要救一切相信的人，先是犹太人，后是希腊人。17因为神的义在这福音上显明出来；这义是本于信，归于信（或译：始于信，终于信），如经上所记：义人必因信得生。

世人的罪恶

18原来，神的愤怒从天上显明在一切不虔不义、以不义压制真理的人身上。19因为神的事情，人所能知道的，都显明在人的心里，因为神已经给他们显明。20自从创造宇宙以来，神的永能和神性是明明可知的，虽是眼不能见，但借着所造之物就可以晓得，所以人都没有借口。

21因为他们虽然知道神，却不当作神荣耀祂，也不感谢祂。他们在思想上变为虚妄，无知的心就昏暗了；22自称为聪明，反成了愚拙，23将那不能朽坏之神的荣耀换为偶像，仿佛必朽坏的人、飞禽、走兽和爬物的样式。

24所以，神任凭他们逞着心里的情欲行污秽的事，以致彼此玷辱自己的身体。25他们将神的真实换为虚谎，敬拜事奉受造之物，却不敬拜事奉造物的神。祂是永远可称颂的。阿们！

26因此，神任凭他们放纵可耻的情欲。他们的女人把自然的性关系变为逆自然的性关系；27照样，男人也弃掉了与女人自然的性关系，欲火中烧，彼此贪恋，男和男行可耻的事，就在自己身上受这妄为当受的报应。

28他们既然故意不认识神，神就任凭他们存邪僻的心，行那些不合理的事；29充满了各样的不义、邪恶、贪婪、恶毒，满心是嫉妒、凶杀、争竞、诡诈、毒恨，30 又是说谗言的、毁谤人的、怨恨神的、侮慢人的、狂傲的、自夸的、捏造恶事的、忤逆父母的、31 无知的、背约的、无亲情的、无怜悯的。32 他们虽然知道神已判定行这些事的人是当死的，然而他们不但自己去行，还喜欢别人去行。

第二章
人都要按行为受报

1 你这论断人的，无论你是谁，都没有借口。你在什么事上论断人，就在什么事上定自己的罪，因为你这论断人的，也行同样的事。2 我们知道，神必按照真理审判这样行的人。

3 你这人哪，你论断别人，自己却行同样的事，你以为能逃脱神的审判吗？4 还是你藐视神丰富的恩慈、宽容、恒忍，不晓得祂的恩慈是要领你悔改呢？5 你竟逞着你那刚硬不悔的心，为自己在神发烈怒、显明祂公义审判的日子积蓄愤怒。

6 神必按照各人所行的报应各人。7 凡恒心行善，寻求荣耀、尊贵和不朽坏的，就以永生报赏他们；8 但那谋私争竞、不顺从真理、反顺从不义的，就以愤怒、恼恨报应他们；9 将患难、困苦加给一切作恶的人，先是犹太人，后是希腊人；10 却将荣耀、尊贵、平安加给一切行善的人，先是犹太人，后是希腊人。11 因为神不偏待人。

12 凡没有律法犯了罪的，必在律法以外灭亡；凡在律法以下犯了罪的，必按律法受审判；（13 原来在神面前，不是听律法的为义，而是行律法的得称为义。14 没有律法的外邦人，若是顺着本性行律法上的事，他们虽然没有律法，自己就是自己的律法。15 他们显出律法的功用刻在他们心里，他们的良心也作见证；他们的心思有时控告他们，有时也为他们辩护。）16 这要发生在神借着耶稣基督、照着我所传的福音、审判世人隐秘事的日子。

犹太人与律法

17 你号称犹太人，又倚靠律法，且指着神夸口；18 既从律法受了教导，你就晓得神的旨意，也能分辨是非（或译：也喜爱那美好的事）；19 又深信自己是瞎子的领路人、黑暗中人的光、20 愚笨人的师傅、幼稚人（原文是小孩子）的老师，在律法上是知识和真理的化身；21 你既然教导别人，难道不教导自己吗？你传讲不可偷窃，自己还偷窃吗？22 你说人不可奸淫，自己还奸淫吗？你叫人憎恶偶像，自己还抢劫庙宇吗？23 你指着律法夸口，自己倒违犯律法、玷辱神吗？24 正如经上所记：神的名在外邦人中，因为你们受了亵渎。

25 你若遵行律法，割礼确实有益；你若违犯律法，你的割礼就算不得割礼。26 未受割礼的人，若遵守律法所要求的，不就算是受了割礼吗？27 肉身未受割礼、却能遵守律法的人，必要审判你这有仪文和割礼、却又违犯律法的人。28 因为外面作犹太人的，不是真犹太人；外面肉身的割礼，也不是真割礼。29 只有里面作的，才是真犹太人；真割礼也是心里的，在于灵，不在于仪文。这种人的称赞不是从人来的，而是从神来的。

第三章
犹太人的独特之处

1那么，犹太人有什么长处呢？割礼有什么益处呢？2很多，各方面都有。最重要的，就是神的圣言托付给了他们。3即使有人不信，这又有何妨呢？难道他们的不信，就废掉神的信实吗？4绝对不能！神总是真实的，人都是虚谎的。如经上所记：你说话的时候，显为公义；你审判的时候，可以得胜。

5我且照着常人说，我们的不义若显出神的义来，我们可以说什么呢？神降怒，是祂不义吗？6绝对不是！若是这样，神怎能审判世界呢？

7"神的真实，若因我的虚谎更加显出祂的荣耀，我为什么还被定罪，像罪人一样呢？8为什么不说：让我们作恶以成善呢？"有人毁谤我们，说我们讲过这话。这种人被定罪是应当的。

没有义人

9这又怎么样呢？我们比他们强吗？绝对不是！我们已经证明，犹太人和希腊人都在罪恶之下。10就如经上所记：

没有义人，连一个也没有。

11没有能明白的；没有寻求神的。

12人都偏离正路，一同变为无用；

没有行善的人，连一个也没有。

13他们的喉咙是敞开的坟墓；

他们用舌头耍弄诡诈，

他们的嘴里有虺蛇的毒液，

14满口都是咒骂和苦毒。

15他们的脚飞跑，去流人血；

16经过的路上是毁灭和悲惨；

17平安的路，他们未曾知道；

18他们的眼中，毫不惧怕神。

19我们晓得，律法上的话都是对律法以下的人说的，好堵住每个人的口，使世人都伏在神的审判之下。20所以，属血肉的都不能靠遵行律法在神面前得称为义，因为律法本是叫人知罪。

因信称义

21但如今，神的义在律法以外已经显明出来，有律法和先知为证，22就是神的义，因信耶稣基督归与一切相信的人，并没有分别。23因为世人都犯了罪，亏缺了神的荣耀；24如今却因神的恩典，借着在基督耶稣里的救赎，就白白地得称为义。25神设立耶稣作挽回祭，是凭着耶稣的血，借着人的信，为要显明祂以宽容的心，赦免人在以前所犯的罪上祂是义的，26又要显明祂在今时的义，就是祂自己为义，也能称那信耶稣的人为义。

27既是这样，哪里有可夸的呢？根本没有！要用何法呢？是用立功之法吗？不是，要用信主之法。28因为我们认定，人得称义是因着信，与行律法无关。29难道神只是犹太人的神吗？不也是外邦人的神吗？是的，也是外邦人的神。30因为神是一位，祂既要本于信称那受了割礼的为义，祂也要本于信称那未受割礼的为义。31那么，我们借着信废弃了律法吗？绝对没有！反倒坚固了律法。

第四章

亚伯拉罕因信称义

1那么，论到我们肉身的祖宗亚伯拉罕所得着的，我们可说什么呢？2倘若他是因行为称义，他就有可夸的；但他在神面前并没有可夸的。3经上是怎么说呢？是说：亚伯拉罕相信神，这就算为他的义。

4做工的得工钱，不算是恩典，而是该得的。5但那不做工，只信靠称罪人为义之神的，他的信就算为义。6正如大卫也称那在行为以外，蒙神算为义的人是有福的。7他说：过犯得赦免、罪恶得遮盖的，这人是有福的。8主不算为有罪的，这人是有福的（主：即旧约中的耶和华）。

9那么，这福是只加给那受了割礼的人，还是也加给那未受割礼的人呢？我们所说：亚伯拉罕的信，就算为他的义，10是怎么算的呢？是在他受割礼以后，还是在受割礼以前呢？不是在受割礼以后，而是在受割礼以前！11而他受了割礼作为记号，是作他未受割礼就已因信称义的印记，叫他作一切未受割礼而信之人的父，使他们也算为义，12又作受了割礼之人的父，就是那些不但受了割礼，而且照着我们祖宗亚伯拉罕未受割礼就相信的榜样（原文是脚踪）去行的人。

应许因信而得实现

13神应许亚伯拉罕和他后裔必能承受世界，不是借着律法，而是借着因信而来的义。14若是本于律法的人才能成为后嗣，信就归于虚空，应许也就废弃。15因为律法是惹动愤怒的；哪里没有律法，哪里就没有过犯。16所以，人能成为后嗣是本于信，为要照着恩典，使应许确定地归给所有后裔，不但归给那本于律法的，也归给那效法亚伯拉罕之信的。

17亚伯拉罕所信的，是那使死人复活、叫无变为有的神；他在神面前作我们众人的父，如经上所记：我已经立你作多国的父。18他在毫无希望的时候，仍然怀着希望相信，就得以成为多国的父，正如神所说的：你的后裔将要如此。19他将近百岁的时候，虽然想到自己的身体如同已死，撒拉的生育也已经断绝，他的信心还是毫不软弱；20总没有因不信怀疑神的应许，反倒因信得着加力，将荣耀归给神，21且满心相信：神所应许的，祂必能成就。22所以，这就算为他的义。

23"算为他的义"这句话，不是只为他写的，24也是为我们这将来要算为义的人写的，就是我们这些信靠那使我们的主耶稣从死里复活之神的人。25耶稣被交给人，是因我们的过犯；复活，是为我们得称义。

第五章
因信称义后的结果

1我们既已因信称义，就借着我们的主耶稣基督与神有了和平。2我们又借着祂，因信得以进入现在所站的这恩典中，并且欢欢喜喜盼望神的荣耀。3不但如此，就是在患难中也是欢欢喜喜，因为知道患难生忍耐，4忍耐生老练，老练生盼望，5盼望不至于羞愧，因为神已借着所赐给我们的圣灵，将祂的爱浇灌在我们心里。

6我们还软弱的时候，基督就在所定的日期为罪人死了。7为义人死，是少有的；为仁人死，或许有敢做的。8唯有基督在我们还作罪人的时候为我们死，神就在此将祂的爱向我们显明了。

9现在我们既已靠着耶稣的血得称为义，就更要借着祂得救脱离神的愤怒了。10我们作神仇敌的时候，尚且借着神儿子的死得以与神和好，既已和好，就更要靠着祂的生命得救了。11不但如此，我们既已借着我们的主耶稣基督得以与神和好，也就借着祂以神为乐。

亚当与基督

12所以，就如罪是借着一人入了世界，死又是借着罪来的，于是死就临到众人，因为众人都犯了罪。13在有律法以前，罪已经在世上；但没有律法，罪也不算罪。14然而，从亚当到摩西，死一直在作王，连那些犯的罪与亚当的过犯不一样的，也在死的权下。亚当是那以后来者的预像。

15只是过犯不如恩赐；若因一人的过犯，许多的人死了，神的恩典和在耶稣基督一人恩典中的恩赐，就更是漫溢地临到许多的人。16一人犯罪的结果也不如恩赐，因为一次犯罪导致审判就定罪，恩赐却在许多过犯以后而称义。17若因一人的过犯，死就借这一人作了王，那些蒙受洪恩又蒙所赐之义的，就更要借着耶稣基督一人在生命中作王了。

18如此说来，因一次的过犯，众人都被定罪，照样，因一次的义行，众人都被称义得生命了。19因一人的悖逆，众人成为罪人，照样，因一人的顺从，众人也成为义的了。20律法添加进来，是使过犯显多；然而罪在哪里显多，恩典就更加增多。21这样，罪怎样作王叫人死，恩典也照样借着义作王，叫人借着我们的主耶稣基督得永生。

第六章

与基督联合

1这样，我们可说什么呢？我们可以继续犯罪，使恩典增多吗？2绝对不可！我们向罪死了的人，怎可仍然活在罪中呢？3难道不知我们受洗归入基督耶稣的人，是受洗归入祂的死吗？4我们借着洗礼归入死，和祂一同埋葬，是要我们活出新的生命，就像基督借着父的荣耀从死里复活一样。5我们若是在祂死的样式上与祂联合，也要在祂复活的样式上与祂联合。

6我们知道，我们的旧人和祂同钉十字架，是要毁弃1被罪操控的身体，使我们不再作罪的奴仆；7因为死了的人，就脱离了罪。8我们若与基督同死，就信也必与祂同活。9我们知道，基督既从死里复活，就不再死，死也不再作主管辖祂了。10祂死，是一次永远地向罪死了；祂活，是向神活着。11这样，你们在基督耶稣里，向罪也当看自己是死的，向神却当看自己是活的。

12所以，不要让罪在你们必死的身体上作王，使你们顺从身体的私欲；13也不要将你们的肢体献给罪作不义的器具；倒要像从死里复活的人，将自己献给神，并将你们的肢体献给神作义的器具。14罪必不能作主管辖你们，因你们不是在律法之下，而是在恩典之下。

作义的奴仆

15这又怎么样呢？我们是在恩典之下，不在律法之下，就可以犯罪吗？绝对不可！16难道不知你们献上自己作奴仆，顺从谁，就是谁的奴仆吗？或作罪的奴仆以至于死，或作顺从的奴仆以至于义。17感谢神！你们从前虽作罪的奴仆，现在却从心里顺从了所传给你们的教训。18你们既从罪里得了释放，就作了义的奴仆。

19我因你们肉体的软弱，就照常人说：你们从前怎样将肢体献给不洁不法作奴仆，以至于不法，现在也要照样将肢体献给义作奴仆，以至于成圣。20你们从前作罪的奴仆的时候，不受义的约束。21但那时你们有什么果子呢？不过是你们现在看为羞耻的事；那些事的结局就是死！22现在你们既从罪里得了释放，作了神的奴仆，就有成圣的果子，结局就是永生。23因为罪的代价（直译：报酬，或工钱）就是死；唯有神的恩赐，在我们的主基督耶稣里却是永生。

注：1 毁弃：destroy；或弄死，do away with。

第七章

脱离律法归于基督

1弟兄们（我现在是对明白律法的人说），你们就不知道，律法管辖人是在人活着的时候吗？2就如已婚的女人，丈夫还活着，就被律法约束归属丈夫；丈夫若死了，她就脱离了归属丈夫的律法。3所以，当丈夫还活着，她若归从别的男人，便叫淫妇；但丈夫若死了，她就脱离了这律法，虽然归从别的男人，也不是淫妇。

4我的弟兄们，这样说来，你们借着基督的身体，向着律法也是死了，使你们可以归于别人，就是归于那位从死里复活的，好使我们结出果子给神。5我们从前活在肉体中的时候，那借律法而生的罪欲在我们的肢体中发动，以致结出果子给死。6但我们既然在束缚我们的律法上死了，现在就脱离了律法，使我们可以按圣灵的新样，不按仪文的旧样事奉神。

罪与律法

7这样，我们可说什么呢？律法是罪吗？绝对不是！只是若非借着律法，我就不知何为罪；若非律法说：不可起贪心。我就不知何为贪心。8但罪抓住借着诫命来的机会，使各种的贪心在我里面发动；因为没有律法，罪是死的。9我以前没有律法是活着的；但是诫命来到，罪便活了，我就死了。10那本来要使人活的诫命，反倒使我死；11因罪抓住借着诫命来的机会，引诱我，并且借着诫命杀了我。

12这样看来，律法是圣洁的，诫命也是圣洁、公义、良善的。13那么，这良善的是叫我死吗？绝对不是！但罪为要显出真是罪，就借着那良善的叫我死，使罪借着诫命变得极其罪恶。

14我们知道律法是属灵的，我却是属肉体的，已经卖给了罪。15因为我所做的，我不明白；我所愿意的，我不去做；我所恨恶的，我倒去做。16我若做我所不愿意做的，我就同意律法是善的。17既是这样，就不是我做的，而是住在我里面的罪做的。

心思的律与肢体中罪的律

18我也知道在我里面，就是在我肉体之中，没有良善；因为立志行善由得我，行出来却由不得我。19故此，我所愿意的善，我不去做；我不愿意的恶，我倒去做。20我若做我所不愿意做的，就不是我做的，而是住在我里面的罪做的。

21我发现有个规律：当我想要行善的时候，便有恶与我同在。22按着我里面的人，我喜欢神的律法；23但我发觉我肢体中另有个律，和我心思的律交战，把我掳去，要我服从我肢体中这罪的律。24我真是苦啊！谁能救我脱离这取死的身体呢？25感谢神，祂借着我们的主耶稣基督救我脱离！

这样看来，我以心思服事神的律法，却以肉体服事罪的律了。

第八章

赐生命之圣灵的律

1如今，那些在基督耶稣里的，就没有定罪了。2因为那赐生命之圣灵的律，在基督耶稣里释放了我，使我脱离了那罪和死的律。3律法因肉体而软弱，所不能做到的，神已经做到了：祂派来自己的儿子，成为罪之肉体的形状，作了赎罪祭，在肉体中定罪了罪，4使律法所要求的义，成就在我们这不随从肉体、只随从圣灵的人身上。

体贴圣灵就是生命平安

5随从肉体的人，体贴肉体的事；随从圣灵的人，体贴圣灵的事。6体贴肉体的，就是死；体贴圣灵的，就是生命、平安。7体贴肉体的，就是与神为仇，因为不服神的律法，也不可能服。8而且属肉体的人不能得神的喜悦。

9但你们不是属肉体的，而是属圣灵的，只要有神的灵住在你们里面。人若没有基督的灵，就不是属基督的。10基督若在你们里面，身体虽因罪是死的，圣灵却因义赐生命。11那使耶稣从死里复活之神的灵，若是住在你们里面，那使基督从死里复活的神，也必借着住在你们里面的圣灵，赐生命给你们必死的身体。

12弟兄们，这样看来，我们并不是欠肉体的债，要随从肉体而活。13你们若是随从肉体而活，就必要死；若是靠着圣灵治死身体的恶行，就必要活。14因为凡被神的灵引导的，都是神的儿子。

15你们所领受的，不是奴仆的灵，仍旧害怕；你们所领受的，是儿子名分的灵，靠此我们呼叫：阿爸！父啊！16圣灵亲自同我们的灵作证，我们是神的儿女。17既是儿女，就是后嗣，是神的后嗣，又是和基督同作后嗣；只要我们和祂同受苦难，也必和祂同得荣耀。

将来的荣耀

18我认为现在的苦难，不配与将来要显与我们的荣耀相比。19受造之物热切等候，盼望神的众子显现出来。20因为受造之物服在虚空之下，不是自己愿意的，而是因那要它服的。21受造之物盼望自己得着释放，脱离朽坏的辖制，得享神儿女的荣耀的自由。

22我们知道整个受造之物一同叹息，同受生产之苦，直到如今。23不但如此，就是我们这有圣灵初熟果子的，也在自己里面叹息，等候得着儿子的名分，就是我们的身体得赎。24我们得救就是在于这个盼望。但是看得见的盼望不是盼望，谁还盼望已经看见的呢？25但我们若盼望那尚未看见的，就必忍耐等候。

26况且我们的软弱有圣灵帮助；我们本不晓得应当怎样祷告，但圣灵亲自用难以言表的叹息替我们代求。27鉴察人心的神，晓得圣灵的意思，因为圣灵是照神的旨意替圣徒代求。

28我们晓得万事都互相效力，叫爱神的人得益处，就是按祂旨意被召的人。29因为神所预知的人，祂也预定他们被模成祂儿子的形象，使祂儿子在许多弟兄中作长子。30神所预定的人，又召他们来；所召来的人，又称他们为义；所称为义的人，又使他们得荣耀。

无可隔绝的爱

31既是这样，我们可说什么呢？神若帮助我们，谁能敌挡我们呢？32神既然不吝惜自己的儿子，为我们众人舍了，难道不把万有也和祂一同白白地赐给我们吗？33谁能控告神所拣选的人呢？有神称我们为义了。34谁能定我们的罪呢？有基督耶稣死了，而且复活了，现今在神的右边，还替我们代求。35谁能使我们与基督的爱隔绝呢？难道是患难吗？是困苦吗？是逼迫吗？是饥饿吗？是赤身吗？是危险吗？是刀剑吗？36如经上所记：我们为你的缘故终日被杀；人看我们如将要被宰的羊。

37然而，靠着那位爱我们的，在这一切事上我们都得胜有余了。38因为我深信，无论是死，是生，是天使，是掌权的，是有能的，是现在的事，是将来的事，39是高处的，是深处的，或是任何别的受造之物，都不能使我们与神的爱隔绝；这爱是在我们的主基督耶稣里。

第九章

保罗为他同胞忧愁伤痛

1我在基督里说真话，不说谎话，有我良心在圣灵里给我作证；2我是大有忧愁，心里时常伤痛。3为我的同胞、我肉身的亲人，就是自己被咒诅，与基督分离，我也愿意。4他们是以色列人；那儿子的名分、荣耀、诸约、应许、律法的颁赐、圣殿的事奉，都是他们的；5列祖也是他们的；按肉身说，基督也是从他们出来的；祂是在万有之上、永远可称颂的神。阿们！

神的拣选

6这不是说神的话落了空，因为从以色列生的，不都是以色列人，7也不因为是亚伯拉罕的后裔，就都是他的

儿女；只有从以撒生的，才要称为你的后裔。8这就是说，那凭血气生的儿女不是神的儿女，那凭应许生的儿女才能算是后裔。9因为所应许的话是这样：明年这时候，我必再来，撒拉必生一个儿子。

10不但如此，还有利百加，她从一个人，就是从我们的先祖以撒怀了孕，11双子还没有生下来，善恶还没有行出来（只因要显明神拣选人的旨意，不是在于人的行为，而是在于呼召人的神），12神就对利百加说：将来大的要服事小的。13正如经上所记：雅各是我所爱的；以扫是我所恶的。

神的主宰

14这样，我们可说什么呢？难道神有什么不公平吗？绝对没有！15因为祂对摩西说：我要怜悯谁就怜悯谁；我要恩待谁就恩待谁。16这样看来，既不在于人的定意，也不在于人的努力，而是在于神的怜悯。17因为经上对法老说的话是：我将你兴起来，特要在你身上彰显我的权能，并要使我的名传遍天下。18所以，神要怜悯谁就怜悯谁，要使谁刚硬就使谁刚硬。

19这样，你必对我说：祂为什么还指责人呢？谁能抗拒祂的旨意呢？20人哪，你是谁，竟敢向神顶嘴？受造之物怎能对造他的说：你为什么把我造成这样呢？21陶匠难道没有权力，从同一团泥里拿一块做成贵重的器皿，又拿一块做成卑贱的器皿吗？

22神虽想要显明祂的愤怒，彰显祂的权能，但祂若以极大的忍耐，宽容那可怒的、预备遭毁灭的器皿，23又将祂丰盛的荣耀彰显在那蒙怜悯、早预备得荣耀的器皿上，24就是我们这

些不但从犹太人中，也从外邦人中，蒙祂所召的人身上，又有什么不可呢？25就如神在何西阿书上说的：本非我民的，我要称为我的民；本不蒙爱的，我要称为蒙爱的。26从前在什么地方对他们说：你们不是我的民！将来必在那里称他们为活神的儿子。

27以赛亚指着以色列人喊着说：以色列人虽然多如海沙，得救的不过是剩下的余数；28因主要在地上迅速地、坚决地成就祂的话。29又如以赛亚曾经预言的：若不是万军之主给我们存留余种，我们早已像所多玛，早就如蛾摩拉。

以色列人因不信而绊跌

30这样，我们可说什么呢？未曾追求义的外邦人，反得着了义，就是本于信的义；31以色列人追求律法的义，却没有得着律法的义。32这是为什么呢？是因他们不凭信心求，只凭行为求；他们绊跌在那绊脚的石头上。33就如经上所记：看哪，我在锡安放一块绊脚的石头，跌人的磐石；信靠祂的必不至于羞愧。

第十章
信基督才能够得着义

1弟兄们，我心里所愿的，为以色列人向神所求的，是要他们得救。2我可以为他们作证，他们对神有热心，但不是按着真知识；3因为不明白神的义，又想要建立自己的义，就不服神的义了。4律法的总结就是基督，使凡信祂的都得着义。

求告主名的都必得救

5论到本于律法的义，摩西写着说：人若遵行这些，就必因此活着。6但那本于信的义如此说：你不要心里说：谁会升到天上去呢？（就是去把基督领下来）7也不要说：谁会下到阴间去呢？（就是去把基督从死里领上来）

8他到底怎么说呢？他说：这道与你相近，就在你口里，在你的心里。也就是说，我们所传信的道是：9你若口里认耶稣为主，心里信神使祂从死里复活，就必得救。10因为人心里相信，就可得称义；人口里承认，就可以得救。11经上说：信靠祂的都不至于羞愧。12犹太人和希腊人并没有分别，因为众人同有一位主；祂也厚待一切求告祂的人。13因为凡求告主名的都必得救。

14然而，人未曾信入祂，怎能求告祂呢？人未曾听见祂，怎能信入祂呢？没有人去传道，怎能听见祂呢？15若没有受派遣，怎能去传道呢？如经上所记：那传福音、报喜信的，他们的脚是何等佳美！

以色列人悖逆不信

16然而，不是所有人都信从福音，因为以赛亚说：主啊，我们所传的，有谁信呢？17可见信道是从听道来的，听道是从基督的话来的。

18但我问：以色列人没有听见吗？当然听见了：他们的声音已经传遍天下；他们的言语已经传到地极。19我再问：以色列人不知道吗？先有摩西说：我要以不是子民的使你们嫉恨；我要以无知的国民惹你们发怒。20又有以赛亚放胆地说：未曾寻找我的，我让他们遇见；未曾求问我的，我向他们显现。21至于以色列人，神说：我整天伸手招呼那悖逆顶嘴的百姓。

第十一章
神并没有弃绝以色列人

1我再问：神弃绝了祂的百姓吗？绝对没有！因为我也是以色列人，是亚伯拉罕的后裔，属于便雅悯支派。2神并没有弃绝祂所预知的百姓。你们就不知道经上论到以利亚是怎么说的吗？他向神控告以色列人说：3主啊，他们杀了你的先知，拆了你的祭坛，只剩下我一个人，他们还要寻索我的命。4神是怎样回答他的呢？祂说：我为自己留下了七千人，是未曾向巴力屈膝的。5如今也是这样，因着恩典被拣选的，还有少数的人。6既是因着恩典，就不在于行为；不然，恩典就不再是恩典了。

7这又怎么样呢？以色列人所求的，他们没有得着，但蒙拣选的人得着了；其余的都成了顽梗不化的。8如经上所记：神给他们昏迷的灵，不能看的眼，不能听的耳，直到今天。9大卫也说：愿他们的筵席变为网罗、陷阱、绊脚石，作他们的报应。10愿他们眼睛昏蒙不能看见；愿你使他们的腰常常弯着。

以色列人跌倒，外邦人得救

11我再问：他们跌倒是要倒下不起吗？绝对不是！反倒因他们的过失，救恩便临到外邦人，好激动他们发愤。12若他们的过失，使天下人富足，他们的失败，使外邦人富足，何况他们的丰满呢？

13我是对你们外邦人说话；因我是外邦人的使徒，我荣耀我的职事，14或许可以激动我的骨肉之亲发愤，好救他们一些人。15若他们被丢弃，世人就能与神和好，他们被收纳，不就是死而复生吗？16献作初熟之物的部分若是圣的，全团面也就是圣的；树根若是圣的，树枝也就是圣的。

要思想神的恩慈与严厉

17若有几根枝子被折下来，你这野橄榄枝得以接在其上，一同分享橄榄根的肥汁，18你就不可向那些枝子夸口；纵然夸口，也当知道不是你托着根，而是根托着你。19你也许要说：那些枝子被折下来，就是为要把我接上。20不错，他们因为不信，所以被折下来；你因为信，所以得以站住。但你不可自高，反要惧怕。21神既然不吝惜原来的枝子，也必不吝惜你。

22所以，你要思想神的恩慈与严厉：对那跌倒的人是严厉的，对你却是有恩慈的，只要你常留在祂的恩慈里；不然，你也要被砍下来。23而且他们若不是常留在不信中，仍要被接上，因为神能够把他们再接上去。24你是从天生的野橄榄树上砍下来的，尚且逆着树性接在好橄榄树上，何况这些本树的枝子，不是更能接在本树上吗？

将来以色列全家都要得救

25弟兄们，我不愿意你们不知道这奥秘，恐怕你们自以为聪明，就是以色列人是有几分刚硬，直到外邦人的数目添满，26于是以色列全家都要得救；如经上所记：必有一位救主从锡安出来，祂要从雅各家消除不敬虔。27当我除去他们罪的时候，这就是我与他们所立的约。

28就着福音说，他们因你们的缘故是仇敌；就着拣选说，他们因列祖的缘故是蒙爱的；29因为神的恩赐和选召是没有后悔的。30正如你们从前不顺服神，如今却因他们的不顺服而蒙了怜悯；31照样，他们现在也是不顺服，使他们因着你们蒙的怜悯也蒙怜悯。32因为神将众人都圈在不顺服之中，为要怜悯众人。

由衷的赞美

33啊，神的智慧和知识，是何等的丰富又高深！祂的判断何其难测！祂的踪迹何其难寻！34谁曾知道**主**的心思？谁曾作过祂的谋士？35谁曾先给了祂，使祂得偿还呢？36因为万有都是本于祂，倚靠祂，归于祂。愿荣耀归给祂，直到永远。阿们！

第十二章

献上身体当作活祭

1所以，弟兄们，我以神的怜悯劝你们，将自己的身体献上，当作圣洁讨神喜悦的活祭；这是你们理所当然的事奉。2不要被模成这世代的样子，反要借着心思的更新而变化，使你们能察验何为神那美好、纯全、可喜悦的旨意。

应当有的行事为人

3我凭着所赐给我的恩典对你们各人说：不要看自己过于所当看的，要照神所分给各人信心的大小，看得清醒适当。4正如我们一个身体上有好些肢体，众肢体不都有一样的功用，5照样，我们这许多人，在基督里是一个身体，各都是互相作肢体。

6按着我们所得的恩典，我们各有不同的恩赐：或说预言，就当照着信心的程度说预言；7或作服事，就当忠心服事；或作教导，就当忠心教导；或作劝勉，就当忠心劝勉；8施舍的，就当慷慨；治理的，就当殷勤；怜悯人的，就当甘心。

9爱人不可虚假；恶要厌恶，善要亲近。10彼此相爱，要亲如弟兄；恭敬别人，要争先恐后。11殷勤不可懒惰；要灵里火热，常常服事主。12在盼望中要喜乐，在患难中要忍耐，在祷告上要恒切。13圣徒缺乏要帮补；接待客旅要热诚。

14逼迫你们的，要为他们祝福；只要祝福，不可咒诅。15与喜乐的人要同乐；与哀哭的人要同哭。16要彼此同心；不要心高气傲，倒要俯就卑微的人。不要自以为聪明。17不要以恶报恶；众人以为美的事，要留心去做。18若是可能，总要尽力与众人和睦。

19亲爱的，不要自己伸冤，宁可让神发怒；因为经上记着**主**说：伸冤在我，我必报应。20所以，你的仇敌若饿了，就给他吃；若渴了，就给他喝；因为你这样行，就是把炭火堆在他的头上。

21不要被恶所胜，反要以善胜恶。

第十三章

要服从权柄

1在上有权柄的，人人都当服从，因为没有权柄不是出于神的；凡掌权的都是神所设立的。2所以，抗拒掌权的，就是抗拒神所设立的；抗拒者必自招刑罚。

3作官的原不是叫行善的惧怕，而是叫作恶的惧怕。你想要不惧怕掌权的吗？你只要行善，就可得到他的称赞；4因为他是神的仆役，是与你有益的。你若作恶，就当惧怕，因他佩剑执法，不是闹着玩的。他是神的仆役，是伸冤的，刑罚那作恶者。5所以你们必须服从，不但是因为刑罚，而且是因为良心。

6你们纳税也是因这缘故，因他们是神的仆役，常要管理这事。7凡人所当得的，都要给他：当得粮的，给他纳粮；当得税的，给他上税；当惧怕的，就惧怕他；当尊敬的，就尊敬他。

要彼此相爱

8任何人任何债，都不可以亏欠；唯有彼此相爱，要常以为亏欠，因为爱人的就完了律法。9像那不可奸淫；不可杀人；不可偷盗；不可贪婪；以及任何别的诫命，都包括在要爱人如己这一句话里面了。10爱是不加害于人的，所以爱就完全了律法。

要披戴基督

11还有，你们晓得时期，现今就是你们该睡醒的时候了；因为我们得救，现在比初信的时候更近了。12黑夜已深，白昼将近；我们应当脱去暗昧的行为，带上光明的兵器。13行事为人要端正，好像行在白昼。不可荒宴醉酒；不可好色邪荡；不可争竞嫉妒；14却要披戴主耶稣基督；不要为肉体安排，去放纵私欲。

第十四章

不可论断弟兄

1信心软弱的，你们要接纳，但不要辩论有疑惑的事。2有人相信什么都可以吃；但信心软弱的，只吃蔬菜。3吃的人不可轻看不吃的人，不吃的人不可论断吃的人，因为神都接纳了。4你是谁，竟论断别人的仆人呢？他或站住，或跌倒，自有他的主人在；而且他也必要站住，因为主能使他站住。

5有人认为这天比那天强，有人认为天天都是一样；只是各人自己心里要坚信不疑。6守日的人是为主守的，吃的人是为主吃的，因他感谢神；不吃的人是为主不吃的，他也感谢神。7我们没有一个人为自己活，也没有一个人为自己死。8我们若活着，是为主而活；若死了，是为主而死。所以我们或活或死，总是主的人。9因此基督死了，又活了，为要作死人并活人的主。

10你为什么论断弟兄呢？又为什么轻看弟兄呢？我们都要站在神的审判台前；11因为经上记着：**主**说：我指着我的永生起誓：万膝必向我跪拜；万口必向我承认。12这样看来，我们各人都要自己向神交账。

不可绊跌弟兄

13所以，我们不可再彼此论断，倒要立定主意，不给弟兄设置绊脚跌人之物。14我在主耶稣里知道并且确信，凡物本身没有不洁净的；但人看为不洁净的，在他就为不洁净了。15你若因食物使弟兄忧愁，就不再是在爱里行事。基督已经替他死了，你不可因食物使他沉沦。16所以，不要让你的善被人毁谤；17因为神的国不在于吃喝，而在于公义、和平并圣灵中的喜乐。18这样服事基督的人，就为神所喜悦，又为人所称许。

19所以，我们务要追求使人和睦的事，和彼此造就的事。20不可因为食物毁坏神的工作。凡物固然是洁净的，但人若因食物使人跌倒，就是他的罪了。21无论是吃肉，是喝酒，或是别的事，若使弟兄跌倒，一概不做为好。

22你所信的，当自己在神面前守着。人在自己以为可行的事上不定罪自己，就有福了。23人有疑惑若还去吃，就必被定罪，因为他吃不是出于信心。凡不出于信心的都是罪。

第十五章

要使邻居喜悦

1我们刚强的人，应该担当不刚强之人的软弱，不求自己的喜悦。2我们各人要使邻居喜悦，使他得益处，被造就。3因为连基督也不求自己的喜悦，反倒如经上所记：辱骂你之人的辱骂，都落在我身上。4从前经上所写的，都是为教导我们写的，要使我们借着忍耐和经书的安慰，可以得着盼望。

5愿赐忍耐和安慰的神，使你们彼此同心，效法基督耶稣，6一心一口荣耀我们主耶稣基督的神与父。

要使神得荣耀

7所以，你们要彼此接纳，如同基督接纳你们一样，使神得着荣耀。8我还要说，基督是为神的真理，作了受割礼之人的仆人，为要证实对列祖的应许，9并且使外邦人因所蒙的怜悯荣耀神；如经上所记：因此，我要在外邦人中赞美你，歌颂你的名。10又说：外邦人哪，你们当与祂的百姓一同欢乐。11又说：万国啊，你们都当赞美主！万民哪，你们都当颂赞祂！12又有以赛亚说：将来必有耶西的根，兴起来要治理外邦；外邦人要仰望祂。

13愿赐盼望的神，因信将诸般的喜乐平安充满你们，使你们靠着圣灵的能力大有盼望。

保罗的宣教志向

14我的弟兄们，我自己深信，你们是满有良善，充满了诸般的知识，也能够彼此劝戒。15但在有些点上，我写得较为大胆，是要提醒你们，我因神所赐给我的恩典，16为外邦人作了基督耶稣的仆役、神福音的祭司，使所献上的外邦人，靠着圣灵成为圣洁，可蒙悦纳。17所以在神的事上，我在基督耶稣里有所可夸的。18别的事我都不敢提，只提基督借我所做的事，就是祂借我的言语行为，用神迹奇事的能力，并圣灵的能力，使外邦人顺服，19以致我从耶路撒冷，一直转到以利哩古，到处传了基督的福音。20我立定志向，不在基督被传过的地方传扬福音，免得建造在别人的根基上。21就如经上所记：未曾听闻祂的，将要看见；未曾听见过的，将要明白。

保罗计划访问罗马

22因此，我也再三受到拦阻，不能到你们那里去。23但如今，这些地区再也没有地方可传，而我多年以来一直渴望来见你们，24就是当我要去西班牙的时候来见你们；我希望路过时见到你们，先与你们有些交往，然后得蒙你们送行。

25现在我往耶路撒冷去，供给那里的圣徒。26因为马其顿人和亚该亚人乐意捐钱，帮助耶路撒冷圣徒中的穷人。27这固然是他们乐意的，其实也是他们所欠的债；因外邦人既然分享犹太人的属灵之福，就应当把养身之物供给他们。28等我办完这事，把这善果妥善交给他们，就要路过你们那里到西班牙去。29我知道我来的时候，必带着基督的丰盛福分而来。

30弟兄们，我借着我们的主耶稣基督，又借着圣灵的爱，恳求你们与我一同竭力，为我向神祈求，31使我得救脱离犹太地不信从的人，也使我为耶路撒冷所办理的捐款得蒙圣徒悦纳，32并使我借神的旨意欢欢喜喜地到你们那里，与你们同得畅快。

33愿赐平安的神与你们众人同在。阿们！

第十六章

推荐菲比

1我向你们推荐我们的姊妹菲比，她是坚革哩教会的女执事。2请你们在主里，以与圣徒相称的方式接待她；她无论在什么事上有需要，请你们都帮助她，因为她帮助了许多人，也帮助了我。

问候圣徒

3请问候百姬拉和亚居拉；他们是我在基督耶稣里的同工，4为我的命将自己的生死置之度外，不仅是我，连外邦的众教会也感谢他们。又请问候在他们家里的教会。

5请问候我所亲爱的以拜尼土；他是在亚西亚最先归入基督的人。6又问候马利亚；她为你们多多劳苦。7又问候我的亲属、曾和我一同坐牢的安多尼古和犹尼亚；他们是使徒中有名望的，也比我先在基督里。8又问候我在主里所亲爱的暗伯利。9又问候我们在基督里的同工耳巴奴，和我所亲爱的士大古。10又问候在基督里蒙称许的亚比利。又问候亚利多布家里的人。11又问候我的亲属希罗天。又问候拿其数家在主里的人。

12请问候为主劳苦的土菲娜和土富莎。又问候所亲爱、为主多多劳苦的彼茜。13又问候在主里蒙拣选的鲁孚，和他的母亲；她也是我的母亲。14又问候亚逊其土、弗勒干、赫米、八罗巴、赫马、和同他们在一起的弟兄们。15又问候非罗罗古、犹利亚、尼利亚和他的姊妹、阿林巴、与同他们在一起的众圣徒。16要用圣洁的亲脸彼此问候。基督的众教会都问候你们。

17弟兄们，我劝你们留意那些制造分裂、使人跌倒、背离所学之道的人；要远避他们。18因为这样的人不服事我们的主基督，只服事自己的肚腹，用花言巧语诱惑老实人的心。19你们的顺服已经传与众人，所以我为你们欢喜。但我愿意你们在善事上聪明，在恶事上愚拙。

20那赐平安的神很快就要将撒但践踏在你们脚下。愿我们主耶稣的恩典与你们同在！

21我的同工提摩太，和我的亲属路求、耶孙、所西巴德都问候你们。22我这代笔写信的德丢，在主里问候你们。23那接待我，也接待全教会的该犹问候你们。24本城的库官以拉都，和弟兄括土问候你们。

25神能照着我所传的福音，和所传的耶稣基督，并照万古隐而不宣之奥秘的启示，坚固你们。26这奥秘如今已显明出来，而且照着永远之神的命令，借着众先知的书指示万国的民，使他们信服真道。27愿荣耀借着耶稣基督，归与这位独一全智的神，直到永远。阿们！

哥林多前书

第一章

祝福、感恩

1奉神旨意，蒙召作基督耶稣使徒的保罗，和弟兄所提尼，2写信给在哥林多神的教会，就是给在基督耶稣里被圣别、蒙召作圣徒的，和所有在各处求告我们主耶稣基督之名的人。袘是他们的主，也是我们的主。3愿恩典、平安，从神我们的父和主耶稣基督归与你们！

4我因神在基督耶稣里所赐给你们的恩典，常为你们感谢我的神，5因为你们在袘里面凡事富足，口才知识样样全备，6就连有关基督的见证，也在你们中间得了证实，7以致你们在恩赐上一无所缺，热切等候我们主耶稣基督的显现。8袘也必要坚固你们到底，使你们在我们主耶稣基督的日子无可责备。9神是信实的；你们原是被袘所召，进入袘的儿子我们主耶稣基督的契交1里。

关于教会中的分争

10弟兄们，我借我们主耶稣基督的名，恳求你们都说一样的话；你们中间也不可有分裂，却要一心一意，紧密团结。11我的弟兄们，革来氏家的人曾对我提起你们，说你们中间有分争。12我所说的是，你们各人说："我是属保罗的"；"我是属亚波罗的"；"我是属矶法的"；"我是属基督的"。13基督是分开的吗？保罗为你们钉了十字架吗？你们是奉保罗的名受了洗吗？

14我感谢神，除了基利司布和该犹，我没有给你们任何人施洗，15所以无人能说是奉我的名受了洗。（16我也给司提反家的人施过洗，此外给别的人施洗没有，我就不记得了。）17基督派遣我，原不是为施洗，而是为传福音，并且不用智慧的言语，免得基督的十字架落了空。

基督是神的能力和智慧

18因为十字架的道理，对那要灭亡的人为愚拙，对我们得救的人却是神的大能。19就如经上所记：我要灭绝智慧人的智慧，废弃聪明人的聪明。20智慧人在哪里？经学家在哪里？这世代的辩论家在哪里？神不是使这世上的智慧变成了愚拙吗？21世人凭自己的智慧既然不认识神，神就乐意用人看为愚拙的道理，拯救那些信的人；这就是神的智慧了。

22犹太人求看神迹，希腊人寻求智慧，23我们却是传扬钉十字架的基督，对犹太人为绊脚石，对外邦人为愚拙；24但对那蒙召的，无论是犹太人还是希腊人，基督总是神的能力，神的智慧。25因为神的愚拙也比人智慧，神的软弱也比人刚强。

26弟兄们，看看你们蒙召的：按着肉身有智慧的不多，有能力的不多，出身尊贵的也不多。27神却拣选了世上愚拙的，使有智慧的羞愧；神又拣选了世上软弱的，使那刚强的羞愧。28神也拣选了世上卑贱的、被人藐视的、和那算不得什么的，为要废掉那算得什么的；29使一切属血肉的，在神面前都不能夸口。30但你们得以在基督耶稣里，是出于神；基督成了我们从神来的智慧、公义、圣洁、救赎。31所以，如经上所记：夸口的，当指着主夸口。

注：1 契交：指信徒彼此之间，信徒与神之间，在灵里默契的、亲密的交流、往来、分享。

第二章

只传被钉十字架的基督

1弟兄们，从前我到你们那里，向你们传神的奥秘，并没有用高言大智。2因为我曾立定主意，在你们中间不知道别的，只知道耶稣基督，和祂钉十字架。3我在你们那里，既软弱又惧怕，而且大大战兢。4我说的话，我讲的道，不是用智慧动听的言语，而是用圣灵和大能来证明，5使你们的信仰不是基于人的智慧，而是基于神的大能。

神奥秘的智慧

6然而，在成熟的人中，我们也讲智慧，但不是这世代的智慧，也不是这世代将要被废去的掌权者的智慧。7我们所讲的，是从前所隐藏、神奥秘的智慧，就是神在万世以前，为使我们得荣耀所预定的。8这智慧，这世代的掌权者没有一个知道，若是知道，就不会把荣耀的主钉在十字架上。9但如经上所记：神为爱祂的人所预备的，是眼睛未曾看见、耳朵未曾听见、人心也未曾想到的。10如今神却借着圣灵向我们显明了，因为圣灵参透万事，甚至是神深奥的事。

属灵的人看透万事

11除了在人里面人的灵，谁能知道人的事呢？照样，除了神的灵，也没有人知道神的事。12我们所领受的，并不是世上的灵，而是从神来的灵，使我们能知道神开恩赐给我们的事。13我们也讲说这些事，不是用人的智慧所教导的言语，而是用圣灵所教导的言语，用属灵的话解释属灵的事（或译：将属灵的事讲给属灵的人）。

14然而，属魂的人不领会神圣灵的事，反倒以为愚拙，而且不能明白，因为这些事只有属灵的人才能看透。15属灵的人能看透万事，却没有人能看透他。16谁曾知道主的心思，可以指教祂呢？但我们是有基督的心思了。

第三章

你们仍是属肉体的

1弟兄们，我从前对你们说话，不能把你们当作属灵的，只能把你们当作属肉体的，当作在基督里的婴孩。2我给你们奶喝，没给你们饭吃，因为你们不能吃饭，就是如今还是不能。3你们仍是属肉体的；因为你们中间有嫉妒、分争，这不就是属于肉体、照着世人的样子行吗？4当有人说：我是属保罗的。又有人说：我是属亚波罗的。你们不就是和世人一样吗？

5亚波罗算什么？保罗算什么？不过是执事，照着主所赐给他们各人的，引导你们相信。6我栽种了，亚波罗浇灌了，唯有神使之生长。7所以，栽种的算不得什么，浇灌的也算不得什么，只在于那使之生长的神。8栽种的和浇灌的都是一样，但将来各人要照自己的劳苦，得自己的赏赐。9因我们是神的同工，而你们是神的田地，神的建筑。

要谨慎是怎样建造

10我照神所赐给我的恩典，好像一个聪明的工头，立好了根基，别的人在上面建造。但各人要谨慎怎样在上面建造。11因为除了已经立好的根基，就是耶稣基督，没有人能另立根基。

12若有人用金银宝石，或用草木禾秸，在这根基上建造，13将来各人的工程必然显露，因为那天要将工程显明；而且是用火来显明，这火将要试验各人的工程是哪一种。14人在这根基上所建造的工程若存得住，他就要得赏赐。15人的工程若被烧毁，他就要受亏损，自己虽要得救，却要像从火里经过一样。

16难道不知你们是神的殿，神的灵住在你们里面吗？17若有人毁坏神的殿，神必毁坏那人；因为神的殿是圣的，你们就是这殿。

18谁都不可自欺。你们中间若有人自以为在这世代有智慧，他就该变为愚拙，好成为有智慧的。19因为这世界的智慧在神看是愚拙，如经上所记：祂使有智慧的中了自己的诡计。20又说：主知道智慧人的意念是虚妄的。21所以，谁都不可拿人夸口。万有都是你们的，22或保罗，或亚波罗，或矶法，或世界，或生命，或死亡，或现今的事，或将来的事，都是你们的；23你们是属基督的，基督又是属神的。

第四章
基督仆人的忠心

1人应当把我们看作是基督的仆人，神奥秘的管家。2对管家所要求的，就是要他有忠心。3我被你们论断，或被别人论断，我都看为极小的事；连我自己也不论断自己。4我虽不觉自己有错，却也不能因此称义；那判断我的本是主。5所以，时候未到，什么都不要论断，只等主来；祂要照出黑暗中的隐情，并要显明人心里的动机。那时，各人得的称赞必是从神而来。

6弟兄们，我为你们的缘故，将这些事应用于我自己和亚波罗，使你们从我们所学的，不越过所写的，免得你们有人自高自大，重看这个，轻看那个。7使你与人不同的是谁呢？你有什么不是领受的呢？若是领受的，为何要自夸，仿佛不是领受的呢？8你们已经充足了！已经丰富了！不用我们自己就作王了！我多希望你们真的作王，使我们也能和你们一同作王！

9我想神把我们使徒列在了游行队伍的最后，好像定了死罪的人，因为我们成了景观，给宇宙、天使和世人观看。10我们为基督的缘故是愚拙的，你们在基督里倒是聪明的；我们软弱，你们倒刚强；你们受人尊敬，我们倒被藐视。11直到此时此刻，我们还是又饥又渴，衣不遮体，遭人殴打，住无定处，12并且劳苦，亲手做工。被人咒骂，我们就祝福；被人逼迫，我们就忍受；13被人毁谤，我们就善劝。我们成了世界上的污秽，万物中的渣滓，直到如今。

14我写这些，不是要使你们羞愧，而是像劝戒我亲爱的儿女一样。15你们在基督里，就算有上万的师傅，为父的却不多，因为是我在基督耶稣里借着福音生了你们。16所以，我劝你们要效法我。17因此，我派提摩太到你们那里去；他是我在主里所亲爱、有忠心的儿子。他必提醒你们我在基督里是怎样行事，正如我在各处各教会中所教导的。

18有些人自高自大，以为我不会到你们那里去；19然而，主若愿意，我必很快就到你们那里去；到时我要知道的，不是那些自高自大之人的言语，而是他们的能力。20因为神的国不在于言语，而在于能力。21你们想要怎么样呢？要我带着刑杖来，还是带着爱和温柔的灵来呢？

第五章
关于行淫乱的弟兄

1确实听说你们中间有淫乱的事；这样的淫乱连外邦人中也没有，就是有人和他继母同居。2你们还是自高自大，并不哀痛，把行这事的人从你们中间赶出去。3我身体虽不在你们那里，灵却在你们那里，已经审判了行这事的人，好像我在你们那里一样，4就是你们聚会的时候，我的灵也同在，奉我们主耶稣的名，用我们主耶稣的权能，5将这个人交给撒但，败坏他的肉体，好使他的灵在主的日子可以得救。

6你们自夸是不好的。难道不知一点面酵能使全团面都发起来吗？7你们既是无酵的面，就当把旧酵除净，好成为新的面团；因为我们逾越节的羔羊基督已经被杀献祭了。8所以，我们守这节不可用旧酵，也不可用恶毒邪恶的酵，只可用诚实真正的无酵饼。

9我先前写信吩咐你们，不可与淫乱的人交往；10此话不是指这世上所有行淫乱的，或贪婪的、勒索的、拜偶像的；若是这样，你们就得离开世界。11但我现在写信吩咐你们，若有称为弟兄的是行淫乱的，或贪婪的、拜偶像的、辱骂的、醉酒的、勒索的，这样的人不可与他交往，就是同他吃饭也不可以。12因为审判教外的人与我何干呢？教内的人不是你们审判的吗？13至于教外的人，有神审判他。你们应当把那恶人从你们中间赶出去。

第六章
关于信徒间的争讼

1你们有人彼此起了争执，怎敢到不义的人面前，却不到圣徒面前求审判呢？2难道不知圣徒将要审判世界吗？若是世界要由你们审判，难道你们不配审判这极小的事吗？3难道不知我们将要审判天使吗？何况今生的事呢？4既是这样，你们若有今生的事需要审判，是找教会所轻看的人审判吗？5我说这话是要使你们羞愧。难道你们中间没有一个智慧人，能够审断弟兄之间的事吗？6你们竟然弟兄告弟兄，而且告到不信的人面前！

7你们彼此告状，已经全然错了。为什么不宁愿受冤呢？为什么不宁愿吃亏呢？8你们反倒冤枉人，亏负人，而且是自己的弟兄！9难道不知不义的人不能承受神的国吗？不要自欺！无论是行淫乱的、拜偶像的、犯奸淫的、作男妓的、同性恋的、10偷窃的、贪婪的、醉酒的、辱骂的、勒索的，都不能承受神的国。11你们有人从前就是这样；但如今你们因主耶稣基督的名，靠我们神的灵，已经洗净了，圣别了，称义了。

要在身体上荣耀神

12凡事我都可行，但不都有益处。凡事我都可行，但都不受辖制。13食物是为肚腹，肚腹是为食物；但神要将这两样都废掉。身体不是为淫乱，而是为主；主也是为身体。14神已经使主复活，将来要用祂的大能使我们也复活。15难道不知你们的身体是基督的肢体吗？我可以拿基督的肢体作成娼妓的肢体吗？绝对不可！16难道不知与娼妓联合的，便是与她成为一体吗？因为经上说：二人要成为一体。17但与主联合的，便是与主成为一灵。

18你们要逃避淫行！人所犯其他的罪，都是在身体以外，唯有行淫的，是得罪自己的身体。19难道不知你们的身体是圣灵的殿吗？这圣灵是从神而来，住在你们里面。你们不是属于自己的，20因为你们是用重价买来的。所以，要在你们的身体上荣耀神。

第七章

关于婚姻

1论到你们信上所提的事，我认为人不结婚（直译：不碰女人）是好事。2但为避免淫乱的事，男人应当各有自己的妻子，女人也当各有自己的丈夫。3丈夫对妻子当尽本分，妻子对丈夫也要如此。4妻子对自己的身体没有主权，丈夫才有；丈夫对自己的身体也没有主权，妻子才有。

5夫妻不可彼此亏负，除非两相情愿，暂时分房，为要专心祷告；以后仍要同房，免得撒但趁着你们不能自制，引诱你们。6我说这话，是作为建议，并不是命令。7我愿所有的人像我一样；只是各人都有自己从神得的恩赐，有人是这样，有人是那样。

8我对未婚的人和寡妇说：他们若能像我，保持单身就好。9倘若不能自制，他们就当结婚，因为与其欲火中烧，不如结婚更好。10至于已结婚的，我（其实不是我，而是主）吩咐他们说：妻子不可离开丈夫。11若是离开了，就不可再嫁，不然仍要同丈夫和好。丈夫也不可以离弃妻子。

12我（不是主）对其余的人说：若某弟兄有不信的妻子，妻子愿意和他同住，他就不可离弃妻子。13妻子若有不信的丈夫，丈夫愿意和她同住，她就不可离弃丈夫。14因为不信的丈夫就因着妻子得以圣别，不信的妻子也因着丈夫得以圣别；不然，你们的儿女就不洁净，但如今他们是圣洁的。

15倘若那不信的要离去，就让他离去；无论弟兄还是姐妹，在这种情况下不必勉强；神召我们是要我们和睦。16你这作妻子的，怎么知道是否能救你的丈夫呢？你这作丈夫的，怎么知道是否能救你的妻子呢？

留在蒙召时的身份里

17然而，各人要照神召他的时候，主所分给他的而行。我在各教会中都是这样吩咐的。18人蒙召时已受割礼，就不要废割礼；人蒙召时未受割礼，就不要受割礼。19受割礼算不得什么，不受割礼也算不得什么，要紧的是遵守神的诫命。20各人蒙召时是什么身份，仍要留在这身份里。

21你蒙召时是奴仆吗？不要因此忧虑；但若能得自由，就得自由好了。22因为蒙召归于主时是奴仆的，就是主所释放的人；蒙召时是自由人的，就是基督的奴仆了。23你们是用重价买来的，不要作人的奴仆。24弟兄们，你们各人蒙召时是什么身份，仍要在神面前留在这身份里。

关于独身、结婚、再婚

25关于独身，我没有主的命令，但我既然蒙主怜悯，能作忠心的人，就提出我的意见。26因现今的艰难，我认为人保持现状为好。27你有妻子缠着呢，就不要寻求脱离；你没有妻子缠着呢，就不要寻求妻子。28但你若娶妻，并不是犯罪；处女若出嫁，也不是犯罪。然而这样的人肉身必受苦难，我却愿意你们免这苦难。

29弟兄们，我要说的是，时候不多了；从此以后，有妻子的，要像没有妻子；30哀哭的，要像不哀哭；快乐的，要像不快乐；置买的，要像不拥有；31使用世物的，要像不滥用，因为这世界的样子正在过去。

32我愿你们无所挂虑。没有娶妻的，是为主的事挂虑，想着怎样使主喜悦。33娶了妻的，是为世上的事挂虑，想着怎样使妻子喜悦，就分心了。34未婚妇女和处女是为主的事挂虑，要使身体和灵都能圣洁。已婚妇女是为世上的事挂虑，想着怎样使丈夫喜悦。35我说这话是为你们自己的益处，并不是要束缚你们，而是要你们做合宜的事，毫不分心地殷勤服事主。

36若有人觉得待未婚妻[1]有不合宜之处，她又过了年龄，应当结婚，他就可以随意办理，不算有罪；二人可以结婚。37但他若心里坚定，没有不得已的事，并且自己可以作主，心里决定保留她为未婚妻，如此行也好。38所以，他娶未婚妻是好，不娶她更是好。

39丈夫活着的时候，妻子是被约束的；丈夫若死了，她就自由了，可以随意再嫁，只是要嫁给在主里的人。40然而按我的意见，她若保持现状就更有福。我觉得我也有神的灵了。

注：1 未婚妻：有的译为女儿。

第八章
关于祭过偶像之物

1论到祭过偶像之物，我们晓得我们都有知识。但知识会使人自高自大，只有爱能造就人。2若有人以为自己知道什么，他所当知道的，他还是不知道。3但若有人爱神，这人就是神所知道的。

4论到吃祭过偶像之物，我们知道偶像在世上算不得什么，也知道神只有一位，再没有别的神。5虽然有称为神的，或在天上，或在地上，就如那许多的神，许多的主；6然而我们只有一位神，就是父；万有（或万物，下同）都是本于祂，我们也都归于祂；也只有一位主，就是耶稣基督；万有都是借祂而有，我们也是借祂而有。

7但不是所有人都有这种知识；有人因为拜惯了偶像，到如今还以为所吃的是祭过偶像之物；他们的良心既然软弱，就被污秽了。8其实食物并不能使我们更接近神；我们不吃也不会更差，吃了也不会更好。

9只是你们要谨慎，恐怕你们的这自由竟成了那软弱人的绊脚石。10若是有人看见你这有知识的，在偶像的庙里坐席，他的良心若是软弱，不就要放胆去吃那祭过偶像之物吗？11这样，那软弱的弟兄，基督为他死了，却因你的知识沉沦了。12你们这样得罪弟兄，伤害他们软弱的良心，就是得罪基督了。13所以，食物若使我的弟兄跌倒，我就永远不再吃肉，免得使我弟兄跌倒。

第九章
使徒的权利

1我不是自由的吗？我不是使徒吗？我不是见过我们的主耶稣吗？你们不是我在主里的工作吗？2若对别人我不是使徒，对你们我总是使徒，因为你们就是我在主里作使徒的印记。3对那些论断我的人，这就是我的答辩。

4难道我们没有权利靠传福音吃喝吗？5难道我们没有权利娶信主的姊妹为妻，带在身边，像其他的使徒、主的弟兄、和矶法一样吗？6难道只有我和巴拿巴，没有权利不必为了生计做工吗？7有谁当兵自备粮饷呢？有谁栽种葡萄园，不吃园里的果子呢？有谁牧养牛羊，不喝牛羊的奶呢？

8我说这话是照人的意见吗？律法不也是这样说吗？9摩西的律法上记着说：牛在碾谷的时候，不可笼住它的嘴。难道神所关心的是牛吗？10祂不全是为我们说的吗？确实是为我们说的；因为耕种的当存着指望去耕种，打粮的当存着分享的指望去打粮。11我们既把属灵之物撒给你们，若从你们收取养身之物，还算大事吗？12若别人在你们身上有这权利，我们不更有吗？然而我们没有用过这种权利，反倒凡事忍受，免得阻碍了基督的福音。

13你们就不知道，在圣殿供职的，就吃殿中之物，在祭坛服事的，就分领坛上之物吗？14主也是这样命定，叫传福音的人靠着福音养生。15但是这些权利我都没有用过。我写这些，并不是要你们这样待我，因为我宁愿死，也不愿意让人使我所夸的落了空。

凡所行的都是为了福音

16我传福音本没有可夸的，因为我是不得已的；若不传福音，我就有祸了。17我若甘心传，就有赏赐；若不甘心，这职责却已经托付我了。18那么，我的赏赐是什么呢？就是我传福音的时候，叫人不花钱就得着福音，免得用尽我传福音的权利。

19我虽然是自由的，不受任何人管辖，却甘心作了众人的奴仆，为要多得些人。20向犹太人，我就作犹太人，为要得犹太人；向律法以下的人，我就作律法以下的人，为要得律法以下的人（我自己虽不在律法以下）。21向没有律法的人，我就作没有律法的人，为要得没有律法的人（我虽不是没有神的律法，而是在基督的律法之下）。22向软弱的人，我就作软弱的人，为要得软弱的人。向什么样的人，我就作什么样的人；无论如何，总要救一些人。23凡是我所行的，都是为了福音，为要与人同享福音的好处。

24你们就不知道，在场上赛跑的都跑，但只有一个人得奖赏吗？你们也当这样奔跑，好使你们得着奖赏。25凡参加比赛的，得受严格训练（直译：凡事要有节制），不过是要得个必朽坏的冠冕；我们却是要得不朽坏的冠冕。26所以，我奔跑，并不像人没有目标；我斗拳，并不像是击打空气。27我是痛击己身，使身体服从我，免得我传给别人，自己反被淘汰了。

第十章

以祖先的事作为鉴戒

1弟兄们，我不愿意你们不知道，我们的祖先从前都在云下，都从海中经过，2都在云里，也在海里，受洗归了摩西；3且都吃了一样的灵粮，4也都喝了一样的灵水；所喝的，是出于随着他们的灵磐石；那磐石就是基督。5但是他们大都不得神的喜悦，所以倒毙在了旷野。

6这些事都是我们的鉴戒，叫我们不要贪恋恶事，像他们所贪恋的；7也不要拜偶像，像他们有人所拜的；如经上所记：百姓坐下吃喝，起来狂欢。

8我们也不要行淫乱，像他们有人所行的，结果一天就倒毙了二万三千人；9也不要试探主（有古卷是基督），像他们有人试探的，结果就被火蛇所灭。10你们也不要发怨言，像他们有人所发的，结果就被灭命的所灭。

11他们遭遇的这些事，都要作为鉴戒；这些事写在经上，正是为了警戒我们这些末世的人。12所以，自己以为站得稳的，须要谨慎，免得跌倒。

13那临到你们的试探，无非是人所能受的。神是信实的，祂必不让你们受试探过于所能受的，在受试探的时候，必给你们开一条出路，使你们能忍受得住。

不能喝主的杯又喝鬼的杯

14所以，我所亲爱的，你们要逃避拜偶像的事。15我是对明白人说话；你们要审察我的话。16我们所祝福的杯，不是有份于基督的血吗？我们所擘开的饼，不是有份于基督的身体吗？17因为只有一个饼，我们虽多，还是一个身体，因我们都分享这一个饼。

18你们看看以色列人：那吃祭物的，不就是有份于祭坛吗？19我要说的是什么呢？是说祭过偶像之物算得什么吗？或说偶像算得什么吗？20不！我是说，外邦人所献的祭是祭鬼，不是祭神；我不愿意你们与鬼相交。21你们不能喝主的杯又喝鬼的杯，不能吃主的筵席又吃鬼的筵席。22我们想要惹主嫉恨吗？我们比祂还有能力吗？

凡事都要为荣耀神而行

23凡事都可以行，但不都有益处。凡事都可以行，但不都造就人。24无论何人，不要求自己的益处，却要求别人的益处。

25肉市上所卖的，你们都可以吃，不必为良心的缘故查问，26因为地和其中所充满的，都属于主。

27若有不信的人请你们，你们也愿意去，凡摆在你们面前的都可以吃，不必为良心的缘故查问。28但若有人对你们说：这是祭过偶像之物；就要为那告诉你们的人，并为良心的缘故不吃。29我所说的良心不是你的，而是他的。我的自由为什么要被别人的良心论断呢？30我若谢恩而吃，为什么要因我谢过恩的被人毁谤呢？

31所以，你们或吃或喝，无论做什么事，都要为荣耀神而行。32无论是对犹太人、希腊人，还是对神的教会，都不要成为绊脚石；33就好像我凡事都使众人喜悦，不求自己的益处，只求众人的益处，好使他们得救。

第十一章

1你们该效法我，像我效法基督一样。

关于妇女蒙头

2我称赞你们，因你们凡事记念我，又坚守我所传给你们的教训。3但我愿意你们知道，基督是各人的头；男人是女人的头（或：丈夫是妻子的头）；神是基督的头。

4凡男人祷告或是讲道，若蒙着头，就羞辱自己的头。5凡女人祷告或是讲道，若不蒙着头，就羞辱自己的头，因为这就如同剃了头发一样。6女人若不蒙着头，就该剪掉头发；女人若以剪发剃发为耻，就该蒙着头。

7男人本不该蒙着头，因为他是神的形象和荣耀；但女人是男人的荣耀。8因为男人不是由女人而出，女人却是由男人而出。9并且男人不是为女人而造，女人却是为男人而造。10因此，女人为天使的缘故，应当在头上有服权柄的记号。11然而在主里面，女人并不独立于男人，男人也不独立于女人。12因为正如女人是由男人而出，照样，男人是借女人而生；但万有都是出于神。

13你们自己判断：女人向神祷告，不蒙着头合适吗？14人的本性不也教导你们，男人若有长头发，就是他的羞耻吗？15但女人有长头发，就是她的荣耀，因这头发是给她作遮盖的。16若有人想要辩驳，我们却没有这样的规矩，神的众教会也没有。

圣餐时的混乱

17以下吩咐的事，我不称赞你们，因为你们聚会不是受益，而是招损。18首先，我听说你们在聚会的时候，彼此起了分裂，我也稍微相信。19你们中间不免会有分门结派的事，好使蒙神称许的人显明出来。

20你们聚会的时候，算不得吃主的晚餐，21因为吃的时候，各人先吃自己的饭，结果有人饥饿，有人喝醉。22你们要吃要喝，难道没有家吗？还是你们藐视神的教会，使那些没有的羞愧呢？我向你们可说什么呢？称赞你们吗？在这事上我不称赞！

主圣餐的设立（太 26:26-30；可 14:22-26；路 22:14-20）

23我当日传给你们的，原是从主领受的。主耶稣被出卖的那夜，祂拿起饼来，24祝谢了，就擘开，说：这是我的身体，是为你们舍的；你们当如此行，为的是记念我。25饭后也照样拿起杯来，说：这杯是用我的血所立的新约；你们每逢喝的时候，要如此

行，为的是记念我。26你们每逢吃这饼，喝这杯，就是宣告主的死，直等到祂再来。

吃饼喝杯当省察自己

27所以，无论何人，不配还吃主的饼，喝主的杯，就是干犯主的身体和主的血了。28人当省察自己，然后才吃这饼，喝这杯。29因为人吃饼喝杯，若不辨明是主的身体，就是给自己吃喝审判了。30因这缘故，你们中间有好些软弱的、患病的，死了（原文是睡了）的也不少。31我们若先省察自己，就不至于受审判了。32但我们受审判，是被主管教，免得和世人同被定罪。

33所以我的弟兄们，你们聚会吃的时候，要彼此等待。34若是有人饿了，当在家里先吃，免得你们聚会招致审判。其余的事，等我来了再作安排。

第十二章
关于属灵的恩赐

1弟兄们，论到属灵的恩赐，我不愿意你们不明白。2你们知道，你们作外邦人的时候，常受迷惑，被引诱去拜那哑巴偶像。3所以我要你们知道，被神的灵感动而说话的，没有人说：耶稣该受咒诅；除非是被圣灵感动，也没有人能说：耶稣是主。

4恩赐虽有多种，圣灵却是一位。5事工也有多种，主却是一位。6功用也有多种，神却是一位；祂在众人里面运行一切的事。

7圣灵显在各人身上，是要众人都得益处。8这人得蒙圣灵赐他智慧的言语，那人也蒙这位圣灵赐他知识的言语，9又有一人得蒙这位圣灵赐他信心，还有一人得蒙这位圣灵赐他医病的恩

赐，10又使一人能行异能，又使一人能作先知，又使一人能辨别灵，又使一人能说方言，又使一人能译方言。11这一切都是这同一位圣灵所运行、随己意个别地分给各人的。

一个身体许多肢体

12就如身体是一个，却有许多肢体；而且身体上的肢体虽多，仍是一个身体；基督也是这样。13我们无论是犹太人还是希腊人，是为奴的还是自由的，都在一位灵里受洗，归入一个身体，且都得以喝这一位灵。

14身体不是一个肢体，而是许多肢体。15假如脚说：我不是手，所以我不属于身体。它并不能因此就不属于身体。16假如耳说：我不是眼，所以我不属于身体。它也不能因此就不属于身体。17若全身是眼，听觉在哪里呢？若全身是耳，嗅觉在哪里呢？18但如今神照着自己的意愿，把肢体一个个安置在身体上了。19若全都是一个肢体，身体在哪里呢？20但如今肢体有很多，身体却是一个。21眼不能对手说：我不需要你。头也不能对脚说：我不需要你。

22不但如此，身上肢体似乎较为软弱的，更是不可少的。23身上肢体我们以为不体面的，就加上更多的体面；不俊美的，就加上更多的俊美。24我们俊美的肢体，就不需要加了。但神已经这样配搭身体：把更多的体面加给那有缺欠的肢体，25免得身体起了分裂，却要肢体彼此相顾。26若有一个肢体在受苦，所有肢体就一同受苦；若有一个肢体得荣耀，所有肢体就一同快乐。27你们就是基督的身体，并且各人是作肢体。

28神在教会所设立的，第一是使徒，第二是先知，第三是教师，然后是行异能的，再就是得恩赐医病的、帮助人的、作管理的、说方言的。29难道都是使徒吗？都是先知吗？都是教师吗？都是行异能的吗？30都是得恩赐医病的吗？都是说方言的吗？都是译方言的吗？

31你们要切慕那些极重要的恩赐。现在我要把那超特的路指示你们。

第十三章

爱—超特的路

1我若能说万人的语言，并天使的话语，却没有爱，我就成了鸣的锣、响的钹。2我若有先知讲道之能，也明白各样的奥秘、各样的知识，又有全备的信，以致能够移山，却没有爱，我就算不得什么。3我若将所有的周济穷人，又舍己身给人焚烧，却没有爱，仍然与我无益。

4爱是恒久忍耐，又有恩慈；爱是不嫉妒；爱是不自夸，不张狂，5不做不合宜的事，不求自己的益处，不轻易发怒，不计较人的恶；6不喜欢不义，只喜欢真理；7凡事包容，凡事相信，凡事盼望，凡事忍耐。

8爱将永存不息。先知讲道终必废弃；讲说方言也必终止；知识将来也要废弃。9我们所知道的是局部的，所讲的道也是局部的，10等到那完全的来到，这局部的就要废弃。11我是孩童的时候，说话像孩童，心思像孩童，意念像孩童；当我成人以后，就把孩童的事丢弃了。12我们现在像是借着镜子观看，模糊不清，到那时就面对面了。我现在所知道的是局部的，到那时就全知道了，如同主知道我一样。

13如今常存的有信、望、爱这三样，其中最大的就是爱。

第十四章
特别要切慕讲道的恩赐

1你们要追求爱，也要切慕属灵的恩赐，特别是作先知讲道。2那说方言的，不是对人说，而是对神说，因为没有人听得懂；他是在圣灵里讲说奥秘的事。3但讲道的是对人说，使人得着造就、安慰、劝勉。4说方言的是造就自己，但讲道的是建造教会。5我愿意你们都说方言，但更愿意你们都能讲道；因为说方言的若不翻译出来，使教会得着建造，那讲道的就比他强了。

6弟兄们，我到你们那里，若是只说方言，却不用启示，或知识，或预言，或教训对你们讲说，我对你们有什么益处呢？7就是那无生命的发声之物，或箫或琴，若所发出来的音调没有分别，怎能知道所吹所弹的是什么呢？8吹的号声若不明确，谁能预备打仗呢？

9你们也是如此，若不用舌头说容易明白的话，怎能知道所说的是什么呢？那就是向空气说话了。10世上的语言或许有很多种，但没有一种是没有意思的。11我若是不明白那语言的意思，我对那说话的就成了外国人，他对我也成了外国人。12你们也是如此，既然切慕属灵的恩赐，就当寻求多得建造教会的恩赐。

13所以，那说方言的，应当祈求能够翻译出来。14我若用方言祷告，是我的灵在祷告，我的心思却没有起作用。15应该怎么样呢？我要用灵祷告，也要用心思祷告；我要用灵歌唱，也

要用心思歌唱。16不然，你用灵祝谢，在场不懂方言的人，因为不明白你所说的话，怎能在你感谢的时候说阿们呢？17你感谢得固然很好，别人却得不着造就。

18我感谢神，我说方言比你们众人还多。19但在教会中，我宁愿用心思说五句教导人的话，强如说万句方言。

20弟兄们，在思想上不要作小孩子，在恶事上却要作婴孩；在思想上要作成熟的人。21律法上记着**主**说：我要借着外邦人的舌头，和异邦人的嘴唇向这百姓说话；虽然如此，他们还是不听从我。22由此可见，说方言不是给信的人作证据，而是给不信的人；讲道不是给不信的人作证据，而是给信的人。

23所以，全教会聚会的时候，若都说方言，有不懂方言的或不信的人进来，不就要说你们癫狂了吗？24但若都作先知讲道，有不信的或不懂方言的人进来，就要被众人劝醒，被众人审明；25他心里的隐情显露出来，就必脸伏于地敬拜神，说：神真是在你们中间！

凡事都要按着次序而行

26弟兄们，应该怎么样呢？你们聚会的时候，各人或有诗歌，或有教导，或有启示，或说方言，或译方言，凡事都当为着建造（指造就信徒、建造教会）。27若有说方言的，只可两个人，最多三个人，且要轮流说，还要有一个人翻译。28若没有人翻译，就当在聚会中闭口，只对自己和神说。

29至于讲道的，要有两三个人讲，其余的人当慎思明辨。30在坐的若有人得了启示，前一个人就当住口。

31因为你们都能一个一个地讲道，叫众人学道理，使众人得劝勉。32先知的灵是服从先知的；33因为神不是混乱的神，而是和谐的神。

34妇女在聚会中要闭口不言，像在圣徒的众教会一样，因为不准她们说话。她们应当顺服，正如律法所说的。35她们若想学什么，当在家里问自己的丈夫，因为妇女在聚会中讲话是可耻的。36神的话是从你们出来的吗？或是只临到你们吗？37若有人以为自己是先知，或是属灵的，就该知道，我所写给你们的是主的命令。38若有人不理会，就不要理会他。

39所以我的弟兄们，你们要切慕作先知讲道，也不要禁止说方言。40凡事都要有规有矩，按着次序而行。

第十五章

基督已经复活

1弟兄们，我所传给你们的福音，我想再向你们讲明。这福音你们接受了，又在其中得以站住，2且已借这福音得救，只要你们持守我所传给你们的道；不然，你们就是徒然相信。

3我所领受又传给你们的，最重要的，就是基督照着圣经所说的，为我们的罪死了，4而且埋葬了；又照圣经所说的，第三天复活了；5并且向矶法显现，然后向十二使徒显现；6后来有一次向五百多个弟兄显现，其中大多数人至今还在，也有一些已经睡了1；7以后向雅各显现，再后向众使徒显现；8最末了，也向我这如同未到产期而生的人显现。

9我本是使徒中最小的，甚至不配称为使徒，因为我曾逼迫神的教会。

10然而因着神的恩典，我成了我今天的人，并且祂给我的恩典没有枉费。我比众使徒格外劳苦；但这不是我，而是神的恩典与我同在。11所以，无论是我，还是其他使徒，我们如此传，你们也如此信了。

死人都要复活

12既传基督已从死里复活了，你们中间怎么还有人说没有死人复活呢？13若是没有死人复活，基督也就没有复活。14若是基督没有复活，我们所传的便是枉然，你们所信的也是枉然。15我们甚至被发现是为神妄作见证，因为我们见证神使基督复活了；若是死人真不复活，神也就没有使基督复活。16因为死人若不复活，基督也就没有复活。17基督若是没有复活，你们的信便是徒然，你们仍在自己罪里。18这样，那些在基督里睡了1的人也灭亡了。19我们在基督里，若只在今生有盼望，就是所有人中最可怜的了。

20但基督已经从死里复活，成为睡了之人初熟的果子。21死既然是借着一人而来，死人复活也是借着一人而来。22在亚当里众人都死了，照样，在基督里众人也都要复活。

23只是各人要按着自己的次序复活：初熟的果子是基督；以后，在祂来的时候，是那些属基督的。24再后，末期到了，那时基督既将一切执政的、掌权的、有能的都毁灭了，就把国交给父神。25因为基督必须作王，直到神把一切仇敌放在祂的脚下。26最后要毁灭的仇敌，就是死。27因那时神已经使万有都服在祂的脚下。既然说神使万有都服了祂，显然，那使万有服祂的神就不在其内了。28等到万有

都服了祂，子自己也要服那使万有都
服祂的神，使神在万有中作一切。

29不然，那些替死人受洗的，将来又
怎样呢？若是死人根本不复活，何必
要替他们受洗呢？30我们又何必要时
刻冒险呢？31弟兄们，我是天天冒死！
这是我在我们的主基督耶稣里，指着
你们所夸的口肯定地说的。32我曾在
以弗所同野兽搏斗，若照常人，那对
我有什么益处呢？若死人不复活，我
们就吃吧，喝吧！因为明天就要死了。

33你们不要自欺；滥交朋友败坏品
德。34你们应当醒悟，不要犯罪，因
为有人不认识神。我说这话是要使你
们羞愧。

复活后的身体

35有人要问：死人怎样复活呢？带
着什么样的身体来呢？36无知的人哪！
你所种的，若不死就不能生。37并且
你所种的，不是那将来的形体，而是
赤裸的子粒，或许是麦粒，或是别的
种子。38但神随自己的意愿给它一个
形体，并使每样种子各有自己的形体。

39肉体也不都是一样的肉体：人的是
一样，兽的又是一样，鸟的又是一样，
鱼的又是一样。40有天上的形体，也有
地上的形体；但天上形体的荣光是一样，
地上形体的荣光又是一样。41日有日
的荣光，月有月的荣光，星有星的荣
光；这星和那星的荣光也有分别。

42死人复活也是这样：所种的是必
朽坏的，复活的是不朽坏的；43所种
的是卑贱的，复活的是荣耀的；所种
的是软弱的，复活的是有能的；44所
种的是属魂的身体，复活的是属灵的
身体；若有属魂的身体，必有属灵的
身体。45经上也是这样记着：第一个

人亚当，成了有魂的活人。末后的亚
当，成了赐人生命的灵。

46但不是属灵的在先，而是属魂的
在先，以后才有属灵的。47第一个人
是出于地，是属土；第二个人是出于
天。48那属土者怎样，凡属土的也都
怎样；那属天者怎样，凡属天的也都
怎样。49我们既然有那属土者的形象，
将来也必有那属天者的形象。

50弟兄们，我所说的是：血肉之体
不能承受神的国，必朽坏的不能承受
不朽坏的。51我告诉你们一个奥秘：
我们不是都要睡去1，而是都要改变，
52就是在一霎时，眨眼间，号筒最后
一次吹响的时候；因为号筒要吹响，
死人要复活，成为不朽坏的，我们都
要改变。53这必朽坏的必须穿上不朽
坏的，这必死的必须穿上不死的。
54当这必朽坏的穿上不朽坏的，这必
死的穿上不死的，经上所记死被得胜
吞灭的话就应验了。

55死亡啊，你的得胜在哪里？死亡
啊，你的毒刺在哪里？56死的毒刺就
是罪，罪的权势就是律法。57感谢神，
祂借着我们的主耶稣基督使我们得胜。

58所以，我亲爱的弟兄们，你们务
要坚固，不可动摇，常常竭力多做主
工，因为知道你们的劳苦，在主里面
不是徒然的。

注：1睡了（或睡去）：指死了；基督
徒死了，在神只是睡了。

第十六章
关于为圣徒捐钱

1关于为圣徒捐钱，你们当照我所
吩咐加拉太众教会的去行。2每逢七天
的第一天，你们各人要照自己的收入

抽出一些留着，免得我来以后现凑。3等到我来了，你们选中谁，我就派他们带着书信，把你们的捐款送到耶路撒冷去。4若我也应该去，他们可以和我同去。

保罗的行程安排

5我将从马其顿经过；经过以后，就要到你们那里去，6或许和你们住些时候，甚至过冬。然后我无论往哪里去，你们都可以给我送行。7我不想只是路过见见你们；主若允许，我希望和你们住些时候。8但我还要留在以弗所，直到五旬节，9因为有既宽大又有功效的门为我开了，同时反对的人也多。

嘱咐、劝勉、问安

10若是提摩太到了，你们要留意，使他在你们那里无所惧怕，因为他是做主的工，像我一样。11所以，谁都不可藐视他；务要送他平安前行，使他回到我这里来，因我等着他和弟兄们同来。12至于亚波罗弟兄，我曾再三劝他同弟兄们到你们那里去；但他现在毫无意愿去，下次有了机会他必去。

13你们务要警醒，在信仰上站稳；要作大丈夫；要刚强。14凡你们所做的，都要在爱里做。

15弟兄们，你们知道，司提反一家是亚该亚最先信主的人（直译：初结的果子）；他们专心服事圣徒。16我劝你们服从这样的人，并一切和他们一同工作劳苦的人。

17我因司提反、福徒拿都、和亚该古的来到而喜乐，因他们补足了你们待我所不能及之处。18他们使我和你们的灵都得了畅快。这样的人你们务要敬重。

19亚西亚的众教会问候你们。亚居拉、百姬拉和在他们家里的教会，在主里再三问候你们。20众弟兄都问候你们。你们要用圣洁的亲脸彼此问候。21我保罗亲笔问候你们。

22若有人不爱主，他就该受咒诅。主啊，我愿你来！

23愿主耶稣的恩典与你们同在！24我的爱在基督耶稣里与你们众人同在。阿们！

哥林多后书

第一章

1奉神旨意，作基督耶稣使徒的保罗，和弟兄提摩太，写信给在哥林多神的教会，并亚该亚各处的众圣徒。2愿恩典、平安，从神我们的父和主耶稣基督归与你们！

患难与安慰

3愿颂赞归与我们主耶稣基督的神与父，就是施怜悯的父，赐各样安慰的神。4我们在一切患难中，祂都安慰我们，使我们能够用从神所得的安慰，去安慰那遭受各种患难的人。5基督的苦难怎样漫溢到我们身上，我们所得的安慰也照样借着基督而漫溢。6我们或受患难，是为了使你们得安慰，得拯救；我们或得安慰，也是为了使你们得安慰；这安慰能使你们忍受我们所受的同样苦难。7我们为你们所存的盼望是确定的，因为知道你们怎样有份于苦难，也必照样有份于安慰。

8弟兄们，我们不愿意你们不知道，我们曾在亚西亚遭受苦难，被压太重，力不能胜，甚至连活命的指望都绝了；9自己心里也断定是必死的，使我们不倚靠自己，只倚靠那使死人复活的神。10祂救我们脱离了那极大的死亡，而且还要救我们；我们寄希望于祂，祂必再救我们。11请你们也以祈祷帮助我们，使我们因许多人的祈祷蒙恩，许多人又因此为我们谢恩。

保罗没有再去哥林多的原因

12我们所夸耀的，是自己的良心作证：我们在世为人，是本着神的圣洁和诚实，不靠人的聪明，只靠神的恩典，向你们更是这样。13我们写给你

们的，并不外乎你们能念读、能明白的。14你们已经有些认识我们，我盼望你们能完全认识，好在我们主耶稣的日子，我们是你们的夸耀，就像你们是我们的夸耀一样。

15我既然这样深信，先前就打算到你们那里去，使你们两次得着益处，16就是先经过你们那里到马其顿去，再从马其顿回到你们那里，然后蒙你们送行往犹太去。17我这样打算，难道是轻率吗？我所打算的，难道是凭肉体，以致我忽是忽非吗？

18我指着信实的神说，我们向你们所传的道，并没有是而又非。19因为我和西拉并提摩太，在你们中间所传神的儿子耶稣基督，总没有是而又非，在祂始终是是。20因为神的应许不论有多少，在基督里都是是，所以借着祂我们说阿们，使荣耀归于神。21那在基督里坚固我们和你们，并且膏了我们的，就是神。22祂又在我们身上盖上印，并赐圣灵在我们心里作凭质。

23我呼吁神给我作证：我是为要宽容你们，才没有再到哥林多来。24我们并不是要管辖你们的信心，而是要帮助你们，使你们喜乐，因为你们是凭信心才得以站住。

第二章

1我自己立定主意，再到你们那里，必不再使你们忧愁。2因为我若使你们忧愁，除了我使之忧愁的人以外，谁能使我喜乐呢？3我曾经把这事写给你们，免得我来的时候，那些应该使我喜乐的人，反倒使我忧愁。我也深信，你们众人都以我的喜乐为自己的喜乐。4我先前因极其难过，心里痛苦，就流

着眼泪写信给你们，不是要使你们忧愁，而是要使你们知道我格外地疼爱你们。

赦免犯罪的弟兄

5若有人引起忧愁，他不是使我忧愁，而是使你们众人有几分忧愁。我说几分，是怕说得太重。6这样的人受了众人的责罚，也就够了，7现在倒要赦免他，安慰他，免得他忧伤过度而消沉了。8所以我劝你们，要向他显明你们的爱。

9我先前写信给你们，也是要试验你们，看你们是不是凡事顺从。10你们赦免谁，我也赦免谁。我若赦免什么，我所赦免的，是在基督面前为你们赦免的；11免得撒但占我们的便宜，因我们并不是不知道他的诡计。

基督的馨香之气

12我从前为基督的福音到了特罗亚，主也给我开了门，13但因为没有找到弟兄提多，我灵里不安，就辞别那里的人，到马其顿去了。

14感谢神！祂常在基督里，在凯旋的队伍中率领我们，并且借着我们，在各处显扬那因认识基督而有的香气。15因为无论是在得救的人中，还是在灭亡的人中，我们对神都是基督的馨香之气；16对灭亡的人，是死亡的香气叫他死；对得救的人，是生命的香气叫他活。对这些事，有谁够资格呢？17我们不像那许多人，为利混乱神的道；而是出于诚实，出于神，在神面前凭着基督讲道。

第三章

新约的执事

1难道我们是又推荐自己吗？或是像有些人，需要给你们推荐信，或要你们写推荐信吗？2你们就是我们的信，写在我们心里，是众人所知道所念读的。3你们显明你们就是基督的信，是借着我们写成的；不是用墨写的，而是用活神的灵写的；不是写在石版上，而是写在心版上。

4我们借着基督，在神面前有这样的信心。5并非我们凭自己有资格，把什么看作是出于我们自己；我们的资格是出于神。6祂使我们有资格作新约的执事，不是凭着字句，而是凭着圣灵；因为字句是叫人死，圣灵却叫人活。

7若那凭着刻在石头上的字句、属死的职事尚且带有荣光，以致以色列人因着摩西脸上的荣光（这荣光渐渐地退去了）不能定睛看他的脸，8那属圣灵的职事，难道不更带有荣光吗？9若那定罪的职事有荣光，那称义的职事就格外有荣光了。10那从前有荣光的，因这超特的荣光就算不得有荣光了。11若那退去的有荣光，这长存的就更有荣光了。

12我们既有这样的盼望，就大大放胆，13不像摩西拿个帕子蒙在脸上，以免以色列人看到荣光渐渐退去后的结果。14但是他们心地刚硬，直到今天在读旧约的时候，同样的帕子还在，没有揭去。这帕子只有在基督里才能废去。15是的，直到今天，每当念读摩西书的时候，帕子还蒙在他们心上。

16但是人几时转向主，帕子就几时除去了。17主就是那灵；主的灵在哪里，哪里就有自由。18我们众人既以揭去帕子的脸，观看并返照主的荣光，就渐渐变成与主同样的形象，荣上加荣，如同从主的灵变化成的。

第四章

瓦器里有宝贝

1我们既然蒙了怜悯，受了这个职事，就不丧胆，2却将暗昧可耻的事弃绝；行事不要诡诈，不谬讲神的道，只借着显明真理，在神面前把自己推荐给各人的良心。3我们的福音若被蒙蔽，那也是对灭亡的人蒙蔽。4此等不信之人被这世代的神弄瞎了心眼，以致看不见基督荣耀福音的光；基督本是神的像。5我们不是传扬自己，而是传扬耶稣基督是主，并且自己是因耶稣作你们的仆人。6因那吩咐光从黑暗里照出来的神，已经照在我们心里，使我们有了光，得以认识那在耶稣基督脸上神的荣耀。

7我们本是瓦器，里头有这宝贝，是要显明这超特的能力是出于神，不是出于我们。8我们四面受困，却没被困住；心里作难，却不至绝望；9遭受逼迫，却没被丢弃；被人打倒，却不至灭亡；10身上常常带着耶稣的受死，使耶稣的生命也显明在我们身上。11因为我们这活着的人，常为耶稣被交于死，使耶稣的生命，也在我们这必死的肉身上显明出来。12这样，死是在我们身上发动，生命却在你们身上发动。

13我们既有同样的信心之灵，就照经上所记：我信，所以我说话。我们也就信，所以也说话；14因为知道使主耶稣复活的神，也必使我们与耶稣一同复活，并使我们与你们一同站在祂面前。15一切都是为了你们，好叫恩典临到越来越多的人，感恩格外增多，使神得着荣耀。

外面朽坏里面更新

16所以，我们毫不丧胆；我们外面的人虽然渐渐朽坏，里面的人却在天天更新。17我们这短暂轻微的苦难，要为我们成就永远重大、无可比拟的荣耀。18我们所顾念的，不是看得见的，而是看不见的；因为看得见的是暂时的，看不见的是永远的。

第五章

渴望穿上新的身体

1我们知道，我们这在地上的居所，就是这帐棚（指肉身；下同。又见彼后1:13），若是拆毁了，就必得着神所建造、不是人手所造、在天上永远的居所。2我们在这帐棚里面叹息，渴望穿上我们属天的居所。3我们若穿上了，就不至于显为赤身。4我们在这帐棚里的人，劳苦叹息，并非想要脱下，而是想要穿上，好使这必死的被生命吞灭。5为此栽培我们的就是神；祂又赐给我们圣灵作凭质。

6所以，我们总是坦然无惧，并且知道我们住在肉身之内，就是与主分离。7因为我们行事为人是凭着信心，不是凭着眼见。8是的，我们坦然无惧，更愿离开肉身与主同住。9所以我们立定志向，无论住在肉身还是离开肉身，都要讨主的喜悦。10因为我们都必须出现在基督的审判台前，各人按着自己在肉身时所行的，或善或恶受报。

劝人与神和好的职事

11因为知道主的可畏，所以我们劝导众人。我们在神面前是显明的，盼望在你们的良心里也是显明的。12我们不是又向你们推荐自己，而是要给你们机会以我们夸口，好回答那只凭外貌不凭内心夸口的人。13我们若是颠狂，是为了神；我们若是谨守，是为你们。14原来基督的爱困迫我们，因为我们断定：一人既替众人死了，众人就都死了；15并且祂替众人死了，是叫那些活着的人，不再为自己活，而为祂这替他们死而复活者活。

16所以，从今以后，我们不再按着肉身认人了；虽然按着肉身认过基督，现在不再这样认祂了。17若有人在基督里，他就是新造的人，旧事已经过去，都变成新的了。18一切都是出于神；祂借基督使我们与祂和好，又将劝人与祂和好的职事赐给我们，19就是神在基督里，叫世人与祂和好，不将他们的过犯算在他们身上，并且将这和好的道理托付给了我们。20所以我们作了基督的大使，就好像是神借我们来劝你们。我们替基督求你们：与神和好吧！21神使祂这不知罪的替我们成为罪，好使我们在祂里面成为神的义。

第六章

1我们与神同工的，也劝你们不要徒然领受祂的恩典。2因为祂说：在悦纳的时候，我应允了你；在拯救的日子，我救助了你。看哪！现在正是悦纳的时候；现在正是拯救的日子。

神仆人的品格

3我们凡事都不使人绊跌，免得这个职事被人挑剔；4反倒在各样的事上，表明自己是神的仆人，就如在多方的忍耐上，在患难、穷乏、困苦、5鞭打、监禁、扰乱、劳苦、不睡、和挨饿上，6又以廉洁、知识、恒忍、恩慈、圣灵的感化、无伪的爱心、真实的道理、和神的大能，7又借着在左右两手公义

的兵器、荣耀和羞辱、恶名和美名；8似乎是骗人的，却是真诚的；似乎不为人知，却是人所共知；9似乎要死去，却仍然活着；似乎受责罚，却没有丧命；10似乎忧愁，却是常常喜乐；似乎贫穷，却使多人富足；似乎一无所有，却是拥有万有。

11哥林多人哪，我们向你们，口是坦率的，心是宽宏的。12你们受了限制，不是因为我们，而是因为自己心胸狭窄。13作为回报，你们也当照样宽宏（我像是对孩子说话）。

我们是活神的殿

14不要和不信的同负一轭；公义和不法有什么相交呢？光明和黑暗有什么相通呢？15基督和彼列（即撒旦）有什么相和呢？信的和不信的有什么相干呢？16神的殿和偶像有什么相同呢？因为我们是活神的殿，就如神曾说：我要在他们中间居住，在他们中间行走；我要作他们的神，他们要作我的民。17所以，你们要从他们中间出来，与他们分别；不要沾染不洁净的东西，我就收纳你们。这是主说的。18我要作你们的父亲；你们要作我的儿女。这是全能的主说的。

第七章

保罗因哥林多教会悔改而喜乐

1亲爱的，我们既有这些应许，就当洁净自己，除去肉身和灵里的一切污秽，敬畏神，得以完全圣洁。

2你们应该敞开胸怀接纳我们。我们未曾亏负谁，未曾败坏谁，未曾占过谁的便宜。3我说这话，不是要定你们的罪；我已经说过，你们常在我们心里，愿与你们同生同死。4我向你们

大大放胆；我因你们多多夸口；在我们一切的患难中，我满得安慰，分外喜乐。

5我们早前就是到了马其顿，肉身也不得安息，处处遭患难，外面有争战，里面有惧怕。6但那安慰沮丧之人的神，借着提多的到来安慰了我们；7不但借着他的到来，而且借着他从你们所得的安慰，安慰了我们。他把你们的想念、哀痛、和向我的热心都告诉了我们，使我更加喜乐。

8我先前那封信曾使你们忧愁，后来我虽后悔，现在却不后悔，因我知道那封信使你们忧愁不过是暂时的。9现在我喜乐，不是因为曾使你们忧愁，而是因为你们忧愁以致悔改；你们照着神的意思忧愁，就没有因我们受任何亏损。10因为照着神的意思忧愁，就生出悔改以致得救，这是没有后悔的；但世俗的忧愁是生出死。11看哪，你们照着神的意思忧愁，就在你们中间生出了何等的殷勤、自诉、自恨、惧怕、想念、热心、责罚！在这一切事上，你们都表明自己在那事上是清白的。

12我先前虽然写信给你们，却不是为那亏负人的，也不是为那受亏负的，而是为要在神面前，把你们顾念我们的热心显明出来。13故此，我们得了安慰。在这安慰之外，我们又因提多的喜乐更加欢喜，因为他的灵从你们众人得了畅快。14我若对他夸奖了你们什么，也不觉得惭愧，因为我们对你们所说的话怎样都是真的，我们对他夸奖你们的话也怎样成了真的。15并且他一想起你们众人的顺服，怎样恐惧战兢地接待他，他的心就更加

向着你们了。16现在我喜乐，因为我对你们完全放心。

第八章
鼓励信徒慷慨捐献

1弟兄们，我们想把神赐给马其顿众教会的恩典告诉你们：2他们在患难中遭受极大试炼的时候，仍然是喜乐漫溢；在极深的贫困中，格外地富于慷慨。3我可以作证，他们是按着能力，甚至是超过能力，自愿地捐献，4再三地恳求我们，要在这供给圣徒的捐献上有份。5他们不只是照着我们所希望的，更是照着神的旨意，先把自己献给主，然后献给我们。6因此，我们就劝提多，既然他早前在你们中间发起了，就当把这捐献的事完成。7你们既然在信心、口才、知识、热心、和对我们的爱等一切事上，都格外突出，在这捐献的事上也当格外突出。

8我说这话不是命令你们，而是借着别人的热心，来试验你们爱的真诚。9你们知道我们主耶稣基督的恩典：祂本来富足，却为你们成了贫穷，使你们因祂的贫穷，可以成为富足。

10我对此事提出我的意见，因为是与你们有益：这事你们既然一年前就不但开始做，而且乐意做，11如今当把这事完成；这样，既有愿做的热心，也照所能的完成。12因为人若是有愿做的热心，就必蒙悦纳，且是照他所能的，不是照他不能的。13这并不是要使别人安舒，你们为难，而是为了均平，14就是现在你们的富余帮补他们的缺乏，将来他们的富余也可以帮补你们的缺乏，这样就均平了。15如

经上所记：多收的也没有多余，少收的也没有缺少。

提多三人奉派去哥林多

16感谢神，祂把我对你们那同样的热心放在了提多心里。17他固然是接受了劝勉，但自己更是热心，自愿要到你们那里去。18我们还派一位弟兄和他同去；这人在福音上受到众教会的称赞。19不但如此，他还被众教会挑选，要和我们同去送交我们所办理的捐款，可以荣耀主，又表明我们的热心。20这就避免有人挑剔我们，因为我们所办理的捐款很多。21我们留心做合宜的事，不但在主面前，也在人的面前。

22我们还派一位弟兄和他们同去；这人是我们在许多事上多次试验过的。他有热心，现在因对你们大有信心，就更加热心了。23论到提多，他是我的同伴，服事你们的同工。至于那两位弟兄，他们是众教会的使者，是基督的荣耀。24所以你们务要在众教会面前，向他们切实显明你们的爱，和我们夸奖你们的缘由。

第九章
神喜爱乐意捐献的人

1关于为圣徒捐献的事，我不必写信给你们，2因为我知道你们的热心，常对马其顿人夸奖你们，说亚该亚人一年前就预备好了；你们的热心还激励了许多人。3但我派这三位弟兄前来，是要你们照我所说的预备好，免得我们在这事上夸奖你们的话落了空。4因为万一有马其顿人同我来了，发现你们没有预备好，我们就要因为如此满有把握而感到羞愧，你们就更不用说

了。5因此，我觉得有必要请这三位弟兄先来，使你们把先前所承诺的捐款事先预备好，以便显出你们所捐的是出于乐意，不是出于勉强。

6请记住这句话：少种的少收，多种的多收。7各人要照心里所定的，不要为难，不要勉强，因为神喜爱乐意捐献的人。8神能将各样的恩典多多加给你们，使你们凡事上总是十分充足，能多行各样的善事。9如经上所记：他施散钱财周济穷人；他的仁义要存到永远。

10那供应种子给撒种的，又供应粮食给人吃的，必多多地供给你们种子，又增添你们仁义的果子，11使你们凡事富足，以致于十分慷慨，人就借着我们对神生出感恩。12因为办好这捐款的事，不但补足圣徒的缺乏，而且使许多人格外地感谢神。13他们从这捐款的事上得了凭据，知道你们承认并顺服基督的福音，慷慨地捐钱给他们和众人，便将荣耀归给神。14他们也因神赐你们超特的恩典，就切切地想念你们，为你们祈祷。15感谢神，祂的恩赐难以言表！

第十章
保罗为他的职事辩护

1我保罗，就是那和你们当面时是卑怯的，不在时向你们是勇敢的，借着基督的温柔、宽容亲自求你们。2有人以为我们是凭肉体行事，我认为我必须勇敢地对付他们；我求你们，当我来了，不要使我有这样的勇敢。3我们虽然在肉体中行事，却不凭着肉体争战。4我们争战的兵器本不是属于肉体，而是有神的大能，可以攻破坚固

的营垒，5又能攻倒各样的诡辩，和一切拦阻人认识神的高论，并将各种意念掳来，使它顺服基督。6我们已经准备好了，一旦你们完全顺服，就要惩罚一切不顺服的人。

7你们看的只是表面。若有人自信是属基督的，他应当再想想：他是怎样属基督，我们也是怎样属基督。8主赐给我们权柄，是为要造就你们，不是要拆毁你们；我就是为这权柄格外地夸点口，也不至于羞愧。9我说这话，免得你们以为我写信是要威吓你们。10因为有人说：他的信既严厉又强硬，等到见了面，却是气貌不扬，言语粗俗。11这种人当想好：我们不在时信上的言语如何，来了以后行事也必如何。

12我们不敢将自己和那些自我推荐的人相提并论。他们是拿自己衡量自己，拿自己比较自己，是很不明智的。13我们夸口必不越过界限，只在神所量给我们的范围之内；这范围直达到你们那里。14我们没有越过界限夸口，好像没有到过你们那里，因为我们早到你们那里传了基督的福音。

15我们并不越过界限拿别人劳苦的夸口，但盼望你们的信心增长，我们的范围可以因着你们大大地扩展，16好将福音传到你们以外的地方，并不拿在别人范围之内已成的事夸口。17但夸口的，当指着主夸口。18因为得蒙悦纳的，不是自我称许的，而是主所称许的。

第十一章

保罗和假使徒

1愿你们容忍我一点愚妄；请你们务必容忍我！2我为你们起的嫉妒，原是神那样的嫉妒，因为我把你们许配给了一个丈夫，要把你们如同贞洁的童女献给基督。3我只怕你们的心思或被败坏，失去那向着基督的诚实和纯洁，就像蛇用诡计诱惑了夏娃一样。4假如有人来传另一个耶稣，不是我们所传过的；或是你们领受一个不同的灵，不是你们领受过的；或是接受一个不同的福音，不是你们接受过的，你们倒能好好地容忍！

5但我认为，我一点也不在那些超级使徒以下。6我的言语或许粗俗，我的知识却不粗俗。这是我们在凡事上，在各方面，向你们显明了的。

7我因为免费把神的福音传给你们，就自甘卑微，使你们升高，我这样是犯罪吗？8为了服事你们，我"抢夺"别的教会，向他们收取报酬。9我在你们那里有缺乏的时候，并没有拖累任何人，因为我所缺乏的，那从马其顿来的弟兄们都补足了。我向来谨守，无论如何也不拖累你们，以后也必谨守。10有基督的诚实在我里面，在亚该亚地区，无人能阻止我这样夸口。11为什么呢？是因我不爱你们吗？神知道我爱你们！

12我现在所做的，以后还要做，为要断绝那些人的机会；他们想得机会向人显出，他们在所夸的事上与我们是一样。13这种人是假使徒，行事诡诈，装作基督的使徒。14这也不足为怪，因为连撒但也装作光明的天使。15所以，他的仆役若装作仁义的仆役，也不算希奇。他们的结局必是照着他们的行为。

保罗陈述他受苦的经历

16我再说：谁都不要把我看作愚妄人；若要如此，那就把我当作愚妄人接纳，使我也可以夸一点口。17我现在所说的，不是奉主之命说的，而是像愚妄人放胆自夸。18既然有好些人凭着肉体夸口，我也要夸夸口。19因你们是精明人，乐意容忍愚妄人。20假如有人奴役你们，或侵吞你们，或掳掠你们，或向你们自高，或打你们的脸，你们都能容忍！

21说来惭愧，我们太软弱了。但我说句愚妄话，无论在何事上有人敢夸口，我也敢夸口。22他们是希伯来人吗？我也是。他们是以色列人吗？我也是。他们是亚伯拉罕的后裔吗？我也是。23他们是基督的仆人吗？我说句狂话，我更是！论劳苦，我更多；论坐牢，也更多；论鞭打，是过重；论冒死，是经常的。

24我被犹太人鞭打五次，每次四十下只差一下；25被棍子打了三次，被石头打了一次，遭遇船难三次，曾经一昼一夜在深海漂流；26又常常行远路，遭江河的危险，和强盗的危险、同族人的危险、外邦人的危险、城里的危险、旷野的危险、海上的危险、假弟兄的危险；27辛苦劳碌，常常不睡，忍饥受渴，经常断粮，缺衣受寒。

28除了这些外面的事，还有为众教会挂心的事，天天压在我的身上。29有谁软弱，我不软弱呢？有谁跌倒，我不焦急呢？

30我若必须夸口，就夸那些显出我软弱的事。31主耶稣的神与父，就是那永远可称颂的，知道我不说谎。32一次在大马色，亚哩达王手下的提督守住大马色城，要捉拿我，33我只好在筐子里，从窗户中，被人从城墙上缒下去，才逃脱他的手。

第十二章
保罗所得的异象和启示

1自夸本无益处，但我迫不得已。现在我要说说主的异象和启示。2我认识一个在基督里的人（这人是他自己），十四年前，他被提到第三层天上；是在身内还是身外，我不知道，只有神知道。3我知道这人被提到了乐园里；是在身内还是身外，我不知道，只有神知道。4他听见了不可言传的话语，是世人不可以说的。5为了这人，我要夸口；但是为我自己，除了我的软弱以外，我并不夸口。6即使我要夸口，也不算是愚妄，因我必说实话；但我禁口不说，恐怕有人把我看得太高，过于他在我身上所看见、或从我所听见的。

7因为我所得的启示超常，恐怕我高抬自己，所以有一根刺加在我肉身上，是撒但的差役要折磨我，免得我高抬自己。8为这事我曾经三次求主，使这刺离开我。9祂对我说：我的恩典足够你用，因为我的能力是在人的软弱上显得完全。所以，我极其喜欢夸自己的软弱，好使基督的能力覆庇我。10我为基督的缘故，就以软弱、凌辱、艰难、逼迫、困苦为可喜乐的；因我什么时候软弱，什么时候就刚强了。

保罗关心哥林多教会

11我成了愚妄人，是你们逼成的。我本该被你们称许，因为我一点也不在那些超级使徒以下，虽然我算不得什么。12我在你们中间，用百般的忍耐，借着神迹、奇事、异能、显出我使徒的凭据来。13除了我从没有拖累你们这一件事，你们还有什么不如别的教会呢？这不公平之处，你们饶恕我吧！

14现在，我准备第三次到你们那里去，也必不拖累你们；因为我所要的是你们，不是你们的财物。儿女不该为父母积财，父母该为儿女积财。15我极其乐意为你们花费，甚至花尽自己。难道我爱你们越多，得到你们的爱就越少吗？

16好了，我自己没有拖累你们，但是我很狡诈，用诡计夺了你们（这是你们有人说的）。17我所派到你们那里的人，我借其中哪个占过你们的便宜吗？18我劝提多前来，又派那位弟兄与他同来；提多占过你们的便宜吗？我们行事，不是在同一位灵里、按同样的原则（原文是脚踪）吗？

19你们一直以为我们是向你们申辩；其实我们是在基督里，在神面前说话。亲爱的啊，一切的事都是为了造就你们！20我真怕我再来以后，见你们不如我所希望的，你们见我也不如你们所希望的；又怕有分争、嫉妒、恼怒、谋私争竞、毁谤、谗言、狂傲、混乱；21也怕我再来以后，我的神使我在你们面前惭愧，我要为那许多以前犯罪、行了污秽、淫乱、邪荡的事，不肯悔改的人哀痛。

第十三章
警告和问候

1这是我第三次要到你们那里去。任何的事，都要有两三个见证人的口证实。2我第二次在你们那里的时候说过，如今不在你们那里，又预先对那些犯了罪的和其余的人说：我若再来，必不宽容。3因为你们想要基督借我说话的凭据，所以我必不宽容。祂向你们不是软弱的，相反，祂在你们中间是有大能的。4祂因软弱被钉了十字架，却因神的大能仍然活着。我们在祂里面也是软弱，但因神向你们所显的大能，也必与祂一同活着。

5你们应当试验自己是不是在信仰里；要察验自己。难道不知耶稣基督是在你们里面吗？除非你们是经不起试验的。6我却盼望你们晓得，我们不是经不起试验的。7我们祈求神，使你们什么恶事都不做。这不是要显明我们是经得起试验的，而是要你们做合宜的事，就算人看我们是经不起试验的。8我们不能做任何事敌挡真理，只能维护真理。9每当我们软弱，你们刚强，我们就喜乐了。我们所祈求的，就是你们得以完全。10所以，我来以前，把这些事写给你们，好使我来以后，不必照主所给我的权柄严厉对待你们。这权柄原是为了建造，不是为了拆毁。

11最后，弟兄们，你们要喜乐；要被成全；要受安慰；要同心合意；要彼此和睦。这样，施慈爱赐平安的神必与你们同在。12你们要用圣洁的亲脸彼此问候。众圣徒都问候你们。

13愿主耶稣基督的恩典、神的慈爱、圣灵的契交与你们众人同在（契交：见林前1章注1）！

加拉太书

第一章

1作使徒的保罗（不是由于人，也不是借着人，而是借着耶稣基督，和使祂从死里复活的父神），2和同我一起的众弟兄，写信给加拉太的众教会。3愿恩典、平安，从神我们的父和主耶稣基督归与你们！4基督照着我们神与父的旨意，为我们的罪舍了自己，要救我们脱离现今这邪恶的世代。5愿荣耀归给神，直到永永远远。阿们！

没有别的福音

6我很惊讶，你们这么快就离弃借着基督之恩召了你们的神，去随从别的福音。7那并不是福音，不过是有些人搅扰你们，想要更改基督的福音。8但即使是我们，或是天上来的使者，若传福音给你们，与我们所传给你们的不同，他就该受咒诅！9我们已经说了，现在我要再说：若有人传福音给你们，与你们所领受的不同，他就该受咒诅！

10我现在是要得人的心，还是要得神的心呢？难道我是想讨人的喜欢吗？我若仍然想讨人的喜欢，就不是基督的仆人了。

保罗因得启示而传福音

11弟兄们，我要你们知道，我所传的福音不是出于人的意思。12因我不是从人领受的，也不是人教导我的，而是借着耶稣基督的启示来的。

13你们听过我从前在犹太教中所行的事，怎样极力逼迫残害神的教会。14我又在犹太教中，比我本族许多同龄的人更有长进，为我祖先的传统格外热心。15然而，那把我从母腹就分别出来、又施恩召我的神，16既然乐意将祂儿子启示在我心里，叫我把祂传扬在外邦人中，我就没有与属血肉的人商量，17也没有上耶路撒冷去见那些比我先作使徒的，而是往阿拉伯去，后又回到大马色。

18过了三年，我才上耶路撒冷去见矶法，和他同住了十五天。19至于别的使徒，除了主的兄弟雅各，我都没有见过。20我写给你们的不是谎言，这是我在神面前说的。

21后来，我到了叙利亚和基利家一带。22那时，在基督里的犹太众教会，都还没有见过我的面；23只是听说，那从前逼迫他们的，现在竟传扬他原先要摧毁的信仰。24他们就因我的缘故荣耀神。

第二章

保罗被其他的使徒接纳

1过了十四年，我同巴拿巴，也带着提多，又上耶路撒冷去。2我是照着启示上去的，把我在外邦人中所传的福音作了陈述，是私底下对那些有名望的人说的，免得我现在或是从前，努力做的都是徒然。3与我同去的提多，虽然是希腊人，也没有勉强他受割礼；4因为有混进来的假弟兄，偷偷窥探我们在基督耶稣里的自由，要使我们作律法的奴仆。5对于他们，我们连片刻也没有让步妥协，为要使福音的真理存留在你们中间。

6至于那些有名望的，无论他们是何等人，对我来说无关紧要；神不以外貌取人。那些人并没有加增我什么，7反倒看见我受托传福音给未受割礼的人，正如彼得受托传福音给受割礼的人，（8因那感动彼得、叫他为受割礼之人作使徒的，也感动我，叫我为外邦人作使徒；）9又看出神所赐给我的恩典，那被誉为教会柱石的雅各、矶法、约翰，就向我和巴拿巴用右手行相交之礼，叫我们往外邦人那里去，他们往受割礼的人那里去；10只是叫我们要记念穷人，这也是我本来就热心去行的。

保罗当众责备矶法（就是彼得）

11后来，矶法到了安提阿；因为他有可责之处，我就当面抵挡他。12几个雅各那里的人来到以前，他常和外邦人一同吃饭；但他们来到以后，他就退避，与外邦人分开，因为害怕那些强调割礼的人。13其余的犹太人也都随着他装假，甚至连巴拿巴也随伙装假。14我一看见他们所行的不符合福音的真理，就当着众人对矶法说："你是犹太人，生活却随外邦人，不随犹太人，怎么还要勉强外邦人随犹太人呢？"

15我们是天生的犹太人，不是"外邦罪人"，16知道人得称义不是靠行律法，而是因信耶稣基督；我们也信入了基督耶稣，使我们因信基督得称义，不是靠行律法，因为属血肉的都不能靠行律法得称义。

17我们寻求在基督里得称义，自己若还显为是罪人，难道基督是促使人犯罪的吗？绝对不是！18我所拆毁的，若重新建造，我就证明自己是个犯法的。

19我因律法就向律法死了，使我可以向神活着。20我已经与基督同钉十字架，现在活着的不再是我，而是基督在我里面活着；并且我如今在肉身活着，是因信入神的儿子而活；祂爱了我，为我舍了自己。21我不废弃神的恩典；义若能借律法得到，基督就是白白死了。

第三章

律法和信心

1无知的加拉太人哪，耶稣基督被钉十字架，已经活活地描绘在你们眼前，谁又迷惑了你们呢？2我只想问你们一件事：你们领受了圣灵，是靠行律法，还是因听信福音呢？3你们是这样的无知吗？你们既靠圣灵开始，如今要靠肉体成全吗？4你们受了那么多苦，都是徒然的吗？真是徒然的吗？5神赐给你们圣灵，又在你们中间行异能，是因你们行律法，还是因你们听信福音，6就如亚伯拉罕相信神，这就算为他的义呢？

7所以，你们要知道，那以信为本的人，就是亚伯拉罕的子孙。8圣经既然预先看明，神要使外邦人因信称义，就预先传福音给亚伯拉罕，说：万国都必因你得福。9因此，那以信为本的人，就和有信心的亚伯拉罕一同得福。

10凡以行律法为本的，都在咒诅之下，因为经上记着：凡不常照律法书上所记一切之事去行的，就被咒诅。11显然，没有人能靠着律法在神面前得称义，因为义人必因信得生。12但律法不是本于信，而是说：遵行这些事的，就必因此活着。13基督既为我们受了咒诅（因为经上记着：凡挂在木头上的，都是被咒诅的），就赎出我们脱离律法的咒诅，14这便叫亚伯拉罕的福，在基督耶稣里可以临到外邦人，使我们因信得着所应许的圣灵。

律法和应许

15弟兄们，我且照着常理说：即使是人的约，若已经立定了，就没有人能够废弃或是加添。16那些应许是应许给亚伯拉罕和他那个后裔的；神不是说"和众后裔"，指着许多人，而是说"和你那个后裔"，指着一个人，就是基督。17我要说的是，那四百三十年以后才有的律法，无法废掉神预先所立定的约，使应许失效。18因为承受产业若是本于律法，就不是本于应许；但神是借应许把产业赐给了亚伯拉罕。

19那么，为什么又有律法呢？律法是因过犯添加的，直到那位蒙应许的后裔来到，并且是借天使经由中保之手设立的。20但中保不是为着一方；神却只是一方。

21这样，律法与神的应许有矛盾吗？绝对没有！因为若曾赐下一个能使人得生命的律法，义就真是本于律法了。22但圣经把众人都圈在罪里，好使那本于信耶稣基督的应许，可以归给那些信的人。

23但这信仰来到以前，我们被看守在律法之下，被圈起来，直到这要来的信仰显明出来。24所以，律法是我们的监护人，引我们归向基督，使我们因信称义。25现在这信仰已经来到，我们就不再在监护人的手下了；26因为在基督耶稣里，你们因这信仰都是神的儿子了。27你们受洗归入基督的，都已披戴基督了；28并不分犹太人或希腊人，为奴的或自由的，男的或女的，因为你们在基督耶稣里都成为一了。29你们既然属于基督，就是亚伯拉罕的后裔，是照应许承受产业的了。

第四章

1我还要说，那承受产业的，虽然是全业的主人，但还是孩童的时候，却与奴仆毫无分别。2他是在监护人和管家的手下，直到他父亲所预定的时候。3我们也是这样，还是孩童的时候，都受世俗初级规则的奴役。4但当时候满足，神就派来祂的儿子，为女子所生，且生在律法以下，5要把律法以下的人赎出来，使我们能得着儿子的名分。6你们既是儿子，神就派祂儿子的灵进入你们（有古卷作我们）心里，呼叫：阿爸！父啊！7所以，你不再是奴仆，而是儿子；既是儿子，就靠着神成为后嗣了。

保罗再受生产之苦

8从前你们不认识神的时候，是给那些本性上不是神的作奴仆。9现在你们既然认识神，更可说是被神认识了，怎么还要转回那些软弱无用的初级规则，情愿再给它们作奴仆呢？10你们竟还拘守日子、月份、节期、年份！11我为你们担心，恐怕我在你们身上是徒然劳苦。

12弟兄们，我求你们要像我一样，因为我也像你们一样。你们未曾亏负过我。13你们知道，我第一次传福音给你们，是因为我身体有疾病。14虽然我的疾病对你们是个试炼，你们却没有轻看我，也没有厌弃我，反倒接待我，如同神的使者，如同基督耶稣。15你们当日所夸的福气在哪里呢？我可以作证，那时若是可能，你们连眼睛也剜出来给我了。16如今我将真理告诉你们，就成了你们的仇敌吗？

17那些人热心待你们，却不是好意，而是要离间你们和我们，使你们热心待他们。18在善事上常常热心，原是好的，不只是我在你们那里的时候应该这样。19我的孩子啊，我为你们再受生产之苦，直到基督成形在你们里面。20我恨不得现今就在你们那里，改变我的语气，因为我不知道拿你们怎么办！

两个妇人的寓意

21你们这愿意在律法以下的人，请告诉我，你们没有听过律法吗？22律法上记着，亚伯拉罕有两个儿子，一个是使女生的，一个是自由妇人生的。23使女的儿子是凭血气生的，自由妇人的儿子是凭应许生的。

24这都是有寓意的：那两个妇人代表两约。一个是出于西奈山，生子为奴，就是夏甲。25这夏甲是指着阿拉伯的西奈山，相当于现在的耶路撒冷，因为耶路撒冷和她的儿女都是为奴的。26但那在天上的耶路撒冷是自由的，她是我们的母亲。27因为经上记着：不能生育未曾生养的啊，你要欢乐！未曾经过产难的啊，你要放声欢呼！因为被遗弃的比有丈夫的儿女更多。

28弟兄们，我们是凭应许生的儿女，如同以撒一样。29但是，当时那凭血气生的逼迫了那凭圣灵生的，现在也是这样。30然而经上是怎么说的呢？是说：把这使女和她儿子赶走！因为这使女的儿子不可与自由妇人的儿子一同承受产业。31所以弟兄们，我们不是使女的儿女，而是自由妇人的儿女了。

第五章

基督里的自由

1基督释放了我们，使我们得以自由；所以务要站稳，不要再受律法的奴役。2我保罗告诉你们：你们若受割礼，基督就与你们无益了。3我再次对凡受割礼的人确实地说：他是欠着遵行全部律法的债。4你们要靠律法得称义的人，是与基督隔绝，从恩典中坠落了。5我们靠着圣灵，凭着信心，热切等候所盼望的义。6因为在基督耶稣里，受割礼或不受割礼都无功效，唯有生发出仁爱的信心才有功效。

7你们向来跑得好，是谁阻拦你们，使你们不顺从真理呢？8那些人的劝导不是出于那位呼召你们的。9一点面酵能使全团面都发起来！10我在主里深信，你们不会怀有别的意念；但那搅扰你们的，无论是谁，必受刑罚。11弟兄们，我若仍旧传割礼，为何还受逼迫呢？若是这样，十字架就不会使人反感了。12我恨不得那些搅乱你们的人，把自己阉割了！

13弟兄们，你们蒙召得了自由，只是不可将这自由当作放纵肉体的机会，总要凭着爱心互相服事。14因为全部律法都包括在要爱人如己这一句话里面了。15你们要谨慎，若相咬相吞，只怕要被彼此消灭了。

肉体的行为和圣灵的果子

16我还要说，你们应当顺着圣灵而行，就绝不会放纵肉体的情欲了。17因为肉体由于情欲和圣灵相争，圣灵和肉体相争，二者彼此敌对，使你们不能做想要做的事。18但你们若顺从圣灵引导，就不在律法以下了。

19肉体的行为是明显的，就如淫乱、污秽、邪荡、20拜偶像、行邪术、仇恨、争竞、忌恨、恼怒、谋私争竞、纷争、结派、21嫉妒、醉酒、荒宴、以及类似的事。我现在事先警告你们，正如我以前警告过的：行这些事的人，必不能承受神的国。

22圣灵所结的果子，就是仁爱、喜乐、和平、忍耐、恩慈、良善、信实、23温柔、节制。这样的事没有律法禁止。24凡属基督耶稣的人，是已经把肉体连同肉体的邪情私欲都钉了十字架。25我们若靠圣灵而活，就当顺着圣灵而行。26不要贪图虚荣、彼此激怒、互相嫉妒。

第六章

要担当彼此的重担

1弟兄们，若有人偶然被过犯所胜，你们属灵的人，当用温柔的灵把他挽回；又当自己小心，恐怕也被引诱。2你们要担当彼此的重担，如此就完全了基督的律法。

3人若不算什么，还以为算什么，就是自欺了。4各人应当察验自己的行为；这样，他所夸的就只在自己，不在别人了。5因为各人必担当自己的担子。

6在神的话语上受教的，当与施教的人分享一切美物。

7不要自欺，神是轻慢不得的。人种的是什么，收的也是什么。8顺着肉体撒种的，必从肉体收败坏；顺着圣灵撒种的，必从圣灵收永生。

9我们行善不可丧志；只要不灰心，到了时候必有收成。10所以，有了机会就当向众人行善，特别是向信徒家里的人。

要紧的是作新造的人

11你们看，我亲手写给你们的字是何等的大！

12那些想在肉身上显体面的人，都勉强你们受割礼，不过是想逃避为基督的十字架受逼迫。13这些强调割礼的，连自己也不守律法；他们想要你们受割礼，是要借着你们的肉身夸口。

14但我绝不以别的夸口，只夸我们主耶稣基督的十字架。借着祂（或译：借着这十字架），对我来说，世界已经钉了十字架；对世界来说，我也已经钉了十字架。15受割礼或不受割礼都无关紧要，要紧的是作新造的人。16凡是照这准则行的，愿平安、怜悯临到他们，和神的以色列民。

17从今以后，谁都不要搅扰我，因为我身体上带着耶稣的烙印。

18弟兄们，愿我们主耶稣基督的恩典与你们的灵同在。阿们！

以弗所书

第一章

1奉神旨意，作基督耶稣使徒的保罗，写信给在以弗所的圣徒，就是在基督耶稣里有忠心的人。2愿恩典、平安，从神我们的父和主耶稣基督归与你们！

基督里的属灵福分

3愿颂赞归与我们主耶稣基督的神与父！祂在基督里，将天上各样的属灵福分赐给了我们，4就如祂在创立世界以前，在基督里拣选了我们，使我们在祂面前成为圣洁，没有瑕疵；5又因为爱我们，就照着自己的喜悦和旨意，预定我们借着耶稣基督得儿子的名分，6使祂恩典的荣耀得着称赞；这恩典是祂在爱子里所赐给我们的。

7我们在这爱子里面，借祂的血得蒙救赎，过犯得以赦免，都是照神丰富的恩典。8这恩典是神用诸般的智慧聪明，充充足足地赐给我们的。9神又照祂在基督里所预定的美意，使我们知道祂旨意的奥秘，10要照所安排的，在日期满足的时候，使天上和地上的万有，都在基督里面同归于一。

11我们也在基督里面得了基业；这都是随己意行做万事的神，照着祂的旨意所预定的，12好叫我们这首先在基督里有盼望的人，使祂的荣耀得着称赞。13你们既听见了真理的道，就是那使你们得救的福音，也信入了基督，就在基督里面受了所应许的圣灵为印记。14这圣灵是我们得基业的凭质，直到神的产业得赎，使祂的荣耀得着称赞。

感恩和祈求

15因此，我既听见你们在主耶稣里的信心，和对众圣徒的爱心，16就为你们不住地感谢神，在祷告中常常提到你们，17求我们主耶稣基督的神，荣耀的父，赐给你们智慧和启示的灵，使你们充分地认识祂；18并且照亮你们心中的眼睛，使你们知道祂的恩召有何等的盼望，祂在圣徒中的基业有何等丰盛的荣耀，19祂向我们这信的人所显的能力，照着祂大能大力的运行，是何等的超特浩大。

20神曾将这大能大力运行在基督身上，使祂从死里复活，叫祂在天上坐在自己的右边，21远超过一切执政的、掌权的、有能的、主治的、和一切有名的，不但是今世的，连来世的也都超过了；22又将万有服在祂的脚下，使祂为着教会作头，掌管万有。23教会是祂的身体，是这在万有中充满万有者的丰满。

第二章

出死入生

1你们原是死在过犯和罪恶之中。2那时，你们在过犯和罪恶中行事为人，随从这个世界的潮流，顺服空中掌权者的首领，就是那现今在悖逆之子里面运行的邪灵。3我们以前也都活在他们中间，放纵肉体的情欲，随着肉体和心中的喜好去行，本为可怒之子，和其他人一样。

4然而神富有怜悯，因祂爱我们的大爱，5当我们死在过犯中的时候，使我们与基督一同活过来（你们得救是本于恩）；6又使我们在基督耶稣里，与祂一同复活，一同坐在天上，7为要在要来的世代里，显明祂在基督耶稣里向我们所施的恩慈中、祂那无比丰富的恩典。8你们得救是本于恩，也因着信；这不是出于自己，而是神的恩赐；9也不是出于行为，免得有人自夸。10我们原是神的作品，是在基督耶稣里，为神事先所预备、要我们去行的善工被创造的。

合而为一

11所以你们应当记住：你们从前按肉身是外邦人，被所谓受割礼的人，就是在肉身上受过人手所行割礼的，称为未受割礼的人。12那时，你们与基督无关，在以色列国民以外，在所应许的诸约上是外人，活在世上没有盼望，没有神。13但你们这从前远离神的人，如今在基督耶稣里，靠着祂的血，已经得亲近了。

14因祂自己是我们的和平，使两班人（指以色列民和外邦信徒，下同）合而为一，拆毁了中间隔离的墙，就是仇恨，15又以自己的身体，废掉了规条中那诫命的律法，在祂自己里面将两班人创造成一个新人，如此便成就了和平。16祂既借十字架除灭了仇恨，就借这十字架使两班人成为一体，与神和好；17并且来传和平的福音，给你们远处的人，也给那近处的人；18因为借着祂，我们两班人可以在一位灵里进到父面前。

19所以，你们不再是外人和客旅，而是圣徒同国之民，是神家里的人；20并且被建造在使徒和先知的根基上，有基督耶稣自己作房角石。21在祂里面，整个建筑连接起来，长成在主里的圣殿。22你们也都在祂里面同被建造，成为神在圣灵里的居所。

第三章

保罗奉派向外邦人传福音

1因这缘故，我保罗为你们外邦人作了基督耶稣的囚犯。2想必你们已听见那为着你们所赐给我、神恩典的管家职分，3如何借着启示使我知道了奥秘，正如我在前面略略写过的。4你们念了，就能明白我是深知这基督的奥秘。5这奥秘在别的世代没有让世人知道，不像如今借着圣灵启示给了祂的圣使徒和先知。6这奥秘就是：外邦人在基督耶稣里，借着福音能和以色列民同为后嗣，同为一体，同蒙应许。

7我作了这福音的执事，是照着神恩典的恩赐；这恩典是照祂运行的大能赐给我的。8我本来比众圣徒中最小的还小，神还是赐给我这恩典，叫我把基督那测不透的丰富传给外邦人，9又使众人都明白，这历代以来隐藏在创造万有之神里的奥秘是如何安排的，10为要借着教会，使天上执政的、掌权的，现今得知神百般的智慧。11这是照着神在我们的主基督耶稣里、所定的永远的旨意。12我们因信耶稣，就在耶稣里面放胆无惧，满怀信心地进到神面前。13所以我求你们，不要因我为你们所受的患难丧胆，这原是你们的荣耀。

保罗为以弗所的圣徒祈求

14因这缘故，我在父面前屈膝，（15天上地上的各家，都是从祂得名。）16求祂照着祂丰盛的荣耀，借着祂的灵，用大能使你们里面的人刚强起来，17使基督因你们的信，住在你们心里；又使你们在爱里生根立基，18能以和众圣徒一同领悟基督的爱是何等的阔、长、高、深，19并知道这爱是过于人所能测度的，使你们被充满，得着神一切的丰满。

20神能照着祂在我们里面运行的大能行事，远远超过我们一切所求所想，21但愿祂在教会中，并在基督耶稣里，得着荣耀，直到世世代代，永永远远。阿们！

第四章

身体的合一

1所以，我这主的囚犯劝你们：行事为人要与你们所蒙的恩召相称。2凡事谦卑、温柔、忍耐，在爱里彼此包容，3用和平为联索，竭力保守圣灵赐的合一。4身体只有一个，圣灵只有一位，正如你们蒙召，同有一个盼望。5一位主，一个信仰，一种洗礼；6一位众人的神与父；祂在众人之上，贯穿众人之中，又在众人之内。

7我们各人所蒙的恩典，是照基督所量的恩赐。8所以经上说：祂升上高天的时候，掳得了被掳的人，将各样的恩赐赐给人。9既说祂升上，不就意味着祂先降到地下吗？10那降下来的，就是那升上去、远超过诸天、为要充满万有的。

11祂所赐的，有使徒，有先知，有传福音的，有牧师和教师，12为要成全圣徒，承担服事的工作，建造基督的身体，13直到我们众人都达到在信仰上，和对神的儿子认识上的合一，成为成熟的人，达到基督丰满身材的身量，14使我们不再作小孩子，中了人的诡计和骗人的法术，被各种教训之风摇动，飘来飘去；15却要在爱里说诚实话，在凡事上长到祂里面，就是作头的基督里面。16靠着祂，全身借着各个供应的节，联络结合起来，每一部分各都尽其功用，便叫身体渐渐长大，在爱中把身体建造起来。

要穿上新人

17所以我说，且在主里确实地说，你们行事，不可再像外邦人存虚妄的心思去行。18他们心地昏昧，又因自己无知，心里刚硬，就与神的生命隔绝了。19他们良心既然丧尽，就放纵情欲，贪行各种污秽的事。

20你们学了基督，却不是这样。21你们若真的听过祂的道，受过祂的教（因为真理是在耶稣里面），22就要脱去你们那照着从前的生活方式、因私欲的迷惑而败坏的旧人；23又要在你们心思的灵里得以更新，24并要穿上新人；这新人是照着神的形象、在真实的公义和圣洁中创造的。

新人的生活

25所以，你们要弃绝谎言，各人与邻居说诚实话，因为我们是互相作肢体。26生气却不要犯罪；含怒不可到日落，27免得给魔鬼留机会。28从前偷窃的，不可再偷，却要勤劳，亲手做正经事，好能有余分给那有缺乏的。29污秽的言语一句也不可出口，却要随事说造就人的好话，使听的人得着益处。

30不要使神的圣灵担忧；你们原是受了祂的印记，等候得赎的日子。31要从你们中间除掉一切苦毒、恼恨、愤怒、争吵、毁谤，连同一切恶毒；32并要以恩慈相待，心存慈怜，彼此饶恕，就像神在基督里饶恕了你们一样。

第五章

1所以，作为蒙爱的儿女，你们应该效法神。2要在爱里行事为人，正如基督爱我们，为我们舍了自己，当作馨香的供物和祭物献给神。3至于淫乱、一切污秽、或是贪婪，在你们中间连提都不可，如此才与圣徒相宜。4淫词、妄语和粗俗的笑话，都不合宜；总要说感谢的话。5因为你们确实地知道，凡是淫乱的、污秽的、贪婪的（贪婪就等于是拜偶像），在基督和神的国里都得不着基业。

要像光明的儿女

6不要让人用虚浮的话欺骗你们；因这些事，神的愤怒必临到那悖逆之子。7所以，你们不要与他们同伙。

8从前你们是暗昧的，但如今在主里是光明的，行事为人就当像光明的儿女。9光明所结的果子，就是一切良善、公义、诚实。10总要察验何为主所喜悦的事。11暗昧无益的事，不要参与，倒要揭露。12因为他们在暗中所行的，就是提起来也是可耻的。13凡事暴露在光之下，就被显明出来，因为使一切事显明的就是光。14所以有话说：睡着的人哪，你当醒过来，从死里站起来，基督就要光照你了。

15要谨慎自己是如何行事为人，不要像愚昧人，却要像智慧人。16要赎回光阴，因这世代邪恶。17不要作糊涂人，却要明白何为主的旨意。18不要醉酒，醉酒导致放荡；却要被圣灵充满。

19当用诗篇、赞美诗、属灵的歌，彼此对说，口唱心和地赞美主。20凡事要奉我们主耶稣基督的名，常常感谢父神。21又当存着敬畏基督的心，彼此顺服。

妻子与丈夫

22作妻子的，要顺服自己的丈夫，如同顺服主。23因为丈夫是妻子的头，如同基督是教会的头；祂又是身体（即教会）的救主。24教会怎样顺服基督，妻子也要怎样凡事顺服丈夫。

25作丈夫的，要爱自己的妻子，正如基督爱教会，为教会舍了自己，26要用水借着话（指神的话）把教会洗净，成为圣洁，27可以献给自己，作荣耀的教会，毫无斑点、皱纹、或类似的病，而是圣洁没有瑕疵的。28丈夫也当照样爱自己的妻子，如同爱自己的身体；爱自己妻子的，便是爱自己了。

29从来没有人恨恶自己的身体，总是保养顾惜，就像基督待教会一样，30因为我们是祂身体上的肢体。31为这缘故，人要离开父母，与妻子连合，二人成为一体。32这是极大的奥秘，但我是指着基督和教会说的。33然而，你们各人都当爱自己的妻子，如同爱自己一样；妻子也当敬重她的丈夫。

第六章

儿女与父母

1作儿女的，要在主里听从父母，这是应当的。2要孝敬父母，使你得福，在世长寿。3这是第一条带应许的诫命。4作父亲的，不要激怒儿女，只要照着主的教导和警戒养育他们。

仆人与主人

5作仆人的，要惧怕战兢，诚心听从肉身的主人，好像听从基督一样。6不要只在眼前服事，像是讨人喜欢，却要像基督的仆人，从心里遵行神的旨意。7要甘心服事，好像服事主，不像服事人；8因为知道各人，无论是为奴的还是自由的，若行了什么善事，都必从主那里得着赏赐。9作主人的，要按同理对待仆人，不要威吓他们，因为知道他们和你们同有一位主在天上；祂并不偏待人。

属灵的争战

10 最后，你们要靠主的大能大力在祂里面刚强。11 要穿上神所赐的全副军装，使你们能抵挡魔鬼的诡计。12 因为我们并不是与属血肉的争战，而是与那些执政的、掌权的、管辖这黑暗世界的、和天空邪恶的属灵势力争战。

13 所以，务要穿上神所赐的全副军装，使你们在邪恶的日子能够抵挡仇敌，并在做成一切以后，还能站立得住。14 因此务要站稳，用真理当作腰带束腰，用公义当作胸甲护胸，15 又用预备好的和平福音，当作鞋子穿在脚上；16 此外，要拿信德当作盾牌，用它可以熄灭那恶者的一切火箭；

17 并戴上救恩的头盔，再拿起圣灵的宝剑，就是神的话。

18 还要以各样的祷告祈求，随时在圣灵里祷告，在祷告上警醒不倦，并要为众圣徒祈求；19 也要为我祈求，使我在开口的时候，有话语赐给我，能以放胆讲明福音的奥秘，20 照我所当讲的放胆讲论。我为福音作了带锁链的大使。

21 为使你们知道我的情况和我所做的事，有在主里忠心的仆人、亲爱的弟兄推基古，要把一切的事告诉你们。22 我特意派他到你们那里去，好使你们知道我们的情况，并且叫他安慰你们的心。

23 愿平安、慈爱同着信心，从父神和主耶稣基督归与弟兄们！24 又愿恩典与所有以不朽的爱、爱我们主耶稣基督的人同在！

腓立比书

第一章

1 基督耶稣的仆人保罗和提摩太，写信给所有在腓立比、在基督耶稣里的圣徒，和诸位监督、诸位执事。2 愿恩典、平安，从神我们的父和主耶稣基督归与你们！

感恩和祈求

3 我每逢想念你们，就感谢我的神；4 每逢为你们众人祈求，总是欢欢喜喜地祈求；5 因为从第一天直到如今，你们都有份于福音。6 我深信，那在你们中间开始了善工的，必成全这工，直到基督耶稣的日子。

7 我为你们众人有这样的意念，原是应当的，因为你们常在我的心里，无论我是在囚禁中，还是在辩护证实福音的时候，你们都在与我同享恩典。8 神可以给我作证，我是怎样以基督耶稣的心肠，切切地想念你们众人。9 我所祈求的，是要你们的爱，随着知识和各样见识的增加而格外增多，10 使你们能分辨是非（或译：喜爱那美好的事），作诚实无过的人，直到基督的日子；11 并且靠着耶稣基督结满仁义的果子，使神得着荣耀和赞美。

活着就是基督

12 弟兄们，我愿意你们知道，我所遭遇的事，实际上促进了福音，13 以致整个王宫卫队和其余的人，都知道我被囚禁是为基督的缘故。14 并且大多数的主内弟兄，因为我被囚禁更有信心，越发放胆传道，无所惧怕。

15 有人传扬基督是出于嫉妒和争竞，也有人是出于好意。16 后者是出于爱，知道我是为辩护福音设立的；17 前者传扬基督是出于谋私争竞，动机不纯，想要加增我在囚禁中的苦楚。18 这有何妨呢？或是假意，或是真心，无论怎样，基督总算被传开了；为此我就欢喜，并且还要欢喜；19 因为我知道，借着你们的祈求和耶稣基督之灵的帮助，我终必获得释放。

20 我所热切期待和盼望的，就是没有一事使我羞愧，却要凡事放胆，无论是生是死，总叫基督在我身上，现今也像往常一样显大。21 因为对我来说，活着就是基督，死了就有益处。22 但我继续活在肉身，就能工作多结果子，所以我不知道应该如何选择。23 我是处在两难之间：情愿离世去与基督同在，因为那是好得无比的；24 但是为了你们，我更需要留在肉身。25 我既然这样深信，就知道还要留下，继续与你们众人同在，使你们在信仰上有长进，有喜乐，26 也使你们在基督耶稣里的夸耀，因我再到你们那里越发加增。

27 只是你们行事为人要与基督的福音相称；这样，我或来见到你们，或不来但听见你们的情况，都知道你们在一个灵里站立得稳，同心为所信的福音一起努力，28 凡事不怕敌人惊吓，这就证明他们沉沦，你们得救；而这都是出于神。29 因神为基督的缘故赐给你们的，不但是信入基督，而且要为祂受苦，30 经历你们在我身上从前所看见、现在所听见的同样争战。

第二章

要效法基督的谦卑

1 所以，你们若有什么基督里的勉励，若有什么出于爱的安慰，若有什么圣灵里的契交（见林前 1 章注 1），若有什么慈悲怜悯，2那就要想同样的事，有同样的爱、一样的心思、一样的意念，使我的喜乐得以满足。3凡事不要谋私争竞，不要贪图虚荣，却要心存谦卑，看别人比自己强。4各人不要只顾自己的事，也要顾到别人的事。

5你们当有基督耶稣那样的心态：6祂本有神的形象，却不把祂与神同等看着是要紧抓不放的事，7反而倒空自己，取了奴仆的形象，成为人的样式；8既显为人的样子，就自甘卑微，存心顺服，以至于死，且死在十字架上。9所以，神将祂升为至高，又赐给祂超越万名之上的名，10使天上、地上和地下的一切，因耶稣的名无不屈膝，11无不口里承认耶稣基督是主，使父神得着荣耀。

要像光体照在世上

12所以，我所亲爱的，你们既是常顺服的，不但我在你们那里，就是我如今不在，更是顺服的，就当恐惧战兢，做成自己的救恩。13因为是神为着祂的美意，在你们里面运行，使你们立志并且行事。

14无论做什么事，都不要发怨言，起争论，15好使你们无可指摘，诚实无伪，在这弯曲悖谬的世代，作神无瑕疵的儿女，在其中像光体一样照在世上，16持守生命的道，使我在基督的日子，可以夸口我没有空跑，也没有徒劳。17我即使被当作奠祭，浇奠在你们信心的祭物和事奉上，我也喜乐，并与你们众人一同喜乐。18你们也要照样喜乐，并要与我一同喜乐。

提摩太和以巴弗提

19我在主耶稣里，希望很快就派提摩太来见你们，使我知道你们的情况，可以得着安慰。20我没有别的人像他与我同心，真正关心你们的事。21因为别人都求自己的事，并不求耶稣基督的事。22但你们都知道提摩太的为人，他在福音上同我一起服事，像儿子同父亲一样。23所以我希望，一旦看出我的事要怎样了结，就立即派他来。24我在主里深信，我自己也必很快就来。

25然而，我觉得必须让以巴弗提回到你们那里去。他是我的弟兄、同工、战友，也是你们派来供给我需用的使者。26他很想念你们众人，并且极其难过，因为你们听见他病了。27他确实病了，几乎死去。然而神怜悯他；不但怜悯他，也怜悯我，免得我忧上加忧。28所以我更急于让他回去，使你们再见到他就可以喜乐，我也可以少些忧愁。29因此，你们要在主里欢欢喜喜地接待他，并要尊重这样的人；30因他为了基督的工作不顾性命，几乎死去，要补足你们在服事我的事上所不能及之处。

第三章

以认识基督为至宝

1最后，我的弟兄们，你们要在主里喜乐。把这同样的话写给你们，对我并不麻烦，对你们却是妥当。

2你们要防备犬类，防备作恶的，防备妄行割礼的。3因为真受割礼的，是我们这靠着神的灵敬拜、在基督耶稣里夸口、不倚靠肉体的人。4其实我也可以倚靠肉体；若是别人以为可以倚靠肉体，我更可以：5我第八天受割礼，出于以色列族便雅悯支派，是希伯来人所生的希伯来人；就律法说，是法利赛人；6就热心说，是逼迫教会的；就律法上的义说，是无可指摘的。

7但是，以前我以为与我有益的，现在我因基督都当作有损的。8不但如此，我也将万事当作有损的，因为我以认识我主基督耶稣为至宝。为了祂，我已丢弃万事，看作粪土，为要得着基督；9并且给人看出我是在祂里面，不是有自己本于律法的义，而是有那因信基督的义，就是基于信、从神来的义，10使我认识基督，和祂复活的大能，有份于祂的苦难，被模成祂的死，11或许我也得以从死里复活。

向着标竿竭力奔跑

12这不是说我已经得着了，或已经完全了；我只是竭力追求，好能得着基督耶稣所要我得着的（或译：已经得着我的）。13弟兄们，我不是以为自己已经得着了；我只有一件事，就是忘记背后的，努力前面的，14向着标竿竭力奔跑，为要得着神在基督耶稣里，召我上去得的奖赏。

15所以，我们中间成熟的人都应当这样想；若在什么事上不是这样想，神也必将这事启示你们。16然而，我们到了什么程度，就当照着什么程度去行。

17弟兄们，你们要一同效法我，也当留意那些照着我们榜样而行的人。18我曾经多次告诉你们，现在又流泪告诉你们：有许多人行事为人是基督十字架的仇敌。19他们的结局就是沉沦；他们的神是自己的肚腹，他们以自己的羞辱为荣耀，想的都是地上的事。

20但我们的国籍是在天上；并且我们热切等候救主，就是主耶稣基督，从天上降临。21祂要运用祂那能使万有归服自己的大能，将我们这卑贱的身体改变形状，使之和祂荣耀的身体同形。

第四章

劝勉和致谢

1我所亲爱所想念的弟兄们，你们就是我的喜乐，我的冠冕。亲爱的，你们要在主里站住。

2我劝友阿娣，又劝循都姬，要在主里同心。3我也求你们这真诚的同道帮助她们。她们在福音上曾与我一同劳苦，还有革利免和我其余的同工；他们的名字都在生命册上。

4你们要在主里常常喜乐。我再说：你们要喜乐！5当让众人知道你们的谦和。主已经近了。6应当一无挂虑，只要凡事借着祷告、祈求，并带着感谢，将你们所要的告诉神；7神所赐那超越人所能理解的平安，必在基督耶稣里保守你们的心怀意念。

8最后，弟兄们，凡是真实的，凡是庄重的，凡是公义的，凡是纯洁的，凡是可爱的，凡有美名的，若有什么美德，若有什么称赞，这些事你们都要思念。9你们在我身上所学习的，所领受的，所听见的，所看见的，这些事你们都要去行，赐平安的神就必与你们同在。

10我在主里大大喜乐，因你们终于又生发出对我的关心；其实你们一直都关心我，只是没有机会。11我并不是因缺乏说这话，因我已学会了，无论在什么景况都能知足。12我知道怎样处穷乏，也知道怎样处富余；或饱足，或饥饿，或有余，或缺乏，随时随在，我都学得秘诀。13我靠着那加给我力量的，凡事都能做。14然而，你们能有份于我的患难，这事做得很好。

15腓立比的弟兄们，你们也知道，当初我给你们传了福音、离开马其顿以后，除了你们以外，没有别的教会供给我。16就是我在帖撒罗尼迦，你们也一次再次派人供给我的需用。17我并不是求你们的赠送，而是求你们的果子增多，归在你们的帐上。18我样样都有，并且有余。我已经充足，因为我从以巴弗提收到了你们的赠送，如同馨香之气，是神所收纳所喜悦的祭物。19我的神必在基督耶稣里，照着祂荣耀的丰富，满足你们一切的需要。

20愿荣耀归给我们的神与父，直到永永远远。阿们！

21请问候在基督耶稣里的各位圣徒。同我在一起的众弟兄都问候你们。22众圣徒，特别是凯撒王宫里的人，都问候你们。

23愿主耶稣基督的恩典与你们的灵同在！

歌罗西书

第一章

1 奉神旨意，作基督耶稣使徒的保罗，和弟兄提摩太，2 写信给在歌罗西的圣徒、在基督里有忠心的弟兄。愿恩典、平安，从神我们的父归与你们！

感恩和祈求

3 当我们为你们祷告的时候，总是感谢神、我们主耶稣基督的父，4 因为听见你们在基督耶稣里的信心，和对众圣徒的爱心。5 这信心和爱心，是因那给你们存留在天上的盼望；这盼望是你们从前在真理的道，就是传到你们那里的福音中所听见的。6 自从你们听见福音，真实地知道了神的恩典以后，这福音就在你们中间结果增长，像在全世界一样。7 你们是从我们所亲爱、一同作仆人的以巴弗得知这福音的。他为你们作了基督忠心的执事，8 也把你们在圣灵里的爱告诉了我们。

9 因此，我们从听见的那天起，就为你们不住地祷告祈求，愿你们在一切属灵的智慧和悟性上，充分认识神的旨意，10 行事为人配得过主，凡事蒙祂喜悦，在一切善事上结果子，越来越多地认识神；11 照着祂荣耀的权能，得以在各样的力上加力，使你们凡事都欢欢喜喜地忍耐宽容；12 又感谢父，使你们有资格分享众圣徒在光明中的基业。13 祂救我们脱离了黑暗的权势，把我们迁到祂爱子的国里。14 我们在爱子里得蒙救赎，罪都得了赦免。

基督的超越

15 爱子是那不能看见之神的像，是首生的，在一切被造的之上。16 因为万有，无论是天上的、地上的，能看见的、不能看见的，或是有位的、主治的、执政的、掌权的，都是在祂里面造的；万有又是借着祂并为着祂造的。17 祂存在于万有之前；万有也靠祂而得以维系。18 祂是身体（即教会）的头。祂是元始，是从死里首先复活的，使祂可以在万有中居首位。19 因为父乐意使一切丰盛居住在祂里面。20 父既借着祂在十字架上所流的血成就了和平，就借着祂使万有，无论是地上的还是天上的，都与自己和好。

21 你们从前与神隔绝，因着恶行心里与祂为敌。22 但如今祂借着祂儿子肉身受死，使你们与自己和好，要把你们引到自己面前，成为圣洁，没有瑕疵，无可责备；23 只要你们恒守信仰，根基稳固，坚定不移，不被摇动失去福音的盼望。这福音就是你们所听过、已经传与天下一切受造之物的；我保罗作了这福音的执事。

保罗的忠心

24 现在我为你们受苦，倒觉喜乐；我为基督的身体，就是教会，要在我肉身上补满基督患难的缺欠。25 我照神为你们所赐我的管家职分，作了教会的执事，为要把神的道传得完全。26 这道原是历世历代所隐藏的奥秘，但如今向祂的众圣徒显明了。27 神愿意使他们知道，这奥秘在外邦人中有何等丰盛的荣耀。这奥秘就是你们里面的基督—那荣耀的盼望。

28 我们传扬祂，是用诸般的智慧劝戒各人，教导各人，好把各人在基督里成熟地献上。29 我也为此劳苦，照着祂在我里面运行的大能，尽心竭力。

第二章

1 我愿意你们知道，我为你们和在老底嘉的人，并一切没有与我亲自见面的人，是何等地尽心竭力，2要使他们的心得安慰，在爱里互相联络，能有充足的悟性，得着一切的丰富，认识神的奥秘，就是基督。3一切智慧和知识的宝藏，都藏在基督里面。4我说这话，免得有人用花言巧语迷惑你们。5我身体虽不在你们那里，却在灵里与你们同在，见你们有规有矩，坚定地信入基督，就欢喜了。

在基督里得丰盛

6你们既然接受基督耶稣为主，就当在祂里面行事为人，7照着你们所受的教导，在祂里面生根建造，信心坚固，满怀感恩。

8你们要谨慎，恐怕有人借着哲学和虚空的欺骗，不照着基督，却照人的传统和世俗的初级规则，把你们掳去。9因为神本性一切的丰盛，都有形有体地居住在基督里面。10你们在祂里面也得了丰盛；祂是一切执政掌权者的元首。11在祂里面，你们也受了非人手所行的割礼，就是基督使你们脱去肉体情欲的割礼。12你们在受洗中与祂一同埋葬，也在受洗中与祂一同复活，都因那使祂从死里复活之神所运行的信心。

13你们从前在过犯和未受割礼的肉体中死了，神赦免了你们一切的过犯，使你们与基督一同活过来；14又撤销（原文是涂抹）了指控我们、定罪我们的法律字据，拿去钉在十字架上；15既将执政的、掌权的掳来，公开示众，就仗着十字架向他们夸胜。

影子与实体

16所以，不要让人在饮食上，或在节期、新月节、安息日上论断你们。17这些只是后来之事的影子；那实体却是基督。18不要让人借着假意谦卑和敬拜天使骗去你们的奖赏。这种人沉迷于所见过的，随着肉体的心思无故地自高自大，19也不与头（即基督，见 1:18）保持连接；全身本是从头得着供应，借着筋节得以联络，照着从神来的生长而长大。

20你们既与基督一同死了，脱离了世俗的初级规则，为什么仍像在世俗中活着，21服从那不可拿、不可尝、不可摸之类的规条呢？22这些都是照着人的吩咐和教导，一经使用就都败坏了。23这些规条在私意敬拜、自表谦卑、和苦待己身上确有智慧之名，但在克制肉体的情欲上却是毫无价值。

第三章

新人的生活

1所以，你们既与基督一同复活，就当寻求天上的事；那里有基督坐在神的右边。2你们要思念天上的事，不要思念地上的事。3因为你们已经死了，你们的生命与基督一同藏在神里面。4基督是你们的生命，祂显现的时候，你们也要与祂一同显现在荣耀里。

5所以，要治死你们属地的肢体，就如淫乱、污秽、邪情、恶欲、贪婪；贪婪就等于是拜偶像。6因这些事，神的愤怒必临到那悖逆之子。7当你们在这些事中活着的时候，也曾这样行事为人。8但现在你们要弃绝这一切的事，以及愤怒、恼恨、恶毒、毁谤、和口中污秽的言语。

9不要彼此说谎，因为你们已经脱去旧人和旧人的行为，10并且穿上了新人；这新人照着他创造者的形象，在知识上不断更新。11在此并不分希腊人和犹太人，受割礼的和未受割礼的，没开化的和极野蛮的（直译：西古提人），为奴的和自由的，唯有基督是一切，又在一切之内。

12所以，你们既是神的选民，是圣洁蒙爱的人，就要心存怜悯、恩慈、谦卑、温柔、忍耐。13倘若这人对那人有怨屈，总要彼此包容，彼此饶恕；主怎样饶恕了你们，你们也要怎样饶恕人。14在这一切之上，还要加上爱；爱是全德的联索。15又要让基督的平安在你们心里作仲裁；你们蒙召归入一个身体，也是为这平安；还要常存感恩的心。

16当用各样的智慧，使基督的话丰丰富富地住在你们心里，用诗篇、赞美诗、属灵的歌，彼此教导，互相劝戒，心怀感恩向神歌唱。17无论做什么，或说话或行事，都要在主耶稣的名里去做，借着祂感谢父神。

18作妻子的，要顺服自己的丈夫，这在主里是合宜的。19作丈夫的，要爱自己的妻子，不可苦待她们。

20作儿女的，要凡事听从父母，因为这是主所喜悦的。21作父亲的，不要激怒儿女，免得他们灰心丧志。

22作仆人的，要凡事听从肉身的主人；不要只在眼前服事，像是讨人喜欢，却要心存诚实敬畏主。23无论做什么事，都要从心里做，像是给主做的，不是给人做的，24因为知道你们从主那里必得着基业为赏赐；你们所事奉的本是主基督。25那行不义的，必因所行的不义受报应；神并不偏待人。

第四章

1作主人的，要公平合理地对待仆人，因为知道你们也有一位主在天上。

最后的劝勉

2你们要恒切祷告，在祷告上警醒感恩。3也要为我们祷告，求神给我们开传道的门，能以传讲基督的奥秘（我为此被囚禁），4使我按着所当说的，将这奥秘显明出来。5向教外的人要凭智慧行事；要赎回光阴。6你们的言语总要带着恩典，好像用盐调和，就可知道应该怎样回答每一个人。

7有我所亲爱的弟兄、忠心的执事、在主里一同作仆人的推基古，要将我的一切事都告诉你们。8我特意派他到你们那里去，好使你们知道我们的情况，并且叫他安慰你们的心。9又有你们那里的人、亲爱忠心的弟兄阿尼西慕和他同去；他们要把这里一切的事都告诉你们。

10和我一同坐牢的亚里达古问候你们。巴拿巴的表弟马可也问候你们。（说到这马可，我吩咐你们：他若到了你们那里，你们要接待他。）11又叫犹士都的耶数也问候你们。受过割礼的人中，只有这三个人为神的国与我同工，他们也成了我的安慰。

12有你们那里的人、作基督耶稣仆人的以巴弗问候你们。他在祷告中常为你们竭力祈求，愿你们在神的一切旨意上得以成熟，信心充足，站立得稳。13我可以给他作证，他为你们与在老底嘉和希拉波立的弟兄，多多地劳苦。14亲爱的路加医生和底马问候你们。15请问候在老底嘉的弟兄，以及宁芳和在她家里的教会。

16你们念了这封信，要交给老底嘉的教会也念；你们也要念那从老底嘉转来的信。17要对亚基布说：务要谨慎，完成你在主里所领受的事工。

18我保罗亲笔问候你们。要记念我还在囚禁中。愿恩典与你们同在！

帖撒罗尼迦前书

第一章

1 保罗、西拉和提摩太，写信给在父神和主耶稣基督里、帖撒罗尼迦的教会。愿恩典、平安归与你们！

为帖撒罗尼迦的信徒感恩

2 我们常为你们众人感谢神，在祷告中提到你们，3 在我们的神与父面前，不住地记念你们信心的工作、爱心的劳苦、和因盼望我们主耶稣基督而有的忍耐。

4 蒙神所爱的弟兄啊，我们知道你们是蒙拣选的，5 因为我们的福音传到你们那里，不仅在于言语，而且在于权能、圣灵和充分的确信。正如你们知道，我们在你们中间，为你们的缘故是怎样为人。6 你们效法了我们，也效法了主，在大患难中，带着圣灵的喜乐接受了真道，7 以致成了马其顿和亚该亚所有信徒的榜样。8 主的道从你们那里已经传扬开来；你们向神的信心不但在马其顿和亚该亚，就是在各处也都传开了，所以我们不用再说什么了。9 因为人们自己传说：你们是怎样接待我们，又是怎样离弃偶像转向神，来服事又真又活的神，10 等候祂的儿子从天降临，就是祂从死里复活、救我们脱离那要来愤怒的耶稣。

第二章

保罗在帖撒罗尼迦的工作

1 弟兄们，你们自己知道，我们去到你们那里并不是徒然的。2 我们先前在腓立比遭苦害，受凌辱，这是你们知道的；然而，我们还是靠着我们的神，顶着强烈反对，放胆把神的福音传给你们。3 我们的劝勉不是出于错谬，不是出于污秽，也不是用诡诈。4 神既然验中了我们，把福音托付给我们，我们就照样传讲，不是要讨人喜欢，而是要讨察验我们心的神喜欢。5 我们从来没有用过谄媚的话，这是你们知道的；也没有暗藏贪心，这是神可以作证的。

6 我们作为基督的使徒，虽然可以要求人尊重，却没有向你们或别人求取人的荣耀；7 只在你们中间为人温和，如同乳母顾惜自己的孩子。8 我们如此疼爱你们，不但乐意将神的福音传给你们，连自己的性命也乐意分给你们，因你们是我们所爱的。

9 弟兄们，你们记得我们的辛苦劳碌；我们昼夜做工，好把神的福音传给你们，又不拖累你们任何人。10 你们可以作证，神也可以，我们向你们信的人，是何等的圣洁、公义、无可指摘。11 正如你们所知道的，我们对待你们每一个人，就像父亲待自己的儿女一样，12 劝勉你们，安慰你们，嘱咐你们，好使你们行事为人，配得过那召你们进入祂自己的国和荣耀的神。

13 我们也为这事不住地感谢神：你们听了我们所传神的道，就不以为是人的道，而以为是神的道接受了。这道实在是神的，并且运行在你们信的人心里。

14 弟兄们，你们成了在犹太地、在基督耶稣里神的众教会的翻版，因为你们遭受本族人的苦害，正如他们遭受犹太人的苦害一样。15 那些犹太人杀害了主耶稣和众先知，又把我们赶出来。他们不得神的喜悦，且与众人为敌，16 阻止我们给外邦人传道，使外邦人得救，以致常常充满自己的罪恶。神的愤怒临到他们已经到了极处。

保罗渴望再见弟兄们

17弟兄们，我们被迫暂时离开你们，只是身体离开，心却没有离开；我们格外迫切、极其渴望再见你们的面。18所以我们想要到你们那里去，我保罗曾一次再次要去，只是撒但拦阻了我们。19我们主耶稣再来的时候，我们在祂面前的盼望、喜乐、和所夸的冠冕是什么呢？不就是你们吗？20因为你们就是我们的荣耀，我们的喜乐。

第三章
在雅典时焦虑牵挂

1所以，当我们再也不能忍受，就情愿自己留在雅典，2派我们的弟兄、在基督福音上作神同工的提摩太前来，为你们的信仰坚固你们，鼓励你们，3免得有人因诸般的患难动摇；因为你们自己知道，我们受患难原是命定的。4我们在你们那里的时候，曾预先告诉你们，我们必受患难；后来果然应验，你们也都知道。5因此，当我再也不能忍受，就派提摩太来，要知道你们的信心如何，恐怕那诱惑人的真的诱惑了你们，使我们的劳苦归于徒然。

提摩太带回好消息

6现在，提摩太刚从你们那里回来，将你们有信心和爱心的好消息报给了我们，又说你们常常想念我们，渴望见到我们，如同我们渴望见到你们一样。7所以弟兄们，我们在一切困苦患难之中，因着你们的信心就得了安慰。8因为得知你们能在主里站稳，现在我们都活了。9我们在神面前，因着你们甚是喜乐；为这一切喜乐，能用怎样

的感谢为你们报答神呢？10我们昼夜切切祈求，要见你们的面，好补满你们信心的缺欠。

11愿我们的神与父自己，和我们的主耶稣，引领我们到你们那里去。12又愿主使你们对彼此的爱和对众人的爱，都能增多漫溢，如同我们爱你们一样。13也愿祂坚固你们的心，使你们在我们的主耶稣带着祂的众圣徒再来的时候，在我们的神与父面前成为圣洁，无可责备。

第四章
行事为人要讨神的喜悦

1最后，弟兄们，我们在主耶稣里求你们，劝你们：你们既然接受了我们的教导，知道应该怎样行事为人，才可以讨神的喜悦，就要照着你们现在所行的更进一步。2因为你们知道，我们凭主耶稣给了你们什么命令。

3神的旨意就是要你们成为圣洁，禁戒淫乱；4要你们各人晓得怎样用圣洁、尊贵管住自己的身体（直译：器皿），5不放纵邪情私欲，像那不认识神的外邦人；6谁也不要在这事上越轨，亏负他的弟兄，因为主必报应这一类的事，正如我们先前对你们所说过、警告过的。7神召我们，不是要我们沾染污秽，而是要我们成为圣洁。8所以那弃绝的，不是弃绝人，而是弃绝那将祂的圣灵赐给你们的神。

9论到弟兄相爱，不用人写信给你们，因为你们自己蒙了神的教导，要彼此相爱。10你们向马其顿各地的众弟兄确实是这样行，但是弟兄们，我们劝你们要更进一步。11又要立志作安静人，办好自己的事，亲手做工，

正如我们从前所吩咐你们的，12使你们向教外的人行事端正，自己也不至有任何缺乏。

主的再来与信徒的复活

13弟兄们，论到睡了（指死了。见林前15章注1）的人，我们不愿意你们不知道，免得你们忧伤，像那些没有盼望的人一样。14我们既然相信耶稣死而复活了，也照样相信，神必将那在耶稣里睡了的人和耶稣一同带来。

15我们照主的话告诉你们一件事：我们这些活着存留到主再来的人，绝不能在那些睡了的人之前。16因为主必亲自从天降临，有发令的呼叫，有天使长的声音，又有神的号筒吹响；那些在基督里死了的人必先复活，17然后我们这些活着还存留的人，必和他们一同被提到云里，在空中与主相会。这样，我们就要和主永远同在。18所以，你们当用这些话彼此劝慰。

第五章

要警醒谨守

1弟兄们，论到时候和日期，不用人写信给你们，2因为你们自己清楚知道，主的日子来到，好像夜间的贼一样。3人正说平安稳妥的时候，毁灭忽然临到他们，如同产难临到怀孕的妇人一样，他们绝不能逃脱。

4弟兄们，你们却不在黑暗里，让那日子像贼一样临到你们。5你们都是光明之子，白昼之子。我们不是属黑夜的，也不是属黑暗的。6所以，我们不要像别人一样贪睡，却要警醒谨守。7因为睡了的人是在夜间睡，醉了的人是在夜间醉。8我们既然属于白昼，就当谨慎自守，穿上信和爱作胸甲，戴上得救的盼望作头盔。9因为神不是预定我们遭愤怒，而是预定我们借着我们的主耶稣基督得救恩。10祂替我们死了，使我们无论醒着还是睡着，都与祂一同活着。11所以你们要彼此劝慰，互相造就，正如你们向来所行的。

最后的劝勉

12弟兄们，我们劝你们，要敬重那些在你们中间劳苦，在主里带领你们、劝戒你们的人。13又因他们所做的工，在爱里格外尊重他们。你们也要彼此和睦。

14弟兄们，我们还劝你们，要警戒懒惰的人，安慰灰心的人，扶助软弱的人，并向众人忍耐。15你们要谨慎，谁都不可以恶报恶；无论彼此相待，还是对待众人，常要追求良善。

16要常常喜乐，17不住地祷告，18凡事谢恩，因为这是神在基督耶稣里向你们所定的旨意。

19不要熄灭圣灵的感动；20不要藐视先知的话语。21但要凡事察验，善美的要持守，22各样的恶事要禁戒不做。

23愿赐平安的神，亲自使你们完全成圣；又愿你们的灵、魂、体都得蒙保守，在我们主耶稣基督再来的时候，得以完全，无可指摘。24那召你们的神是信实的，祂必成就这事。

25弟兄们，请为我们祷告。26请用圣洁的亲脸问候众弟兄。27我指着主吩咐你们，要把这信念给众弟兄听。

28愿我们主耶稣基督的恩典与你们同在！

帖撒罗尼迦后书

第一章

1 保罗、西拉和提摩太，写信给在神我们的父和主耶稣基督里、帖撒罗尼迦的教会。2 愿恩典、平安，从神我们的父和主耶稣基督归与你们！

主再来时的审判和荣耀

3 弟兄们，我们该为你们常常感谢神，这本是合宜的，因你们的信心格外增长，你们每一个人对彼此的爱也不断增多，4 以致我们在神的众教会中，为你们在忍受各种逼迫和患难的时候，所存的忍耐和信心夸奖你们。5 这也证明神的审判是公义的，使你们可算为配得过神的国；你们就是为了这国受苦。

6 神是公义的，必以患难报应那些将患难加给你们的人，7 也必使你们这受患难的人，与我们同得安息。那时，主耶稣带着祂有能力的天使，从天上在火焰中显现，8 要报应那不认识神，和那不听从我们主耶稣福音的人。9 他们要受刑罚，就是永远沉沦，离开主的面和祂权能的荣耀。10 在那天，祂来要在祂的圣徒身上得着荣耀，又在一切信的人中显为希奇；其中包括你们，因为你们信了我们向你们所作的见证。

11 因此，我们常为你们祷告，愿我们的神看你们配得过所蒙的恩召，又用大能成就你们一切美善的愿望和信心的工作，12 照着我们神和主耶稣基督的恩典，使我们主耶稣的名在你们身上得着荣耀，你们也在祂的身上得着荣耀。

第二章

不法的人必要显露

1 弟兄们，论到我们主耶稣基督再来，和我们到祂那里相聚，我劝你们，2 无论有灵、有话、或有像从我们来的书信，说主的日子已经到了，都不要轻易动心，也不要惊慌。3 不要让任何人用任何方法诱惑你们，因为必有背道的事先来，并且那不法的人，就是那灭亡之子，必先显露出来。4 他必敌对一切称为神的和受人敬拜的，高抬自己超过他们，甚至坐在神的殿里，显扬自己是神。

5 我还在你们那里的时候，曾经把这些事告诉你们，你们不记得吗？6 现在你们也知道，是什么在拦阻他，要他到了时候才可显露出来。7 因为那不法的隐意已经发动，只是现在有一个拦阻的，等到那拦阻的被除去，8 这不法的人必显露出来。那时，主耶稣要用祂口中的气除灭他，用祂再来时的荣光废掉他。

9 这不法的人来到，是照着撒但的运行，行各样的异能、神迹、和虚谎的奇事，10 并向那些沉沦的人，行各样不义的欺骗；因他们不接受真实的爱使自己得救。11 故此，神就使错谬运行在他们心里，叫他们信从虚谎，12 使一切不相信真理、倒喜爱不义的都被定罪。

要站稳并坚守教训

13 主所爱的弟兄们，我们应该常为你们感谢神，因为祂从起初就拣选了你们，使你们借着圣灵的圣别和信从真理可以得救。14 为此，神借我们所传的福音召了你们，使你们能得着我们主耶稣基督的荣耀。15 所以弟兄们，你们要站稳，坚守所领受的教训，无论是我们口传的，还是信上写的。

16愿我们主耶稣基督自己，和神我们的父，就是那爱我们、开恩将永远的安慰和美好的盼望赐给我们的，17安慰你们的心，并在一切善行善言上坚固你们。

第三章

请为我们祷告

1最后，弟兄们，请为我们祷告，好使主的道快快传开，得着荣耀，像在你们那里一样；2也使我们得救脱离不讲理的恶人，因为不是人人都有信心。3但主是信实的，祂必坚固你们，保护你们脱离那恶者。4我们在主里深信，我们所吩咐的，你们都在遵行，也必继续遵行。5愿主引导你们的心，使你们有神的爱和基督的忍耐。

警戒懒惰的人

6弟兄们，我们奉主耶稣基督的名吩咐你们，凡有弟兄懒惰，不按照从我们所领受的教训去行，就当远离他。

7你们自己知道应当怎样效法我们，因我们在你们中间没有懒惰，8也没有白吃过谁的饭，倒是辛苦劳碌，昼夜做工，免得拖累你们任何人。9这并不是因为我们没有权利，而是要给你们作个榜样，好叫你们效法我们。

10我们在你们那里的时候，就曾吩咐你们说：若有人不肯做工，就不可吃饭。11因为我们听说你们中间有人懒惰，什么工都不做，反倒好管闲事。12我们在主耶稣基督里，吩咐并劝戒这样的人：要安静做工，吃自己的饭。

13弟兄们，你们行善不可丧志。

14若有人不听从我们这信上的话，就记下他，不要和他交往，使他自觉羞愧。15但不要以他为仇敌，却要劝戒他如弟兄。

16愿赐平安的主，随时随事亲自赐给你们平安。愿主与你们众人同在！17我保罗亲笔问候你们。凡我的信都以此为记号，我的笔迹就是这样。

18愿我们主耶稣基督的恩典与你们众人同在！

提摩太前书

第一章

1 奉我们的救主神，和我们的盼望基督耶稣的命令，作基督耶稣使徒的保罗，2 写信给因信主作我真儿子的提摩太。愿恩典、怜悯、平安，从父神和我们的主基督耶稣归与你！

论异教和律法

3 我往马其顿去的时候，曾劝你留在以弗所，好嘱咐那几个人不可传异教，4 也不要理会那荒诞的神话和无穷的家谱；这些事只会引起辩论，对于神那基于信的计划毫无帮助。5 这嘱咐的目的就是爱；这爱是出于清洁的心、无亏的良心和无伪的信心。6 有人偏离了这些，转向无益的空谈，7 想要作律法教师，却不明白自己所讲说的，或自己所论定的。

8 我们知道律法原是好的，只要人用得合宜；9 也知道律法不是为义人设立的，而是为不法和叛逆的、不敬虔和犯罪的、不圣洁和世俗的、杀父母和杀人的、10 行淫乱的、同性恋的、拐卖人的、说谎话的、起假誓的、以及其他敌对纯正教训的人设立的。11 这是照着那交托与我、可称颂之神的荣耀福音说的。

感谢主的怜悯

12 我感谢那加给我力量的、我们的主基督耶稣，因祂以我有忠心，派我服事祂。13 我从前是亵渎神的，逼迫人的，侮慢人的；然而我还蒙了怜悯，因我是在不信不明白的时候做的。14 并且我们主的恩典是格外丰盛，使我在基督耶稣里既有信心，又有爱心。

15 基督耶稣降世，为要拯救罪人。这话是可信的，是值得完全接受的。在罪人中我是罪魁。16 我之所以蒙了怜悯，是因基督耶稣要在我这罪魁身上，显明祂一切的忍耐，给后来要信靠祂得永生的人作个样板。17 但愿尊贵荣耀归与那永世的君王，就是那不能朽坏、不能看见的独一之神，直到永永远远。阿们！

18 我儿提摩太啊，我照从前指着你的预言，将这命令交托与你，使你因此可以打那美好的仗，19 常存信心和无亏的良心。有人丢弃良心，在信仰上就如船只触礁毁坏。20 其中有许米乃和亚历山大；我已经把他们交给撒但，使他们受管教，不再亵渎。

第二章

关于敬虔生活的教导

1 我劝你，最重要的，是要为万人（即所有的人；下同）祈求、祷告、代求、感谢；2 为君王和一切在位的也要如此，使我们可以敬虔庄重地过平静安宁的生活。3 这是好的，在神我们的救主面前是蒙悦纳的。4 祂愿意万人得救，并且认识真理。5 因为只有一位神，在神和人中间，也只有一位中保，就是降世为人的基督耶稣。6 祂舍了自己，作万人的赎价，到了所定的时候，这事就证明出来。7 我为此奉派作传道的，作使徒，在信仰和真理上作外邦人的教师。我说的是真话，不是谎言。

8 我愿男人无忿怒，不争论，举起圣洁的手随处祷告。9 又愿女人廉耻、自守，以端庄的衣服为妆饰，不以编发、黄金、珍珠、或昂贵的衣服为妆饰；10还要有善行，这才与自称是敬畏神的女人相宜。

11女人要安静地学习，完全地顺服。12我不允许女人教训或辖管男人；女人应当安静。13因为先造的是亚当，后造的是夏娃；14且不是亚当受引诱，而是女人受引诱，陷在罪过里。15但女人若常存信心和爱心，又圣洁自守，就必借着生产得救。

第三章

监督的资格

1人若立志作监督，就是羡慕善工。这话是可信的。2作监督的，必须无可指责，只作一个妻子的丈夫，有节制，自守，庄重，乐意待客，善于教导；3不酗酒，不打人，不争竞，不贪财，却要温和；4能管理好自己的家，使儿女凡事端庄顺服。5人若不知道如何管理自己的家，怎能照管神的教会呢？6初信的人不可作监督，恐怕他自高自大，就落在魔鬼所受的刑罚里。7监督也必须在教外有好名声，免得被人毁谤，落在魔鬼的网罗里。

执事的资格

8作执事的也是如此，必须庄重，诚实，不贪酒，不贪财；9要存清洁的良心，持守信仰的奥秘。10这些人还必须先受试验，若是无可指责，才可担任执事。11他们的妻子（原文是女人）也必须庄重，不说谗言，要有节制，凡事忠心。12执事必须只作一个妻子的丈夫，能管理好儿女和自己的家。13善于作执事的，自己就得到了美好的地位，且在基督耶稣里的信仰上大有胆量。

敬虔的奥秘

14我希望很快就到你那里去，但我先将这些事写给你，15是万一我耽延，你也可以知道在神的家中当怎样行。这家就是永活神的教会，真理的柱石和根基。

16众所公认，敬虔的奥秘极其大：祂显于肉身，被圣灵称义，被天使看见，被传于列邦，被世人信服，被接进荣耀。

第四章

预言有人离弃信仰

1圣灵明白地说，在后来的时候，必有人离弃信仰，听从迷惑人的邪灵和鬼魔的教训。2这些教训都是出于伪善的骗子；他们的良心像被热铁烙过。3他们禁止人结婚，又要人禁戒某些食物，就是神所创造、给那信而认识真理的人感谢着领受的。4凡神所造的物都是好的，若感谢着领受，就没有一样是可弃绝的，5都因着神的话和人的祈求得以圣别了。

基督耶稣的好执事

6你若将这些事提醒弟兄们，就是基督耶稣的好执事，在信仰的话语上，和你所跟从的善美教训上，都得了滋养。7只是要弃绝那世俗的谈论和老妇荒诞的神话，在敬虔上操练自己。8操练身体，益处还少；操练敬虔，凡事都有益处，有今生和来生的应许。9这话是可信的，是值得完全接受的。10我们劳苦努力，正是为此，因我们是寄希望于活神；祂是万人的救主，特别是信徒的救主。

11这些事你要嘱咐人，教导人。12不可叫人小看你年轻，总要在言语、行为、爱心、信心、纯洁上，都作信徒的榜样。13我来以前，你要注重宣读圣经、劝勉、教导。14不要轻忽你所得的恩赐，就是从前众长老按手的时候，借着预言赐给你的。15这些事你要殷勤去做，全身投入其中，好向众人显出你的长进来。16你要留意自己和自己的教训；要在这些事上恒心；因为你这样行，既能救自己，又能救那听你的人。

第五章
对待各种信徒的原则

1不可严责老年人，只要劝他如同父亲；劝青年人要如同弟兄；2劝老年妇女要如同母亲；劝年轻妇女要如同姐妹，并要完全纯洁。

3要尊敬那真为寡妇的。4寡妇若有儿女，或有孙子孙女，要叫他们先学着向自己的家人行孝，报答亲恩，因为这在神面前是蒙悦纳的。5那独居无靠、真为寡妇的，是仰赖神，昼夜不住地祈求祷告。6但那贪图享乐的寡妇，活着也是死的。7这些事你要嘱咐她们，使她们无可指责。8人若不供养亲属，特别是家里的人，他就背弃了信仰，比不信的人还坏。

9寡妇登记上册，至少要六十岁，只作过一个丈夫的妻子，10又有行善的名声，就如养育儿女，接待客旅，洗圣徒的脚，救济遭难的人，竭力行各样的善事。11至于年轻的寡妇，要拒绝登记，因为她们情欲发动疏远基督的时候，就想要嫁人。12她们被定罪，是因为背弃了当初的诺言。13并且她们懒惰惯了，挨家闲游；不但懒惰，又说长道短，好管闲事，说些不当说的话。14所以，我愿意年轻的寡妇嫁人，生养儿女，料理家务，不给敌人辱骂的机会。15因为已经有些转去跟从撒但。

16信了主的妇女，家中若有寡妇，自己就当救济她们，不可拖累教会，好使教会能救济那真为寡妇的。

17善于治理教会的长老，特别是在讲道施教上劳苦的，当以为配得受加倍的敬奉。18因为经上说：牛在碾谷的时候，不可笼住它的嘴。又说：做工的配得报酬。19控告长老的状子，除非有两三个证人，否则不要受理。20一再犯罪的人，你要当众责备，使其余的人也都惧怕。

21我在神和基督耶稣，并蒙拣选的天使面前嘱咐你：要毫无偏见地遵守这些话，行事也不可有偏心。

22给人按手不可急促；不要在别人的罪上有份；要保守自己清洁。23因你的胃不好，多次患病，不要再只喝水，可稍微用点酒。

24有些人的罪是明显的，就先去受审判；有些人的罪是后来才显露的。25照样，善行也有明显的；那不明显的，也不能隐藏。

第六章

1凡是负轭作奴仆的，当以自己主人配得受十分的尊敬，免得神的名和我们的教训被人亵渎。2奴仆若有信主的主人，不可因为他是弟兄就轻看他，倒要更好地服事他，因为得着服事之益处的，是信主蒙爱的。这些事你要教导人，劝勉人。

关于传异教的和贪财的

3若有人传异教，不服从我们主耶稣基督纯正的话，和那使人敬虔的教训，4他是自高自大，一无所知，专爱问难，争辩言词，从此就生出嫉妒、纷争、毁谤、妄疑，5和那心思败坏、以敬虔为得利的门路、丧失真理之人无休止的争竞。

6然而，敬虔加知足，就是大利了；7因为我们没有带什么到世上来，也不能带什么去。8只要有衣有食，就当知足。9但那想要发财的人，就陷在试探、网罗，和许多无知有害、使人栽进败坏与灭亡中的私欲里。10贪财是万恶之根。有人贪恋钱财，就被引诱离弃信仰，用许多愁苦把自己刺透了。

要为信仰打那美好的仗

11但你这属神的人，要逃避这些事，追求公义、敬虔、信心、爱心、忍耐、温柔。12要为信仰打那美好的仗，持定永生。你为永生蒙召，也在许多证人面前作了美好的见证。

13我在赐给万物生命的神，和向本丢彼拉多作过美好见证的基督耶稣面前嘱咐你：14要遵守这命令，毫不玷污，无可指责，直到我们的主耶稣基督显现。15到了所定的时候，那可称颂、独有权能的，那万王之王、万主之主，16就是那独一不死、住在人不能靠近的光中、无人曾经看见、人也不能看见的神，必将基督显明出来。但愿尊贵和永远的权能都归给祂。阿们！

17你要嘱咐那些今世富足的人，不要自高，也不要寄希望于无定的钱财，却要寄希望于厚赐百物给我们享受的神。18又要嘱咐他们行善，在善事上富足，甘心施舍，乐意分享，19为将来给自己积存美好的根基，使他们能持定那真正的生命。

20提摩太啊，你要保守所托付你的；要远避世俗的空谈，和冒称学问的反调。21有人自称有这学问，就偏离了信仰。

愿恩典与你们同在！

提摩太后书

第一章

1奉神旨意，照着在基督耶稣里生命的应许，作基督耶稣使徒的保罗，2写信给我亲爱的儿子提摩太。愿恩典、怜悯、平安，从父神和我们的主基督耶稣归与你！

勉励向主忠心

3我感谢神，就是我接续祖先用清洁的良心所事奉的神，昼夜祈祷的时候，不住地记念你，4想起你的眼泪，就渴望见到你，好使我充满喜乐。5我也想到你心里那无伪的信心；这信心先是在你外祖母罗以和你母亲友尼姬的心里，我深信也在你的心里。6为这缘故，我提醒你，要将神借着我按手所给你的恩赐，再如火挑旺起来。7因为神赐给我们的，不是胆怯的灵，而是能力、仁爱、谨守的灵。

8所以，你不要以给我们的主作见证为耻，也不要以我这主的囚犯为耻，却要靠着神的大能，为了福音和我同受苦难。9神救了我们，以圣召召了我们，不是按我们的行为，而是按祂自己的旨意和恩典；这恩典在万古之前，就在基督耶稣里赐给了我们，10但如今才借着我们救主基督耶稣的显现显明出来。祂已经把死亡废去，借着福音将生命和不朽坏彰显出来。

11为这福音，我奉派作传道的，作使徒，作教师。12为这缘故，我也受这些苦难。但我不以为耻，因为知道我所信的是谁，也深信祂能保守我所交托祂的，直到那天。

13你从我所听到的那纯正话语，要用基督耶稣里的信心和爱心守着，作为样板。14又要靠着住在我们里面的圣灵，保守所交托你的善道。

15你知道所有在亚西亚的人都离弃了我，其中有腓吉路和黑摩其尼。

16愿主怜悯阿尼色弗一家的人，因他多次使我畅快，不以我被囚禁为耻，17反倒在罗马的时候，迫切寻找我，并且找着了。18愿主使他在那天得主的怜悯。他在以弗所怎样多方地服事我，是你清楚知道的。

第二章

要作基督的精兵

1我儿啊，你要靠在基督耶稣里的恩典刚强起来。2你在许多见证人的面前从我所听见的，要交托那忠心又能教导别人的人。3你要和我同受苦难，好像基督耶稣的精兵。4当兵的都不让世务缠身，好使那招他当兵的人喜悦。5比赛的人，若不按规则比赛，就不能赢得冠冕。6辛劳的农夫，理当最先分享粮食。7我所说的你要思想，因为主必凡事给你聪明。

8你要记念耶稣基督，祂是大卫的后裔，从死里复活了，正合乎我所传的福音。9我为了这福音受苦难，甚至被囚禁，像犯人一样。但神的道不被囚禁。10所以我为选民凡事忍耐，好使他们也能得着那在基督耶稣里的救恩，和永远的荣耀。

11有可信的话说：我们若与基督同死，也必与祂同活；12我们若能忍耐，也必和祂一同作王；我们若不认祂，祂也不认我们；13我们纵然失信，祂仍是可信的，因祂不能否认自己。

要作无愧的工人

14你要将这些事提醒众人，并要在神面前嘱咐他们：不可为言词争辩；这是没有益处的，只能败坏听见的人。15你当竭力在神面前得蒙称许，作无愧的工人，正确分解真理的话。16但要远避世俗的空谈，因为这必使人越来越不敬虔。17他们的话如同毒疮，越烂越大；其中有许米乃和腓理徒。18他们偏离了真理，说复活的事已过，就败坏了好些人的信心。19然而，神坚固的根基稳稳立定，上面有这印记：主认识属祂的人；凡称呼主名的，都要离开不义。

要作贵重的器皿

20在大户人家，不但有金器银器，而且有木器瓦器；有作为贵重的，有作为卑贱的。21人若洁净自己，脱离卑贱的事，就必成为贵重的器皿，分别为圣，合乎主人使用，预备行各样的善事。

22你要逃避青年人的私欲，同那清心求告主的人，追求公义、信德、仁爱、和平。23但那愚蠢无知的辩论，你要弃绝，因为知道这些只会引起争竞。24主的仆人不可争竞，却要温温和和对待众人，善于教导，心存忍耐，25温柔地劝导那抵挡的人；或许神给他们悔改的心，得以认识真理，26使这些被魔鬼掳去行他意愿的，可以醒悟过来，脱离他的网罗。

第三章

末世必有艰难时期

1你该知道，末世必有艰难时期。2因为那时人将专顾自己、贪爱钱财、自夸、狂傲、亵渎、忤逆父母、忘恩负义、心不圣洁、3没有亲情、不肯和解、好说谗言、不能自制、性情凶暴、不爱良善、4卖主卖友、任意妄为、自高自大、贪爱享乐、却不爱神；5有敬虔的形式，却否认敬虔的能力；这种人你要躲开。

6他们当中有人溜进别人家里，操控无知的妇女；这些妇女身负罪恶，被各样的私欲引诱，7常常学习，总是不能明白真理。8从前雅尼和佯庇怎样敌挡摩西，这些人也照样敌挡真理。他们心思败坏，在信仰上已被弃绝。9然而他们不能长此以往，因为他们的愚昧必在众人面前显露出来，像那二人一样。

圣经都是神默示的

10但你已经跟从了我的教训、品行、志向、信心、宽容、爱心、忍耐，11以及我在安提阿、以哥念、路司得所遭受的逼迫、苦难。我所忍受的是何等的逼迫！但从这一切之中，主都把我救出来了。12确实，凡立志在基督耶稣里过敬虔生活的人，都要遭受逼迫。13只是恶人和骗子必越来越坏，欺骗人也被人欺骗。

14至于你，要持守所学习、所确信的，因为知道你是跟谁学的，15并且知道你是从小明白圣经的；这圣经能使你借着信入基督耶稣有得救的智慧。16圣经都是神所默示的，对于教导、督责、使人归正、教人学义，都是有益的，17使属神的人得以完全，预备行各样的善事。

第四章

务要传道

1我在神和将要审判活人死人的基督耶稣面前，凭着祂的显现和祂的国度嘱咐你：2务要传道，无论时机好坏，都要做好准备。要用百般的忍耐和教训，责备人、警戒人、劝勉人。3因为时候将到，人必不能容忍纯正的教训，就随着自己的情欲，增添好些教师，说他们爱听的话（直译：耳朵发痒）；4并且转耳不听真理，偏向荒诞的神话。5你却要凡事谨守，忍受苦难，做好传福音的工作，完成你的事工。

6我已经被浇奠，我离世的时候到了。7那美好的仗我已经打过了，当跑的赛程我已经跑尽了，当守的信仰我已经守住了。8从此以后，有公义的冠冕为我存留，就是主，那公义的审判者，在那天要赐给我的；不但赐给我，也赐给凡爱慕祂显现的人。

最后的嘱咐

9你要尽快到我这里来；10因为底马贪爱现今的世界，就离弃我到帖撒罗尼迦去了。革勒士去了加拉太，提多去了达马太，11只有路加在我这里。你要去接马可，带他同来，因为他对我的事工很有帮助。12我已派推基古到以弗所去。13我在特罗亚留在加布那里的外衣，你来的时候请带来，还有那些书卷，特别是那些皮卷。

14铜匠亚历山大多多地害我；主必照他所行的报应他。15你也要防备他，因为他极力敌挡我们的话。

16我第一次申辩的时候，没有人来帮助我，所有人都离弃我；愿他们不因此算为有罪。17但主站在我旁边，加给我力量，使福音借着我传得完全，外邦人都可以听见；我也得救脱离了狮子的口。18主必救我脱离一切邪恶的事，也必救我进入祂的天国。愿荣耀归给祂，直到永永远远。阿们！

19请问候百姬拉、亚居拉、和阿尼色弗一家的人。20以拉都住在了哥林多。特罗非摩病了，我就叫他留在米利都。21你要赶紧在冬天以前到我这里来。友布罗、布田、利奴、革老底亚和众弟兄都问候你。

22愿主与你的灵同在！愿恩典与你们同在！

提多书

第一章

1为了神选民的信仰，和使人敬虔的真理的知识，2盼望那从不说谎的神、在万古之前所应许的永生，作了神的仆人、耶稣基督使徒的保罗，（3到了所定的时候，神就借着福音的传扬，把祂的道显明出来；这传扬的责任，按着神我们救主的命令交托了我。）4写信给因共同信仰作我真儿子的提多。愿恩典、平安，从父神和我们的救主基督耶稣归与你！

提多在克里特的任务

5我之所以把你留在克里特，是要你将尚未办完的事办妥，又照我所吩咐你的，在各城里设立长老。6若有人无可指责，只作一个妻子的丈夫，儿女也都信主，没有人控告他放荡不服约束，就可以设立。7监督既是神的管家，必须无可指责，不任性，不暴躁，不酗酒，不打人，不贪财；8乐意待客，喜爱良善，自守，公义，圣洁，自制；9坚守所教导的可信的道理，能用纯正的教训劝勉人，又能驳倒反对的人。

10因为有许多人不服约束，说空话欺骗人，特别是那些强调割礼的。11这些人的口必须堵住；他们为了可耻的利益，将不该教导的教导人，败坏人的全家。12克里特人自己的一个先知曾说：克里特人常说谎话，都是恶兽，好吃懒做。13这个见证是真的；所以你要严厉责备他们，使他们在信仰上纯全，14不再理会犹太人荒诞的神话，和离弃真理之人的诫命。15对洁净的人，凡物都洁净；对污秽不信的人，什么都不洁净，连他们的心思和良心也都污秽了。16他们声称认识神，行为上却背弃神。他们是可憎的、悖逆的，不适合做任何善事。

第二章

如何教导各种信徒

1至于你，所讲的要合乎那纯正的教训。2劝老年人要有节制、庄重、自守，在信心、爱心、忍耐上都要纯全。3又劝老年妇女在行为上要敬虔，不说谗言，不贪酒受奴役，用善道教导人，4好指教年轻妇女爱丈夫，爱儿女，5自守、贞洁、理家、善良，顺服自己的丈夫，免得神的道被人毁谤。6又劝青年人要自守。

7你自己凡事要显出善行的榜样；在教导上要正直、庄重，8言语纯全，无可指责，使那反对的人既无坏话可说，便自觉羞愧。

9劝仆人要凡事顺服自己的主人，讨主人的喜欢，不可顶嘴；10不可偷拿东西，要显为十分的忠信，以便凡事给神我们救主的教训增光。

11因为神救所有人的恩典已经显明出来，12教导我们弃绝不敬虔和属世的情欲，在今世过自守、公义、敬虔的生活，13等候那有福的盼望，并等候我们至大的神和救主－耶稣基督（或译：至大的神和我们的救主耶稣基督）之荣耀的显现。14祂为我们舍了自己，要赎我们脱离一切罪恶，又洁净我们，作祂自己特有的子民，热心行善。

15这些事你要讲说；要用各样的权柄劝戒人，责备人；不可叫人轻看你。

第三章

要留心行善

1你要提醒众人服从执政的、掌权的，顺从他们，预备行各样的善事。

2不要毁谤，不要争竞，却要谦和，向众人显出十分的温柔。

3我们从前也是无知、悖逆、受迷惑，被各种私欲和享乐奴役，活在恶毒和嫉妒之中，是可恨的，且又彼此相恨。4但到了神我们救主的恩慈和祂对人的爱显明的时候，5祂便救了我们，并不是因我们所行的义，而是照着祂的怜悯，借着重生的洗涤和圣灵的更新。6这圣灵就是神借着我们的救主耶稣基督，丰丰富富浇灌在我们身上的，7使我们既因祂的恩典得称为义，就可以凭着永生的盼望成为后嗣。8这话是可信的。我也愿你强调这些事，使那些已经信神的人留心行善。这些事是好的，是与人有益的。

最后的嘱咐

9你要远避愚蠢的辩论、家谱、纷争、和因律法起的争论，因为这些都是虚妄无益的。10分门结派的人，警戒过一两次，就要断绝来往，11因为知道这种人已经背道，一再犯罪，自定己罪。

12当我派的亚提马或推基古到了你那里，你要赶紧到尼哥波立来见我，因为我已决定在这里过冬。13你要尽力给律师西纳和亚波罗送行，使他们没有缺乏。14我们的人也当学习做正经事，以供急需之用，免得不结果子。

15同我一起的人都问候你。请问候那些因信主而爱我们的人。愿恩典与你们众人同在！

腓利门书

第一章

1基督耶稣的囚犯保罗，和弟兄提摩太，写信给我们所亲爱的同工腓利门、2和姊妹亚腓亚、战友亚基布、以及在你家里的教会。3愿恩典、平安，从神我们的父和主耶稣基督归与你们！

保罗称赞腓利门

4当我在祷告中提到你，总是感谢我的神，5因为听见你对主耶稣的信心，和对众圣徒的爱心。6愿你与人分享信心显出功效，使人知道我们一切善事都是为了基督做的。7弟兄啊，我因你的爱心大有喜乐，大得安慰，因为众圣徒的心从你得了畅快。

为阿尼西慕求情

8因此，我在基督里虽然可以放胆吩咐你做合宜的事，9然而像我这样上了年纪，现在又是基督耶稣囚犯的保罗，宁可凭着爱心求你，10就是为我在被囚期间所生的儿子阿尼西慕（此名字意思是有益处）求你。11他从前对你没有益处，但如今对你对我都有益处。

12我现在打发他回到你那里去；他是我的心肝宝贝。13我本来想把他留下，在我为了福音被囚期间替你服事我。14但未征得你的同意，我就不愿这样去行，好叫你的善行不是出于勉强，而是出于甘心。

15他暂时离开你，或许是要使你永远得着他，16不再是奴仆，而是高过奴仆，是亲爱的弟兄；对我确实如此，对你更是如此，无论是按肉身，还是在主里面。

17所以，你若以我为同伴，就接纳他，如同接纳我一样。18他若亏负你，或欠你什么，都可记在我的帐上；19我必偿还，这是我保罗亲笔写的。不用我对你说，连你自己也是欠着我的。20弟兄啊，愿我能在主里从你得益处；愿你使我的心在基督里得畅快。

21我深信你必顺服，所以才写信给你，也知道你所行的，必过于我所说的。22此外，还请为我预备住处，因我盼望借着你们的祷告，蒙恩获释再到你们那里去。

23为了基督耶稣和我一同坐牢的以巴弗问候你。24我的同工马可、亚里达古、底马、路加也都问候你。

25愿主耶稣基督的恩典与你们的灵同在！

希伯来书

第一章

神借祂儿子说话

1神在古时曾借着众先知多次多方向我们的祖先说话，2又在这末后的日子，借着子向我们说话。神早已立祂为承受万有者，也曾经借着祂创造了宇宙。3祂是神荣耀的光辉，是神本体的真像，用祂大能的话承托万有。祂成就了洁净罪的事，就坐在高天上至大者的右边。

儿子远超过天使

4祂所承受的名，既比天使的名更尊贵，祂就远超天使。5神曾对哪一个天使说：你是我的儿子，我今天生了你？又说：我要作祂的父，祂要作我的子？6还有，神使祂这长子到世上来的时候，就说：神的使者都要拜祂。

7论到天使，是说：神使风为祂的使者，使火焰为祂的仆役。8论到子却说：神啊，你的宝座是永永远远的；你国的权杖是正直的权杖。9你爱公义，恨恶罪恶；所以神，就是你的神，用喜乐的油膏你，胜过膏你的同伴。10又说：主啊，你起初立了地的根基；诸天也是你手的工作。11天地都要灭没，你却长存；天地都要像衣服渐渐变旧。12你要将天地卷起来，像卷外衣一样；天地都要像衣服一样被更换。唯有你是永不改变；你的年数没有穷尽。

13神曾对哪一个天使说：你坐在我的右边，等我使你的仇敌作你的脚凳？14天使不都是服役的灵，奉派服事那些将要承受救恩的人吗？

第二章

警告：必须更加注重所听见的

1所以，我们必须更加注重所听见的，恐怕我们随流漂走。2那借天使所传的话既是确定的，凡干犯悖逆的都受了该受的报应，3我们若还忽略这么大的救恩，怎能逃罪呢？这救恩起先是主亲自讲的，后来听见的人又给我们证实了。4神也按祂自己的旨意，用神迹、奇事和各样的异能，并圣灵的恩赐，同他们作了见证。

救恩的创始者

5我们所说将来的世界，神并没有交给天使管辖。6但有人在经上某处见证说：人算什么，你竟顾念他！世人算什么，你竟眷顾他！7你使祂暂时比天使低微一点，赐给祂荣耀尊贵为冠冕，8使万有都服在祂的脚下。既然说使万有都服祂，神就没有留下一样不服祂。只是现在我们尚未看见万有都服祂。9但我们确实看见耶稣，暂时比天使低微一点，好靠着神的恩，为人人尝死味，就因受了死的痛苦得了荣耀尊贵为冠冕。

10原来万有因祂而有、靠祂而立的神，为要带领许多儿子进荣耀里去，就借苦难成全他们这位救恩的创始者，本是合宜的。11因这位使人圣别的，和那些得以圣别的，都是出于一位父；所以，祂称他们为弟兄也不以为耻，12说：我要向我弟兄宣扬你的名；我也要在会众当中歌颂你。13又说：我要倚靠祂。又说：看哪，我与神所赐给我的儿女。

14因为儿女同有血肉之体，所以祂也照样亲自成为血肉之体，特要借着死，废掉那掌死权的，就是魔鬼，

15并要释放那些因怕死而一生都受奴役的人。16显然，祂并不是救拔天使，而是救拔亚伯拉罕的后裔。17所以，祂凡事都得与祂的弟兄相同，为要在神的事上成为怜悯忠信的大祭司，好为百姓的罪献上挽回祭。18因祂自己曾被试探而受苦难，所以祂能帮助被试探的人。

第三章

耶稣超越摩西

1所以，同蒙属天呼召的圣洁弟兄们，你们应当思想我们所承认为使徒、为大祭司的耶稣。2祂向设立祂的神尽忠，如同摩西在神的全家尽忠一样。3祂比摩西算为配得更多的荣耀，正如建造房屋的比房屋更尊贵。4每栋房屋都是由某个人建造的，但建造万有的就是神。5摩西为仆人，在神的全家尽忠，为后来要传讲的事作见证。6但基督为儿子，治理神的家。我们若将因盼望而有的胆量和夸耀坚守到底，便是祂的家了。

警告：不信者不能进入安息

7所以，正如圣灵所说：今天，你们若是听见祂的声音，8就不可硬着心，像在旷野惹祂发怒、试探祂的日子一样。9在那里，你们的祖先试我探我，观看我的作为四十年之久。10所以，我恼怒那一代的人，说：他们心里常常迷糊，竟不明白我的法则。11我就在怒中起誓说：他们绝不可进入我的安息！

12弟兄们，你们要谨慎，免得你们中间有人存着不信的恶心，把活神离弃了。13总要趁着还有"今天"，天天彼此相劝，免得你们中间有人被罪迷惑，心就刚硬了。14我们若将起初所确信的坚守到底，就在基督里有份了。

15经上说：今天，你们若是听见祂的声音，就不可硬着心，像惹祂发怒的日子一样。16那时，听见了而惹祂发怒的是谁呢？不就是摩西从埃及领出来的众人吗？17神四十年之久，又恼怒谁呢？不就是那些犯罪、尸首倒在旷野的人吗？18神又向谁起誓，不准他们进入祂的安息呢？不就是向那些不信从的人吗？19所以我们看出，他们不能进入安息，是因为不信的缘故了。

第四章

要竭力进入那安息

1所以，我们应当畏惧，免得那进入祂安息的应许虽然留着，你们中间却有人差一点进不去。2因为有福音传给我们，像传给他们一样；只是所听的道与他们无益，因为他们没有凭着信心与所听见的道调和。3正如神所说的：我就在怒中起誓说：他们绝不可进入我的安息！但我们信的人，可进入那安息。

其实，造物之工在创世的时候就已经完成了。4因为论到第七天，经上某处说：到第七天，神就歇了祂一切的工。5而在这里又说：他们绝不可进入我的安息！6这安息既留着给一些人进入，而那先前听见福音的人，因不信从未能进入，7所以神就再定一个日子，就是多年以后借着大卫所说的"今天"，如前面所说的：今天，你们若是听见祂的声音，就不可硬着心。

8若是约书亚已经使他们得了安息，后来神就不会再提别的日子了。9这样，必有一个安息日的安息，为神的子民留着。10因为那进入神安息的，就是歇了自己的工，正如神歇了祂的工一样。11所以，我们务必竭力进入那安息，免得有人随着那不信从的样子跌倒了。

神的话是活的，是有功效的

12神的话是活的，是有功效的，比一切两刃的剑更锋利，能够刺入、甚至剖开魂与灵，骨节与骨髓，连心中的思念和主意都能辨明。13并且受造之物在祂面前没有一样不是显然的；万有在祂眼前都是赤裸敞开的；我们必须向祂交账。

我们的大祭司耶稣

14我们既有一位经过了诸天、至大的大祭司，就是神的儿子耶稣，就当持定所承认的信仰。15因我们的大祭司并非不能体恤我们的软弱；祂也曾在各方面受过试探，和我们一样，只是没有罪。16所以，我们只管坦然无惧地来到施恩的宝座前，为要蒙怜悯，得恩典，作随时的帮助。

第五章

1凡从人间选取的大祭司，都是奉派替人办理属神的事，为要献上礼物和赎罪的祭物。2他能体谅那些无知的和迷失的，因他自己也被软弱所困。3故此，他怎样为百姓献祭赎罪，也应当照样为自己献祭赎罪。4这大祭司的尊荣，人不能自取，要蒙神所召，像亚伦一样。5照样，基督也不是自取荣耀作大祭司，而是神对祂说：你是我的儿子，我今天生了你。6又在另一处说：你是照着麦基洗德的等次，永远作祭司。

7基督在肉身的时候，曾大声哀哭，流泪祷告，恳求那能救祂免死的神，就因祂的虔诚蒙了垂听。8祂虽然是儿子，还是因所受的苦难学了顺从。9祂既得以完全，就为一切顺从祂的人，成了永远救恩的根源，10并且蒙神照着麦基洗德的等次称祂为大祭司。

要竭力往前达到成熟

11论到麦基洗德，我们有好些话要讲，却又难以讲明，因为你们听不进去。12按时间说，你们该作老师，谁知还需要人再教你们神圣言的初级道理。你们只能喝奶，不能吃干粮。13凡只能喝奶的，都不熟悉公义的话，因他还是婴孩。14只有成熟的人才能吃干粮；他们的官能因为使用受了训练，就能分辨好坏了。

第六章

1所以，我们应当离开关于基督的初级道理，竭力往前达到成熟，不要总停留在基础上（直译：不要一再地立根基），就是在悔改脱离导致死亡的行为、信靠神、2洗礼、按手之礼、死人复活、永远审判等教训上。3神若允许，我们也如此行。

警告：不可能再重新悔改

4论到那些已经蒙了光照，尝过属天的恩赐，已经有份于圣灵，5并尝过神美善的话和来世权能的人，6若又离弃真道，就不可能再重新悔改；因为这是要为他们把神的儿子重钉十字架，公开地羞辱祂。7就如田地，吸收了多次降在其上的雨水，生出菜蔬，合乎为之耕种的人用，就从神得福；8但若长出荆棘和蒺藜，就被废弃，近于咒诅，结局就是焚烧。

9亲爱的，我们虽是这样说，却深信你们的光景强过这些，且都连于救恩。10因为神并非不公义，以致忘记你们所做的工，和你们为祂名所显出的爱，就是以前服事圣徒，现在还在服事。11我们深愿你们各人都显出同样的殷勤，从而对所盼望的有充分的确信，一直到底；12使你们不懈怠，反倒效法那些凭信心和忍耐承受应许的人。

神的应许确定可靠

13当初神应许亚伯拉罕的时候，因为没有比自己更大的可以指着起誓，就指着自己起誓，14说：我必大大赐福与你，使你后裔极其繁多。15这样，亚伯拉罕既恒久忍耐，就得着了所应许的。

16人都是指着比自己大的起誓，并以起誓作为保证，了结各样争执。17照样，神想向那承受应许的人，格外显明祂的旨意是不改变的，就以起誓作为保证，18好借两件不可更改的事（在这两件事1上神不可能说谎），使我们这逃进避难所的人，可以大得鼓励，持定摆在前头的盼望。19我们有这盼望如同魂2的锚，又坚固又牢靠，且通入隔幔3内。20作先锋的耶稣，既照麦基洗德的等次成了永远的大祭司，就为我们进入了隔幔内。

注：1两件事：指神的应许和誓言。2魂：不是灵魂；魂（ψυχή）和灵（πνεῦμα）是不同的字，希伯来文、英文也都是如此；所指的是不同的。参帖前5:23'又愿你们的灵、魂、体都得蒙保守'；来4:12'神的话⋯能够刺入、甚至剖开魂与灵，骨节与骨髓'。3隔幔：指分隔圣所和至圣所的幔子。

第七章
至高神的祭司麦基洗德

1这麦基洗德是撒冷王，又是至高神的祭司；当年亚伯拉罕杀败诸王回来的时候，曾迎接他，给他祝福。2亚伯拉罕也将所掳来的都取十分之一给他。

他的名字翻译出来，首先是公义王，然后是撒冷王，就是平安王。3他无父，无母，无族谱，无生之始，无命之终，而是与神的儿子相似，永远作祭司。

4你们想想看，这人是何等的尊大：就连先祖亚伯拉罕，也将所掳来的都取十分之一给他！5那些领受祭司职任的利未子孙，奉命按照律法向百姓收取十分之一；而这百姓是自己的弟兄，也是出自亚伯拉罕的腰中。6可是这位不与他们同谱系的，竟从亚伯拉罕收纳十分之一，还为蒙应许的亚伯拉罕祝福。

7从来都是位分大的给位分小的祝福，这是毫无争议的。8在这里，收取十分之一的都是必死的人；但在那里，有作见证的说，他是一直活着的。9并且可以说，那收取十分之一的利未子孙，也借亚伯拉罕纳了十分之一，10因为麦基洗德迎接亚伯拉罕的时候，利未已经在这位先祖的腰中。

耶稣是照麦基洗德的等次

11倘若借着利未祭司体制可以达到完全（从前百姓是在这体制下领受律法），又何需照麦基洗德的等次，不照亚伦的等次，另外兴起一位祭司呢？12祭司体制既已更改，律法也必须更改。13这些话所说到的那一位，是属于另一个支派，那支派里从来没有一人在祭坛供过职。14而我们的主是从犹大支派出来的；对这支派，摩西没有提过祭司的事。这样，事情就明显了。

15若有另外一位祭司照着麦基洗德的样式兴起来，事情就更明显了。16祂成为祭司，不是基于律法上规定的血缘关系，而是基于不能毁坏之生命的大能。17因为有给祂作见证的说：你是照着麦基洗德的等次，永远作祭司。18先前的条例因为软弱无用，就被废掉了（因为律法未曾使任何事得以完全），19同时又引进了更美的盼望；靠这盼望我们可以亲近神。

20还有，耶稣成为祭司，不是未经起誓立的；那些人成为祭司，却是未经起誓立的。21只有耶稣是经起誓立的，是因神对祂说：主起了誓，决不反悔，你是永远作祭司。22故此，祂也作了更美之约的中保。

23利未祭司因有死亡限制，不能长久，所以人数很多。24耶稣却是永远长存，祂的祭司职任永不更换。25所以，凡靠着祂进到神面前的人，祂都能拯救到底；因为祂是长远活着，替他们代求。

26这样一位圣洁、无邪恶、无玷污、与罪人分别、高过诸天的大祭司，对我们是合宜的。27祂不像那些大祭司，每天必须先为自己的罪，后为百姓的罪献上祭物，因为祂将自己献上，就一次永远地把这事成全了。28律法是立软弱的人作大祭司；但在律法以后起誓的话，是立得以完全直到永远的儿子作大祭司。

第八章
更美职任、更美之约、更美应许

1我们所讲之事的要点，就是我们有这样一位大祭司，已经坐在天上至大者宝座的右边，2在圣所，就是在真帐幕里作执事；这帐幕是主支搭的，不是人支搭的。

3凡大祭司都是为献礼物和祭物设立的，所以这一位也必须有所献的。4祂若是在地上，绝不会作祭司，因为已经有照律法献祭物的祭司。5他们所供奉的，只是天上之物的仿制品和影像，正如摩西将要造帐幕的时候，蒙神警戒他说：你要谨慎，各样物件都要照着在山上指示你的样式去做。6但如今耶稣得了更美的职任，正如祂也是凭更美应许所立更美之约的中保。

7那前约若没有瑕疵，就无须寻求后约了。8但神看出祂百姓的缺欠，就说：看哪，日子将到，我要与以色列家和犹大家另立新约。这是主说的。9这新约不像我拉着他们祖先的手、领他们出埃及的时候，与他们所立的约；因为他们没有恒守我的约，我也不理他们。这是主说的。10主又说：那些日子以后，我与以色列家所立的约将是这样：我要将我的律法放在他们里面，写在他们心上。我要作他们的神，他们要作我的民。11他们各人不用再教导自己的邻居和自己的弟兄，说：你当认识主！因为他们从最小的到最大的都必认识我。12我要宽恕他们的不义，不再记念他们的罪恶。

13既说新约，就以前约为旧了；那变旧衰残的，很快要消失了。

第九章
属地的圣所和属地的敬拜

1前约也有敬拜的条例和属地的圣所。2因为有预备好的帐幕，头一层叫作圣所，里面有灯台、桌子和陈设饼。3隔幔（见来6章注3）后又有一层，叫作至圣所，4有金香坛，和里外包金的约柜，柜里有盛吗哪的金罐、亚伦发过芽的杖、和两块约版；5柜上面有荣耀的基路伯，遮掩着施恩座。关于这几件，现在不能一一细说。

6这些物件如此预备好了，祭司就常常进头一层帐幕里从事敬拜。7至于第二层帐幕，只有大祭司可以进去，一年仅去一次，且必须带着血，为自己和百姓无意中犯的罪献上。8圣灵借此指明，只要头一层帐幕还存立，进入至圣所的路就还没有显明。9这在现今是个象征：所献的礼物和祭物，就着良心说，都不能使敬拜的人得以完全。10这些事，连那饮食和各种洗濯的规矩，都只是与肉身有关的条例，只应用到更正的时候为止。

更大更全备的帐幕，更美的祭物

11但现在基督已经来到，作了将来美事的大祭司，经过了那更大更全备的帐幕，不是人手所造的，就是不属于这世界的；12且不是用山羊和牛犊的血，而是用祂自己的血，只一次永远地进入至圣所，就成了永远的救赎。

13若山羊和公牛的血，并母牛犊的灰，洒在不洁的人身上，尚且使人圣别，身体洁净，14何况基督借着永远的灵，将自己无瑕无疵献给神，祂的血不更能洗净我们的良心，使我们脱离导致死亡的行为、事奉那活神吗？

15因此，祂作了新约的中保，既已受死赎了人在前约之下所犯的罪过，就使蒙召的人得着所应许的永远产业。

16凡有遗嘱（遗嘱原文与约同字），必须等到立遗嘱的人死了；17因为他死了，遗嘱才生效。只要立遗嘱的人还活着，遗嘱就没有效力。18所以，前约也不是不用血立的。19因为摩西当日照着律法，将所有的诫命传给众百姓后，就拿朱红色绒和牛膝草，把牛犊和山羊的血，同着水洒在那约书上，和众百姓身上，说：20这是立约的血，神命你们遵守这约。21他又照样把血洒在帐幕和一切事奉所用的器皿上。22按照律法，几乎所有物件都要用血洁净；没有流血，就没有赦罪。

23这些天上之物的仿制品，尚且必须用这些祭物去洁净，那些天上之物本身，就必须用更美的祭物去洁净了。24因为基督不是进了人手所造的圣所（那不过是真圣所的仿制品），而是进了天本身，如今为我们显在神面前。25祂也不必多次献上自己，像那些大祭司要年复一年、带着不是自己的血进入至圣所赎罪。26否则，祂从创世以来就必须多次受苦了。但如今祂在这末世显现一次，好借着献上自己为祭，把罪除掉。27按着定命，人人都有一死，死后还有审判。28所以，基督为了担当许多人的罪，也被献了一次；将来还要第二次显现，与罪无关，而是为拯救那等候祂的人。

第十章
基督献的是一次永远的赎罪祭

1律法只是要来美事的影子，不是本物的真像，绝不可能借着年复一年重复献的同样祭物，使那近前敬拜的人得以完全。2若能，献祭的事不就早已停止了吗？因为敬拜的人一旦得了洁净，良心就不再觉得有罪了。3然而这些祭物使人每年想起罪来；4因为公牛和山羊的血不可能把罪除掉。

5所以，基督到世上来的时候，就说：神啊，祭物和供物，你并不想要；你却给我预备了身体。6燔祭和赎罪祭，你也不喜悦。7那时我说：看哪，我来了！我的事经卷上已经记载了。神啊，我来是要遵行你的旨意。

8 以上说：祭物和供物，燔祭和赎罪祭，你不想要，也不喜悦（这些都是按照律法献的）。9 后又说：看哪，我来是要遵行你的旨意。可见祂是除去在先的，为要立定在后的。10 我们凭这旨意，借着耶稣基督一次永远地献上祂的身体，就得以圣别了。

11 祭司都是天天站着事奉，一次又一次地献上同样的、永远不能除罪的祭物。12 但是基督献了一次永远的赎罪祭，就在神的右边坐下了；13 从此等候祂的仇敌成为祂的脚凳。14 因为祂一次献祭，就使那些得以圣别的人永远完全。

15 圣灵也向我们作了见证，先说：16 那些日子以后，我与他们所立的约将是这样：我要将我的律法写在他们心上，放在他们里面。这是主说的。17 以后又说：我不再记念他们的罪恶，和他们的过犯。18 这些既都蒙了赦免，就不用再为罪献祭了。

劝勉和警告：不可故意犯罪

19 弟兄们，我们既然靠着耶稣的血，20 沿着祂给我们开的又新又活的路，通过隔幔，就是祂的身体，得以坦然进入至圣所，21 又有一位大祭司治理神的家，22 我们的心也被血洒过了，脱除了邪恶的良心，身体也用清水洗净了，就当存着诚实的心和充足的信心，进到神面前；23 又当坚守我们所承认的盼望，毫不动摇，因那位赐应许的是信实的；24 且要彼此相顾，激发爱心，勉励行善。25 不可停止聚会，好像那些停止惯了的人；却要彼此劝勉，既知道那日子临近了，就更当如此。

26 我们已经领受了真理的知识，若还故意犯罪，赎罪的祭物就不再有了，27 只好恐惧等候审判，和那将要烧灭众仇敌的烈火。28 人干犯摩西的律法，凭两三个证人，尚且不得怜悯而死，29 何况人践踏神的儿子，将那使他圣别的立约之血当作俗物，又亵慢施恩的圣灵，你们想，他该受的刑罚要怎样加重呢？30 因为我们知道是谁说过：伸冤在我，我必报应。又说：主要审判祂的百姓。31 落在活神手里，真是可怕！

32 你们要回想先前的日子，那时你们刚蒙光照，就忍受极大的争战和苦难，33 有时公开遭受凌辱逼迫，有时又与同样遭遇的人为伴。34 你们体恤那些被囚的人，家业被没收了也欢喜地忍受，因为知道自己有更美长存的家业。

35 所以，不可丢弃你们的胆量；这胆量有极大的赏赐。36 你们需要忍耐，好使你们行完神的旨意，可以得着所应许的。37 因为还有一点点的时候，那位要来的必来，并不迟延。38 只是我的义人必因信得生；他若退后，我就不喜悦他。39 但我们不是退后以致沉沦的人，而是有信心以致得救的人。

第十一章

因着信

1 信，是所盼望之事的实底，是未看见之事的确据。2 古人在这信上得了称许。

3 因着信，我们知道宇宙是借神的话造成的；这样，所见之物并不是从显然之物造出来的。

4 因着信，亚伯献祭给神，比该隐所献的更美，因此便蒙称许得称为义，因神称许他的祭物。他虽然死了，却因这信仍旧说话。

5因着信，以诺被接去，没有经历死；人找不着他，因为神把他接去了。他被接去以前，已蒙称许得了神的喜悦。6人没有信，就不能得神的喜悦，因为到神面前来的人，必须信有神，且信祂赏赐那寻求祂的人。

7因着信，挪亚蒙神指示尚未看见的事，就起了敬畏的心，建造了一艘方舟，使他的全家得救。借此他就定了那个世代的罪，自己也承受了那因信而来的义。

8因着信，亚伯拉罕蒙召以后，就遵命往将来要得为业的地方去；他出去的时候，还不知道要往哪里去。9因着信，他在应许之地寄居，好像是在异乡；他居住帐棚，与那承受同样应许的以撒和雅各一样；10因他等候那座有根基的城，其设计者和建造者都是神。

11因着信，连撒拉也得了能力怀了孕，尽管她已过了生育期；因她认定那位赐应许的是信实的。12所以从一个仿佛已死的人就生出子孙，如同天上的星那样众多，海边的沙那样无数。

13这些人都是存着信心死的，并没有得着所应许的；却从远处望见，欢然迎接，又承认自己在世上是客旅，是寄居的。14说这样话的人，是表明自己在寻求一个家乡。15他们若是想念所离开的家乡，都有机会可以回去。16他们却是想望一个更美的家乡，就是在天上的家乡。所以，神并不以被称为他们的神为耻；祂也已经为他们预备了一座城。

17因着信，亚伯拉罕被试验的时候，就把以撒献上。这位领受了应许的，愿将他独生的儿子献上。18论到这儿子，曾经有话说：从以撒生的，才要称为你的后裔。19他认定，神甚至能使人从死里复活；从喻意说，他也确实从死里得回了他的儿子。

20因着信，以撒给雅各和以扫祝福，论到将来的事。21因着信，雅各临死的时候，分别给约瑟的两个儿子祝福，扶着杖头敬拜神。22因着信，约瑟临终的时候，提到以色列人将来必出埃及，并为他的骸骨留下遗嘱。

23因着信，摩西的父母在他生下来后，见他是个俊美的孩子，就把他藏了三个月，并不畏惧王的法令。

24因着信，摩西长大以后，就拒绝被称为法老女儿之子。25他宁愿和神的百姓同受苦害，也不愿意暂时享受罪中之乐。26他把为基督受的凌辱，看得比埃及的财物更宝贵，因他想望将来的赏赐。27因着信，他就离开埃及，不惧王的烈怒；他恒心忍耐，如同看见那不能看见的神。28因着信，他守逾越节，行洒血的礼，使那杀灭长子的不临近以色列人。

29因着信，以色列人走过红海如走干地；埃及人试图走过去，就被淹没了。30因着信，以色列人围绕耶利哥城七天，城墙就倒塌了。31因着信，妓女喇合和和平平接待探子，就没有和那些悖逆的人一同灭亡。

32我还要再说什么呢？若要述说基甸、巴拉、参孙、耶弗他、大卫、撒母耳和众先知的事，时间就不够了。33因着信，他们制伏了敌国，施行了公义，得着了应许，34堵住了狮子的口，扑灭了熊熊烈火，刀口下得以逃脱，从软弱变为刚强，争战中显出大能，打退了外邦军队。35有妇人得自己的死人复活；又有人宁愿受严刑，也不肯苟且得释放，为要得着更美的复活。36还有人遭受戏弄、鞭打，甚至捆锁、囚禁，37被石头打死，被锯成两半，被刀剑杀害，披着绵羊山羊的皮四处奔波，受穷困，遭患难，被苦害，38在旷野和山岭飘流，在山洞和地穴栖身；他们是这世界不配有的人！

39这些人都因信蒙了称许，然而尚未得着所应许的，40因为神给我们计划了更美的事，使他们没有我们就不能完全。

第十二章

心存忍耐奔跑赛程

1我们既有这许多的见证人，如同云彩围着我们，就当放下各样的重担，脱去容易缠累我们的罪，心存忍耐，奔跑那摆在我们前头的赛程，2仰望我们信心的创始者和成终者耶稣；祂因那摆在祂前面的喜乐，就轻看羞辱，忍受了十字架的苦难，便坐在神宝座的右边。3这位忍受罪人那般顶撞的，你们应当思想，免得疲倦灰心。

主所爱的祂必管教

4你们与罪恶斗争，还没有抵挡到流血的地步。5你们又忘了那劝你们如同劝儿子的话：我儿，不可轻看主的管教，被祂责备也不可灰心；6因为主所爱的，祂必管教，又鞭打祂所收纳的每个儿子。

7为了受管教，你们要忍受。神待你们如同待儿子；哪有儿子父亲不管教呢？8你们若是不受众子所共受的管教，就是私生子，不是儿子了。9再说，我们曾有肉身的父管教我们，我们尚且敬重他，何况万灵的父，我们不更应当顺服祂而得生吗？10肉身的父是照自己以为好的，短时间里管教我们；但神管教我们，是要我们得益处，使我们有份于祂的圣洁。11一切的管教，当时似乎都不令人快乐，反倒令人痛苦；后来却为受了管教训练的人，结出平安仁义的果子。

12所以，你们要把下垂的手、发软的腿都挺起来；13也要为自己的脚把路修直，使瘸腿的不至扭脚，反得医治。14又要追求与众人和睦，并要追求圣洁；若不圣洁人就不能见主。

警告：恐怕失去神的恩典

15你们要谨慎，恐怕有人失去神的恩典；又恐怕有毒根生出来缠扰你们，许多人就因此沾染污秽。16又恐怕有行淫乱的，或有贪恋世俗如以扫的，他为一点食物就把他的长子权卖掉了。17后来他也想要承受祝福，却被拒绝，虽然流泪苦求，也得不着反悔的机会。这是你们知道的。

18你们不是来到那座摸得着的山；那山上有烈火、密云、黑暗、暴风、19号筒声和说话的声音。那些听见这声音的，都求不要再向他们说话；20因为他们担当不起所吩咐的话：即使走兽触及这山，也都要用石头打死。21那景象是如此可怕，甚至摩西说：我甚是恐惧战兢。

22你们却是来到锡安山，来到活神的城，就是属天的耶路撒冷。那里有千万天使欢乐地聚集，23有名字记录在天上的众长子的聚会，有审判众人的神，和被成全之义人的灵，24有新约的中保耶稣，以及所洒的血；这血所说的比亚伯的血所说的更美。

25你们务要谨慎，不可弃绝那位说话的，因为那些弃绝在地上警戒他们的尚且不能逃罪，何况我们离弃那位从天上警戒我们的呢？26当时祂的声音震动了地，但如今祂应许说：下一次我不但要震动地，还要震动天。27这"下一次"是指明，那能被震动的，就是受造之物，都要挪去，好使那不能震动的常存。

28所以，我们既然得了不能震动的国，就当感恩，照着神所喜悦的，怀着虔诚敬畏的心事奉祂；29因为我们的神本是烈火。

第十三章
在行事为人上的教导

1弟兄相爱务要持久。2不可忘记接待客旅；因为有人接待客旅，不知不觉就接待了天使。

3要记念被囚禁的人，像与他们同被囚禁；要记念遭苦害的人，好像自己身在其境。

4婚姻人人都当尊重，床也不可污秽，因为神必审判淫乱和通奸的人。

5为人不可贪爱钱财，要以自己有的为足；因为神曾说：我绝不撇下你，也绝不丢弃你。6所以我们可以放胆地说：主是帮助我的，我必不惧怕，人能把我怎么样呢？

7要记念那些带领你们、把神的话（或道；见约5章注1）传给你们的人；要留心看他们为人的结局，效法他们的信心。8耶稣基督昨天、今天、直到永远是一样的。

9不要被各种的怪异教训勾引去了。心靠恩典得坚固，才是好的，并不是靠饮食条例；那些拘守饮食条例的，从来没有得着益处。10我们有一祭坛，这坛上的祭物，是那些在帐幕中供职的人没有权利吃的。

11其血被大祭司带进圣所作赎罪祭的祭牲，其身体要在营外焚烧。12所以耶稣也在城门外受苦，好用自己的血使百姓成圣。13这样，我们也当出到营外，到祂那里，忍受祂所受的凌辱。14我们在这里本没有常存的城，我们寻求的是那座要来的城。

15我们应当借着耶稣，常常向神献上赞美的祭，就是承认祂名之人嘴唇结的果子。16但也不可忘记行善和捐献，因为这样的祭是神所喜悦的。

17你们要听从那些带领你们的人，务要顺服，因他们为你们的魂警醒，好像必须交账的人。你们要使他们交的时候喜乐，不至忧愁；若是忧愁就与你们无益了。

18请为我们祷告；我们深信自己良心无亏，愿意凡事行得合宜。19特别是求你们为我祷告，使我快些回到你们那里。

20愿赐平安的神，就是那凭永约之血，使群羊的大牧人、我们的主耶稣从死里复活的神，21在各样善事上成全你们，使你们遵行祂的旨意；又借着耶稣基督，在你们中间行祂所喜悦的事。愿荣耀归给祂，直到永永远远。阿们！

22弟兄们，我只略略写给你们，请你们容忍我劝勉的话。23你们该知道，我们的弟兄提摩太已经获得释放；他若很快回来，我必同他来见你们。

24请问候所有带领你们的人和众圣徒。从意大利来的人也问候你们。

25愿恩典与你们众人同在！

雅各书

第一章

1 神和主耶稣基督的仆人雅各，写信问候散居的十二支派的人。

试炼和试探

2 我的弟兄们，你们遭遇各种试炼的时候，都要看为喜乐，3 因为知道你们的信心经过试验，就会生出忍耐。4 但忍耐也当有成全的功效，使你们成熟、完备，毫无缺欠。

5 你们中间若是有人缺少智慧，就当向那厚赐众人、又不责备人的神求，他必得着。6 但要凭信心求，一点也不疑惑；因为那疑惑的人，就像海中的波浪，被风吹动翻腾。7 这样的人，不要想从主那里得到什么。8 心怀二意的人，在他一切所行的事上都是摇摆不定。

9 卑微的弟兄升高，就该喜乐；10 富足的弟兄降卑，也该如此，因为他必要过去，如同草上的花一样。11 太阳出来，热风刮起，草就枯干，花也凋谢，美容就消没了。富足的人在他所经营的事上，也必这样衰残。

12 忍受试炼的人是有福的，因为他通过试验以后，必得着生命的冠冕，就是主应许给那些爱祂之人的。

13 人被试探，不可说：我是被神试探。因为神不能被恶试探，祂也不试探人。14 每个被试探的，都是被自己的私欲勾引、诱惑。15 私欲怀了胎，就生出罪来；等罪长成了，就生出死来。

16 我亲爱的弟兄们，不要被人欺骗了。17 各样美善的赏赐，各样全备的恩赐，都是从上头（即从天上）、从众光之父那里降下来的；在祂并没有改变，也不像影子转移。18 祂按自己的旨意，借着真理的道生了我们，使我们在祂的造物中，好像初熟的果子。

听道和行道

19 我亲爱的弟兄们，这是你们所知道的。但你们各人要快快地听，慢慢地说，慢慢地动怒，20 因为人的怒气并不成就神的义。21 所以，你们要脱去一切的污秽和盈余的恶毒，温柔地领受那栽种在你们里面、能救你们（或译：你们的魂）的道。

22 只是你们还要行道，不要只是听道，自己欺骗自己。23 人若听道却不行道，就好像人对着镜子观看自己的脸，24 看了以后走开，立即忘了自己是什么样子。25 只有详细察看那使人自由的全备律法，并且恒心遵守，不是听了就忘，而是实行出来，这人就必在所行的事上蒙福。

26 若有人自以为虔诚，却不管住他的舌头，反而欺骗自己的心，这人的虔诚是虚空的。27 在神我们的父面前，那清洁无玷污的虔诚，就是看顾患难中的孤儿寡妇，并且保守自己不被世俗玷污。

第二章

不可重富轻贫

1 我的弟兄们，你们既然信了我们荣耀的主耶稣基督，就不可按外貌待人。2 若有一个戴着金戒指、穿着华丽衣服的人进了你们的会堂，又有一个穿着破旧衣服的穷人也进来，3 你们就重看那穿着华丽衣服的人，说：请你坐在这好位上。又对那穷人说：你站在那里。或说：坐在我的脚凳下边。4 这不就是你们心存歧视，怀着恶意断定人吗？

5我亲爱的弟兄们，请听：神不是拣选了世上的贫穷人，使他们在信心上富足，并且承受祂所应许给那些爱祂之人的国吗？6你们反倒羞辱贫穷人。那欺压你们、拉你们到法庭的，不正是富足人吗？7那亵渎你们所属的尊名的，不也是他们吗？

8经上记着说：要爱人如己。你们若遵守这至尊的律法，就做得好。9但是你们若按外貌待人，就是犯罪，被律法定为犯法的。10因为凡是遵守全部律法的，只要违犯一条，就是犯了众条。11因为那说不可奸淫的，也说不可杀人；你就是不奸淫，却杀人，仍然成了犯法的。12你们说话行事，都要像那将按使人自由的律法受审判的人。13因为那不怜悯人的，也要受无怜悯的审判；怜悯可向审判夸胜。

信心和行为

14我的弟兄们，若有人说自己有信心，却没有行为，有什么益处呢？这信心能救他吗？15若有弟兄或是姐妹衣不遮体，又缺了日用的饮食，16你们中间有人对他说：平平安安地去吧！愿你穿得暖，吃得饱。却不给他身体所需要的，这有什么益处呢？17照样，信心若是没有行为，就是死的。

18必有人说：你有信心，我有行为；你将你没有行为的信心指给我看，我便借着我的行为，将我的信心指给你看。19你信神只有一位，你信的不错；鬼魔也信，却是战惊。

20虚浮的人哪，你愿知道没有行为的信心是死的吗？21我们的祖宗亚伯拉罕把他儿子以撒献在坛上，不就是因行为得称义吗？22可见信心是与行为并行，而且信心因着行为才得完全。

23这就应验经上所说：亚伯拉罕相信神，这就算为他的义。他又得以称为神的朋友。24可见人得称义还要因着行为，不是只因信心。

25妓女喇合接待探子（原文是使者），又送他们从别的路回去，不也照样是因行为得称义吗？26身体没有灵是死的，照样，信心没有行为也是死的。

第三章

论制伏舌头

1我的弟兄们，不要有太多人作教师，因为知道我们作教师的，将要受更严的审判。2我们都在许多事上有过失；若有人在言语上没有过失，他就是完全人，也能管住他的全身。

3我们若把嚼环放进马的嘴里，使它顺服，就能调动它的全身。4再看看船：它虽然那么大，又被大风催逼，只用小小的舵，舵手就能随意调转。5照样，舌头是个小小的肢体，却能说夸大的话。看哪，一点小火，能点燃多大的森林！6舌头就是火。在我们百体中，舌头是个罪恶的世界，能够污秽全身，也能把生命的轮子点燃，它自己又是被地狱点燃的。

7各类的走兽、飞禽、爬物、水族都可以制伏，也已经被人类制伏，8唯独舌头没有人能制伏；它是不止息的恶物，充满了致命的毒液。9我们既用舌头颂赞那位为主为父的，又用舌头咒诅照着神的形象被造的人。10颂赞和咒诅从同一张嘴里出来；我的弟兄们，这是不应该的！11泉源能从同一泉眼发出甜苦两样的水吗？12我的弟兄们，无花果树能结橄榄吗？葡萄树能结无花果吗？咸水泉也不能发出甜水来。

从上头来的智慧

13你们中间谁是有智慧有见识的呢？他就当有好的为人，以智慧的温柔显出他的善行来。14但若你们心里怀着苦毒的嫉妒和谋私争竞，就不可自夸，也不可说谎话抵挡真理。15这种智慧不是从上头来的，而是属地的，属魂的，属鬼魔的。16哪里有嫉妒和谋私争竞，哪里就有混乱和各种恶事。

17但那从上头来的智慧，先是清洁，后是和平，温良柔顺，满有怜悯，多结善果，没有偏见，没有虚假。18使人和平的人在和平中撒种，必收获仁义的果子。

第四章
与世界为友就是与神为敌

1你们中间的争战、斗殴是从哪里来的呢？不就是从你们肢体中好斗的私欲来的吗？2你们贪恋，却得不着，就杀人；你们贪图，也得不着，就斗殴、争战。你们得不着，是因为你们不求。3你们求也得不着，是因为你们妄求，想要耗费在你们的享乐中。

4淫乱的人哪，难道不知与世界为友，就是与神为敌吗？所以，凡要与世界为友的，就成了神的仇敌。5经上说：神所赐住在我们里面的灵，爱慕以至于嫉妒。你们以为这话没有缘故吗？6但祂赐的恩典更大；所以经上说：神敌挡骄傲的人，赐恩给谦卑的人。

7所以，你们要顺服神。务要抵挡魔鬼，魔鬼就必逃离你们。8你们要亲近神，神就必亲近你们。有罪的人哪，要洁净你们的手！心怀二意的人哪，要清洁你们的心！9你们要愁苦、悲哀、哭泣，将喜笑变作悲哀，将欢乐变作愁闷。10务要在主面前谦卑，祂就必使你们升高。

不可彼此批评

11弟兄们，你们不可彼此批评。人若批评弟兄，论断弟兄，就是批评律法，论断律法。你若论断律法，就不是行律法的，而是审判人的。12设立律法和审判人的只有一位，就是那能救人也能灭人的神。你是谁，竟敢论断别人呢？

不可张狂夸口

13你们有人说：今天或明天，我们要到某城去，在那里住一年，做买卖赚大钱。14其实明天如何，你们并不知道。你们的生命是什么呢？你们只是一团雾气，出现少时就不见了。15你们只当说：主若愿意，我们就可以活着，也可以做这事或那事。16现在你们竟然张狂夸口；这样的夸口都是恶的。17人知道要行善，却不去行，这就是他的罪了。

第五章
警告不义的富足人

1你们富足的人哪，当为将要临到你们的悲惨哭泣哀号。2你们的钱财已经朽坏，衣服也被虫子蛀了。3你们的金银已经生锈；那锈将要证明你们的不是，又要如火吞吃你们的肉。你们在这末世只知积攒钱财！

4工人给你们收割庄稼，你们却亏欠他们的工钱，这工钱在喊冤；那收割之人的冤声，已经入了万军之主的耳中。5你们在世上奢华宴乐，在宰杀的日子养肥自己。6你们定罪杀害义人，他并没有敌挡你们。

忍耐的人是有福的

7弟兄们，你们要忍耐，直到主再来。看看农夫等候地里生出宝贵出产，是怎样耐心地等候秋雨春雨。8你们也当忍耐，坚固你们的心，因为主的再来近了。9弟兄们，你们不要彼此埋怨，免得受审判。看哪，那审判者已经站在门口了！

10弟兄们，你们要把从前奉**主**的名说话的众先知，当作能受苦能忍耐的榜样。11那些忍耐的人，我们称他们是有福的。你们听见过约伯的忍耐，也知道**主**给他的结局；**主**是满有怜悯和慈悲的。

12我的弟兄们，最要紧的是不可起誓；不可指着天起誓，也不可指着地起誓，无论何誓都不可起。你们说话，是，就说是，不是，就说不是，免得落在审判之下。

义人祈祷大有功效

13你们中间有人受苦吗？他就该祷告；有人喜乐吗？他就该歌颂。14你们中间有人患病吗？他就该请教会的长老来，奉主的名用油抹他，为他祷告。15出于信心的祈祷必要救那病人，主必使他起来；他若犯了罪，也必蒙赦免。16所以，你们要彼此认罪，互相代求，使你们可以得医治。

义人祈祷所发的力量，是大有功效的。17以利亚与我们是同样性情的人，他恳切祷告，求不要降雨，雨就三年半不降在地上。18他又祷告，天就降下雨来，地也生出土产。

19我的弟兄们，你们中间若有人迷失离开真理，有人使他回转，20这人应该知道：使一个罪人从迷路上转回，便是救他（或译：他的魂）脱离死亡，并且遮盖许多的罪。

彼得前书

第一章

1 耶稣基督的使徒彼得，写信给分散在本都、加拉太、加帕多家、亚西亚、庇推尼的寄居者，2就是照着父神的预知被拣选，借着圣灵得圣别，以致顺服耶稣基督，又蒙祂血所洒的人。愿恩典、平安多多地加给你们。

因重生有活的盼望

3 愿颂赞归与我们主耶稣基督的神与父！祂曾照自己的大怜悯，借着耶稣基督从死里复活重生了我们，使我们有活的盼望，4可以得着不能朽坏、不能玷污、不能衰残、为你们存留在天上的基业。5你们这因信蒙神能力保守的人，必能得着所预备、在末世要显现的救恩。

6 因此，你们要大大喜乐，虽然现今在百般的试炼中，或许必须暂时忧愁，7使你们的信心经过试验，就比那被火试验仍能毁坏的金子更显宝贵，可在耶稣基督显现的时候，得着称赞、荣耀、尊贵。8你们虽然没有见过祂，却是爱祂；现在虽然不能看见祂，却信入祂，因此就有难以言表、满有荣耀的大喜乐；9并且得着你们信心的结果，就是魂的救恩。

10 关于这救恩，那些预言你们要得恩典的众先知，曾经详细寻求考察，11想要知道那在他们里面基督的灵，预言基督受苦难、后来得荣耀，是指着什么时候，和怎样的时候。12他们得了启示，知道他们传讲这些事不是为自己，而是为你们。那些靠着从天上派来的圣灵传福音给你们的人，现在已经将这些事传给你们；这些事连天使也渴望详细察看。

应当过圣洁的生活

13 所以，要预备好你们的心，谨慎自守，专心盼望耶稣基督显现的时候，所要带给你们的恩典。14你们既是顺服的儿女，就不要被模成从前无知的时候，那放纵私欲的样子。15那召你们的神既是圣洁的，你们在一切所行的事上也要圣洁。16因为经上记着说：你们要圣洁，因为我是圣洁的。

17 你们既然称那不偏待人、只按各人行为审判人的神为父，就当心存敬畏，度你们在世寄居的日子；18因为知道你们得赎，脱去你们祖先所传虚妄的行为，不是凭着能朽坏的金银等物，19而是凭着基督的宝血，如同无瑕疵无玷污的羔羊之血。20基督在创世以前就被神预先知道，到这末世才为你们显现出来。21你们借着祂，信入了那使祂从死里复活、又赐给祂荣耀的神，叫你们的信心和盼望都在于神。

22 你们既因顺从真理洁净了自己，以致爱弟兄没有虚假，就当从心里（有古卷是从清洁的心里）彼此切实相爱。23你们蒙了重生，不是由于能朽坏的种子，而是由于不能朽坏的种子，是借着神活而常存的道（或话；下同）。24因为凡属血肉的尽都如草，他的荣美像草上的花；草必枯干，花必凋谢；25唯有主的道永远长存。所传给你们的福音就是这道。

第二章

要靠话奶长大得救

1 所以，你们要脱去一切的恶毒、诡诈、伪善、嫉妒、和一切的毁谤。

2要爱慕那纯净的话奶（指神的话、属灵的奶），像初生的婴孩爱慕奶一样，使你们靠它长大，以致得救。3你们若尝过主的美善，就必如此。

要被变化成为活石

4你们来到祂这被人弃绝，却被神所拣选、所宝贵的活石面前，5自己也就像活石，被建造成为属灵的殿，作圣洁的祭司，借着耶稣基督献上神所悦纳的属灵祭物。6因为经上说：看哪，我把所拣选、所宝贵的房角石安放在锡安；信靠祂的必不至于羞愧。7所以，祂在你们信的人就为宝贵，在那不信的人却是匠人所弃的石头，成了房角的头块石头。8又是绊脚的石头，跌人的磐石。他们绊跌，是因为不顺从真道；他们这样也是预定的。

9但你们是蒙拣选的族类，是君尊的祭司，是圣洁的国度，是属神的子民，要叫你们宣扬那召你们出黑暗、入祂奇妙之光者的美德。10你们从前不是子民，现在却是神的子民；你们从前未蒙怜悯，现在却是蒙了怜悯。

要有好的生活为人

11亲爱的，你们本是客旅，是寄居的。我劝你们要禁戒肉体的私欲；这私欲是与魂争战的。12你们在外邦人中要有好的品行，这样，虽然有人毁谤你们是作恶的，却因看见你们的好行为，就在鉴察的日子荣耀神。

13你们要为主的缘故顺服人的一切制度，无论是在上的君王，14还是君王所派罚恶赏善的官长。15因为神的旨意就是要你们行善，借以堵住糊涂无知之人的口。16你们虽是自由的，却不可以利用自由遮盖恶毒，总要像

是神的仆人。17还要尊重众人，亲爱教内弟兄，敬畏神，尊敬君王。

基督是受苦的榜样

18作仆人的，凡事要存敬畏的心顺服主人，不但顺服那善良温和的，就是那乖僻的也要顺服。19倘若人为向着神的良心，忍受冤屈的苦楚，这是可称道的。20你们若因犯罪挨打，就是忍耐，有什么可称道呢？但是你们若因行善受苦，而且忍耐，这在神看是可称道的。

21你们蒙召原是为此，因为基督也为你们受过苦，给你们留下了榜样，叫你们照着祂的榜样（原文是脚踪）去行。22祂从来没有犯罪，口里也没有诡诈。23祂被骂不还口，受苦不说威吓的话，只将自己交托给按公义审判的神。24祂在十字架上，亲身担当了我们的罪，使我们既已经向罪死了，就可以为义而活；因祂受的鞭伤，你们得了医治。25你们从前好像迷失的羊，如今却都归到你们魂的牧人和监督了。

第三章

妻子和丈夫

1作妻子的，要顺服自己的丈夫；这样，若有丈夫不肯信道，却可因着妻子的品行，不用道被感化过来，2因为看见你们敬虔贞洁的品行。3不要注重外面的妆饰，像做头发、戴金饰、穿美衣，4却要注重里面的人，以温柔和安静的灵为不朽坏的妆饰；这在神面前是极宝贵的。5因为从前仰赖神的圣洁妇女，正是这样装饰自己，顺服自己的丈夫，6就如撒拉听从亚伯拉罕，称他为主。你们若是行善，不怕任何恐吓，便是撒拉的女儿了。

7作丈夫的，要按情理和妻子同住，因为她是女性，比你软弱；她又与你一同承受生命之恩，所以要尊重她，好使你们的祷告没有阻碍。

为义受苦是有福的

8总之，你们都要同心，并要彼此体恤，相爱如同弟兄，心存慈怜谦卑。9不要以恶报恶，以辱骂还辱骂，倒要祝福；因你们是为此蒙召，好使你们承受福分。10因为那想要爱生命，看见好日子的，要管住舌头不出恶言，管住嘴唇不说诡诈的话；11还要离恶行善，寻求和睦，并追求和睦。12因为主的眼睛看顾义人，祂的耳朵听他们的祈求；主却向行恶的人变脸。

13你们若是热心行善，有谁害你们呢？14你们就是为义受苦，也是有福的。不要怕人的威吓，也不要惊慌；15只要心里尊基督为圣，以祂为主。又要常做准备，好回答每一个问你们心中盼望缘由的人；且要心存敬畏，温柔地回答。

16要常存无亏的良心，使你们在何事上被毁谤，就在何事上使那诬赖你们的人，因你们在基督里的好品行自觉羞愧。17神的旨意若是要你们受苦，因行善受苦总强如因行恶受苦。

18因为基督也曾一次为罪受苦（有古卷是受死），就是义的代替不义的，为要引领你们到神面前。祂在肉身被处死，却在灵里复活了。19祂借这灵也曾去传道给那些被囚禁的灵，20就是从前挪亚建造方舟、神恒忍等待的时候，那些不信从的人。当时进入方舟借水得救的不多，只有八个人。21这水所预表的洗礼，现在借着耶稣基督复活也拯救你们；这洗礼并不是除掉肉身的污秽，而是求在神面前有无亏的良心。22耶稣已经升到天上，就在神的右边；众天使、有权柄的、有能力的都服了祂。

第四章

要效法基督有受苦的心志

1基督既然在肉身受过苦，你们也当怀有同样的心志，因为在肉身受过苦的，就与罪断绝了。2这样，你们就不再随从人的情欲，而是随从神的旨意，度在肉身剩下的光阴。3你们以前随从外邦人的心意，行邪荡、情欲、醉酒、荒宴、群饮、和可憎拜偶像的事，时间足够多了。4现在你们不与他们同奔那放荡无度的路，他们就以为奇怪，毁谤你们。5他们得向那位预备好要审判活人和死人的交账。6为此，就是死了的人也曾经有福音传给他们，要使他们在肉体上按着人受审判，在灵性上却照神的旨意活着。

要作神百般恩典的好管家

7万物的结局近了；所以，你们要谨慎自守，警醒祷告。8最要紧的是要彼此切实相爱，因为爱能遮掩许多的罪。9你们要互相接待，不发怨言。10各人要照所得的恩赐彼此服事，作神百般恩典的好管家。11讲道的，要照神的圣言传讲；服事的，要照神所赐的力量服事，使神在凡事上借着耶稣基督得荣耀。愿荣耀、权能归给祂，直到永永远远。阿们！

要乐意有份于基督的苦难

12亲爱的，当有火一样的试炼临到你们，不要以为奇怪，像是遭遇非常的事；13倒要欢喜，因你们是有份于基督的苦难，使你们在祂的荣耀显现的时候，也可以欢喜快乐。14你们若为基督的名受辱骂，就是有福的，因为神荣耀的灵常住在你们身上。

15你们中间不可有人因为杀人、偷窃、作恶、好管闲事而受苦。16若为作基督徒受苦，就不要羞耻，倒要因着这名荣耀神。17因为时候到了，审判要从神的家开始。若是先从我们开始，那不信从神福音的人，将有怎样的结局呢？18若是义人得救都难，那不敬虔和犯罪的人，将有何处可站呢？19所以，那照神的旨意受苦的人，要将自己交托给信实的造物主，继续行善。

第五章
务要牧养神的群羊

1我这同作长老、又是基督受苦的见证人、且同享那将要显现之荣耀的，劝你们中间的长老们：2务要牧养你们中间神的群羊，按着神的旨意照管他们，不是出于勉强，而是出于甘心；不是因为贪财，而是出于乐意；3也不是作主辖管所托付你们的，而是作群羊的榜样。4到了牧长显现的时候，你们必得着那永不衰残的荣耀冠冕。

顺服谦卑谨守警醒

5你们年轻的，要顺服年长的。你们彼此相待，都要披戴谦卑，因为神敌挡骄傲的人，赐恩给谦卑的人。6所以你们务要谦卑，服在神大能的手下，使祂到了时候可以使你们升高。

7你们要将一切忧虑卸给神，因为祂顾念你们。

8你们要谨守、警醒；因为你们的仇敌魔鬼，如同吼叫的狮子，遍地游行，寻找可以吞吃的人。9你们要抵挡他，信仰上要坚定，知道你们在世上的众弟兄，也在经历同样的苦难。

10那赐诸般恩典、在基督里召你们进入祂永远荣耀的神，等你们暂受苦难之后，必要亲自成全你们，使你们坚固刚强，根基稳固。11愿权能归给祂，直到永永远远。阿们！

12我托我所看为忠心的弟兄西拉，略略写了这信劝勉你们，又证明这是神真实的恩典；你们要在这恩典中站住！

13在巴比伦与你们同蒙拣选的问候你们。我儿子马可也问候你们。14你们要用爱的亲脸彼此问候。

愿平安归与你们所有在基督里的人！

彼得后书

第一章

1 耶稣基督的仆人和使徒西门彼得，写信给那靠着我们的神和救主耶稣基督的义，与我们同得一样宝贵信心的人。2 愿恩典、平安，因你们认识神和我们的主耶稣，多多地加给你们。

信徒当在信仰上不断长进

3 因我们认识了用自己的荣耀和美德呼召我们的神，祂的神能就将一切有关生命和敬虔的事赐给了我们。4 借着这些，祂已将既宝贵又极大的应许赐给我们，使我们既逃离世上从情欲来的败坏，就得以有份于神的性情。

5 正是因这缘故，你们要分外地殷勤；有了信心，又要加上德行；有了德行，又要加上知识；6 有了知识，又要加上节制；有了节制，又要加上忍耐；有了忍耐，又要加上敬虔；7 有了敬虔，又要加上弟兄相爱；有了弟兄相爱，又要加上对世人的爱。8 你们若有这几样，且不断增多，就必使你们在认识我们的主耶稣基督上，不至于没有成效，不结果子。9 那没有这几样的，就是瞎眼、近视，忘了他过去的罪已经得了洁净。

10 所以弟兄们，你们要更加殷勤，使你们所蒙的恩召和拣选坚定不移。你们若行这几样，就必永远不跌倒。11 这样，你们就必丰丰富富地、进入我们主和救主耶稣基督永远的国。

12 你们虽然晓得这些事，并且在现有的真理上得了坚固，我却还要将这些事常常提醒你们。13 我觉得应当趁我还在这帐棚（指肉身；14 节同。又见林

后 5:1）的时候，提醒你们，激发你们；14 因为知道我很快要脱去这帐棚，正如我们主耶稣基督向我指明了的。15 并且我要尽心竭力，使你们在我去世以后，时常想到这些事。

基督的荣耀和先知的预言

16 我们从前将我们主耶稣基督的大能和祂再来的事告诉你们，并不是随从巧妙编造的神话故事，而是亲眼见过祂的威荣。17 祂从父神得着尊贵荣耀的时候，从显赫荣耀中有声音为祂发出，说：这是我的爱子，我所喜悦的。18 我们同祂在那圣山上的时候，亲自听见这从天上来的声音。

19 我们还有先知更确定的话；你们留意这话，如同留意照在暗处的灯，直等到天发亮，晨星在你们心里出现，就做得好。20 最要紧的是要知道，经上所有预言都不是先知自己的见解，21 因为预言从来不是出于人意，而是人被圣灵感动，从神说出来的。

第二章

假教师必受审判

1 从前在百姓中有假先知，将来在你们中间也必有假教师，偷偷引进毁灭人的异端，连买他们的主也不承认，快快地自取灭亡。2 将有许多的人随从他们邪淫的行为，真理的道因他们要被人毁谤。3 他们因有贪心，必用捏造的言语在你们身上谋利。他们的刑罚早已判定；他们的灭亡随时临到（后半节为意译）。

4 就是天使犯罪，神也没有宽容，而是丢进地狱，锁在黑暗之中，关押等候审判。5 神也没有宽容上古的世代，

曾使洪水临到那不敬虔的世人，只保护了传扬义的挪亚一家八人。6神又定罪了所多玛、蛾摩拉二城，将城倾覆，焚烧成灰，作为后世不敬虔之人的鉴戒，7只搭救了常因恶人淫行忧伤的义人罗得；8因这义人住在他们中间，看见听见他们不法的事，他的义魂就天天伤痛。9既然如此，主就知道如何搭救敬虔的人脱离试炼，把不义的人留在刑罚之下，等候审判的日子，10特别是那些随从肉体、放纵污秽的情欲、轻慢主治者的人。

他们胆大任性，毁谤在尊位的也不惧怕。11就是天使，虽然力量、权能更大，也都不用毁谤的话在主面前控告他们。12但这些人好像没有理性、只凭本能的畜类，生来就是要被捉拿宰杀的。他们毁谤所不知道的事，正在败坏人的时候，自己也必遭受败坏。

13他们行的不义，必受不义的报应。他们喜爱在大白天宴乐，是污点，是瑕疵，同你们吃饭的时候，以自己的诡诈为乐；14眼中充满淫欲，从不停止犯罪，引诱心不坚固的人，心中习惯了贪婪，是被咒诅的种类。15他们离弃正路，走入歧途，随从比珥之子巴兰的路；这巴兰贪爱不义的报酬，16就因自己的过犯受了责备；那不能说话的驴，竟以人声说话，拦阻这先知的疯狂。

17这些人是无水的井，是狂风催逼的雾气，有墨黑的幽暗为他们存留。18他们说些虚妄矜夸的话，以肉体的情欲和邪荡的事，引诱那些刚刚逃离错谬生活的人，19应许他们自由，自己却作败坏的奴仆；因为人被谁制伏，就是谁的奴仆。20倘若他们因着认识我们主和救主耶稣基督，得以逃脱世上的污秽，却又在其中被缠住、被制伏，他们后来的景况，就比先前更坏了。21他们认识了义路，却又背弃所传给他们的神圣诫命，倒不如不认识更好。22狗所吐的，它又转过来吃；猪洗净了，又到泥里去滚。这俗语用在他们身上正合适。

第三章

主再来的应许

1亲爱的，我现在写给你们的是第二封信。这两封信都是提醒你们，激发你们诚实的心，2叫你们记念圣先知从前所说的话，和你们的使徒所传主和救主的命令。

3最要紧的是要知道，末世必有好讥笑的人，随从自己的私欲出来讥笑说：4主再来的应许在哪里呢？因为自从列祖睡了以来，万物依旧，与起初创造的时候一样。5他们故意忘记，在太古凭神的话就有了天，和从水而出、借水而成的地。6后来，当时的世界被水淹没就毁灭了。7现在的天地是凭同样的话保留着，要留到不敬虔的人受审判遭沉沦的日子，用火焚烧。

8亲爱的，有一件事你们不可忘记，就是在主一日如千年，千年如一日。9主的应许尚未成就，有人以为祂是耽延，其实不是耽延，祂是宽容你们，不愿有一人沉沦，却愿意人人悔改。

10只是主的日子要像贼一样来到。在那天，天必轰然一声废去，有形物质要被烈火销化，地和其上的物要被烧没。11这一切既然要如此销化，你们应当怎样为人，过圣洁和敬虔的生活，12等候并催促神的日子来到呢？

在那天，天要被火焚烧销化，有形物质要被烈火熔化。13但我们照祂的应许，等候新天新地，有义住在其中。

14亲爱的，你们既然等候这些，就当殷勤，使自己没有玷污，没有瑕疵，安然见主。15并且要以我们主的恒忍为得救的机会，就如我们所亲爱的弟兄保罗，照所赐给他的智慧也写给你们的。16他在所有信中都讲论这些事；信中有些难明白的，那些无学问不坚固的人就曲解，像曲解其他的经文一样，就自取灭亡。

17亲爱的，你们既然预先知道了，就当防备，免得被恶人的错谬诱惑，就从自己坚固的地位上坠落了。18你们却要在我们主和救主耶稣基督的恩典和知识上长大。愿荣耀归给祂，从现今直到永远。阿们！

约翰一书

第一章

生命之道

1论到那从太初就有的生命之道，就是我们所听见的，亲眼所看见的，注视过且亲手摸过的；2这生命已经显现出来，我们也都见过，现在又作见证，将原与父同在、曾显现与我们这永远的生命传给你们。3我们将所看见所听见的传给你们，使你们也可以与我们有契交¹；而我们的契交，又是与父和祂儿子耶稣基督的契交。4我们写这些事，是要使我们的喜乐得以满足。

神就是光

5神就是光，在祂里面毫无黑暗。这是我们从主所听见、现在又传给你们的信息。6我们若说自己与神有契交，却仍行在黑暗里，就是说谎话，不行真理了。7我们若行在光中，如同神在光中，就彼此有契交，祂儿子耶稣的血，也洗净我们一切的罪。

8我们若说自己没有罪，便是自欺，真理就不在我们里面了。9我们若认自己的罪，神是信实的，是公义的，必要赦免我们的罪，洗净我们一切的不义。10我们若说自己没有犯过罪，便是以神为说谎的，祂的道就不在我们里面了。

注：¹ 契交：指信徒彼此之间，信徒与神之间，在灵里默契的、亲密的交流、往来、分享。

第二章

我们有位中保耶稣

1我的孩子们，我将这些事写给你们，是要使你们不犯罪。但若有人犯罪，在父那里我们有一位中保，就是那位义者耶稣基督。2祂为我们的罪作了挽回祭，不仅是为我们的罪，也是为普天下人的罪。

3我们若遵守祂的诫命，就知道我们是认识祂。4人说"我认识祂"，却不遵守祂的诫命，就是说谎话的，真理也不在他里面了。5凡遵守祂的道的，神的爱在他里面就实在得了成全。从此我们知道我们是在祂里面。6人说自己住在祂里面，就该照着祂所行的去行。

要爱弟兄，不要爱世界

7亲爱的，我写给你们的不是一条新命令，而是你们从起初就有的旧命令；这旧命令就是你们所听见的道。8然而，我写给你们的也是一条新命令，这在主和你们都是真的；因为黑暗渐渐过去，真光已经照耀。

9人说自己在光中，却恨他的弟兄，他到如今还是在黑暗里。10爱弟兄的，就是住在光中，在他没有绊跌的缘由。11恨弟兄的，却是在黑暗里，且行在黑暗里，也不知道往哪里去，因为黑暗使他眼睛瞎了。

12孩子们，我写信给你们，因为你们的罪因着主名得了赦免。13父老们，我写信给你们，因为你们认识那位从太初就有的。青年们，我写信给你们，因为你们胜了那恶者。

14孩子们，我曾写信给你们，因为你们认识父。父老们，我曾写信给你们，因为你们认识那位从太初就有的。青年们，我曾写信给你们，因为你们刚强，神的道常存在你们心里；你们也胜了那恶者。

15不要爱世界和世界上的事。人若爱世界，爱父的心就不在他里面了。

16因为凡世界上的事，就是肉体的情欲、眼目的情欲和今生的骄傲，都不是出于父，而是出于世界。17这世界和其上的情欲都要过去，但遵行神旨意的要存到永远。

要提防那敌基督的

18孩子们，如今是末时了。你们曾听见说那敌基督的要来，现在已经有好些敌基督的出现了；从此我们知道如今就是末时了。19他们是从我们中间出去的，却不属于我们；若是属于我们，就必仍旧与我们同在；他们出去，显明他们都不属于我们。

圣者来的膏油涂抹

20你们有从圣者来的膏油涂抹，也都认识真理。21我写信给你们，不是因为你们不认识真理，而是因为你们认识，并且知道没有谎言是出于真理。22谁是说谎话的呢？不就是那否认耶稣是基督的吗？否认父与子的，就是敌基督的。23凡否认子的，就没有父；承认子的，连父也有了。

24至于你们，务要将那从起初所听见的存在心里。你们若将从起初所听见的存在心里，就必住在子里面，也必住在父里面。25主所应许我们的，就是永远的生命。

26我将这些事写给你们，是指着那些谜惑你们的人说的。27你们从主所领受的膏油涂抹常在你们里面，并不需要别人教导你们，因这膏油涂抹在凡事上教导你们。这膏油涂抹是真实的，不是虚谎的；你们要按它所教导你们的住在主里面。

28孩子们，你们要住在主里面。这样，祂若显现，我们就可以坦然无惧；祂再来的时候，就不至于羞愧而躲避祂。29你们若知道祂是公义的，就知道凡行公义的人都是从祂生的。

第三章
我们真是神的儿女

1你们看，父赐给我们的是何等的爱，使我们得称为神的儿女；我们也真是祂的儿女。世人之所以不认识我们，是因未曾认识祂。2亲爱的，现在我们是神的儿女，将来如何，还未显明；但是我们知道，主若显现，我们必要像祂，因为我们将要看见祂的真体。3凡向祂有这盼望的，就洁净自己，像祂是洁净的一样。

4凡犯罪的，就是违背律法；违背律法就是罪。5你们知道，主显现就是要除掉罪；在祂里面并没有罪。6凡住在祂里面的，就不犯罪；凡犯罪的，是未曾看见祂，也未曾认识祂。

7孩子们，不要让人迷惑你们。行义的人才是义的，正如主是义的一样。8犯罪的是出于魔鬼，因为魔鬼从起初就犯罪。神的儿子显现出来，就是为要除灭魔鬼的作为。9凡是从神生的，必不一再犯罪，因为神的生命（原文是种）在他里面；他不可能一再犯罪，因为他是从神生的。10从此就显出谁是神的儿女，谁是魔鬼的儿女了。凡不行义的，就不是出于神，不爱弟兄的也是如此。

我们应当彼此相爱

11我们应当彼此相爱；这就是你们从起初所听见的命令。12不要像该隐；他是属于那恶者，杀了他的弟弟。为什么杀他呢？因自己的行为是恶的，他弟弟的行为是义的。

13弟兄们，世人若恨你们，不要以为希奇。14我们因为爱弟兄，就知道是已经出死入生了。不爱弟兄的，仍住在死中。15凡恨弟兄的，就是杀人的。你们知道，杀人的都没有永生存在他里面。

16主为我们舍命，从此我们就知道何为爱；我们也当为弟兄舍命。17凡有世上财物的，看见弟兄有缺乏，却向他硬着心肠，神的爱怎能存在他里面呢？18孩子们，我们相爱，不要只在言语或舌头上，却要在行为和真诚上。19从此就知道我们是属真理的，并且我们的心若责备我们，在神面前我们也可以安心，20因为神比我们的心大，祂凡事都知道。

21亲爱的，我们的心若不责备我们，就可以向神坦然无惧了；22并且我们无论求什么，都能从祂得着，因为我们遵守祂的命令，行祂所喜悦的事。23神的命令就是要我们信祂儿子耶稣基督的名，且照祂所赐给我们的命令彼此相爱。24遵守神命令的，就住在神里面，神也住在他里面。我们能知道神住在我们里面，是因祂所赐给我们的圣灵。

第四章

要试验灵

1亲爱的，你们不要什么灵都信，却要试验那些灵是不是出于神，因为有许多假先知已经出来，入了世界。2凡是承认耶稣基督是在肉身来的灵，就是出于神；从此你们可以认出神的灵来。3凡不承认耶稣的灵，就不是出于神；这是那敌基督者的灵。你们从前听说他要来，现在他已经在世上了。

4孩子们，你们是出于神的，并且胜了他们，因为那在你们里面的，比那在世界上的更大。5他们是出于世界的，所以讲论世界的事，世人也听从他们。6我们是出于神的；认识神的就听从我们，不出于神的就不听从我们。从此我们可以认出真理的灵和错谬的灵来。

神就是爱

7亲爱的，我们应当彼此相爱，因为爱是从神来的。凡爱弟兄的，都是从神生的，并且认识神。8不爱弟兄的，就不认识神，因为神就是爱。9神派祂的独生子（或译：独一儿子）到世上来，使我们借着祂得生，神对我们的爱就在此显明了。10不是我们爱神，而是神爱我们，派祂儿子为我们的罪作了挽回祭，这就是爱了。11亲爱的，神既是这样爱我们，我们也当彼此相爱。12从来没有人见过神；我们若彼此相爱，神就住在我们里面，祂的爱也在我们里面得了成全。

13神已将祂的灵赐给我们，从此就知道我们是住在祂里面，祂也住在我们里面。14父派子作世人的救主；这是我们所看见且作见证的。15凡承认耶稣是神儿子的，神就住在他里面，他也住在神里面。16神对我们的爱，我们知道，而且相信。

神就是爱；住在爱里面的，就是住在神里面，神也住在他里面。17这样，爱在我们里面得了成全，我们就可以在审判的日子坦然无惧；因为耶稣如何，我们在这世上也如何。18爱里没有惧怕；完全的爱能把惧怕驱除。因为惧怕涉及刑罚，惧怕的人在爱里未得成全。

19我们爱，因为神先爱了我们。20人说"我爱神"，却恨他的弟兄，就是说谎话的；不爱他所看见了的弟兄，就不能爱没有看见的神。21爱神的，也当爱弟兄；这是我们从神所受的命令。

第五章

胜过世界的是信心

1凡信耶稣是基督的，都是从神生的；凡爱生他之神的，也爱从神生的。2我们若爱神，又遵守祂的诫命，从此就知道我们爱神的儿女。3我们遵守神的诫命，这就是爱祂了；并且祂的诫命不是难遵守的。4因为凡是从神生的，就胜过世界；使我们胜过世界的，就是我们的信心。5胜过世界的是谁呢？不就是那信耶稣是神儿子的吗？

神为儿子作的见证

6这借着水和血来的，就是耶稣基督；不是只借着水，而是借着水又借着血；7并且有圣灵作见证，因为圣灵就是真理。8作见证的共有三样，就是圣灵、水、和血；这三样是一致的。

9我们若接受人的见证，就更该接受神的见证（直译：神的见证更大），因为这是神为祂的儿子作的见证。10信入神儿子的，就有这个见证在他里面；不信神的，就是将神当作说谎的，因为他不信入神为祂的儿子作的见证。11这个见证就是：神已赐给我们永生，而这永生是在祂的儿子里面。12人有了神的儿子就有永生，没有神的儿子就没有永生（永生原文是生命）。

要知道自己有永生

13我将这些事写给你们信入神儿子之名的人，是要你们知道自己有永生。14我们若照祂的旨意求什么，祂就听我们；这是我们向祂所存坦然无惧的心。15既然知道祂听我们一切所求的，也就知道我们向祂求的无不得着。

16人若看见弟兄犯了不至于死的罪，就当为他祈求，神必将生命赐给他。有至于死的罪，我不说当为那罪祈求。17一切不义都是罪，但有不至于死的罪。

18我们知道，凡是从神生的，必不一再犯罪，那位从神生的必保守他，那恶者就无法害他。19我们知道我们是属神的，全世界都在那恶者的摆布之下（直译：全世界都卧在那恶者里面）。20我们也知道，神的儿子已经来到，且将悟性赐给我们，使我们能认识这位真实者；我们也在这位真实者里面，就是在神儿子耶稣基督里面。祂是真神，也是永生。

21孩子们，要保守自己远避偶像！

约翰二书

第一章

1我这作长老的，写信给蒙拣选的夫人和她的儿女，就是我在真理中所爱的；不仅是我，凡认识真理的，2也因真理的缘故爱你们。这真理存在我们里面，也必永远与我们同在。3恩典、怜悯、平安，必从父神和祂儿子耶稣基督，在真理和爱中与我们同在。

要彼此相爱

4我见你的儿女中，有人照着我们从父所领受的命令按真理而行，就极其喜乐。5夫人哪，我现在劝你，我们要彼此相爱。我所写给你的命令不是新的，而是我们从起初就有的。6我们照着祂的命令行，这就是爱。祂的命令就是：你们要行在爱中；正如你们从起初所听见的。

不要接待越过基督教训的

7有许多迷惑人的已经出来，入了世界；他们不承认耶稣基督是在肉身来的。这就是那迷惑人的和敌基督的。8你们要小心，不要失去我们已经做成的，却要得着完满的赏赐。9凡越过基督的教训不持守的，就没有神；持守这教训的，就有父又有子。10若有人到你们那里，不是传这教训，就不要接他到家里，也不要问候他；11因为问候他的，就在他的恶行上有份了。

12我还有许多事要写给你们，却不愿意用纸墨写出来；我盼望到你们那里当面谈论，使我们的喜乐得以满足。

13你那蒙拣选的姊妹的儿女都问候你。

约翰三书

第一章

1我这作长老的，写信给亲爱的该犹，就是我在真理中所爱的。2亲爱的，我愿你一切安好，身体健康，正如你的魂安好一样。3当有弟兄们来，见证你持守真理，正如你按真理而行，我就极其喜乐。4我听见我的儿女们按真理而行，我的喜乐就没有比这个更大的。

称赞该犹接待弟兄

5亲爱的，你向作客旅的弟兄所行的，都是忠心的。6他们在教会面前见证了你的爱。你以配得过神的方式送他们往前行，就做得好。7因他们是为主的名出外，向外邦人一无所取。8所以我们应该接待这样的人，使我们能成为真理上的同工。

不要效法恶，却要效法善

9我曾经写信给教会，但那在教会中好为首的丢特腓不接受我们的话。10所以我若来了，必要提说他所行的事，就是他用恶言毁谤我们；还不以此为足，他自己不接待弟兄，有人愿意接待，他也阻止，还将他们赶出教会。

11亲爱的，不要效法恶，却要效法善。行善的属于神；行恶的未曾见过神。12底米丢行善，有众人作见证，又有真理作见证；我们也作见证。你也知道我们的见证是真的。

13我还有许多事要写给你，却不愿意用笔墨写给你；14我盼望很快就见到你，我们当面谈论。

15愿你平安！这里的朋友都问候你。请你按着名字问候朋友们。

犹大书

第一章

1 耶稣基督的仆人、雅各的兄弟犹大，写信给那蒙召、在父神里蒙爱、又为耶稣基督保守的人。2 愿怜悯、平安、慈爱多多地加给你们。

要为信仰竭力辩护

3 亲爱的，我虽然迫切地想要写信给你们，谈论我们所共享的救恩，却又觉得必须写信劝你们，要为从前一次永远交付圣徒的信仰竭力辩护。4 因为有某些人，就是早已标定要受刑罚的不敬虔之人，偷偷地混进来，将我们神的恩典变作放纵情欲的机会，并且不认我们独一的主人和主耶稣基督。

列举史实作为鉴戒

5 以下的事你们虽然全都知道，我却仍要提醒你们：从前主（有古卷作耶稣）将祂的百姓从埃及救出来，后来却把那些不信的人除灭了；6 又有不守本位、离开自己住处的天使，主用永远的锁链把他们拘禁在黑暗里，等候那大日的审判；7 又如所多玛、蛾摩拉和周围城邑的人，也像他们一样贪行淫乱，随从逆性的情欲，就受了永火的刑罚，作为鉴戒。

8 然而，这些做梦的人还是照样玷污自己的身体，轻慢主治的，毁谤在尊位的。9 天使长米迦勒为摩西的尸首与魔鬼争论的时候，尚且不敢用毁谤的话罪责他，只说：主责备你吧！10 这些人却毁谤自己所不知道的事；他们知道的事都是凭着本能，和那没有理性的畜类一样，就在这些事上败坏了自己。11 他们有祸了！因为走了该隐的道路，又为财利往巴兰的错谬里直奔，就在可拉的背叛中灭亡了。

12 这样的人在你们的爱宴上如暗礁，同你们吃饭的时候只顾自己吃饱，毫无顾忌。他们是没有雨的浮云，随风飘荡；是秋天没有果子的树，死而又死，连根被拔出来；13 是海里的狂浪，涌出自己可耻的泡沫；是流荡的星星，有墨黑的幽暗为他们永远存留。

14 亚当的七世孙以诺曾经预言这些人说：看哪，主带着祂的千万圣者降临，15 要向众人施行审判，定罪每一个人以不敬虔方式所行一切不敬虔的事，以及不敬虔的罪人所说一切顶撞祂的刚愎话。16 这些人常发怨言，总是不满，随从自己的情欲而行，口说矜夸的话，为了利益阿谀奉承。

要在至圣的信仰上建造自己

17 亲爱的，你们却要记住我们主耶稣基督的使徒从前所说的话。18 他们曾对你们说过：末世必有好讥笑的人，随从自己不敬虔的私欲而行。19 这就是那些制造分裂、属魂没有圣灵的人。

20 亲爱的，你们却要在至圣的信仰上建造自己，在圣灵里祷告，21 保守自己常在神的爱中，仰望我们主耶稣基督的怜悯，直到永生。22 有些人心里疑惑，你们要怜悯他们；23 有些人你们要搭救，从火中抢出来；有些人要心存惧怕去怜悯，连那被情欲玷污的衣服也当憎恶。

24 我们的救主独一的神，能够保守你们不跌倒，使你们无瑕无疵、欢欢喜喜地站在祂的荣耀之前。25 愿荣耀、威严、权能、权柄，借着我们的主耶稣基督归与祂，从万世以前并现今，直到永永远远。阿们！

启示录

第一章

引言

1以下是耶稣基督的启示，就是神赐给祂，叫祂将那必要快成的事指示祂的众仆人。祂就派遣使者，启示祂的仆人约翰。2约翰便将神的道和耶稣基督的见证，凡自己所看见的，都见证出来。

3念这书上预言的，和那些听见又遵守其中所记载的，都是有福的，因为日期近了。

约翰问候七个教会

4约翰写信给在亚西亚的七个教会：愿恩典、平安，从那昔在今在以后永在的神，从祂宝座前的七灵，5并从耶稣基督，就是那忠心的见证人、从死里首先复活的、世上君王的元首，归与你们！祂爱我们，用自己的血救我们脱离罪恶；6又使我们成为国度，作祂神与父的祭司。愿荣耀、权能归给祂，直到永永远远。阿们！

7看哪，祂驾云降临！众目都要看祂，连那些刺过祂的人也要看祂；地上的万族都要因祂哀哭。必定如此。阿们！

8主神说：我是阿拉法，我是俄梅夏1，是昔在今在以后永在的全能者。

约翰所看见的异象

9我约翰，就是你们的弟兄，一同有份于在耶稣里的患难、国度、忍耐的，为了神的道和耶稣的见证，被流放在名叫拔摩的海岛上。10在主日，我在灵里，听见在我身后有吹号般的大声音说：11你所看见的，要写在书上，送给以弗所、士每拿、别迦摩、推雅推喇、撒狄、非拉铁非、老底嘉七个教会。

12我转过身来，要看是谁发声与我说话；既转过来，就看见七个金灯台。13灯台中间有一位好像人子，身穿长衣，直垂到脚，胸间束着金带。14祂的头与发皆白，如白羊毛，如雪；眼睛如同火焰；15双脚好像炉中炼出来的亮铜；声音如同众水的声音。16祂右手拿着七星；从祂口中出来一把两刃的利剑；祂的面貌如同烈日发光。

17我一看见祂，就仆倒在祂脚前，像死了一样。祂用右手按着我，说：不要惧怕！我是首先的，我是末后的，18又是那活着的；我曾经死过，现在又活了，直活到永永远远；并且拿着死亡和阴间的钥匙。19所以，你要把所看见的事、现在的事、和以后必成的事，都写下来。20你所看见在我右手中的七星和七个金灯台的奥秘是：七星就是七个教会的使者，七个灯台就是七个教会。

注：1 阿拉法、俄梅夏是希腊字母中第一个和最后一个。

第二章

给以弗所教会的信

1给以弗所教会的使者，你要写：那右手拿着七星的，那在七个金灯台中间行走的，这样说：2我知道你的行为、劳碌、忍耐，也知道你不能容忍恶人；你也曾试验那自称是使徒、却不是使徒的，查出他们是假的。3你也有忍耐，曾为我的名忍受艰难，并不乏倦。

4然而有一件事我要责备你，就是你离弃了你起初的爱。5所以，你要回想你是从哪里坠落的，并要悔改，行你起初所行的事。你若不悔改，我就要临到你那里，把你的灯台从原处挪开。6不过你还有这优点：就是你恨恶尼哥拉党的行为，这也是我所恨恶的。

7圣灵向众教会所说的话，凡有耳的，就应当听！得胜的，我必将神乐园中生命树的果子赐给他吃。

给士每拿教会的信

8给士每拿教会的使者，你要写：那首先的，那末后的，那死去又活了的，这样说：9我知道你的患难、贫穷（其实你是富足的），也知道那自称是犹太人，其实不是，而是撒但会堂的人，所说毁谤的话。10你不要怕将要受的苦难。看哪，魔鬼要把你们中间的一些人关进监牢，使你们受试炼；你们将受患难十天。你务要至死忠心，我就把那生命的冠冕赐给你。

11圣灵向众教会所说的话，凡有耳的，就应当听！得胜的，绝不受第二次死的害。

给别迦摩教会的信

12给别迦摩教会的使者，你要写：那有两刃利剑的，这样说：13我知道你住在何处，那是撒但座位所在之处。你坚守我的名；即使我忠心的见证人安提帕在你们那里，就是在撒但所住之处被杀的那些日子，你也没有否认对我的信仰。

14然而有几件事我要责备你：你那里有些人服从了巴兰的教训；这巴兰曾教唆巴勒，将绊脚石放在以色列人面前，叫他们吃祭过偶像之物，并行淫乱。15同样，你那里也有人服从了尼哥拉党的教训。16所以你要悔改；若不悔改，我就很快临到你那里，用我口中的剑攻击他们。

17圣灵向众教会所说的话，凡有耳的，就应当听！得胜的，我必将那隐藏的吗哪赐给他，并赐给他一块白石，石上写着新名，除了那领受的，没有人能认识。

给推雅推喇教会的信

18给推雅推喇教会的使者，你要写：神的儿子，那眼目如火焰、双脚像亮铜的，这样说：19我知道你的行为、爱心、信心、服事、忍耐，也知道你后来所行的比起初所行的更多。

20然而有一件事我要责备你，就是你容让那自称是先知的妇人耶洗别；她教唆、引诱我的仆人行淫乱，并吃祭过偶像之物。21我曾给她时间，叫她悔改，她却不肯悔改她的淫行。22看哪，我要使她病卧在床，并使那些与她行淫的人遭大患难，除非他们为她所行的悔改。23我还要杀死她的儿女。众教会必知道，我是那察看人肺腑心肠的，并要按照你们的行为报应你们各人。

24至于你们推雅推喇其余的人，就是没有服从她的教训、也不晓得所谓撒但深奥之事的人，我告诉你们，我必不将别的担子放在你们身上。25但你们已经有的，务要持守，直到我来。26那得胜又遵守我的命令到底的，我必赐他权柄制伏列国；27他必用铁杖辖管他们，打碎他们如窑匠的瓦器，像我从我的父领受了权柄一样。28我还要把晨星赐给他。

29圣灵向众教会所说的话，凡有耳的，就应当听！

第三章
给撒狄教会的信

1给撒狄教会的使者，你要写：那有神的七灵和七星的，这样说：我知道你的行为，按名你是活的，其实你是死的。2你要警醒，坚固那还剩下但快要死去的；因为我见你的行为，在我的神面前没有一样是完全的。3所以你要回想你是怎样领受、怎样听见的；又要遵守，并要悔改。你若不警醒，我必像贼一样临到你；我在几时临到，你绝不会知道。

4然而在撒狄，你还有几个人未曾污秽自己的衣服；他们必穿白衣与我同行，因为他们是配得过的。5得胜的，必这样穿白衣；我绝不从生命册上涂抹他的名，并且要在我父和祂众使者面前承认他的名。

6圣灵向众教会所说的话，凡有耳的，就应当听！

给非拉铁非教会的信

7给非拉铁非教会的使者，你要写：那圣洁的，那真实的，那拿着大卫的钥匙的，那开了就没有人能关、关了就没有人能开的，这样说：8我知道你的行为。你只有一点力量，就遵守了我的道，没有弃绝我的名。看哪，我在你面前给你一个敞开的门，是无人能关的。9那撒但会堂的人，自称是犹太人，其实不是，而是说谎话的；我要使他们来，在你脚前下拜，并使他们知道我已经爱了你。10你既遵守我的命令恒心忍耐，我也必保守你免去将要临到普天之下、试炼住在地上之人的那试炼的时候。

11我必快来！你要持守你所有的，免得有人夺去你的冠冕。12得胜的，我要使他在我神的殿中作柱子；他也绝不再从那里出来。我又要将我神的名，和我神之城的名，就是那从天上、从我的神那里降下来的新耶路撒冷的名，以及我的新名，都写在他身上。

13圣灵向众教会所说的话，凡有耳的，就应当听！

给老底嘉教会的信

14给老底嘉教会的使者，你要写：那为阿们的，那忠心诚实的见证人，那为神造物之元始的，这样说：15我知道你的行为，你不冷也不热；我愿你或是冷或是热。16因为你如温水，既不冷也不热，所以我要从我口中把你吐出去。17你说：我是富足的，已经发了财，什么都不缺。却不知道你是困苦、可怜、贫穷、瞎眼、赤身的。18我劝你向我买火炼的金子，使你得以富足；又买白衣穿上，使你赤身的羞耻不至露出；又买眼药擦你的眼睛，使你能够看见。

19凡我所疼爱的，我就责备管教；所以你要发热心，并要悔改。20看哪，我站在门外叩门；若有听见我的声音就开门的，我要进到他那里，我与他、他与我一同坐席。21得胜的，我要赐他在我的宝座上与我同坐，就如我得了胜，在我父的宝座上与祂同坐一样。

22圣灵向众教会所说的话，凡有耳的，就应当听！

第四章

天上的敬拜

1此后，我观看，见天上有门开了。我起初所听见、那吹号般的声音对我说：你上到这里来，我要将以后必成的事指示你。2我立刻在灵里，见有一个宝座安置在天上，又有一位坐在宝座上。3那位坐着的，看上去像碧玉和红宝石；又有彩虹围绕宝座，看上去像绿宝石。4宝座周围又有二十四个座位，其上坐着二十四位长老，身穿白衣，头戴金冠。5有闪电、响声、雷轰从宝座中发出；又有七盏火灯在宝座前点着；这七灯就是神的七灵。6宝座前面好像一个玻璃海，如同水晶。

宝座中和宝座周围有四个活物，前后遍体都满了眼睛。7第一个活物像狮子，第二个像牛犊，第三个脸面像人，第四个像飞鹰。8四个活物各有六个翅膀，遍体内外都满了眼睛。他们昼夜不停地说：神圣！神圣！神圣！**主**神是昔在今在以后永在的全能者。

9每当四个活物将荣耀、尊贵、感谢献给那位坐在宝座上、活到永永远远者的时候，10二十四位长老就俯伏在坐宝座的面前，敬拜这位活到永永远远者，又把他们的冠冕放在宝座前，说：11**主**我们的神啊，你配得着荣耀、尊贵、权柄，因为你创造了万有，万有是因你的旨意被创造而存在的。

第五章

书卷和羔羊

1我看见坐宝座的右手中有一书卷，里外都写着字，用七印封住了（印：盖印的封条）。2我又看见一位大力的天使，大声宣告说：谁配展开那书卷，拆开它的印？3在天上、地上、地下，没有谁能展开或观看那书卷。

4因为没有谁配展开或观看那书卷，我就大哭。5长老中有一位对我说：不要哭！看哪，犹大支派中的狮子，大卫的根，祂已得胜，能够展开那书卷，拆开那七印。

6我又看见宝座与四活物之间，在众长老中间，有一羔羊站立，像是被杀过的。祂有七角七眼，就是神的七灵，奉派遣往普天下去的。7羔羊上前去，从坐宝座者的右手中取了书卷。

8祂一取了书卷，四活物和二十四位长老就俯伏在羔羊面前，各拿着琴和盛满香的金炉；这香就是众圣徒的祈祷。9他们唱着新歌，说：你配取书卷，拆开它的印，因为你曾被杀，用自己的血从各族、各方、各民、各国中，买了人来归与神；10又使他们成为国度，且作祭司，归与我们的神；他们要在地上执掌王权。

11我又观看，就听见有许多天使的声音；他们围着宝座与活物并长老，数目有千千万万，12大声说：曾被杀的羔羊，配得权柄、丰富、智慧、能力、尊贵、荣耀、颂赞！

13我又听见在天上、地上、地下、海里、和天地间的所有受造之物都说：但愿颂赞、尊贵、荣耀、权能，都归给坐宝座的和羔羊，直到永永远远！14四个活物就说：阿们！众长老也俯伏敬拜。

第六章

羔羊拆开前六印

1羔羊拆开七印中第一印的时候，我观看，就听见四活物中有一个以如雷的声音说：你来！2我就观看，见有一匹白马；骑在马上的拿着弓，有冠冕赐给他；他便出去，得胜还要得胜。

3羔羊拆开第二印的时候，我听见第二个活物说：你来！4就另有一匹马出来，是红的；骑在马上的得了权柄，要从地上夺去太平，使人彼此残杀；又有一把大刀给了他。

5羔羊拆开第三印的时候，我听见第三个活物说：你来！我就观看，见有一匹黑马；骑在马上的手里拿着天平。6我听见在四活物中似乎有声音说：一升麦子卖一个银币，三升大麦卖一个银币；油和酒都不可糟蹋！

7羔羊拆开第四印的时候，我听见第四个活物说：你来！8我就观看，见有一匹灰马；骑在马上的名字叫作死，阴间也跟着他。他们得了权柄，可以管辖地的四分之一，要用刀剑、饥荒、瘟疫、野兽去杀害人。

9羔羊拆开第五印的时候，我看见在祭坛底下，有为神的道和为作见证而被杀害之人的魂。10他们大声喊着说：圣洁真实的主啊，你不审判住在地上的人，给我们伸流血的冤，要到几时呢？11于是有白袍子赐给他们各人，叫他们再安息片刻，等到那和他们一同作仆人的和他们的弟兄，也像他们一样被杀，满足了数目。

12羔羊拆开第六印的时候，我就看见地大震动，太阳变黑像毛布，整个月亮变血红，13天上的星辰坠落于地，如同无花果树被大风摇动，落下未成熟的果子一样。14天渐渐隐退，好像书卷被卷起来；山岭海岛都被挪移离开本位。15地上的君王、大臣、将军、财主、壮士，和一切为奴的、自由的，都藏进山洞和岩石穴里。16他们向山岭和岩石说：倒在我们身上吧！把我们藏起来，躲避坐宝座者的面和羔羊的烈怒；17因为祂们发烈怒的大日到了，谁能站立得住呢？

第七章

十四万四千人受印

1此后，我看见四位天使站在地的四角，持定地上四方的风，使风不吹到地上、海上和树上。2我又看见另有一位天使从东方上来，拿着永活神的印，向那得了权柄、要伤害地和海的四位天使大声喊着说：3不要伤害地与海并树木，等我们在我们神众仆人的额上先盖上印。

4我听见了受印之人的数目：以色列众支派共有十四万四千。5犹大支派受印的有一万二千；儒便支派有一万二千；迦得支派有一万二千；6亚设支派有一万二千；拿弗他利支派有一万二千；玛拿西支派有一万二千；7西缅支派有一万二千；利未支派有一万二千；以萨迦支派有一万二千；8西布伦支派有一万二千；约瑟支派有一万二千；便雅悯支派有一万二千。

无数穿白袍子的人

9此后，我观看，见有许多的人，没有人能数得过来，是从各国、各族、各民、各方来的，站在宝座和羔羊面前，身穿白袍子，手拿棕树枝，10大声喊着说：救恩属于坐在宝座上我们的神，也属于羔羊！11众天使都站在宝座、众长老和四活物的周围。他们在宝座前脸伏于地，敬拜神说：12阿们！愿颂赞、荣耀、智慧、感谢、尊贵、权柄、能力都归与我们的神，直到永永远远。阿们！

13长老中有一位问我说：这些穿白袍子的是谁？是从哪里来的？14我对他说：我主啊，你知道。他对我说：这些人是从大患难中出来的；他们用羔羊血洗了自己的衣袍，都洗得洁白了。15所以他们在神宝座前，昼夜在祂殿中事奉祂；坐宝座的要用帐幕覆庇他们。16他们必不再饥饿，也不再干渴；太阳和炎热也必不伤害他们。17因为宝座中的羔羊必牧养他们，领他们到生命水的泉源；神也必擦去他们一切的眼泪。

第八章

羔羊拆开第七印

1羔羊拆开第七印的时候，天上寂静了大约半小时。2我看见那站在神面前的七位天使，有七枝号筒交给他们。

3另有一位天使拿着金香炉，前来站在祭坛旁边；有许多香交给了他，要他同着众圣徒的祈祷，献在宝座前的金坛上。4那香的烟就同着众圣徒的祈祷，从那天使手中升到神面前。5然后，那天使拿着香炉，盛满了坛上的火，丢在地上，就有雷轰、响声、闪电、地震。

天使吹响前六号

6拿着七枝号筒的七位天使，准备好要吹号。

7第一位天使吹号，就有冰雹与火搀着血丢在地上；地的三分之一被烧了，树的三分之一被烧了，一切的青草也被烧了。

8第二位天使吹号，就有仿佛火烧着的大山扔进海里；海的三分之一变成了血，9海里的活物死了三分之一，船只也毁坏了三分之一。

10第三位天使吹号，就有一颗大星从天坠落，烧得好像火把一样，落在江河的三分之一和众水的泉源上。11这星名叫苦艾。众水的三分之一变苦了；因水变苦，就死了许多人。

12第四位天使吹号，太阳的三分之一、月亮的三分之一、星辰的三分之一都被击打，以致日月星的三分之一都黑暗了，白昼的三分之一没有光，夜晚也是这样。

13我又看见有一只鹰飞在空中，并听见它大声说：住在地上的人有祸了！有祸了！有祸了！因为还有三位天使就要吹那其余的号。

第九章

1第五位天使吹号，我就看见有一颗星从天落到地上，无底坑的钥匙交给了他。2他开了无底坑，就有烟从坑里往上冒，好像大火炉的烟；太阳和天空都因这烟昏暗了。3有蝗虫从烟中出来，飞到地上；有能力给了它们，好像地上蝎子的能力。4有话吩咐它们：不可伤害地上的草、任何青物、任何树木，只要伤害额上没有神印记的人。5但是不许蝗虫害死他们，只叫他们受痛苦五个月。这痛苦就像蝎子螫人的痛苦一样。6在那些日子，人寻找死，却找不到死；人渴望死，死却逃离他们。

7蝗虫的形状好像预备上阵的战马，头上戴的好像金冠冕，脸面好像人的脸面，8头发像女人的头发，牙齿像狮子的牙齿；9胸甲好像铁甲；翅膀的声音好像许多车马奔跑上阵的声音；10尾巴像蝎子，带有毒刺；它们伤人五个月的能力就是在尾巴上。11有无底坑的使者作它们的王；这王的名字，希伯来话叫亚巴顿，希腊话叫亚玻伦。

12第一样灾祸过去了，还有两样灾祸要来。

13第六位天使吹号，我就听见有个声音从神面前金坛的四角发出来，14吩咐那吹号的第六位天使说：把捆绑在幼发拉底大河的那四个使者放出来！15那为此年此月此日此时所预备的四个使者就被释放，要杀害人类的三分之一。16马军的数目是二万万；他们的数目我听见了。

17我在异象中，看见那些马和骑马的是这样：骑马的有火红、紫蓝、硫磺色的胸甲；马的头像狮子的头，有火、烟、硫磺从马口中喷出来。18从马口中喷出来的火、烟、硫磺这三样灾，杀死了人类的三分之一。19马的能力是在口里和尾巴上；因这尾巴像蛇，有头用来害人。

20其余未被这些灾所杀死的人，仍不悔改离弃自己手所造的，还是去拜鬼魔，和那些不能看、不能听、不能走、金银铜石木的偶像，21也不悔改他们那些凶杀、邪术、淫乱、偷窃的事。

第十章

天使和小书卷

1我又看见另有一位大力的天使，从天降下，身披云彩，头顶彩虹，脸面像太阳，两腿像火柱；2手里拿着展开的小书卷。他将右脚踏海，左脚踏地，3大声呼喊，好像狮子吼叫；呼喊完了，就有七雷发声说话。4七雷说话之后，我正要写下来，就听见从天上有声音说：七雷所说的你要封住，不可写出来。

5我所看见的那踏海踏地的天使，向天举起了右手，6指着那位创造天和天上之物、地和地上之物、海和海中之物、直活到永永远远者起誓说：必不再耽延了！7到第七位天使吹号发声的时候，神的奥秘就成全了，正如神所传给祂的仆人众先知的佳音。

8我先前从天上所听见的那声音又吩咐我说：你去，把那踏海踏地的天使手中展开的小书卷取过来。9我就走到天使那里，请他把小书卷给我。他对我说：你拿着，吃下去；它必使你肚子发苦，在你口中却要甘甜如蜜。10我从天使手中接过小书卷，就吃，在我口中果然甘甜如蜜，吃下去以后，肚子就发苦。11天使对我说：你必指着多民、多国、多方、多王再说预言。

第十一章

两个见证人

1有一根量杆交给我，像杖一样；又有话说："起来！将神的殿和祭坛量一量，将在殿中敬拜的人数一数。2只是殿外的院子要除开，不用量，因为已经给了外邦人；他们将要践踏圣城四十二个月。3我要使我那两个见证人，穿着毛衣传道一千二百六十天。"4他们就是立在世界之主面前的两棵橄榄树和两个灯台。5若有人想要害他们，就有火从他们口中喷出来，烧灭他们的仇敌。凡想要害他们的，都必这样被杀。6这二人有权柄，在他们传道的日子使天闭塞不下雨；又有权柄掌管众水，使水变成血，且能随时随意用各样的灾殃击打世界。

7他们作完见证以后，那从无底坑里上来的兽必向他们开战，且胜过他们，把他们杀死。8他们的尸首就倒在那大城的街上；那城按着灵意叫所多玛，又叫埃及，就是他们的主被钉十字架的地方。9来自各民、各族、各方、各国的人，将观看他们的尸首三天半，又不许把尸首放进坟墓里。10住在地上的人就因他们喜乐欢庆，互送礼物，因这两位先知曾使住在地上的人受痛苦。

11过了这三天半，有生命之气从神那里进入他们里面，他们就站起来；看见他们的人都大大惧怕。12两位先知听见有大声音从天上来，对他们说：上到这里来！他们就驾着云上了天，他们的仇敌也看见了。13就在那时，地大震动，城就倒塌了十分之一，因地震而死的有七千人；其余的都恐惧，归荣耀给天上的神。

14第二样灾祸过去了，第三样灾祸很快就要来。

天使吹响第七号

15第七位天使吹号，天上就有大声音说：世上的国，成了我们主和祂的基督的国；祂要作王，直到永永远远。16在神面前坐在自己位上的二十四位长老，就脸伏于地敬拜神，17说：昔在今在的主神全能者啊，我们感谢你！因你执掌大权作王了。18外邦人恼怒了，你的愤怒也临到了；审判死人，赏赐你的仆人众先知、众圣徒、和大大小小敬畏你名的人，败坏那些败坏世界的人，时候也到了。

19这时，天上神的殿打开了，殿中现出祂的约柜；随后就有闪电、响声、雷轰、地震、大雹。

第十二章
生子的妇人和大红龙

1天上现出大异象来：有个妇人，身披太阳，脚踏月亮，头戴十二星的冠冕。2她怀了孕，正要生产，因产难痛苦地喊叫。

3天上又现出异象来：一条大红龙，有七头十角；七头上戴着七个冠冕。4龙的尾巴拖着天上三分之一的星辰，把它们摔到地上；龙就站在那将要生产的妇人面前，等着在她生产之后，就要吞吃她的孩子。5妇人生了一个男孩子，是将要用铁杖辖管万国的。她的孩子被提到神和祂的宝座那里去了。6妇人就逃到旷野，那里有神给她预备的地方，她可以得供养一千二百六十天。

7天上起了争战：米迦勒和他的使者向龙开战；龙和他的使者应战，8被打败了，天上就再没有他们的地方了。9于是大龙被摔下去了。他就是那古蛇，名叫魔鬼，又叫撒但，是迷惑普天下的。他被摔到地上，他的使者也一同被摔下去了。

10我听见天上有大声音说：我们神的救恩、能力、国度、和祂的基督的权柄，现在都来到了！因为我们弟兄的控告者，就是那在我们神的面前昼夜控告他们的，已经被摔下去了。11弟兄们胜过他，是因羔羊的血，也因自己所见证的道。他们虽至于死，也不爱惜自己的性命。12所以，诸天和住在其中的，你们都当欢喜。但地与海有祸了，因为魔鬼知道自己的时候不多，就怒气冲冲下到你们那里去了。

13龙见自己被摔到地上，就逼迫那生了男孩子的妇人。14于是有大鹰的两个翅膀赐给妇人，使她能够飞到旷野，到自己的地方，躲避那蛇，在那里得供养一载、二载、半载。15蛇就在妇人身后，从口中吐出水来，好像江河一样，要将妇人冲走。16地却帮助妇人，开口吞了龙从口中吐出来的水。17龙就向妇人发怒，去攻打她其余的儿女，就是那些遵守神的诫命、为耶稣作见证的人。

18那时，龙站在海边的沙上。

第十三章

海里的兽和地里的兽

1我又看见一只兽从海里上来，有十角七头，在十角上戴着十个冠冕，在七头上有亵渎的名号。2我所看见的兽，形状像豹子，脚像熊的脚，口像狮子的口。那龙将自己的能力、座位和大权柄都给了它。3兽的七头中，有一个似乎受了死伤，那死伤却痊愈了。全地的人都希奇，就跟从那兽；4又拜那龙，因为它将权柄给了那兽；也拜那兽，说：谁能比这兽呢？谁能与它争战呢？

5兽又得了说夸大亵渎话的口，还得了权柄可以任意而行四十二个月。6兽就开口向神说亵渎的话，亵渎神的名和祂的帐幕，以及那些住在天上的。7兽又获准向圣徒开战，并且胜过他们；还得了权柄可以管辖各族、各民、各方、各国。8住在地上的人，名字没有记在从创世就被杀之羔羊生命册上的，都要拜它。

9凡有耳的，就应当听！10定为被掳的，必被掳走；定为刀杀的，必交刀杀。圣徒的忍耐和信心就是在此。

11我又看见另一只兽从地里上来；它有两角如同羊羔，说话好像龙。12它在头一只兽面前，施行头一只兽所有的权柄，又使地和住在地上的人，拜那死伤痊愈了的头一只兽。13它又

行大奇事，甚至在人面前使火从天降在地上。14它因得了能力能在头一只兽面前施行奇事，就迷惑住在地上的人，吩咐他们给那受了刀伤还活着的兽造一个像。

15它又得了能力，使兽像有气息，以致兽像能说话，又使不拜兽像的人都被杀害。16它还强迫众人，无论大小，富足贫穷，自由的、为奴的，都在右手上或额头上受一个印记。17除了有这兽名或兽名数字印记的，都不能买，也不能卖。

18在此要有智慧。有悟性的，可以算出兽的数字，因为这是人的数字；它的数字是 666。

第十四章

羔羊和十四万四千人

1我又观看，见羔羊站在锡安山上，同着祂有十四万四千人，额头上都写着祂的名，和祂父的名。2我听见从天上有声音，好像众水的声音，又像大雷的声音；我所听见的声音，又像琴师所弹的琴声。3他们在宝座前，并在四活物和众长老前，唱着新歌；除了从地上买来的这十四万四千人，没有人能学会这歌。4这些人未曾沾染妇女，他们都是童身。羔羊无论往哪里去，他们都跟随祂。他们是从人间买来的，作初熟的果子归与神和羔羊。5他们口中没有谎言；他们都是无瑕疵的。

三位天使的信息

6我又看见另有一位天使飞在空中，有永远的福音要传给住在地上的人，就是各国、各族、各方、各民。7他大声说：你们当敬畏神，将荣耀归给祂！因祂施行审判的时候已经到了。应当

敬拜这位创造天、地、海和众水泉源的。

8又有第二位天使接着说：使万国喝她那邪淫烈怒之酒的巴比伦大城，倒塌了！倒塌了！

9又有第三位天使接着他们大声说：若有人拜那兽和兽像，在额上或手上受了印记，10这人也必喝神烈怒的酒；这酒没有稀释，倒在神愤怒的杯中。他要在圣天使和羔羊面前，在火与硫磺中受痛苦。11他受痛苦的烟往上冒，直到永永远远。那些敬拜兽和兽像、受兽名之印记的，昼夜不得安息。12遵守神的诫命、持守耶稣真道的圣徒，忍耐就是在此。

13我听见从天上有声音说：你要写下：从今以后，在主里死的人有福了！圣灵说：是的，他们息了自己的劳苦，他们的工作随着他们。

地上的收割

14我又观看，见有一片白云，云上坐着一位好像人子，头上戴着金冠冕，手里拿着快镰刀。15又有一位天使从殿中出来，向那坐在云上的大声喊着说：伸出你的镰刀收割吧！因为收割的时候已经到了，地上的庄稼已经熟了。16那坐在云上的就向地上挥动镰刀，地上的庄稼就被收割了。

17又有一位天使从天上的殿中出来，他也拿着快镰刀。18又有一位天使从祭坛那里出来，是有权柄掌管火的，向那拿着快镰刀的大声喊着说：伸出你的快镰刀，收取地上葡萄树的果子吧！因为葡萄已经熟了。19天使就向地上挥动镰刀，收取地上的葡萄，丢在神烈怒的大酒醡中。20葡萄在城外的酒醡中踩榨，就有血从酒醡流出来，高到马的嚼环，流到六百里远。

第十五章
七位天使和最后的七灾

1我又看见在天上有异象，大而且奇，就是有七位天使掌管七灾，是最后的灾，因为神的烈怒要在这七灾中发尽。

2我又看见仿佛有搀杂着火的玻璃海；又看见那些胜了兽、兽的像、和兽名数字的人，都站在玻璃海上，拿着神的琴，3唱着神的仆人摩西的歌，和羔羊的歌，说：主神全能者啊，你的作为大而且奇！万国之王啊，你的道路公义真实！4主啊，谁敢不敬畏你，不荣耀你的名呢？因为唯有你是圣的。万民都要来，在你面前敬拜，因为你的公义作为已经显明。

5此后，我观看，见在天上的殿，就是那见证的帐幕（见出16章注1），打开了。6那掌管七灾的七位天使从殿中出来，穿着洁白明亮的细麻衣，胸间束着金带。7四活物中有一个，把盛满了活到永永远远之神烈怒的七个金碗，交给了那七位天使。8因着神的荣耀和能力，殿中充满了烟；于是没有人能进殿，直等到那七位天使所掌管的七灾降完。

第十六章
倒下神烈怒的七碗

1我听见有大声音从殿中出来，向那七位天使说：你们去，把盛有神烈怒的七碗倒在地上。

2第一位天使就去，把碗倒在地上，就有又恶又毒的疮生在那些有兽印记、敬拜兽像的人身上。

3第二位天使把碗倒在海里，海水就变成血，好像死人的血，海中的活物都死了。

4第三位天使把碗倒在江河与众水的泉源里，水就变成了血。5我听见掌管众水的天使说：昔在今在的圣者啊，你这样审判是公义的。6他们曾流圣徒和先知的血，现在你给他们血喝，这是他们应该受的。

7我又听见祭坛中有声音说：是的，主神全能者啊，你的审判真实公义！

8第四位天使把碗倒在太阳上，使太阳能用火烤人。9人被灼热烧烤，就亵渎有权柄掌管这些灾殃之神的名，并不悔改将荣耀归给神。

10第五位天使把碗倒在兽的座位上，兽的国就黑暗了。人因疼痛就咬自己的舌头；11又因疼痛和生的疮，就亵渎天上的神，仍不悔改所行的。

12第六位天使把碗倒在幼发拉底大河上，河水就干了，要给那从东方来的众王预备道路。

13我又看见三个污秽的灵，好像青蛙，从龙口中、兽口中、和假先知的口中出来。14他们本是鬼魔的灵，施行奇事，出去到普天下众王那里，聚集他们参加神全能者那大日的战争。

15"看哪，我来像贼一样。那常警醒、穿好衣服、不至赤身行走、叫人看见他羞耻的，有福了！"

16他们将那些王聚集到一个地方，希伯来话叫作哈米吉多顿。

17第七位天使把碗倒在空中，就有大声音从殿中的宝座上出来，说：成了！18又有闪电、响声、雷轰、大地震；自从地上有人以来，未曾有过这样大、这样烈的地震。19巴比伦大城裂为三段，列国的城也都倒塌了；神也想起这大城来，要把那盛有祂烈怒之酒的杯递给她喝。20海岛都逃避了，众山也不见了。21又有巨大冰雹从天降在人身上，每个重约一他连得；因这雹灾极大，人就又亵渎神。

第十七章

大淫妇和七头十角兽

1拿着七碗的七位天使中，有一位来对我说：你来，我要将那坐在众水上的大淫妇所要受的刑罚指给你看。2地上的君王都曾与她行淫，住在地上的人喝醉了她淫乱的酒。

3我在灵里，天使把我带到旷野，我就看见一个女人骑在朱红色的兽上；那兽有七头十角，遍体都有亵渎的名号。4那女人穿着紫色和朱红色的衣服，用金子、宝石、珍珠为妆饰；手里拿着金杯，盛满了可憎之物，和她淫乱的污秽。5在她额上写着奥秘的名号：大巴比伦，世上的淫妇和可憎之物的母亲。6我又看见那女人喝醉了圣徒的血，和耶稣见证人的血。我看见她，就大大地希奇。

7天使对我说：你为什么希奇呢？我要将这女人和驮着她的七头十角兽的奥秘告诉你。8你所看见的兽，先前有，现在没有，将来要从无底坑里上来，然后归于沉沦。住在地上的人，名字没有记在从创世就有的生命册上的，看见这先前有、现在没有、将来又有的兽，就必希奇。

9在此要有智慧的心。那七头就是女人所坐的七座山，10又是七个王；五个已经倒了，一个还在，一个还没有来；他来以后，只能短暂存留。11那先前有、现在没有的兽，是第八个，却属于那七个，且要归于沉沦。

12你所看见的那十角，是十个王；他们还没有得国，但要和兽同得权柄，作王一个小时。13他们将同心合意，把自己的能力和权柄交给那兽。14他们必向羔羊开战，但羔羊必胜过他们，因为祂是万主之主，万王之王；同着祂的又都是蒙恩召、被拣选、有忠心的。

15天使又对我说：你所看见那淫妇所坐的众水，就是多民、多人、多国、多方。16你所看见的那十角与兽，必恨恶这淫妇，使她荒凉赤身，又要吃她的肉，用火将她烧尽。17因为神要施行祂的旨意，就使诸王同心合意，把自己的国交给那兽，直到神的话都成就。18你所看见的那女人，就是管辖地上众王的大城。

第十八章
巴比伦大城倒塌

1此后，我看见另一位有大权柄的天使从天降下，地被他的荣光照亮。2他用强有力的声音喊着说：巴比伦大城倒塌了！倒塌了！成了鬼魔的住处、各种污秽之灵的牢狱、各种污秽可憎之雀鸟的牢笼。3因为万国都喝醉了她那邪淫烈怒之酒；地上的君王都曾与她行淫；地上的商人因她极度奢华都发了财。

4我又听见从天上有声音说：我的民哪，你们要从那城出来，免得有份于她的罪恶，受她所受的灾殃；5因为她的罪恶滔天，神已想起她的不义。6她怎样待人，也要怎样待她，按照她所行的加倍地报应她；要用她调酒的

杯，加倍地调给她喝。7她怎样荣耀自己，怎样奢华，也要使她照样痛苦悲哀。因为她心里说：我坐皇后之位；我并不是寡妇，绝不至于悲哀。8所以在一天之内，她的灾殃都要临到，就是死亡、悲哀、饥荒；并且她要被火烧尽，因为审判她的主神大有能力。

9地上的君王，就是与她行淫、一同奢华的，看见烧她的烟，都必为她哭泣哀号；10因怕她所受的痛苦，就远远地站着，说：真可悲！真可悲！巴比伦大城，坚固的城，一个小时之内，你的刑罚就临到了！

11地上的商人也都因她哭泣悲哀，因为再没有人买他们的货物了，12就是金银、宝石、珍珠、细麻布、紫色布、丝绸、朱红色布、各种香木、各种象牙制品、各种极宝贵的木器、铜器、铁器、汉白玉制品，13以及肉桂、豆蔻、香料、香膏、乳香、酒、油、面粉、麦子、牛、羊、马、车、奴仆、人口。

14巴比伦哪，你所贪爱的果子离开你了！你一切的奢侈豪华也都从你中间消失，绝不能再找到了！

15贩卖这些货物、借着她发了财的商人，因怕她所受的痛苦，就远远地站着，哭泣悲哀，16说：真可悲！真可悲！这向来穿着细麻、紫色、朱红色的衣服，又用金子、宝石、珍珠为妆饰的大城！17这么大的财富，竟在一个小时之内归于无有！

凡船长、坐船的、众水手、以及所有靠海谋生的，都远远地站着，18看见烧她的烟，就喊着说：有何城能比这大城呢？19他们又把尘土撒在头上，哭泣悲哀，喊着说：真可悲！真可悲！

这么大的城，凡有船只在海上的，都因她的财宝成了富足，竟在一个小时之内成了荒场！

20天哪，众圣徒、众使徒、众先知啊，你们都要因她欢喜，因为神已在她身上伸了你们的冤。

21有一位大力的天使举起一块石头，好像大磨石，扔进海里，说：巴比伦大城也必这样猛力地扔下去，绝不能再找到了。22弹琴、奏乐、吹笛、吹号的声音，在你中间绝不会再听见了。各行手艺人，在你中间绝不能再找到了。推磨的声音，在你中间绝不会再听见了。23灯盏的亮光，在你中间绝不会再照耀了。新郎和新娘的声音，在你中间绝不会再听见了。你的商人曾是地上的尊贵人；万国曾被你的邪术迷惑了。24先知、圣徒、和地上一切被杀之人的血，都在这城里发现了。

第十九章

天上的赞美

1此后，我听见好像有许多人在天上大声说：哈利路亚！救恩、荣耀、权能都属于我们的神！2祂的审判是真实的，是公义的；因祂审判了那用淫行败坏世界的大淫妇，并且向她伸了祂的仆人流血的冤。3又说：哈利路亚！烧她的烟往上冒，直到永永远远！

4那二十四位长老与四活物，就俯伏敬拜坐宝座的神，说：阿们！哈利路亚！5这时，有声音从宝座出来，说：神的众仆人哪，凡是敬畏祂的，无论大小，都要赞美我们的神！

羔羊的婚筵

6我又听见好像许多人的声音，也像众水的声音，又像大雷的声音，说：哈利路亚！因为主我们的神、全能者，作王了！7我们要欢喜快乐，将荣耀归给祂！因为羔羊的婚期到了，新娘也把自己预备好了。8有明亮洁白的细麻衣，赐给新娘穿上。这细麻衣就是圣徒所行的义。

9天使吩咐我说：你要写上：被邀请赴羔羊婚筵的有福了！又对我说：这是神真实的话。10我就俯伏在他脚前要拜他。他对我说：千万不可！我和你，并你那些为耶稣作见证的弟兄，是同作仆人的。你当敬拜神！因为预言的精意就是为耶稣作见证。

骑白马的基督

11我观看，见天开了；有一匹白马，骑在马上的称为忠信真实；祂审判、争战都按着公义。12祂的眼睛如同火焰，头上戴着许多冠冕；身上写着一个名字，除祂自己无人知道。13祂穿着溅了血的衣服；祂的名字称为神的道。14在天上的众军，穿着又白又洁的细麻衣，骑着白马跟着祂。15有把利剑从祂口中出来，用它可以击杀列国。祂必用铁杖辖管他们，并要踩踏神全能者烈怒的酒醡。16祂的衣服和大腿上写着名号：万王之王，万主之主。

17我又看见一位天使站在太阳中，向飞在空中的所有飞鸟大声喊着说：你们聚集来赴神的大筵席吧！18可以吃君王的肉，将军的肉，壮士的肉，马和骑马者的肉，以及自由的、为奴的、大大小小所有人的肉。

兽和假先知被扔进火湖里

19我又看见那兽、地上的众王和他们的军兵都聚集，要向骑白马的和祂的军兵开战。20但那兽被擒拿；那曾在兽面前行奇事、迷惑受兽印记和拜兽像之人的假先知，也一同被擒拿；他们两个就活活地被扔进烧着硫磺的火湖里。21其余的被骑白马者口中出来的剑击杀了；飞鸟都吃饱了他们的肉。

第二十章

撒但被捆绑一千年

1我又看见一位天使从天降下，手里拿着无底坑的钥匙和一条大铁链。2他捉住那龙，就是古蛇，又叫魔鬼，也叫撒但，把他捆绑一千年，3扔进无底坑里，将坑关闭，用印封上，使他不能再迷惑列国，直到那一千年完了；此后，必须暂时将他释放。

同基督作王一千年

4我又看见几个宝座，和坐在上面的，有审判的权柄赐给他们。我又看见那些因为给耶稣作见证，和为了神的道被斩之人的魂。他们没有拜过兽和兽像，也没有在额上或手上受过兽的印记。他们都复活了，与基督一同作王一千年。5这是第一次的复活。其余的死人还没有复活，要等那一千年完了。6在第一次复活里有份的人有福了，圣洁；第二次的死在他们身上没有权柄。他们必作神和基督的祭司，并要与基督一同作王一千年。

撒但被扔进火湖里

7那一千年完了，撒但要从监牢里放出来。8他出来要迷惑地上四方的列国，就是歌革和玛各，聚集他们争战，人数多如海沙。9他们上来遍满全地，围住圣徒的营和那蒙爱的城。但有火从天降下，烧灭了他们。10这迷惑他们的魔鬼，被扔进硫磺的火湖里，就是兽和假先知所在的地方。他们必昼夜受痛苦，直到永永远远。

白色大宝座的审判

11我又看见一个白色的大宝座，和坐在上面的；从祂面前天地都逃避，再没有它们的地方了。12我又看见死了的人，无论大小，都站在宝座前。案卷展开了，另外有一卷，就是生命册，也展开了。死了的人都凭这些案卷所记载的，照他们所行的受审判。13于是，海交出其中的死人，死亡和阴间也交出其中的死人；他们都各自照所行的受审判。14死亡和阴间也被扔进火湖里；这火湖就是第二次的死。15凡名字没有记在生命册上的，就被扔进火湖里。

第二十一章

新的天和新的地

1我又看见一个新的天和一个新的地，因为第一个天和第一个地已经过去了，海也不再有了。2我又看见圣城新耶路撒冷，由神那里从天而降，预备好了，就如新娘装饰整齐，等候丈夫。

3我听见有大声音从宝座出来，说：看哪，神的帐幕在人间！祂要与人同住；他们要作祂的民。神要亲自与他们同在，作他们的神。4神要擦去他们一切的眼泪；不再有死亡，也不再有悲哀、哭号、疼痛，因为先前的事都过去了。

5坐宝座的说：看哪，我将一切都更新了！又说：你要写上，因这些话是可信的，是真实的。

6祂又对我说：都成了！我是阿拉法，我是俄梅戛；我是始，我是终。我要将生命泉的水白白赐给那口渴的人喝。7得胜的，必承受这些为业；我要作他的神，他要作我的儿子。8但那些胆怯的、不信的、可憎的、杀人的、淫乱的、行邪术的、拜偶像的、和一切说谎话的，他们的份就是在烧着硫磺的火湖里；这是第二次的死。

新耶路撒冷（羔羊的妻）

9拿着先前盛满最后七灾之七碗的七位天使中，有一位来对我说：你来，我要将新娘，就是羔羊的妻，指给你看。

10我在灵里，天使把我带到一座高大的山，将那由神那里从天而降的圣城耶路撒冷指给我看。11城中有神的荣耀；城的光辉如同极贵的宝石，好像碧玉，明如水晶。12有高大的城墙，和十二个城门，城门口有十二位天使；门上写着以色列十二个支派的名字。13东边有三门；北边有三门；南边有三门；西边有三门。14城墙有十二根基，根基上有羔羊十二使徒的名字。

15那对我说话的天使拿着金量杆，去量那城、城门和城墙。16城是四方的，长宽都一样。他用量杆量那城，长一万二千司他町（约二千二百公里）；城的长、宽、高都是一样。17又量城墙，按着人的尺寸，就是天使的尺寸，厚一百四十四肘。18城墙是用碧玉造的；城是精金的，如同明净的玻璃。19城墙的根基是用各样宝石装饰的：第一根基是碧玉；第二是蓝宝石；第三是绿玛瑙；第四是绿宝石；20第五是红玛瑙；第六是红宝石；第七是黄璧玺；第八是水苍玉；第九是红璧玺；第十是翡翠；第十一是紫玛瑙；第十二是紫晶。21十二个门是十二颗珍珠；每一个门各是一颗珍珠。城内的街道是精金的，好像透明的玻璃。

22我未看见城内有殿，因主神全能者和羔羊为城的殿。23这城也不需要日月光照，因有神的荣耀光照，又有羔羊为城的灯。24列国要靠这城的光行走；地上的君王必将他们的荣耀带进这城。25城门白昼总不关闭，在那里原没有黑夜。26人必将列国的荣耀尊贵带进这城。27凡不洁净的，和那行可憎与虚谎之事的，绝不能进这城；只有名字记在羔羊生命册上的才能进去。

第二十二章

生命水的河与生命树

1天使又指给我看：有一道生命水的河，明亮如水晶，从神和羔羊的宝座流出来，流过城内街道当中。2河的两边有生命树，结十二样果子，每月都结果子；树上的叶子用以医治万民。

3不再有任何的咒诅。城里有神和羔羊的宝座；祂的仆人都要事奉祂，4也要见祂的面；祂的名字必写在他们的额头上。5不再有黑夜；他们也不需要灯光日光，因为主神要光照他们。他们要作王，直到永永远远。

主必快来

6天使又对我说：这些话是可信的，是真实的。主，就是众先知之灵的神，已经派遣祂的使者，将那必要快成的事指示祂的众仆人。

7"看哪，我必快来！那遵守这书上预言的有福了！"

8听见又看见这些事的，就是我约翰。我既听见又看见了，就俯伏在指示我的天使脚前要拜他。9他对我说：千万不可！我与你和你的弟兄众先知，并那些遵守这书上之话的人，是同作仆人的。你当敬拜神！

10他又对我说：不可封住这书上的预言，因为日期近了。11不义的，让他继续不义；污秽的，让他继续污秽；为义的，让他继续为义；圣洁的，让他继续圣洁。

12"看哪，我必快来！赏罚在我，我要按照各人所行的报应各人。13我是阿拉法，我是俄梅戛；我是首先的，我是末后的；我是始，我是终。"

14那些洗净自己袍子的人有福了！可得权柄到生命树那里，也可以从城门进入城内。15城外有那些犬类、行邪术的、淫乱的、杀人的、拜偶像的，和一切喜爱谎言、编造谎言的。

16"我耶稣已经派遣我的使者，为众教会向你们见证这些事。我是大卫的根，又是他的后裔；我是明亮的晨星。"

17圣灵和新娘都说：来！听见的人也当说：来！口渴的人也当来。愿意的，都可以白白取生命的水喝。

警告

18我警告每一个听见这书上预言的人：若有人在这预言上加添什么，神必将写在这书上的灾殃加在他身上。19这书上的预言，若有人删去什么，神必从这书上所写的生命树和圣城删去他的份。

20见证这些事的说："是的，我必快来！"阿们！主耶稣啊，我愿你来！

21愿主耶稣的恩典与众圣徒同在。阿们！

CPSIA information can be obtained
at www.ICGtesting.com
Printed in the USA
LVHW010927191221
706635LV00004B/134